D1728111

Schriftenreihe der Arbeitskammer des Saarlandes
zur Arbeits- und Sozialgeschichte · **Band 2**

Harald Glaser

„Ein langjähriger Wunsch der Arbeitnehmerschaft"

Die Arbeitskammer an der Saar bis zur Rückgliederung 1957

Arbeitskammer des Saarlandes – Dokumentationszentrum

Inhalt

Einleitung

„Soll doch heute ein langjähriger Wunsch der Arbeitnehmerschaft, die Errichtung einer Arbeitskammer, seine Erfüllung finden." Heinrich Welsch, Direktor des Ministeriums für Arbeit und Wohlfahrt, bei der ersten Sitzung der Kommission zur Errichtung einer Arbeitskammer für das Saarland am 17.11.1951.[1]

Arbeitskammern gibt es in den Bundesländern Bremen und Saarland, in Österreich und in Luxemburg. Ihre Aufgaben bestehen in der Vertretung von Arbeitnehmerinteressen durch Gutachten und Vorschläge für Gesetzgebung, Verwaltung und Rechtsprechung, in Beratungsleistungen und Bildungsangeboten.

Die Arbeitskammer des Saarlandes konnte 2016 den 65. Jahrestag ihrer Gründung begehen. Nachdem der Landtag am 30. Juni 1951 das betreffende Gesetz verabschiedet hatte, tagte am 17. November zum ersten Mal die vorbereitende Kommission der Arbeitskammer. Die Wahlen zur Kammerversammlung fanden am 16./17. Februar 1952 statt. Ein weiteres Ereignis, das kaum noch bekannt sein dürfte, jährte sich 2015 zum neunzigsten Mal: Am 29. September 1925 rief die Regierungskommission, die nach dem Ersten Weltkrieg im Auftrag des Völkerbundes die Verwaltung des Saargebietes übernahm, die „Arbeitskammer im Saargebiet" ins Leben. Die beiden saarländischen Arbeitskammern bilden den Schwerpunkt der folgenden Darstellung. Sie stehen für zwei unterschiedliche Ansätze.

Die Arbeitskammer der Völkerbundsverwaltung setzte sich paritätisch aus Arbeitgeber- und Arbeitnehmervertretern zusammen. Ihre Aufgabe bestand darin, durch die Begutachtung sozialpolitischer und arbeitsrechtlicher Verordnungsentwürfe und die Weiterleitung von Wünschen der Arbeiter an die Regierungskommission dieser ein Meinungsbild zu vermitteln. Nach dem Bergarbeiterstreik von 1923 sollte die Arbeitskammer das zerrüttete Verhältnis zwischen der Völkerbundsregierung und der Arbeiterschaft verbessern und einen Ausgleich in den ebenfalls von Spannungen gekennzeichneten Beziehungen zwischen den Sozialparteien herbeiführen.

Demgegenüber stellt die heute bestehende Arbeitskammer des Saarlandes eine allgemeine Berufsvertretung der Arbeitnehmer dar. In den Verfassungsbestimmungen zur Wirtschaftsordnung, die ihre Grundlage bilden, verbinden sich berufsständische Leitbilder christlich-konservativer mit wirtschaftsdemokratischen Zielen sozialdemokratischer Herkunft. Der auch hier beabsichtigte soziale Ausgleich sollte aus der Zusammenarbeit zwischen der Arbeitskammer und den Wirtschaftskammern (Industrie- und Handelskammer, Handwerkskammer, Landwirtschaftskammer) hervorgehen. Die Entscheidung für eine Arbeitskammer als eigenständige Körperschaft des öffentlichen Rechts fiel erst am Ende der Verhandlungen über die Verfassung. Zeitweise wurde auch eine gleichberechtigte Vertretung der Arbeitnehmer in den Wirtschaftskammern in Erwägung gezogen.

Gemeinsam ist beiden saarländischen Arbeitskammern ihre Entstehung im Rahmen einer Sonderentwicklung. Der Versailler Vertrag unterstellte das Saargebiet für fünfzehn Jahre der Verwaltung des Völkerbundes. Nach dem Zweiten Weltkrieg bildete das Saarland einen teilautonomen Staat mit Bindung an Frankreich. Der Zweck der Abtrennung von Deutschland lag in beiden Fällen in der Absicherung der französischen Ansprüche auf die Saarkohle. Der erhöhte Legitimationsbedarf der neuen politischen Ordnung trug zur Errichtung der Arbeitskammern bei.

Ungeachtet ihrer Prägung durch die Zeitumstände sind beide Gründungen vor dem ideen- und sozialgeschichtlichen Hintergrund des Arbeitskammergedankens zu sehen. Der erste Teil der Abhandlung gibt deshalb einen Überblick über die Arbeitskammerdiskussion, die als Antwort auf die Folgen der Industrialisierung seit der Mitte des 19. Jahrhunderts aufkam. Neben der deutschen Debatte findet auch die Entwicklung in anderen Industriestaaten Berücksichtigung. Einerseits begründeten ähnliche Problemlagen allgemein die Notwendigkeit einer geregelten und institutionalisierten Vertretung der Arbeiterschaft, andererseits brachten die politischen, gesellschaftlichen und wirtschaftlichen Voraussetzungen in den einzelnen Ländern sowie die Stärke und Organisationsform der Arbeiterbewegung unterschiedliche Lösungen hervor. Während in Belgien und den Niederlanden das paritätische Modell Verwirklichung fand, das auch den deutschen Gesetzentwürfen bis zum Ersten Weltkrieg zugrunde lag, stehen die französischen und italienischen Arbeitsbörsen für einen anderen Ansatz, der hinsichtlich seiner Entstehungsbedingungen und seiner Auswirkungen auf die Gewerkschaften eine nähere Betrachtung lohnt.

Nachdem die Überlegungen zur Bildung von Arbeitskammern im Kaiserreich zu keinem Ergebnis geführt hatten, wurden sie nach Ende des Ersten Weltkrieges unter veränderten Bedingungen aufgegriffen, um die Rätebewegung in die neue Verfassungsordnung einzugliedern. Die Weimarer Verfassung sah eine mehrstufige Gliederung von Räten vor, die sowohl paritätisch besetzte Körperschaften als auch reine Arbeitnehmervertretungen einschloss. Ausgeführt wurde außer den Betriebsräten nur der Reichswirtschaftsrat, der vorläufig und in seiner Wirkung eingeschränkt blieb. Unabhängig von den Planungen auf Reichsebene entstanden die Arbeitnehmerkammern in Bremen. Eine eigene Stellung nimmt der Arbeiterrat Groß-Hamburg ein, der aus der Rätebewegung hervorging und ebenfalls Aufgaben einer Arbeitskammer erfüllte. Auch die Arbeiter- und Angestelltenkammern in Luxemburg und Österreich verdanken ihre Gründung dem politischen und gesellschaftlichen Umbruch in Folge des Ersten Weltkrieges. Dabei wird gleichermaßen die bestimmende Kraft der Zeitumstände wie die Stellung der Gewerkschaften zu den Arbeitskammern deutlich.

Der Gegensatz von paritätischen Arbeits- und reinen Arbeitnehmerkammern, der den Meinungsstreit im Kaiserreich bestimmt hatte, schwächte sich nach dem Ersten Weltkrieg ab, wobei sich im deutschsprachigen Raum längerfristig nur Arbeitnehmerkammern behaupteten. Das Verhältnis der Gewerkschaften zu den Arbeitskammern blieb zwiespältig. Bedenken, dass sie ihre Stellung schwächen könnten, schwanden zwar in dem Maße, wie sich eine Arbeitsteilung herausbildete und die Gewerkschaften die Kammern für ihre Ziele einsetzen konnten. Die Gewerkschaften hätten aber eine paritätische Besetzung der Industrie- und Handelskammern vorgezogen, weil sie nur auf diesem Wege eine Beteiligung an der öffentlich-rechtlichen Vertretung der Wirtschaft für erreichbar hielten. Eine gleichberechtigte Mitwirkung der Arbeitnehmerseite an den Industrie- und Handelskammern scheiterte jedoch am Widerstand der Unternehmer, die diese als ihre eigenen Vertretungsorgane erhalten wollten.

Der erste Teil der Darstellung erhebt keinen Anspruch auf Vollständigkeit. Die Geschichte der Arbeitskammern wird nur so weit nachvollzogen, wie es zum Verständnis von Entstehung, Ausprägungen und Wandlungen des Arbeitskammergedankens und zur Einordnung der saarländischen in die allgemeine Entwicklung erforderlich erscheint. Insbesondere die frühen Überlegungen zu einer Vertretung der Arbeiterschaft und die sozialgeschichtlichen Hintergründe können nur angedeutet werden. Ergänzend sei auf die einschlägige Literatur verwiesen. Die Darstellung der ausländischen Arbeitskammern beschränkt sich auf kennzeichnende Merkmale und Entwicklungslinien. Nähere Angaben zum Aufbau, zur Arbeit und zu den Wirkungsmöglichkeiten dieser Kammern unter den jeweiligen politischen Voraussetzungen müssen der angegebenen Literatur entnommen werden. Ein internationaler Vergleich wäre lohnenswert, hätte aber den vorgegebenen Rahmen überschritten. Auch eine allgemeine Darstellung und Einordnung korporatistischer Ansätze – ob in Form dauerhafter öffentlich-rechtlicher Körperschaften oder zeitlich und in ihrer Zwecksetzung begrenzter „konzertierter Aktionen" – musste unterbleiben.

Die ausführlichste Schilderung der Arbeitskammerdiskussion im Kaiserreich findet sich in der „Geschichte der industriellen Mitbestimmung in Deutschland" von Hans Jürgen Teuteberg. Außerdem liegt eine umfangreiche zeitgenössische Literatur vor. Es fehlt jedoch eine grundlegende Abhandlung, die das Thema vor dem Hintergrund der Herausbildung der Industriegesellschaft und des Kammerwesens beleuchtet und die Arbeitskammerdebatte in Deutschland in Bezug setzt zu der in anderen Industrieländern.

Der zweite Teil beschäftigt sich mit der Arbeitskammer des Saargebietes, die von 1925 bis zur Rückgliederung 1935 bestand. Nach einem Blick auf die konfliktreiche Anfangszeit der Völkerbundsverwaltung werden die Beweggründe nachgezeichnet, die zur Schaffung der Arbeitskammer führten. Die Erwägungen der Regierungskommission hinsichtlich Aufbau, Aufgaben und Befugnissen der neuen Einrichtung werden ebenso erläutert wie die Aufnahme, die sie bei Parteien, Wirtschaftsverbänden und Gewerkschaften fand. Dabei zeigt sich, in welchem Maße die Ablehnung der Abtrennung des Saargebietes und die Frage der nationalen Zugehörigkeit die politische Auseinandersetzung beherrschte. Anschließend wird überprüft, inwiefern die Regierungskommission die Gutachten und Stellungnahmen der Arbeitskammer berücksichtigte und wie die Arbeitnehmer ihre Anliegen über die Arbeitskammer zur Geltung brachten. Eine weitere Fragestellung betrifft die Zusammenarbeit der Sozialparteien in der paritätisch besetzten Kammer.

Zwar sind von der Arbeitskammer des Saargebietes nur wenige Akten erhalten, ihre Stellungnahmen lassen sich aber großenteils aus anderen Unterlagen der Regierungskommission erschließen; ergänzend wurde die Presseberichterstattung berücksichtigt. Die Sitzungsprotokolle der Regierungskommission geben darüber hinaus Aufschluss über Standpunkte und Verhandlungsführung innerhalb dieses vom Völkerbund eingesetzten Gremiums. Das Saargebiet unter der Völkerbundsverwaltung gab in den zwanziger und dreißiger Jahren Anlass zu zahlreichen Veröffentlichungen. An neuerer Literatur ist die Studie von Maria Zenner über „Parteien und Politik im Saargebiet unter dem Völkerbundsregime 1920–1935" hervorzuheben, die eine Gesamtdarstellung der politischen Verhältnisse im Saargebiet liefert.

Gegenüber Urteilen, wonach die Arbeitskammer des Saargebietes wirkungslos geblieben sei, ergibt die nähere Betrachtung ein vielfältigeres Bild. Der Wirkungsbereich der Arbeitskammer war durch die Vorgaben der Regierungskommission eingeschränkt. Deren Arbeits- und Sozialpolitik zeigt, dass sie selbst nur über geringe Gestaltungsmöglichkeiten verfügte. Die Gewerkschaften nutzten die begrenzten Spielräume, die ihnen die Arbeitskammer bot. Auch bediente sich das für die Arbeits- und Sozialpolitik zuständige einheimische Kommissionsmitglied, der Zentrumspolitiker Bartholomäus Koßmann, für seine Vorhaben der Stellungnahmen der Kammer. Gewerkschaften und Arbeitgeber fanden bei den meisten Fragen zu einer Einigung. Es entsteht der Eindruck, dass die gemeinsame Ablehnung des Völkerbundsregimes die Gegensätze untereinander zurücktreten ließ – ähnlich, wie es für die politischen Parteien im Landesrat, der gewählten Volksvertretung, festzustellen ist. Mit dem stillschweigenden Einverständnis der Regierungskommission konnte die Arbeitskammer ihre Befugnisse innerhalb der gesetzten Grenzen erweitern.

Die Errichtung der Arbeitskammer des Saarlandes und ihr Wirken bis zur Rückgliederung an die Bundesrepublik Deutschland 1957 bilden den Gegenstand des dritten Teils. Die zeitliche Eingrenzung wurde gewählt, weil die Besonderheiten des teilautonomen Saarstaates die Gründung der Arbeitskammer und ihre Handlungsmöglichkeiten in diesem Zeitraum bestimmt haben. Zwar wurden damals auch die Grundlagen für die weitere Tätigkeit der Arbeitskammer gelegt, es handelt sich aber um einen abgeschlossenen Abschnitt, der sich von der folgenden Geschichte des Saarlandes als deutsches Bundesland deutlich unterscheidet. Mit Stahlkrise und Strukturwandel entstanden neue Herausforderungen auch für die Arbeitskammer. Ihre Entwicklung seit 1957 soll deshalb einer eigenen Abhandlung vorbehalten bleiben. Die Zusammenfassung beider saarländischer Arbeitskammern in einer Veröffentlichung erscheint hingegen trotz der verschiedenartigen Ansätze und der unterschiedlichen politischen Systeme, die sie hervorgebracht haben, gerechtfertigt. Denn sowohl die Völkerbundsverwaltung als auch der an Frankreich gebundene Saarstaat stellten Sonderentwicklungen dar, die das Saarland nach beiden Weltkriegen vom Rest Deutschlands abgrenzten und dazu beitrugen, dass hier überhaupt eine Arbeitskammer entstand.

Die Gliederung des dritten Teils folgt den Schritten, mit denen die Arbeitskammer Gestalt annahm. Im ersten Abschnitt wird ausgeführt, wie die saarländische Verfassung mit den Grundzügen der Wirtschafts- und Sozialordnung auch die Einrichtung einer Arbeitskammer festlegte, die gemeinsam mit Industrie- und Handelskammer, Handwerkskammer und Landwirtschaftskammer die öffentlich-rechtliche Vertretung der Wirtschaft bilden sollte. Die Rahmenbedingungen für die Verfassung gab die französische Saarpolitik vor, die auf eine staatsrechtliche Abtrennung von Deutschland und eine wirtschaftliche Verbindung mit Frankreich unter dessen politischer Aufsicht abzielte. Die Beratungen zeigen, wie die politischen Parteien trotz unterschiedlicher Vorstellungen zu einer gemeinsamen Lösung fanden, die gleichzeitig den Forderungen der Besatzungsmacht entsprach.

Umgesetzt wurde der Verfassungsauftrag mit dem Arbeitskammergesetz. Der zweite Abschnitt erläutert den Gesetzentwurf aus dem Ministerium des sozialdemokratischen Arbeitsministers Richard Kirn, seine Vorgeschichte und die Änderungen durch den sozialpolitischen Ausschuss des Landtags. Die Ausarbeitung der Verfassung ist in der Zusammenstellung dokumentiert, die Heinrich Schneider, einer der führenden Vertreter der „prodeutschen" Opposition, unter dem Pseudonym Robert Stöber herausgegeben hat. Für das Arbeitskammergesetz wurden die Niederschriften des Landtagsausschusses und die betreffenden Akten des Arbeitsministeriums ausgewertet.

Der dritte Abschnitt gibt einen Überblick über die Tätigkeit der Arbeitskammer bis zur Rückgliederung. Die Saarfrage, die das christliche und das sozialdemokratische Lager jeweils in Befürworter und Gegner der Bindung an Frankreich teilte, entwickelte sich zum entscheidenden Streitpunkt der saarländischen Nachkriegsgeschichte und ließ alle anderen Gegensätze nachrangig erscheinen, ohne sie freilich aufzuheben. Die Stellung zur Saarfrage spaltete sowohl die Einheitsgewerkschaft als auch die Christlichen Gewerkschaften, die sich 1947 neu gegründet hatten.

Auf Grund der französischen Vormachtstellung im Bergbau und der Einschränkungen, denen die Tarifpolitik durch die Wirtschaftsunion mit Frankreich unterlag, wirkte sich der politische Status des Saarlandes unmittelbar auf die Arbeitsbeziehungen aus. Dadurch gewannen gewerkschaftliche Angelegenheiten einen politischen Stellenwert. Da die Widersprüche am greifbarsten im Bergbau zum Ausdruck kamen, spielte sich der Kampf zwischen systemtreuen und oppositionellen Kräften im und um den Industrieverband Bergbau (IV Bergbau) ab.

Die Arbeitskammer vermied es im Spannungsfeld der Saarpolitik, eindeutig Stellung zu beziehen. Streitfragen wurden entweder ausgeklammert oder mit scheinbar „unpolitischen" und „sachlichen" Vorschlägen zu lösen versucht. Oft lässt sich nicht unterscheiden, ob diese Vorgehensweise aus Überzeugung oder zwecks Konfliktvermeidung gewählt wurde. Hinzu kam, dass die gegensätzlichen Meinungen zur Saarfrage auch innerhalb der Arbeitskammer vertreten waren. In weniger strittigen Angelegenheiten fallen die Äußerungen eindeutiger aus. Das Gleiche lässt sich gegen Ende der betrachteten Zeitspanne feststellen, als sich im Vorfeld der Saarabstimmung ein politischer Umschwung abzeichnete. Andererseits erhoben die für Fachfragen zuständigen Referate der Arbeitskammer für ihre Standpunkte den Anspruch einer sachlich begründeten Überparteilichkeit.

Am Beispiel der beiden wichtigsten arbeitspolitischen Auseinandersetzungen im teilautonomen Saarstaat, dem Streit um den Industrieverband Bergbau und dem Metallarbeiter- und

Generalstreik im Februar 1955, wird überprüft, wie sich die Arbeitskammer in Konflikten zwischen Arbeiterschaft und Landesregierung verhielt. Die Beiträge der Kammerzeitschrift zu weiteren umstrittenen Fragen, wie den französisch-saarländischen Wirtschaftsverhandlungen, den Strukturschwächen der saarländischen Wirtschaft, dem Abbau der Warndtkohle durch französische Bergwerke und der Regelung der Eigentumsverhältnisse der Völklinger Hütte vermitteln ein Bild, das im Einzelnen durchaus Abstufungen aufweist.

Unter den Gesetzesvorhaben, zu denen die Arbeitskammer Stellung bezog, kommt dem Betriebsräte- beziehungsweise Betriebsverfassungsgesetz die größte Bedeutung zu. Die langwierige Auseinandersetzung um dieses Gesetz wird ausführlicher dargestellt, zumal sie bisher nicht aufgearbeitet ist. Die Arbeitskammer unterbreitete eine Reihe von Änderungsvorschlägen, die in den Verhandlungen im Landtag allenfalls mittelbar Berücksichtigung fanden.

Überhaupt blieb sie weitgehend ohne Einfluss auf die Arbeits- und Sozialgesetzgebung. Auch ihre gesetzliche Aufgabe, die Bestrebungen der Gewerkschaften zu koordinieren, konnte die Arbeitskammer nicht erfüllen, wie sich am Betriebsverfassungsgesetz beispielhaft zeigt. Während sich Einheitsgewerkschaft und christliche Verbände innerhalb der Kammer noch auf eine Stellungnahme einigen konnten, folgten die christlichen Gewerkschafter im Landtag schließlich der Linie ihrer Fraktion.

Es entsteht der Eindruck, dass die Arbeitskammer, sobald der politische Meinungsstreit durch die Saarfrage bestimmt wurde, für Landesregierung und Gewerkschaften an Bedeutung verlor. Die Landesregierung hatte die Arbeitskammer unter anderem deshalb errichtet, weil sie die Arbeiterschaft in die Nachkriegsordnung einbinden und dem Einfluss der Kommunisten entziehen wollte. Beides erschien bald weniger dringlich, während die Arbeitskammer in der Auseinandersetzung um die Anbindung an Frankreich keinen Beitrag zu leisten vermochte. Für die Gewerkschaften bildete sie einen Bestandteil der angestrebten wirtschaftlichen Neuordnung und büßte an Stellenwert ein, als diese nicht zustande kam. Da die Saarfrage auch die Gewerkschaften spaltete, war es ihnen außerdem nicht möglich, die Arbeitskammer gezielt zu nutzen.

Wenngleich ihr die politische Mitwirkung versagt blieb, legte die Arbeitskammer durch die fachliche Arbeit ihrer Referate Grundlagen, auf denen sie nach der Saarabstimmung aufbauen konnte. Sowohl die neue Landesregierung als auch die Gewerkschaften machten jetzt von den Bestandsaufnahmen und Einschätzungen der Arbeitskammer Gebrauch. Außerdem erschloss sie sich Handlungsfelder, die ihr zu einer gewissen Eigenständigkeit verhalfen. Die Lehrgänge zum Arbeitsrecht stellten ein Bildungsangebot für Arbeitnehmervertreter dar, das die Gewerkschaften nicht gewährleisten konnten. Das Ferienwerk, das vielen saarländischen Arbeiter- und Angestelltenfamilien erstmals eine Urlaubsreise ermöglichte, trug zur Bekanntheit und Anerkennung der Arbeitskammer bei. So schuf sie Voraussetzungen, die ihr Fortbestehen über die Rückgliederung hinaus sicherten und ihr den Weg zu ihrer heutigen Stellung im politischen Leben des Saarlandes eröffneten.

Im Ergebnis vermittelt der dritte Teil einen Eindruck von den Bedingungen für Arbeitnehmerpolitik im Saarstaat und zeigt, wie sich die Arbeitskammer unter diesen Gegebenheiten positionierte. Ihre Stellungnahmen zwischen Saarabstimmung und Rückgliederung verdeutlichen, was sich in der Übergangszeit änderte und was gleich blieb.

Aufschluss über Selbstbild und Tätigkeit der Kammer gibt die Zeitschrift „Die Arbeitskammer", die Vorläuferin des „arbeitnehmer", die ab 1953 erschien. Die Ausführungen stützen sich ferner auf die Niederschriften der Präsidiumssitzungen und Kammerversammlungen, auf den Briefwechsel und die sonstige Überlieferung aus der ersten Wahlperiode im Archiv der Arbeitskammer. Die Entstehung des saarländischen Betriebsverfassungsgesetzes lässt sich aus den Niederschriften des Landtagsausschusses und den Unterlagen der Staatskanzlei erschließen.

Die drei Teile der Darstellung stehen zwar in einem inhaltlichen Zusammenhang, behandeln aber jeweils eigene Fragestellungen und sind in sich abgeschlossen. Es ist daher möglich, sie auch unabhängig voneinander zu lesen. Die Anmerkungen enthalten außer den Literatur- und Quellenangaben Erläuterungen zu Themen, die im Text nur angerissen werden. Sie vermitteln Hintergrundwissen und können für Leser, die sich eingehender mit einzelnen Fragestellungen befassen möchten, von Interesse sein.

Teil I
Von den Februarerlassen zur Novemberrevolution: Zur Entstehung und Entwicklung des Arbeitskammergedankens

Erste Bestrebungen in Deutschland und Österreich für eine gesetzliche Vertretung der Arbeiter entstanden um die Mitte des 19. Jahrhunderts, führten aber bis zum Ende des Ersten Weltkrieges nicht zum Ziel. Politische Parteien, Gewerkschaften, Wirtschaftsverbände und Regierungen konnten keine Einigkeit erlangen.

Nach Krieg und Revolution verlieh der Aufschwung von Gewerkschaften und Arbeiterparteien der Forderung nach einer betrieblichen und überbetrieblichen Interessenvertretung der Arbeitnehmerschaft verstärkten Nachdruck. In Österreich und Luxemburg kam es zur Errichtung der Arbeiter- und Angestelltenkammern, die mit Unterbrechung durch die deutsche Besatzung bis heute bestehen. In Deutschland sah die Weimarer Verfassung einen umfassenden Räteaufbau vor, der bis auf die Betriebsräte und den Vorläufigen Reichswirtschaftsrat aber nicht verwirklicht wurde. Unabhängig davon entstanden Arbeitnehmervertretungen in Bremen und Hamburg, von denen die Arbeiternehmerkammer Bremen ebenfalls bis heute tätig ist. Entsprechende Planungen in anderen Ländern zeitigten kein Ergebnis.

1. Aufgabe erkannt, aber nicht gelöst: Die Arbeitskammerdebatte im Kaiserreich

1.1 Pläne für eine Arbeitervertretung im Zusammenhang mit dem Kammerwesen

Die Forderung nach Körperschaften, die sich der Belange der Arbeiterschaft annehmen und in denen Arbeiter vertreten sein sollten, kam auf, sobald sich mit der Industrialisierung eine neue Klasse lohnabhängig Beschäftigter herausbildete. Einen ersten Versuch zu einer gesetzlichen Regelung unternahm der Volkswirtschaftliche Ausschuss der Nationalversammlung während der Revolution von 1848. Bei den Beratungen über eine Gewerbeordnung schlug eine Minderheit in diesem Ausschuss sowohl betriebliche Fabrikausschüsse als auch Gewerbekammern auf Kreis-, Länder und Reichsebene vor. Letztere hätten Vertretungs-, Begutachtungs-, Aufsichts- und Entscheidungsbefugnisse in arbeits- und wirtschaftsrechtlichen Fragen erhalten und auch Arbeiter zu ihren Mitgliedern gezählt. Der Mehrheitsentwurf fasste die Bestimmungen allgemeiner und gestand Gesellen und Gehilfen lediglich eine „angemessene Beteiligung bei der Wahl"[2] zu. Einige Liberale sahen bereits dadurch die Gewerbefreiheit bedroht und beschworen einen Rückfall in die erst kürzlich überwundenen Zunftzwänge. Nach ihrer Ansicht hatten die Kammern die Anliegen von Handel und Gewerbe zu vertreten und ansonsten allenfalls beratende Aufgaben wahrzunehmen. Gesellen und Gehilfen seien von der Wahl auszuschließen. In der Nationalversammlung kam es zu keiner Entscheidung.[3]

Ab 1848 wurden die Handelskammern in Preußen, Österreich und den meisten anderen Ländern des Deutschen Bundes gesetzlich beziehungsweise durch Verordnung anerkannt und ihre Aufgaben und Rechte festgelegt. Als Vorläufer sind die Kammern für Handel- und Gewerbetreibende anzusehen, die in napoleonischer Zeit in den von Frankreich besetzten Gebieten eingerichtet worden waren, nach dem Ende der französischen Herrschaft aber nur noch ein Schattendasein geführt hatten.

Nach Auflösung der ständischen Bindungen sollte das Kammerwesen eine neue Grundlage für die Selbstverwaltung und Interessenwahrnehmung der Wirtschaft bilden. Ein kennzeichnendes Merkmal der deutschen Kammern besteht darin, dass sie nicht nur Vertretungsorgane, sondern als Körperschaften des öffentlichen Rechts zugleich Teil der mittelbaren Staatsverwaltung sind.[4] In der Arbeitskammerdebatte dienten die Handelskammern als Richtschnur: Die Arbeitskammern sollten den Arbeitern eine Vertretung bieten, wie sie die Unternehmer mit den Handelskammern besaßen, und dabei auch deren doppelte Bestimmung übernehmen.

Mit der Schaffung von Gewerberäten griff die preußische Regierung den Gedanken der Gewerbekammern auf, veränderte aber die Zielsetzung. Die Gewerberäte können zwar als das „erste staatliche Projekt für eine beschränkte Vertretung der Arbeitnehmer"[5] gelten, doch statt die Eigenständigkeit des Wirtschaftslebens zu fördern, waren sie dazu bestimmt, unter staatlicher Aufsicht die Behörden zu beraten. Mangels Entscheidungsgewalt mussten die Gewerberäte in erster Linie als Maßnahme zur Beruhigung der politischen Lage erscheinen. Die preußische Regierung bestätigte diese Einschätzung, indem sie 1854 den Einfluss der Behörden stärkte und kleine Gewerbetreibende und Arbeiter von der Gewerberatswahl ausschloss. Inzwischen hatte sich die Restauration – die Wiederherstellung der vorrevolutionären Herrschaftsverhältnisse – durchgesetzt. Enttäuschung über die geringen Mitwirkungsmöglichkeiten, gegensätzliche Ansichten zur Gewerbefreiheit zwischen Handel und Industrie einerseits und dem Handwerk andererseits sowie die Möglichkeit für Unternehmer und Kaufleute, ihre Anliegen wirksamer über die Handelskammern zur Geltung zu bringen, hatten zur Folge, dass sich die meisten Gewerberäte bis Mitte der 1850er Jahre auflösten.[6]

Dennoch verbreitete sich mit dem Voranschreiten der Industrialisierung, der Zunahme der Arbeiterschaft und der Entstehung einer Arbeiterbewegung die Überzeugung, dass es einer wie auch immer beschaffenen Einrichtung bedürfe, um den

Regierenden die Lage und Wünsche der Arbeiter zur Kenntnis zu bringen und sie außerdem in Staat und Gesellschaft einzubeziehen. Hinzu kam ein weiterer, dritter Grund: Weil nach der vorherrschenden liberalen Auffassung einzig die Freiheit des Arbeitsvertrages das Verhältnis zwischen Arbeiter und Unternehmer bestimmte, bot das bürgerliche Recht „keine Gelegenheit, die zwischen Arbeitgebern und Arbeitnehmern sich ergebenden Differenzen, welche nicht in dem Arbeitsvertrag selbst wurzelten, zu beseitigen"[7]. Um im Streitfall zu vermitteln, war es daher notwendig, dass beide Seiten über eine Vertretung verfügten, die verbindliche Absprachen treffen konnte.

Damit sind die drei wesentlichen Ziele für die Schaffung von Arbeitskammern benannt:

- Information der Regierung;
- Einbindung der Arbeiterschaft;
- Verständigung zwischen den Sozialparteien.

Als preußischer Ministerpräsident und deutscher Reichskanzler unternahm Bismarck mehrere Versuche, diese Aufgaben zu lösen, blieb aber letztlich erfolglos. Als erstes verhinderte das Preußische Herrenhaus die Gewerbekammern, die Bismarck im Zusammenhang mit der gesetzlichen Regelung der Handelskammern 1869/70 einrichten wollte, wobei er den Wunsch von Handwerk und Kleingewerbe nach vergleichbaren Organen aufgriff.[8]

Wenig Erfolg war auch dem 1880 geschaffenen Preußischen Volkswirtschaftsrat beschieden, dessen Aufgabe in der Begutachtung wirtschafts- und sozialpolitischer Gesetzes- und Verordnungsentwürfe bestand. Zu seinen 75 Mitgliedern, die von der Regierung zum Teil aus Vorschlagslisten von Handel, Industrie, Handwerk und Landwirtschaft ausgewählt, zum Teil unmittelbar ernannt wurden, gehörten auch sechs Arbeiter. Bismarcks Absichten reichten indessen über die Gewährleistung einer Beratung in Wirtschaftsfragen hinaus. Von einer berufsständischen Vertretungskörperschaft versprach er sich ein Gegengewicht zu den von politischen Parteien bestimmten Parlamenten. Während der Preußische Volkswirtschaftsrat in den sieben Jahren seines Bestehens nur zweimal einberufen wurde und schließlich an der Sperrung der finanziellen Mittel durch den preußischen Landtag scheiterte, kam die Bildung eines Deutschen Volkswirtschaftsrates gar nicht erst zustande, da der Reichstag die Zustimmung zu dessen Haushalt verweigerte. Die tiefere Ursache lag in beiden Fällen in der Furcht der Abgeordneten vor ihrer Entmachtung durch ein Wirtschaftsparlament.[9]

Aus dem gleichen Grund misslangen Bismarcks Bemühungen, die Gewerbekammern zu Volkswirtschaftsräten zu erweitern. Nachdem das Herrenhaus ihre landesweite Einrichtung durchkreuzt hatte, wurden in den 1880er Jahren Gewerbekammern in den Provinzen gebildet. Die Ablehnung der erforderlichen Haushaltsmittel durch die Provinziallandtage brachte nicht nur die Erweiterung zu Fall, sondern besiegelte gleichzeitig das Ende der vorhandenen Gewerbekammern.[10]

Schließlich erwies sich auch der Ausbau der Unfallberufsgenossenschaften zu berufsständischen Körperschaften mit sozialpolitischen Befugnissen als Fehlschlag. Zum einen bereitete die Zusammenfassung der Berufsgruppen Schwierigkeiten, zum anderen stellte sich der Reichstag gegen die Absicht, seine Stellung nun auf diesem Wege zu untergraben.[11]

Neben berufsständischen wurden auch reine Arbeitervertretungen in Erwägung gezogen, was in bürgerlichen Kreisen und bei der Regierung aber die Furcht vor einer Stärkung der Sozialdemokratie auslöste. Mit seinem Vorschlag, eine öffentlich anerkannte Vertretung der Arbeiter nach dem Vorbild von Handelskammern und Landwirtschaftlichen Vereinen zu schaffen, stieß der Vortragende Rat für die gewerbliche Arbeiterfrage, Theodor Lohmann, deshalb 1872 bei Handelsminister von Itzenplitz auf Widerstand.[12]

Zumindest hob die Preußische Gewerbeordnung von 1869, die nach der Reichsgründung auf ganz Deutschland ausgedehnt wurde, das Koalitionsverbot auf. Damit war es den Arbeitern erlaubt, sich zur Durchsetzung besserer Lohn- und Arbeitsbedingungen zusammenzuschließen und auch die Arbeit niederzulegen. Andererseits bot § 153 GewO, der die Anwendung von Zwang zur Teilnahme an den nun grundsätzlich zugelassenen „Verabredungen und Vereinigungen" unter Strafe stellte, zusammen mit dem Vereinsrecht weiterhin ausreichend Handhabe, um eine gewerkschaftliche Betätigung zu erschweren oder gar zu verhindern. Diese häufig zur Unterdrückung von Streiks benutzte Bestimmung blieb bis 1918 in Kraft.[13]

1.2 Vorschläge von Sozialreformern und Abgeordneten

Nicht nur die Regierung, auch Abgeordnete und bürgerliche Sozialreformer stellten ab den 1870er Jahren Überlegungen an, wie die Arbeiterschaft in die wirtschafts- und sozialpolitische Entscheidungsfindung einbezogen werden könnte. So schlug der Nationalökonom Gustav Friedrich Schönberg 1871 „paritätische Arbeitsämter" nach dem Vorbild der arbeitsstatistischen Büros in den USA vor, um statistische Unterlagen über die Lage der Arbeiter zu beschaffen und Gesetzesvorhaben anzuregen und vorzubereiten. Seine Empfehlungen fanden zum Teil Berücksichtigung bei der Gründung des Arbeitsstatistischen Amtes in Österreich 1898. Im Reichstag wurden sie von Abgeordneten der Zentrumspartei aufgegriffen.[14]

Weiter reichte ein Gesetzentwurf, den sozialdemokratische Abgeordnete 1877 während der Beratungen über die Gewerbekammern im Reichstag einbrachten. Demnach sollten die Kammern paritätisch besetzt werden und das Recht erhalten, Gewerbe- und Arbeiterinteressen zu vertreten, Berichte zu erstatten, Anträge zu stellen und gewerbliche Einrichtungen und Fachbildungsanstalten zu beaufsichtigen.[15] Einen erneuten Vorstoß unternahmen die Sozialdemokraten Grillenberger und Bebel 1885 mit ihrem Antrag, paritätische Arbeitskammern in Verbindung mit den für die Durchführung der Arbeitsschutzvorschriften und des Arbeitsnachweises vorgesehenen Arbeitsämtern einzurichten. Die Aufgaben der in jedem Arbeitsamtsbezirk zu schaffenden Arbeitskammern hätten die Mitwirkung an der Besetzung der Arbeitsämter, wirtschafts- und sozialpolitische Erhebungen, die Entgegennahme von Beschwerden und die Begutachtung von Gesetzentwürfen umfasst. Sie sollten außerdem Schiedsgerichte bilden und im Berufungsverfahren entscheiden. Ihre Zuständigkeit für die Festsetzung von Mindestlöhnen war innerhalb der Partei umstritten und ist in dem veränderten Antrag, den die SPD 1900 und erneut 1903 dem Reichstag vorlegte, nicht mehr enthalten.[16]

Die sozialdemokratischen Vorschläge zielten auf eine „Selbstverwaltungsorganisation der Arbeit, in welcher Arbeitgeber und Arbeiter gemeinsam durch ihre Vertreter alle den Arbeiterschutz und die wirtschaftlichen und sozialen Interessen der Arbeiter berührenden Fragen beraten und regeln sollten"[17], wie Theodor Leipart als Vorsitzender des Allgemeinen Deutschen Gewerkschaftsbundes (ADGB) 1924 rückblickend schrieb. Einen anderen Ansatz verfolgten die Sozialdemokraten in der Bremischen Bürgerschaft, die 1888 die Errichtung einer Arbeiterkammer als Gegenstück zur dortigen Gewerbekammer beantragten.

1.3 Februarerlasse und Gewerbeordnungsnovelle

Erneuten Auftrieb erhielt die Debatte durch die 1889 beginnende Streikbewegung im Bergbau und die in ihrer Folge entstandenen Erlasse Kaiser Wilhelms II. vom 4. Februar 1890. Neben dem Ausbau der Arbeiterversicherungsgesetze und Maßnahmen zum Arbeiterschutz kündigte er darin auch gesetzliche Schritte für eine Interessenvertretung der Arbeiter an:

> „Für die Pflege des Friedens zwischen Arbeitgebern und Arbeitnehmern sind gesetzliche Bestimmungen über die Formen in Aussicht zu nehmen, in denen die Arbeiter durch Vertreter, welche ihr Vertrauen besitzen, an der Regelung gemeinsamer Angelegenheiten beteiligt und zur Wahrnehmung ihrer Interessen bei Verhandlung mit den Arbeitgebern und mit den Organen Meiner [!] Regierung befähigt werden. Durch eine solche Einrichtung ist den Arbeitern der freie und friedliche Ausdruck ihrer Wünsche und Beschwer-

den zu ermöglichen und den Staatsbehörden Gelegenheit zu geben, sich über die Verhältnisse der Arbeiter fortlaufend zu unterrichten und mit den letzteren Fühlung zu behalten."[18]

Die so genannten Februarerlasse bedeuteten eine Abkehr von der Politik der Ausgrenzung gegenüber der Arbeiterschaft, wie sie Bismarck verfolgt hatte. Der Staat sollte nicht mehr unmittelbar in Arbeitskämpfe eingreifen, sondern als Vermittler und Schiedsrichter wirken. Der Politikwechsel fand seinen Ausdruck in der Entlassung Bismarcks als Reichskanzler im März 1890 und dem Verzicht auf eine Verlängerung des Sozialistengesetzes. Die Februarerlasse gelten als Ausgangspunkt des „Neuen Kurses", einer kurzen Zeit nicht nur sozial-, sondern auch finanz-, handels- und innenpolitischer Reformen, mit dem Ziel, die politischen Strukturen an die Erfordernisse der Industriegesellschaft anzupassen.[19] Zu den Ergebnissen des „Neuen Kurses", der 1894 schon wieder aufgegeben wurde, zählt die Gewerbeordnungsnovelle von 1891. Sie erweiterte den Arbeitsschutz, stärkte die Gewerbeaufsicht, schrieb Arbeitsordnungen vor und schuf Gewerbegerichte, denen unter Vorsitz eines Richters eine gleiche Zahl von Arbeitgeber- und Arbeitnehmervertretern als Beisitzer angehörten.

Vor Erlass einer Arbeitsordnung waren die Arbeiter anzuhören. Die in der Gewerbeordnungsnovelle enthaltene Möglichkeit, die Anhörung durch die Stellungnahme des Arbeiterausschusses zu ersetzen, förderte die Einrichtung von Arbeiterausschüssen; fiel es doch in großen Betrieben leichter, einen Ausschuss nach seiner Meinung zu befragen als die gesamte Belegschaft. Andererseits war der Unternehmer nicht verpflichtet, die Wünsche der Arbeiter zu berücksichtigen. Auch blieb es ihm überlassen, ob er eine Belegschaftsvertretung zuließ.[20]

Trotz dieser Begrenzungen steht die Gewerbeordnungsnovelle für einen Einstellungswandel: Indem sie die Beziehung zwischen Arbeitgeber und Arbeitnehmer in Grundzügen rechtlich verbindlich regelte, stellte sie den „Herr-im-Hause-Standpunkt" in Frage und untergrub die Auffassung des Arbeitsverhältnisses als „private[r] Angelegenheit zweier Vertragskontrahenten".[21] Zum nächsten Schritt, die Beschränkungen aufzuheben, die Gewerbeordnung und Vereinsrecht der Arbeiterschaft auferlegten, und damit die Voraussetzungen für einen Ausgleich der Machtverteilung zwischen den Sozialparteien zu schaffen, reichte die Kraft der Reformpolitik nicht aus.

Die Erlasse Wilhelms II. berührten die Arbeitskammerdiskussion in zweierlei Hinsicht. Zum einen verliehen sie der Forderung nach betrieblichen und überbetrieblichen Vertretungsorganen der Arbeiterschaft eine Rechtfertigung gleichsam von höchster Stelle, zum anderen umrissen sie die Aufgaben solcher Organe. Die Pflege des Friedens zwischen Arbeitgebern und Arbeitnehmern, die Äußerung von Wünschen und Beschwerden – beides wurde ebenfalls den betrieblichen Vertretungen aufgetragen – und die Unterrichtung der Behörden über die Verhältnisse der Arbeiter kehren von nun an in den Arbeitskammerentwürfen wieder.

Unter Berufung auf die Februarerlasse fragte die Reichstagsfraktion der Zentrumspartei Ende 1895 an, welche gesetzlichen Bestimmungen inzwischen „in Aussicht genommen" seien und ob dabei „die Errichtung einer geordneten Vertretung der Arbeiter (Arbeiter-Kammern) ‚zum freien und friedlichen Ausdruck ihrer Wünsche und Beschwerden' auch gegenüber den Staatsbehörden baldigst erwartet werden" könne.[22]

Die Regierung, die von ihren Bemühungen, die Sozialdemokratie durch Einbindung der Arbeiterschaft zu schwächen, inzwischen wieder abgerückt war und die Unterdrückung ohne Sozialistengesetz fortsetzte, sicherte „die Ausführung der Februarerlasse auch in diesem Teile" zu; „nur wurde unter Hinweis auf den Mißbrauch, den die Sozialdemokraten mit diesen Einrichtungen voraussichtlich treiben würden, der Zeitpunkt der Ausführung vorbehalten".[23]

1.4 Anstöße aus dem Reichstag als Antwort auf die Soziale Frage

Schon 1844 hatte sich unter dem Eindruck der schlesischen Weberaufstände der „Centralverein für das Wohl der arbeitenden Klassen" gegründet. Nachdem er sich in den 1860er Jahren vom „Stoßtrupp der Sozialreform"[24] zum Verfechter betrieblicher „Wohlfahrtseinrichtungen" zwecks Abwehr einer sozialistischen Beeinflussung der Arbeiterschaft gewandelt hatte, übernahm der 1872 entstandene „Verein für Socialpolitik" die Rolle des Wortführers für eine soziale Erneuerung der bürgerlichen Gesellschaft. Mit Gründung der „Gesellschaft für soziale Reform" 1901 bildete sich eine Aufgabenteilung heraus. Während letztere sich der sozialpolitischen Praxis widmete, steuerte der „Verein für Sozialpolitik" die wissenschaftlichen Grundlagen bei. Hinsichtlich Mitgliedern und Zielen bestanden enge Verbindungen. Die „Gesellschaft für soziale Reform" nahm Stellung zum Arbeiterschutz und zur staatlichen Sozialpolitik, schaltete sich in die Beziehungen der Sozialpartner ein und wandte sich auch an die Organisationen der Arbeiterschaft.[25]

Vor diesem Hintergrund fand die Forderung nach Arbeitskammern im Reichstag wachsenden Rückhalt. Nachdem ihre Anfrage drei Jahre zuvor ohne Folgen geblieben war, stellte die Zentrumsfraktion Ende 1898 den Antrag, die Regierung um einen Gesetzentwurf zu ersuchen. Eine Gruppe nationalliberaler Abgeordneter schlug in einem Zusatzantrag die Erweiterung der Gewerbegerichte durch paritätisch besetzte Abteilungen aus Arbeitgebern und Arbeitnehmern vor, die folgende Aufgaben übernehmen sollten: die Einrichtung einer Arbeitslosenunterstützung, die Erstattung von Gutachten und Jahresberichten „zur Förderung der gewerblichen Interessen" und die Beratung und Unterbreitung von „Wünsche[n] und Anträge[n], welche die gesundheitlichen Verhältnisse der Arbeiter und die Fürsorge für Arbeiterwohnungen betreffen"[26]. An eine Vertretung von Arbeiterinteressen war demzufolge nur in begrenztem Umfang gedacht.

Die Resolution, die der Reichstag am 16. Januar 1901 mit großer Mehrheit verabschiedete, war allgemeiner gehalten. Darin wurde die Regierung ersucht, zu erwägen, „in welcher Weise durch eine weitere gesetzliche Ausgestaltung der Gewerbegerichte" die Ziele der Februarerlasse erreicht werden könnten; und zwar „unter besonderer Berücksichtigung" der Bestimmungen des Gewerbegerichtsgesetzes über die Bildung von Abteilungen für Fabrik, Handwerk und Hausindustrie, die Tätigkeit als Einigungsamt und die Abgabe von Gutachten und Stellung von Anträgen zu gewerblichen Fragen.[27]

Auch die meisten SPD-Abgeordneten stimmten dem Ersuchen zu. In der Kommission, die den Text vorbereitete, hatten die Sozialdemokraten zwar die aus den Februarerlassen übernommene Zielsetzung der „Pflege des Friedens zwischen Arbeitgeber und Arbeitnehmer" mitgetragen, die Bindung der Arbeitskammern an die Gewerbegerichte aber abgelehnt. Gegen die Resolution sprachen sich die Freikonservativen unter Führung der Industriellen von Stumm und von Kardorff und eine Minderheit der Nationalliberalen aus. Doch selbst die erbittertsten Gegner der Arbeiterbewegung konnten das Anliegen nicht vollständig zurückweisen: „Sogar Frhr. v. Stumm konnte nicht umhin, einer allgemeinen Organisation das Wort zu reden, freilich nach dem dafür unzureichenden Muster der Knappschaftskassen."[28]

Die Anbindung an die Gewerbegerichte bedeutete eine Festlegung auf paritätische Arbeitskammern. Die Zentrumsfraktion, die sich 1893 noch für „Arbeiter-Kammern" eingesetzt hatte, sprach in ihrem zweiten Antrag von 1898 von „Arbeitskammern".[29] Die SPD forderte schon in ihrem Gesetzentwurf zu den Gewerbekammern von 1877 eine paritätische Lösung.

Während Politiker und Fachöffentlichkeit auf die Einrichtung von Arbeitskammern drängten und sowohl die „Gesellschaft für soziale Reform" als auch der „Volksverein für das katholische Deutschland" Vorschläge ausarbeiteten, verhielt sich die Regierung weiterhin abwartend. Zum einen stand eine gesetzliche Regelung der Rechtsfähigkeit der Arbeiterberufsvereine immer noch aus, zum anderen ließ die Vielzahl zum Teil gegensätzlicher

Auffassungen, was den Aufbau, die zu berücksichtigenden Gruppen der Arbeiterschaft und die Befugnisse der Kammern betraf, eine schwierige Entscheidungsfindung erwarten. Hinzu kamen Widerstände von Unternehmerseite gegen jegliche Art gesetzlicher Arbeitervertretung.

Angesichts von Streiks, des ungebremsten Wachstums der Arbeiterbewegung und der verbreiteten Bedeutungslosigkeit der freiwilligen Arbeiterausschüsse erklärte der Staatssekretär im Reichsamt des Inneren und Stellvertreter des Reichskanzlers, Arthur Graf von Posadowsky-Wehner, auf weitere Anfragen und Resolutionen hin im Dezember 1905 schließlich die Bereitschaft der Regierung, Arbeitskammern ins Leben zu rufen.[30] Zuvor war in Folge der Bergarbeiterstreiks im Ruhrgebiet die Einrichtung ständiger Arbeiterausschüsse im preußischen Bergbau in Betrieben mit über 100 Beschäftigten gesetzlich vorgeschrieben worden.[31] Anträge auf Bildung von Arbeitskammern wurden ab der Jahrhundertwende auch in einigen Landtagen gestellt, wegen des Vorrangs der Reichsgesetzgebung aber nicht behandelt.[32]

1.5 Gesetzentwürfe der Reichsregierung vor dem Ersten Weltkrieg

Nochmals drei Jahre später und 18 Jahre nach den Februarerlassen legte die Reichsregierung im Februar 1908 dem Bundesrat einen Gesetzentwurf vor. Zur Zielsetzung hieß es: „Die Arbeitskammern sind berufen, den wirtschaftlichen Frieden zu pflegen. Sie sollen die gemeinsamen gewerblichen und wirtschaftlichen Interessen der Arbeitgeber und Arbeitnehmer der in ihnen vertretenen Gewerbezweige sowie die auf dem gleichen Gebiet liegenden besonderen Interessen der beteiligten Arbeitnehmer wahrnehmen."[33]

Um diesen Auftrag zu erfüllen, sollten die Arbeitskammern die Behörden durch Mitteilungen und Gutachten unterstützen und das Recht erhalten,

- „Veranstaltungen und Maßnahmen" zur Verbesserung der Lage der Arbeitnehmer anzuregen und „an deren Verwaltung mitzuwirken"[34],
- sich an Umfragen zu den wirtschaftlichen Verhältnissen in ihrem Gewerbezweig zu beteiligen,
- Anträge an Behörden und Vertretungskörperschaften zu richten und
- unter bestimmten Voraussetzungen in Streitigkeiten über das Arbeitsverhältnis zu vermitteln.

Von einer Anbindung an die Gewerbegerichte wurde Abstand genommen, da diese in erster Linie Organe der Rechtsprechung seien. Die Reichsregierung entschied sich für paritätische Arbeitskammern, weil nur gemeinsame Vertretungen von Arbeitgebern und Arbeitnehmern „zur Milderung und Ausgleichung der bestehenden Gegensätze" beitragen und wie vorgesehen als Einigungsamt wirken könnten.[35]

Während über Auftrag und Befugnisse weitgehend Einigkeit bestand, trafen andere Bestimmungen bei den Ländervertretern im Bundesrat und bei den Verbänden auf heftigen Widerstand. Dies betraf das indirekte Wahlverfahren über die Unfallberufsgenossenschaften, das darauf abzielte, den Einfluss von Sozialdemokratie und Freien Gewerkschaften zu beschränken, die Ernennung des mit weitreichenden Vollmachten ausgestatteten Vorsitzenden durch die Aufsichtsbehörde und den Ausschluss von berufstätigen Frauen und zahlreicher Berufsgruppen.[36]

Der überarbeitete Entwurf, den die Regierung im November im Reichstag einbrachte, sah eine unmittelbare, geheime Wahl nach dem Verhältniswahlrecht vor und bezog Frauen und Handwerksgesellen in die Zuständigkeit der Arbeitskammern ein. Obwohl damit einigen der wichtigsten Einwände Rechnung getragen war, fand auch diese Fassung keine ungeteilte Zustimmung.[37] Auf Wunsch der zuständigen Reichstagskommission wurde im folgenden dritten Entwurf vom Februar 1910 eine Mitwirkung beim Abschluss von Tarifverträgen „auf Anrufen der Beteiligten" und die Förderung der Einrichtung nichtgewerbsmäßiger

Arbeitsnachweise in den Aufgabenkatalog aufgenommen. Für Betriebsbeamte (Angestellte), Werkmeister und Techniker sollte das Gesetz „mit Rücksicht auf die Schwierigkeit ihrer Stellung in der Arbeitskammer"[38] nicht mehr gelten. Die Öffentlichkeit war von den Sitzungen auszuschließen, eine Veröffentlichung der Sitzungsniederschriften bei Zustimmung der Aufsichtsbehörde zulässig. Kein Entgegenkommen zeigte die Regierung beim Wahlalter, das die Reichstagskommission von 25 auf 21 Jahre für die Wahlberechtigung und von 30 auf 25 Jahre für die Wählbarkeit herabsetzen wollte. Vor allem aber lehnte sie das passive Wahlrecht für Sekretäre von Arbeitgeber- und Arbeitnehmervereinigungen ab. Die Gegensätze in diesem letzten Punkt sollten maßgeblich zum Scheitern des Vorhabens beitragen.

Die Reichsregierung wollte Gewerkschaftssekretäre aus den Arbeitskammern fernhalten, da eine Verständigung durch Beeinflussung von außen erschwert werde und Gewerkschaftssekretäre auf das Ausfechten wirtschaftlicher Kämpfe eingestellt seien. Demgegenüber vertrat die Mehrheit der Abgeordneten die Auffassung, dass es den Arbeitern nicht nur an Vorbildung und Zeit mangele, um sich in die Gesetzgebung einzuarbeiten, sondern ihnen auch die erforderliche Unabhängigkeit für eine wirksame Wahrnehmung ihrer Anliegen fehle. Deshalb sei es erforderlich, dass sie sich durch Gewerkschaftssekretäre vertreten lassen könnten.[39]

Nachdem die Beratung im Reichstag die unüberbrückbaren Meinungsverschiedenheiten bestätigt hatte, verzichtete die Regierung darauf, nach den Wahlen 1912 einen weiteren Gesetzentwurf vorzulegen. Nur für die Hausindustrie wurde mit den Fachausschüssen „eine Abart der Arbeitskammer geschaffen"[40], deren Einrichtung sich durch den Krieg überdies verzögerte.

Da mit Beginn des Ersten Weltkrieges die „Friedensgesetzgebung" zurückgestellt wurde, fand ein Gesetzentwurf des christlich-sozialen Abgeordneten Reinhard Mumm 1915 wenig Beachtung.[41] Mit der Verschlechterung der Lebensumstände und dem Wiederaufleben von Arbeitskämpfen ließ sich die Ausklammerung arbeits- und sozialpolitischer Fragen aber nicht mehr aufrecht erhalten, zumal die Arbeiterschaft für die erhöhte Mobilisierung angesichts der verfahrenen militärischen Lage verstärkt zur Rüstungsproduktion herangezogen werden sollte. Als Gegenleistung für die Dienstverpflichtung und als Zugeständnis an die Gewerkschaften schrieb das Gesetz über den Vaterländischen Hilfsdienst vom 5. Dezember 1916 in allen kriegswichtigen Betrieben mit mindestens 50 Arbeitern Arbeiterausschüsse vor. Deren Wirkung blieb auf Grund ihrer eingeschränkten Rechte und fehlender Sicherheiten für ihre Mitglieder zwar gering, doch zumindest mussten sie nun in allen größeren Betrieben eingerichtet werden. Bei „Streitigkeiten über die Lohn- oder sonstigen Arbeitsbedingungen"[42] konnte der Arbeiterausschuss einen paritätisch besetzten Schlichtungsausschuss mit einem vom Kriegsamt beauftragten Vorsitzenden anrufen. Außerdem wurde den zum Hilfsdienst Verpflichteten die uneingeschränkte Ausübung des Vereins- und Versammlungsrechtes zugesichert. Im Mai 1918 hob der Reichstag den umstrittenen § 153 der Gewerbeordnung auf, der immer wieder zur Unterdrückung von Streiks gedient hatte. Damit waren notwendige Voraussetzungen für eine formale Gleichberechtigung der Sozialparteien erfüllt.

1.6 Ein letzter Versuch gegen Kriegsende

Gegen Ende des Krieges kam auch die Schaffung von Arbeitskammern wieder auf die Tagesordnung. Kurz nachdem die Reichsregierung am 29. November 1917 eine neue Gesetzesvorlage zugesagt hatte, unterbreiteten die Gewerkschaften einen gemeinsamen eigenen Vorschlag. Er lehnte sich an den Regierungsentwurf von 1910 an, erweiterte aber das Aufgabengebiet der Arbeitskammern. Auch sollten die Staats- und Gemeindebetriebe nicht länger ausgeschlossen bleiben.[43]

Der neue Gesetzentwurf der Reichsregierung, den sie im April 1918 dem Reichstag vorlegte, enthielt erstmals das passive Wahlrecht für Gewerkschaftssekretäre. Heimarbeiter und Arbeiter von Staatsbetrieben wurden in die Arbeitskammern einbezogen, nicht jedoch Landarbeiter. Angestellte sollten eigene

Kammern erhalten. Wenn mindestens drei Viertel der Vertreter von Arbeitgebern und Arbeitnehmern entgegengesetzte Standpunkte vertraten, war getrennte Beratung und Beschlussfassung vorgesehen.

Für das aktive Wahlrecht wurde das Mindestalter auf 21, für das passive auf 25 Jahre festgesetzt. Kandidaten mussten seit mindestens drei Jahren dem betreffenden Gewerbezweig angehören. Jede Arbeitskammer sollte für ihren Bezirk ein Einigungsamt errichten, dessen Vorsitz ihr Vorsitzender übernahm. Es konnte angerufen werden, wenn ein zuständiges Gewerbegericht fehlte oder die beteiligten Arbeiter in verschiedenen Gewerbegerichtsbezirken beschäftigt waren.[44]

Zwar war damit wesentlichen Forderungen des Reichstags und der Gewerkschaften Genüge getan, doch enthielt der Entwurf Einschränkungen, die zwangsläufig zur Ablehnung durch Gewerkschafter und Abgeordnete führen mussten.[45] Vor allem die Bestimmung, dass die Arbeitskammern auf fachlicher Grundlage nach Bedarf für bestimmte Gebiete eingerichtet werden sollten, erwies sich als neue Sollbruchstelle. Die fachliche Gliederung, das heißt die Wahl nach Berufsgruppen, war schon im Regierungsentwurf von 1908 enthalten und wurde vom Reichstag 1910 übernommen. Sie galt als unstrittig, bis sich die Gewerkschaften in ihrem Entwurf vom Dezember 1917 für die flächendeckende Bildung berufsübergreifender Arbeitskammern mit territorialer Gliederung einsetzten.[46]

Ihre Begründung lautete, „daß sie selbst inzwischen zu beruflichen Interessenvertretungen großen Stils geworden sind, so daß die fachliche Gliederung der Arbeitskammern geeignet wäre, einen ganz unerwünschten Parallelismus zu schaffen; ferner, daß nur die territoriale Gliederung volle Gewähr für die Erfassung aller Arbeiter durch die Kammern bietet." Falls die Kammern wie vorgesehen nach Bedarf durch Beschluss des Bundesrates gebildet würden, könnten Interessengruppen, zum Beispiel in der Schwerindustrie, die Einrichtung verhindern oder hinauszögern.[47]

Auf der anderen Seite befürchteten die Anhänger der fachlichen Gliederung eine Politisierung gebietsbezogener Arbeitskammern. Sie verwiesen darauf, dass „weite Teile des Arbeiterschutzes, sowie die ganze Entwickelung der Lohnbewegungen und Tarifverträge [...] auf fachlichem Boden erwachsen seien, und daß alles, was es bisher an Gemeinschaftsarbeit der Arbeitgeber und -nehmer gebe, auf dieser Grundlage ruhe." Ein Wettbewerb zwischen Arbeitskammern und Gewerkschaften lasse sich auch bei territorialer Gliederung nicht vermeiden. Durch das Erstarken der Arbeitnehmerorganisationen hätten die Arbeitskammern als Interessenvertretung jedoch an Bedeutung verloren. Vielmehr würden die Gewerkschaften, je stärker mit der fachlichen Gliederung „der Gedanke der Gewerbesolidarität und des Einigungswesens in den Vordergrund tritt", selbst zu „Organen für die Belebung und Durchdringung der Kammern".[48]

Mit den gegensätzlichen Auffassungen zum Aufbau der Arbeitskammern verbanden sich unterschiedliche Schwerpunkte bei der Aufgabenbestimmung. Während die Gewerkschaften auf eine berufsübergreifende Vertretung der Arbeiterschaft abzielten, besaß für die Befürworter der fachlichen Gliederung der Ausgleich zwischen Arbeitern und Unternehmern Vorrang. Damit verband sich das Ziel, die Beziehungen zwischen den Sozialparteien dem staatlichen Eingriff zu entziehen.

Das Beharren der Reichsregierung auf der fachlichen Gliederung erklärt sich aus der damit verbundenen Möglichkeit, bestimmte Berufsgruppen von den Arbeitskammern auszuschließen. Um zu verhindern, dass „private und staatliche Arbeiter in gemeinsamen territorialen Kammern zusammenarbeiten"[49], wollte sie vor allem die Eisenbahner als eine der größten Arbeitergruppen in staatlichen Diensten von den Arbeitskammern fernhalten.

Ein weiterer Streitpunkt betraf nur mittelbar das Arbeitskammergesetz, stand aber ebenfalls einer Einigung entgegen. Während der Gewerkschaftsentwurf mit der Beteiligung der Arbeitskammern am Einigungswesen eine gesetzliche Verankerung der Arbeiterausschüsse verband, wollte die Regierung deren Fortbestehen in einem besonderen Abänderungsgesetz zur Gewerbeordnung regeln. Da sie aber zunächst keine Gesetzesvorlage in Aussicht stellte – diese folgte auf Drängen des Reichstags im Juli 1918 – fürchtete die Gegenseite, dass die Arbeiterausschüsse mit Außerkrafttreten des Hilfsdienstgesetzes ihre rechtliche Grundlage verlieren würden.[50]

Der zuständige Reichstagsausschuss entschied sich für eine territoriale Gliederung und bezog die Arbeiterausschüsse in das Arbeitskammergesetz ein. Als Zugeständnis bot er die Bildung von Fachkammern bei Bedarf und auf Wunsch der Arbeitnehmer- und Arbeitgeberverbände an.[51] Bis Herbst sollte ein Unterausschuss die Beschlüsse zusammenfassen.[52] Die politischen Ereignisse verhinderten, dass die Beratung wieder aufgenommen wurde.

Obwohl sich die Überzeugung von der Notwendigkeit einer gesetzlichen Interessenvertretung der Arbeiter weitgehend durchgesetzt hatte, kam es bis zum Ende des Kaiserreichs zu keiner Einigung. Die Unternehmerverbände lehnten paritätisch besetzte Arbeitskammern ab und auch die SPD entschied sich letztlich gegen diese Organisationsform. Für die Gewerkschaften verloren die Arbeitskammern in dem Maße an Bedeutung, wie sie selbst stärker wurden.[53] Der entscheidende Grund ist jedoch im zögerlichen und hinhaltenden Vorgehen der Reichsregierung zu sehen, die mit ihren Zugeständnissen immer hinter den Forderungen des Reichstags und der Gewerkschaften zurückblieb.[54]

Wenngleich die gesetzliche Umsetzung scheiterte, bewirkte die jahrzehntelange Debatte eine Verankerung des Arbeitskammergedankens im öffentlichen Bewusstsein. Damit waren die Voraussetzungen geschaffen, dass er in der Umbruchsituation am Ende des Ersten Weltkrieges wieder aufgenommen werden konnte. Durch ihre Zweckbestimmung als Vertretung der Arbeiterschaft und als Mittel zum Ausgleich zwischen den Sozialparteien erschienen Arbeitskammern geeignet, zur Befriedung gesellschaftlicher Gegensätze beizutragen und gleichzeitig unterschiedlichen gesellschaftspolitischen Zielsetzungen gerecht zu werden.

2. Die deutsche Arbeitskammerdebatte bis 1918: Entstehungszusammenhang, Zielsetzungen und Entwürfe

Um die wesentlichen Züge der Arbeitskammerdebatte herauszuarbeiten, sollen im Folgenden der Entstehungszusammenhang, die Beweggründe der Beteiligten und die wichtigsten Inhalte noch einmal zusammengefasst werden. Anschließend wird der Streit um den Aufbau der Kammern als paritätisch besetzte Arbeitskammern oder reine Arbeitnehmerkammern und insbesondere die Stellung von SPD und Gewerkschaften näher betrachtet. Die Auseinandersetzung lebte nach beiden Weltkriegen in veränderter Gestalt im Zusammenhang mit der Besetzung der Industrie- und Handelskammern wieder auf; sie verweist zugleich auf die beiden Modelle, die an der Saar verwirklicht wurden.

2.1 Standpunkte und Hintergründe

Der Arbeitskammergedanke bildete sich vor dem Hintergrund der Industrialisierung und der sozialen Frage heraus. Die Regierenden erkannten, dass sie sich, um den Einfluss auf die Entwicklung nicht zu verlieren, über wirtschaftliche und soziale Angelegenheiten und die Lage und Wünsche der Arbeiter unterrichten mussten. Darüber hinaus erschien es den bürgerlichen Befürwortern der Arbeitskammern notwendig, die an den Rand gedrängte Arbeiterschaft in die Gesellschaft einzubeziehen. Arbeitskammern sollten sowohl die Wünsche der Arbeiter und die gemeinsamen Anliegen von Arbeiter- und Unternehmerschaft den staatlichen Stellen zur Kenntnis bringen als auch eine Verständigung zwischen den Sozialparteien herbeiführen. Auf Grund der mehrfachen Aufgabenstellung gewannen sie Bedeutung für unterschiedliche gesellschaftliche Kräfte, was sich in den Vorstellungen über Zuständigkeit und Zusammensetzung der Kammern und ihrer Ein- beziehungsweise Zuordnung im staatlichen Institutionengefüge niederschlug. Anstöße gingen von Regierung und Abgeordneten aus, von den Gewerkschaften und von bürgerlichen und kirchlichen Sozialreformern.

Die verschiedenen Entwürfe entstanden im Zusammenhang der Schaffung sozialstaatlicher und arbeitsrechtlicher Bestimmungen und Körperschaften, mit denen der Staat auf den Regelungsbedarf der Industriegesellschaft antwortete. Dabei wurde eine Verbindung der Arbeitskammern mit Gewerbegerichten, Arbeitsämtern und Unfallberufsgenossenschaften erwogen. Auch bestanden Verknüpfungen zwischen den Arbeitskammern als überbetrieblichen und den Arbeiterausschüssen als betrieblichen Vertretungsorganen. Einen fortdauernden Bezugspunkt bildeten die Handelskammern, sei es, dass den Arbeitern eine vergleichbare Vertretung zur Verfügung gestellt, sei es, dass der Auftrag der Arbeitskammern über eine paritätische Besetzung der Handelskammern erfüllt werden sollte. Der „Doppelcharakter der Kammern als Interessenvertretung und Hilfsbehörde“[55] wurde ebenfalls auf die Arbeitskammern übertragen. Als Aufgaben waren unter anderem die Führung einer Arbeitsstatistik, die Arbeitsvermittlung, das Einigungswesen, die Festsetzung von Mindestlöhnen, eine Mitwirkung beim Abschluss von Tarifverträgen, beim Arbeitsschutz, bei der Durchführung der Arbeiterversicherungs-Gesetzgebung und der Wohnungsaufsicht, die berufliche Nachwuchsförderung und die Regelung des Lehrlingswesens im Gespräch. Größere Übereinstimmung lässt sich hinsichtlich der Mittel und Verfahren feststellen, mit denen die Kammern ihren Zweck erfüllen sollten. Dazu gehörten die Erstellung von Gutachten und die Durchführung von Erhebungen, Anträge an Regierung, Parlament und Behörden sowie die Übernahme von Verwaltungsaufgaben und Aufsichtsbefugnissen.

Im Laufe der Erörterungen wechselten die Standpunkte und Beweggründe, überschnitten sich, gingen Verbindungen ein und liefen wieder auseinander. Unterschiedliche Entwürfe verfolgten zum Teil ähnliche Ziele, ebenso wie sich der Zweck änderte, dem gleiche oder sich ähnelnde Regelungen dienen sollten. Widersprüche, die zeitweise eine Einigung verhinderten, traten zurück und wichen anderen „grundsätzlichen" Unvereinbarkeiten. Zusammenfassend lässt sich feststellen, dass über Zusammensetzung, Aufbau und Aufgaben der Arbeitskammern selbst innerhalb der Parteien und Verbände keine Übereinstimmung bestand.[56]

Mit der Herausbildung der Angestelltenschaft erhob sich die Forderung nach einer Vertretung auch dieser Gruppe von Arbeitnehmern. Auf seinem Verbandstag in Leipzig forderte der Deutschnationale Handlungsgehilfen-Verband (DHV) 1898 erstmals die Einrichtung von Handlungsgehilfenkammern. Entsprechenden Anträgen, die nach der Jahrhundertwende in der Hamburger Bürgerschaft und verschiedenen Landtagen gestellt wurden, blieb ein Erfolg ebenso versagt wie den gleichzeitigen Bemühungen um die Einrichtung von Arbeitskammern. Auch vertraten die Angestelltenverbände keinen einheitlichen Standpunkt. Manche forderten eigene Kammern für die Angestellten oder für bestimmte Gruppen, andere deren Einbeziehung in die Arbeitskammern.[57]

2.2 Paritätische Arbeitskammern oder Arbeitnehmerkammern

Einen wesentlichen Streitpunkt bildete die Zusammensetzung: Sollten von Arbeitgebern und Arbeitnehmern paritätisch besetzte Arbeitskammern geschaffen werden oder reine Arbeiterkammern? Während paritätische Kammern in erster Linie auf einen Ausgleich zwischen den Sozialparteien abzielten, lag der Zweck von Arbeiterkammern in der Bildung eines Gegengewichts zu den Industrie- und Handelskammern. Obwohl beide Formen sich hätten ergänzen können, entstand darüber ein Grundsatzstreit.[58]

Für eine paritätische Besetzung sprachen sich die Zentrumsfraktion im Reichstag, die Christlichen Gewerkschaften und bis 1911 auch die SPD-Fraktion aus. Die Gesellschaft für soziale Reform neigte mehrheitlich gleichfalls dieser Lösung zu. Demgegenüber zogen die Freien Gewerkschaften Arbeiterkammern vor, was bedeutete, dass SPD und Freie Gewerkschaften zeitweise unterschiedliche Auffassungen vertraten. Aber auch innerhalb von SPD und Gewerkschaften waren die Meinungen geteilt. Im Unterschied zur Reichstagsfraktion forderten die Sozialdemokraten in der Bremischen Bürgerschaft Arbeitnehmerkammern. Andererseits vertrat eine Minderheit in den Freien Gewerkschaften die paritätische Lösung. Bei den Hirsch-Dunckerschen Gewerkvereinen befürwortete der Verbandstag Arbeiterkammern, der Zentralrat jedoch Arbeitskammern.[59] In ihrem gemeinsamen Vorschlag übernahmen die Gewerkschaftsdachverbände kurz vor Kriegsende im Hinblick auf die mit dem Auslaufen der Kriegsproduktion bevorstehende Umstellung der Wirtschaft das paritätische Modell.

Industrie- und Unternehmerverbände, der Deutsche Handelstag sowie der Handels- und Gewerbekammertag waren grundsätzlich gegen gesetzliche Arbeitnehmervertretungen, hielten reine Arbeiterkammern aber für das „kleinere Übel". Zum einen gingen sie davon aus, dass diese wegen der zu erwartenden sozialdemokratischen Mehrheiten von den Behörden übergangen und daher ohne Einfluss bleiben würden, zum anderen wollten sie Vertretungsorgane der Wirtschaft mit Arbeitnehmerbeteiligung unbedingt verhindern. Aus diesem Grund bekämpften sie nicht nur alle Bestrebungen für eine paritätische Besetzung der Industrie- und Handelskammern, sondern wehrten sich auch gegen Einrichtungen, die zu diesen in Wettbewerb treten konnten.[60]

Regierung, Zentrumsfraktion und eine Mehrheit der bürgerlichen Sozialreformer versprachen sich von der gleichberechtigten Zusammenarbeit in den Arbeitskammern eine Förderung des sozialen Friedens und die gesellschaftliche Einbindung der Arbeiter, wobei die Interessenvertretung zur Erreichung dieses Ziels beitragen sollte, ihm folglich untergeordnet war. Aus Sicht der Regierung eröffneten Arbeitskammern darüber hinaus einen Weg, Verbindung zu Vertretern der Arbeiterschaft aufzunehmen, ohne in offizielle Beziehungen mit den Gewerkschaften zu treten. Damit konnte sie gleichzeitig den Einwänden der Arbeitgeber Rechnung tragen, die eine Berücksichtigung der Arbeiterverbände bei der Gesetzgebung mit der Begründung ablehnten, dass diese nur für einen Teil der Arbeiterschaft sprächen.[61]

Die Sozialdemokraten und eine Minderheit der Freien Gewerkschafter sahen den Vorzug der paritätischen Lösung hingegen in der überbetrieblichen Vertretung der Arbeiter durch eine anerkannte und mit gesetzlichen Rechten ausgestattete Einrichtung. Paul Umbreit, leitender Redakteur der Freien Gewerkschaften und Anhänger paritätischer Arbeitskammern, schrieb anlässlich der sozialdemokratischen Gesetzentwürfe zur Einrichtung von Arbeitsämtern: „Nur einer paritätischen Vertretung [...] wird man einen bestimmenden Einfluß auf die Regelung des Verhältnisses zwischen Arbeitgebern und Arbeitern zugestehen."[62] Die Verbindung mit den Arbeitsämtern sollte den Arbeitskammern die Stellung einer auf Selbstverwaltung beruhenden öffentlich-rechtlichen Körperschaft verleihen, die wie die Handwerkskammern behördliche Aufgaben erfüllte.

Da das in den Arbeitskammern erzielte Mehrheitsvotum bereits einen Ausgleich darstelle, dränge es die Regierung „in einen Gegensatz zu den Scharfmachern und spornt sie zur Beschleunigung der Reformen an".[63] Falls die paritätische Zusammensetzung den „reinen Ausdruck der Arbeiterforderungen" erschwere, so fehle es nicht an „anderen Organen, unsere Wünsche der Regierung sehr vernehmlich zu machen. Dagegen können wir nicht auf das unmittelbar amtliche Eingreifen der Arbeitskammern (durch Arbeitsämter) in die Regelung der Arbeitsverhältnisse verzichten [...]."[64] In ihrer Einschätzung der Wirkungsmöglichkeiten rechtlich abgesicherter Vertretungsorgane befanden sich Sozialdemokraten und Gewerkschafter wie Umbreit in Einklang mit den Unternehmern, die sich aus ähnlichen Erwägungen heraus gegen paritätische Arbeitskammern aussprachen.

Die Mehrheit in den Freien Gewerkschaften und die Hirsch-Dunckerschen Gewerkvereine forderten reine Arbeiterkammern als Gegengewicht zu den Kammern der Unternehmer. Die Freien Gewerkschafter befürchteten zudem, dass in paritätischen Kammern die Arbeiter „wegen ihrer wirtschaftlichen Abhängigkeit vom Unternehmer kein vollständig freies Votum abgeben könnten".[65]

Was die Aufgaben im Einzelnen betraf, waren sich die Anhänger von Arbeits- und von Arbeiterkammern weitgehend einig. So nannten beide Anträge für den Kölner Kongress der Freien Gewerkschaften 1905 Gutachten, Beschwerden, die Mitwirkung an beziehungsweise Veranstaltung von arbeitsstatistischen Aufnahmen, die Ausgestaltung, Durchführung und Beaufsichtigung des Arbeiterschutzes und die Förderung einheitlicher Arbeitsverträge als Auftrag der Kammern.[66]

3. Arbeitskammern und vergleichbare Einrichtungen im Ausland vor dem Ersten Weltkrieg

Angesichts übereinstimmender Problemlagen und -wahrnehmung begegnen uns ähnliche Überlegungen, wie sie die deutsche Arbeitskammerdiskussion bestimmten, auch in anderen Ländern. Dabei wurden unterschiedliche Ergebnisse erzielt.

3.1 Beratung mit und ohne Beteiligung der Arbeiterschaft: Die Büros für Arbeitsstatistik

Als wegweisend für eine Reihe vergleichbarer Gründungen erwies sich das Büro für Arbeitsstatik (Bureau of statistics of labor), das die Regierung von Massachusetts 1869 einrichtete. Durch regelmäßige statistische Erhebungen über die Arbeitsverhältnisse und die Lage der arbeitenden Bevölkerung sollte es die Behörden bei der Vorbereitung sozialpolitischer Maßnahmen unterstützen und auch selbst solche anregen. Das Büro für Arbeitsstatik diente als Vorbild für arbeitsstatistische Ämter in anderen Bundesstaaten der USA und für das 1884 errichtete „Arbeitsamt" auf Bundesebene, aus dem 1913 das Arbeitsministerium (U.S. Department of Labor) hervorging.

Die Schaffung arbeitsstatistischer Ämter bezeichnete einen Wandel im Verständnis von den Aufgaben des Staates. Während sich der Staat nach liberaler Auffassung auf die Gewährleistung von Recht und Ordnung und die Sicherung von Eigentum und Wettbewerb zu beschränken hatte, verbreitete sich als Folge der

Industrialisierung und ihrer sozialen Auswirkungen die Ansicht, dass er auch Sorge für die Verbesserung der Lebensumstände der arbeitenden Bevölkerung zu tragen habe. Gewerkschaften und Arbeiterparteien setzten sich für arbeitsstatistische Ämter ein, um die Voraussetzungen für eine staatliche Sozialpolitik zu schaffen. Regierung und Behörden erhofften sich eine Entspannung des Verhältnisses zwischen Kapital und Arbeit. Unterschiedliche Auffassungen bestanden hinsichtlich der Stellung der Ämter. Die Gewerkschaften wünschten sich eine Ausrichtung an den Interessen der Arbeiterschaft, die Arbeitgeber forderten gesellschaftspolitische Neutralität.[67]

Vergleichbare Einrichtungen entstanden in Österreich 1898 mit dem Arbeitsstatistischen Amt, in Frankreich 1891 mit dem Höheren Arbeitsrat (Conseil Supérieur du Travail) und im Deutschen Reich 1892 mit der Reichskommission für Arbeiterstatistik (ab 1902 Beirat für Arbeiterstatistik). In Frankreich und Österreich waren auch Vertreter der Arbeiterschaft beteiligt. Dem Arbeitsstatistischen Amt in Österreich wurde zur Unterstützung durch Gutachten „sowie zur Beförderung des gedeihlichen Zusammenwirkens desselben und der Betriebe, auf welche sich seine Wirksamkeit erstreckt“[68], ein Arbeitsbeirat zugeordnet, dem neben zehn Mitgliedern von Amts wegen je zehn vom Handelsminister ernannte Unternehmer, Arbeiter und Sachverständige angehörten. Der französische Höhere Arbeitsrat setzte sich ebenfalls drittelparitätisch zusammen. Die Unternehmer- und Arbeitervertreter, die neben Amtsträgern und Abgesandten von Regierung und Parlament je ein Drittel der Mitglieder stellten, wurden jedoch gewählt. Der Höhere Arbeitsrat führte im Auftrag des zuständigen Ministers Erhebungen über die Arbeitsbedingungen, die Lage der Arbeiter und das Verhältnis zwischen Unternehmern und Arbeitern durch.[69]

3.2 Interessenvertretung und Verständigung: Paritätische Arbeitsräte und Arbeitskammern in Belgien, den Niederlanden und Frankreich

Bei den arbeitsstatistischen Ämtern handelte es sich um Behörden. In Österreich kamen im Arbeitsbeirat zwar auch Arbeiter zu Wort, die aber nicht gewählt, sondern ernannt wurden. Der französische Höhere Arbeitsrat wies mit gewählten Mitgliedern zwar Züge einer Vertretungskörperschaft auf, konnte aber nur nach Beauftragung durch den zuständigen Minister tätig werden. Über größere Eigenständigkeit und einen weiteren Aufgabenbereich verfügten die im Folgenden beschriebenen Arbeitsräte und Arbeitskammern als paritätische Vertretungen der Sozialparteien. In der Zwecksetzung, die Regierung zu informieren und zu beraten und zur Verständigung zwischen Unternehmern und Arbeitern beizutragen, stimmen beide Formen überein.

Belgien

Die Gründung der belgischen Industrie- und Arbeitsräte (Conseils de l'industrie et du travail) ging auf eine Streikwelle zurück, die 1886 vom Bergbau ausgehend das ganze Land erfasste und sich mit einer Kampagne für das allgemeine Wahlrecht verband. Sowohl die regierende Katholische Partei als auch die Liberalen fürchteten um die gesellschaftliche und politische Stabilität: „Man begriff alsbald die gefahrvolle Lage. Die Entwicklung der Industrie während der letzten Jahre hatte zu einem Kampfe zwischen Kapital und Arbeit geführt, der für die soziale Ordnung gefährlich zu werden drohte."[70]

Daraus erwuchs die Überzeugung, dass sich der Staat nicht länger aus den Arbeitsbeziehungen heraushalten könne. Nach Bildung einer Untersuchungskommission zur Lage der Industriearbeiter im April 1886 wurden im August des folgenden Jahres gleichzeitig mit der gesetzlichen Regelung der Arbeiterlöhne die Industrie- und Arbeitsräte geschaffen. Ihre Urheber erhofften sich, dass der Austausch der Meinungen und die Beratung gemeinsamer Anliegen Gegensätze ausgleichen würden, bevor sie sich in Arbeitskämpfen oder sozialen Unruhen Ausdruck verschafften.

Die Einsetzung der Räte erfolgte durch die Regierung, entweder aus eigenem Ermessen oder auf Antrag des Gemeinderates beziehungsweise der Sozialparteien. Sie waren für einen bestimmten Verwaltungsbezirk zuständig und gliederten sich in Sektionen, deren Mitglieder je zur Hälfte von den Arbeitgebern und Arbeitnehmern der einzelnen Industriezweige auf drei Jahre gewählt wurden. Zu ihren Aufgaben gehörten die Erörterung gemeinsamer Interessen, Vorschläge an die Behörden und die Beilegung von Streitfällen.[71] Die Industrie- und Arbeitsräte beschäftigten sich unter anderem mit der Lage bestimmter Wirtschaftszweige, dem Arbeitsschutz, der Lohn- und Arbeitszeitregelung und der betrieblichen Ausbildung.

Zwar bestand keine grundsätzliche Verpflichtung, die Meinung der Räte zu Gesetzesvorhaben oder behördlichen Maßnahmen einzuholen, doch sahen verschiedene Arbeitsschutzgesetze ihre Befragung in bestimmten Fällen vor. Eine Bestandsaufnahme aus dem Jahre 1901 kommt zu dem Ergebnis, dass die Schlichtung wenig erfolgreich, hingegen „die beratende Stellung der Industrie- und Arbeits-Räte wirklich von Bedeutung"[72] gewesen sei. Da sich die Arbeiter vor allem dort an den Wahlen beteiligt hätten, „wo die sozialistischen und antisozialistischen Parteien sich organisiert haben", habe der Wahlkampf „einen politischen Charakter" angenommen. Vor allem die Arbeitgeber, aber auch die Arbeitnehmer hätten sich vielerorts gleichgültig gezeigt.[73] Um auf Anforderung der Regierung Gutachten über Arbeiterfragen zu erstellen und Gesetzentwürfe auszuarbeiten, folgte 1892 die Einrichtung eines obersten Arbeitsrates, der sich drittelparitätisch aus Sachverständigen und Vertretern von Arbeitgebern und Arbeitern zusammensetzte.[74]

Niederlande

In Anlehnung an die belgischen Industrie- und Arbeitsräte entstanden zehn Jahre später die niederländischen Arbeitskammern (Kamers van arbeid). Für ihre Gründung setzten sich wirtschaftliche und konfessionelle Vereinigungen ebenso wie liberale und konservative Abgeordnete ein. Nach einem blutigen Aufruhr in Amsterdam im Juli 1886 hatte das Parlament eine Erhebung über die Lage der Arbeiter in Auftrag gegeben, welche die bestehenden sozialen Missstände erstmals ins Bewusstsein einer größeren Öffentlichkeit rückte. Eine weitere Untersuchung unterstrich die Notwendigkeit, „die Beziehungen zwischen Arbeitern und Unternehmern zu verbessern und ein Institut ins Leben zu rufen, das im Stande sein sollte, Streitigkeiten vorzubeugen".[75] Nachdem eine Häufung von Streiks diese Erkenntnis bestätigt hatte, wurde 1897 schließlich das Gesetz über die Arbeitskammern verabschiedet.

Die Aufgaben der paritätisch zusammengesetzten Kammern umfassten ähnlich wie in Belgien das Sammeln von Informationen über die Lage der Arbeiter, die Erstellung von Gutachten und die Schlichtung von Streitfällen zwischen den Sozialparteien.[76] Im Vorsitz wechselten sich Unternehmer- und Arbeitervertreter halbjährlich ab.[77] Frauen besaßen sowohl das aktive als auch das passive Wahlrecht und konnten mit schiedsrichterlichen Aufgaben betraut werden.[78] Eine Dachorganisation sah das Gesetz nicht vor, die Kammern hielten jedoch Zusammenkünfte ab. Außerdem gaben sie eine Mitgliederzeitschrift heraus. Die meisten Arbeitervertreter in den größeren Städten gehörten der sozialdemokratischen Partei an, obwohl ein Parteitag den Gesetzentwurf abgelehnt hatte.[79]

Während die Gemeinden die Ersuche der Arbeitskammern in vielen Fällen berücksichtigten, blieben Schreiben an Arbeitgeber häufig unbeantwortet. Dr. Bernhard Harms, Professor für Volkswirtschaftslehre und Mitglied der Gesellschaft für soziale Reform, der sich für paritätische Arbeitskammern einsetzte, bemerkte 1908, dass den niederländischen Kammern

„durchschlagende Erfolge" trotz „anerkennenswerte[r] Einzelleistungen" versagt geblieben seien. Die Ursachen sah er in der Schwäche der Gewerkschaften und dem wenig entwickelten Arbeitsrecht in den Niederlanden. Die Unternehmer hätten von einer Zusammenarbeit keinen Vorteil zu erwarten und seien auch nicht zu Zugeständnissen gezwungen. Als Nachteil habe sich außerdem die Zusammenfassung unterschiedlicher Gewerbe in einer Kammer erwiesen.[80] Eine Beurteilung aus sozialdemokratischer Sicht hob hervor, dass sich die Schlichtungstätigkeit überwiegend auf Streitfälle zwischen wenigen Beteiligten beschränkte und Unternehmer die Bildung von Arbeitskammern wirksam hintertreiben konnten.[81]

Frankreich

Zur Verbesserung der Beziehungen zwischen Unternehmern und Arbeiterschaft sollten auch die paritätisch zusammengesetzten französischen Arbeitsräte (Conseils du Travail) beitragen, die Handels- und Industrieminister Alexandre Millerand als Teil eines sozialen Reformprogramms 1900 ins Leben rief. Wie die belgischen und niederländischen Arbeitsräte beziehungsweise -kammern wurden sie mit Schlichtungsaufgaben betraut – neben der Erstattung von Gutachten, der Mitwirkung an Erhebungen und der Führung einer für die Vergabe staatlicher Aufträge maßgeblichen Lohn- und Arbeitszeitstatistik. Die Arbeitsräte sollten „in allen Industriebezirken, wo es nützlich erscheint"[82], eingerichtet werden, die Wahl der Mitglieder nicht durch allgemeine und direkte Wahlen wie in Belgien und den Niederlanden, sondern durch die Gewerkschaften und die Fachverbände der Unternehmer erfolgen. Da sowohl Unternehmer als auch Gewerkschaften die Schlichtungsbefugnisse der Arbeitsräte ablehnten, blieben sie auf wenige Departements beschränkt und lösten sich bald wieder auf.[83]

3.3 Arbeitsvermittlung und gewerkschaftlicher Mittelpunkt: das Modell der Arbeitsbörsen

Arbeitsstatistische Ämter und paritätische Arbeitsräte oder Arbeitskammern entstanden durch Gesetz oder Verordnung und hatten neben der Unterrichtung und Beratung von Behörden und Politik – mehr oder weniger ausdrücklich – die Verbesserung des Verhältnisses zwischen den Sozialparteien zum Ziel. Die Arbeitsbörsen, denen wir uns anschließend zuwenden, wurden ohne gesetzliche Grundlage von den Gemeinden eingerichtet und von den Gewerkschaften betrieben. Auch die Arbeitsbörsen zielten auf die Einbindung der Arbeiterschaft. Sie waren aber mit einer anderen Aufgabenstellung betraut und konnten von den Gewerkschaften zu ihren Zwecken genutzt werden.

3.3.1 „Doppelcharakter": Die französischen Arbeitsbörsen (Bourses du Travail)

Der Gedanke der Arbeitsbörse geht im Wesentlichen auf den belgischen Wirtschaftstheoretiker und Verfechter des Freihandels Gustave de Molinari (1819–1912) zurück. Den Handelsbörsen vergleichbar sollten sie Angebot und Nachfrage auf dem Arbeitsmarkt in Einklang bringen, wovon sich Molinari die Beseitigung der Arbeitslosigkeit und auskömmliche Löhne versprach. Seine Vorstellungen trafen auf keinen großen Widerhall, bis die französischen Gewerkschaften in den 1880er Jahren angesichts der verhängnisvollen Auswirkungen der privaten Arbeitsvermittlung die Forderung nach Arbeitsbörsen in veränderter Form aufgriffen und dafür politische Unterstützung fanden.[84]

Die erste Arbeitsbörse entstand 1887 in Paris, um die Jahrhundertwende gab es über 90 solcher Einrichtungen. Die Arbeitsvermittlung in Händen der Gewerkschaften, die von den Gemeinden finanziert wurde, verfolgte nicht nur das Ziel, die Arbeiter aus der Abhängigkeit von privaten Vermittlern zu befreien, sondern sollte darüber hinaus für Gleichberechtigung auf dem Arbeitsmarkt sorgen und die Bildung von Berufsvereinen fördern.

Gustave Mesureur, der im Pariser Stadtrat die Einrichtung der Arbeitsbörse vorantrieb, begründete den Zusammenhang der Arbeitsvermittlung mit der Förderung der Gewerkschaften gegenüber den Stadtratsabgeordneten wie folgt:

> „Dadurch, daß Sie am Grundsatze des freien Arbeitsvertrags festhalten, steht Ihnen das Recht, wenn nicht die Pflicht zu, den Arbeitern die Mittel zu liefern, daß sie mit gleichen und gesetzlichen Waffen mit dem Kapital kämpfen können. Ohne die Arbeitsbörse wird die Existenz der Gewerkschaften immer eine unsichere bleiben, denn die Kosten, welche sie ihren Mitgliedern auferlegen müssen, halten ihnen die Mehrzahl der Arbeiter fern.
> Es ist folglich wichtig für die Gewerkschaften, dass sie über Räumlichkeiten verfügen, die Jeder aufsuchen kann, ohne daß er einen Aufwand von Zeit und Geld fürchten muß, der seine Kräfte übersteigt. Die freie und ständige Verfügung über Versammlungssäle wird es den Arbeitern ermöglichen, mit mehr Reife und Gründlichkeit die mannigfachen Fragen zu erörtern, welche in Zusammenhang mit ihrem Gewerbe stehen und ihren Verdienst beeinflussen."[85]

Durch die Arbeitsbörsen konnten die Gewerkschaften Einfluss auf den örtlichen Arbeitsmarkt nehmen und Mitglieder gewinnen.[86] Die Räumlichkeiten standen für Versammlungen zur Verfügung, die finanzielle Ausstattung erlaubte die Anstellung von Personal, die Herausgabe von Veröffentlichungen und den Aufbau von Bibliotheken. Die Arbeitsbörsen entwickelten sich zum „lokalen Kristallisationspunkt der Arbeiterbewegung"[87] und spielten eine entscheidende Rolle bei der Entstehung der französischen Gewerkschaftsbewegung. In den Börsen schlossen sich die örtlichen Berufsvereine zusammen, der 1892 gegründete Dachverband der Arbeitsbörsen (Fédération nationale des Bourses du travail de France et des Colonies (FBdT)) stellte die erste wirksame landesweite Vereinigung der Gewerkschaften in Frankreich dar.[88] Als berufsübergreifende Zusammenschlüsse auf örtlicher Ebene trugen die Arbeitsbörsen zur Herausbildung eines gemeinsamen Bewusstseins der Arbeiterschaft bei.[89]

Im „Doppelcharakter“[90] der Arbeitsbörsen als Einrichtungen städtischer Sozialpolitik, die gleichzeitig der Schaffung gewerkschaftlicher Gegenmacht dienten, schlugen sich die gesellschaftlichen und politischen Verhältnisse der Entstehungszeit nieder:

- die sozialen Gegensätze, die sich mit dem Fortschreiten der Industrialisierung verschärften,
- das Wiedererstarken der Gewerkschaften nach beziehungsweise trotz der politischen Unterdrückung, die auf den Aufstand der Pariser Kommune folgte,
- die Hinwendung der Republikaner zur Sozialpolitik, nachdem sie sich als politisch bestimmende Kraft durchgesetzt hatten[91] und
- die örtliche Verankerung sowie ideologische und politische Zersplitterung, welche die französische Arbeiterbewegung kennzeichneten.[92]

Zugleich griff das Modell der Arbeitsbörse auf frühere Vermittlungseinrichtungen von Gesellen- und Arbeiterverbänden zurück.[93]

Am Beispiel der Pariser Arbeitsbörse wird deutlich, wie sowohl die örtlichen als auch die allgemeinen politischen Bedingungen Entstehung und Entwicklung der Börsen beeinflussten.[94] Den politischen Hintergrund bildeten die Bemühungen der Republikaner, die Arbeiterschaft in den Staat einzugliedern und als Wähler zu gewinnen. Letzteres hatte seine Voraussetzungen im allgemeinen und gleichen Wahlrecht für Männer, das in Frankreich seit 1848 galt, und im parlamentarischen Regierungssystem der Dritten Republik. Das Gesetz über Berufsvereinigungen von 1884 schuf die rechtliche Grundlage für die Bildung und Betätigung von Gewerkschaften und legte gleichzeitig die Grenzen fest, in denen sie sich bewegen konnten.[95] Die Forderung nach einer Arbeitsbörse war im Pariser Stadtrat seit Mitte der 1870er Jahre erhoben worden. 1882 setzte der Stadtrat eine Kommission ein, deren Empfehlungen aber zunächst ohne Folgen blieben. Erst die Zulassung der Gewerkschaften, der Sieg der Radikalen bei den Stadtratswahlen im selben Jahr und die sich ausbreitende Bewegung gegen die gewerblichen Arbeitsvermittlungsbüros bereiteten den Weg für die Gründung der Arbeitsbörse.[96]

Dabei handelte es sich einerseits um ein Zugeständnis an die Gewerkschaften, andererseits mussten diese die vorgegebenen Regeln anerkennen, was den Regierenden umso notwendiger erschien, als die gesetzlichen Vorgaben häufig nicht beachtet wurden. Die Arbeitgeber waren mit der Bildung von Arbeitsbörsen einverstanden, da sie sich eine Beruhigung der angespannten Lage und einen Überblick über das Arbeitskräfteangebot versprachen. Die sozialistischen Gruppierungen wiederum hofften, über die neue Einrichtung Anhänger zu gewinnen.[97]

Gegenüber den gemäßigten Possibilisten, die anfangs die Leitung der Pariser Arbeitsbörse stellten, setzten sich 1891 radikale Kräfte durch, was zur Folge hatte, dass die Börse Streiks im In- und Ausland unterstützte und die Gründung eines sozialistisch ausgerichteten Dachverbandes vorantrieb. Gleichzeitig verunsicherten die bis dahin größte Streikwelle der Dritten Republik, anarchistische Anschläge und der Skandal um den Panamakanal die bürgerliche Wählerschaft und lösten eine Verschiebung der öffentlichen Meinung nach rechts aus. Vor diesem Hintergrund bot der militante Kurs der Arbeitsbörse, dem gegenüber sich Regierung und Stadtverwaltung zunächst abwartend verhalten hatten, Premierminister Charles Dupuy die Gelegenheit, Handlungsstärke unter Beweis zu stellen und gegen die radikalen Gewerkschaften vorzugehen. Er wies den Präfekten an, diejenigen Berufsverbände, welche die gesetzlich vorgeschriebene Anmeldung bei den Behörden verweigerten, aus der Arbeitsbörse auszuschließen. Die Regierung belangte jedoch nicht nur die widersetzlichen Verbände, sondern veranlasste im Juni 1893 auch die Einstellung der Zahlungen an die Arbeitsbörse, womit die registrierten Gewerkschaften ebenfalls betroffen waren. Auf Protestversammlungen hin ließ sie die Börse schließen und von der Polizei besetzen, was Dupuy im Nachhinein damit rechtfertigte, dass durch die gleichzeitigen Straßenkämpfe zwischen Studenten und Polizei, die in keinem Zusammenhang mit der Börse standen, die öffentliche Ordnung gefährdet gewesen sei. Offenbar ging es vorrangig um einen Schlag gegen die politisch nicht genehme Börse in Paris. Denn das Ultimatum richtete sich nur an die Gewerkschaften der Hauptstadt, während die Anmeldung auch in anderen Städten verweigert wurde.[98]

Unter den Verbänden herrschte Uneinigkeit, ob sie Widerstand leisten oder die gesetzlichen Vorgaben einhalten sollten. Am 1. April 1896 ließ die nun von den Radikalen gebildete Regierung die Börse wieder öffnen, übertrug die Leitung jedoch dem Präfekten und der Stadtverwaltung und beschränkte die Selbstverwaltung auf die Zusammenarbeit unter den Gewerkschaften.[99] Einen größeren Handlungsspielraum erhielten die Arbeitsbörsen erst wieder, als der Sozialist Alexandre Millerand 1899 das zuständige Ministerium übernahm.

Während der Streit mit der Regierung und die Zwietracht untereinander die Gewerkschaften in Paris schwächten, gab die Solidarisierung gegen die Zwangsmaßnahmen den Bestrebungen für einen einheitlichen landesweiten Gewerkschaftsverband zusätzlichen Auftrieb. Der von der Pariser Arbeitsbörse vorbereitete Gewerkschaftskongress im Juli 1893 fand die Unterstützung aller wichtigen Strömungen und bereitete den Weg für die Gründung der Confédération générale du travail (CGT) als Dachverband der französischen Gewerkschaften zwei Jahre später.[100] Nachdem sich die Fédération nationale des Bourses du travail 1902 der CGT angeschlossen hatte, verloren die Arbeitsbörsen ihre Selbstständigkeit. Während die FBdT den Ausbau der Arbeiterselbsthilfe auf örtlicher Grundlage vorangetrieben hatte, setzte die CGT auf einen zentralistischen Ansatz und rückte die Agitation für berufliche Forderungen und Kampfmaßnahmen in den Mittelpunkt. Die Börsen wurden in Gebietsverbände (Unions Locales beziehungsweise Unions Départementales) der CGT umgewandelt und 1914 die Sektion der Börsen, die bis dahin gemeinsam mit der Sektion der Berufs- und Industrieverbände die Dachorganisation gebildet hatte, aufgelöst.[101] Der Entwurf der Arbeitsbörsen als „Keimzellen" einer künftigen Gesellschaft wurde unter anderem von der syndikalistischen Arbeiterbewegung in Deutschland aufgegriffen.[102]

In veränderter Form bestehen die französischen Arbeitsbörsen bis heute. Sie werden entweder von der CGT oder, wie in Paris, von mehreren Gewerkschaftsverbänden gemeinsam betrieben. Die Arbeitsbörsen führen Rechtsberatung, berufliche Aus- und Fortbildung und Kulturveranstaltungen durch und dienen sozialen Bewegungen als Treffpunkt. Über ihre niedrigschwelligen Angebote erleichtern sie den Zugang zu den Gewerkschaften. Durch die gesetzliche Einrichtung kostenloser städtischer Arbeitsvermittlungsbüros verloren die Börsen 1904 ihr ursprünglich grundlegendes Tätigkeitsfeld. Weitere Angebote wurden mit der Übernahme von Bildungsaufgaben und Sozialleistungen durch Gemeinden und Staat hinfällig. In den vergangenen Jahrzehnten entstanden durch die Zunahme prekärer Arbeit und die Einschränkung vorsorgender staatlicher Sozialleistungen neue Anforderungen, vor allem in der Beratung. Auch bilden die Arbeitsbörsen einen Schauplatz, um auf Problemlagen hinzuweisen. Zum Beispiel warben Arbeiter ohne Aufenthaltspapiere 2008/2009 mit der Besetzung der Pariser Arbeitsbörse um öffentliche Aufmerksamkeit.[103]

Abb. 1: Die Arbeitsbörse in Paris während des Streiks für den Achtstundentag 1906 (Foto: Wikimedia Commons)

3.3.2 Umstrittene Stellung im Arbeitskampf: Die italienischen Arbeitskammern (Camere del Lavoro)

Nachahmer fanden die französischen Arbeitsbörsen in Italien. Die Eröffnung der Arbeitsbörse in Marseille 1888 bewog die Mailänder Schriftsetzer zu einem Aufruf, dem sich 73 Arbeitervereine anschlossen. Ein gemeinsamer Ausschuss entwarf ein Statut und warb bei der Stadtverwaltung mit Erfolg um Unterstützung, so dass 1890 in Mailand die erste italienische Arbeitskammer eingerichtet werden konnte. Laut dem Statut, das weiteren Gründungen zum Vorbild diente, sollte sie die Büros der Arbeitervereine aufnehmen, Räumlichkeiten für Versammlungen und andere Veranstaltungen zur Verfügung stellen und die Arbeiter zusammenzubringen „um sie praktisch zur Brüderlichkeit, zur Solidarität und zur gegenseitigen Hilfe zu erziehen". Im Einzelnen wurden folgenden Aufgaben und Ziele genannt:

- Beschaffung von Angaben über den Arbeitsmarkt, einschließlich der am besten entlohnten Arbeitsmöglichkeiten im Ausland;
- Festsetzung der Arbeitsbedingungen für Lehrlinge; Förderung und Überwachung von Arbeitsschutzgesetzen für Frauen und Kinder; Einsatz für gleiche Entlohnung von Männern und Frauen;
- Vertretung der Arbeiter gegenüber Gemeinden und Staat; Förderung der Bildung von Gewerkschaften;
- Bildung von Schiedsgerichten zur Schlichtung von Arbeitsstreitigkeiten;
- Förderung des Genossenschaftswesens;
- Organisation des „gewerblichen Unterricht[s] für alle Berufe"; Einrichtung von Bibliotheken und Prüfung aller Mittel, „die dazu dienen, die intellektuellen, moralischen und technischen Eigenschaften der Lohnarbeiter zu heben".[104]

Die Verwaltung wurde einer auf ein Jahr gewählten Exekutivkommission aus 18 Mitgliedern anvertraut, die ihrerseits einen vierköpfigen Vorstand wählte.[105] Ein Kongress in Piacenza beschloss 1897 die Einrichtung eines landesweiten Verbandes, dem zu Beginn des 20. Jahrhunderts 72 Arbeitskammern mit 240.000 Mitgliedern und 28 landesweiten Gewerkschaften angehörten.[106] Ähnlich wie die französischen Arbeitsbörsen trugen die Arbeitskammern zur Entstehung von Gewerkschaftsverbänden bei. Zum Beispiel schlossen sich die Vereinigungen der Metallarbeiter zuerst auf örtlicher Ebene in den Arbeitskammern zusammen, bevor sie 1901 den Dachverband FIOM (Federazione Italiana Operai Metallurgici) gründeten.[107]

Ihre Nähe zu den Sozialisten brachte die Arbeitskammern in Gegensatz zu Klerikalen und Konservativen, die dafür sorgten, dass die von ihnen beherrschten Gemeinderäte die Unterstützung verweigerten oder strichen. Der Versuch, mit den so genannten Volkssekretariaten eine katholische Gegenorganisation aufzubauen, blieb jedoch erfolglos.[108] Einen Rückschlag erlitten die Arbeitskammern nach der Streikbewegung 1898. Ausgehend von Protesten der Landarbeiter Unteritaliens gegen die Verteuerung der Brotpreise, kam es zu landesweiten Streiks und Unruhen, denen sich auch die Industriearbeiter anschlossen. Die Arbeitskammern konnten zwar erstmals die Landarbeiter erreichen, waren aber auch der Verfolgungswelle ausgesetzt, mit der die Regierung die Unruhen beantwortete. Andererseits wiesen führende Behördenvertreter auf den Beitrag der Arbeitskammern zur Aufrechterhaltung der öffentlichen Ordnung hin und wandten sich gegen die Unterdrückungsmaßnahmen.[109]

Unter den folgenden liberalen Regierungen erlebten die Arbeitskammern ab der Jahrhundertwende einen Aufschwung. Gleichzeitig stritten Gemäßigte und Radikale, ob die Kammern in Arbeitskämpfe eingreifen oder sich um Vermittlung bemühen sollten. Als Ergebnis bildete sich eine Arbeitsteilung heraus, in der die Gewerkschaften die Führung von Arbeitskämpfen übernahmen, während sich die Arbeitskammern „der Arbeiterfürsorge und der Kooperation“[110] zuwandten.

Die Arbeitskammern übernahmen Schlichtungsaufgaben sowohl in Arbeitskämpfen als auch bei Streitigkeiten zwischen einzelnen Arbeitern und Unternehmern. Demgegenüber gewann die Arbeitsvermittlung nur in größeren Städten Bedeutung, wo ein nennenswerter gewerblicher Arbeitsmarkt bestand. Des Weiteren boten die Kammern Bildungsmaßnahmen und Beratung an und gaben Anstöße für den Ausbau der Sozialgesetzgebung.[111] Eine rechtliche Absicherung, die sie gegen die Übernahme bestimmter Verpflichtungen als Verhandlungspartei anerkannt und ihnen die Möglichkeit eröffnet hätte, bei Gericht Klage zu erheben, lehnten sie ab, da sie um ihre Unabhängigkeit und Handlungsfreiheit fürchteten.[112]

Mit der Entstehung der Confederazione Generale del Lavoro (CGL), die 1906 durch Delegierte von 80 Arbeitskammern gegründet wurde, wandelten sich die Arbeitskammern zu örtlichen Niederlassungen des Dachverbandes. Angesichts der schwachen Stellung der meisten Branchenverbände beruhte die Stärke der italienischen Gewerkschaften auf den Gliederungen auf Orts- und Provinzebene, wodurch den Arbeitskammern besondere Bedeutung zukam. Nachdem sich die CGL während der faschistischen Herrschaft aufgelöst hatte, erfolgte 1944 die Neugründung eines einheitlichen Dachverbandes, der Confederazione Generale Italiana del Lavoro (CGIL). Mit dem Beginn des Kalten Krieges und der Hinwendung der CGIL zur Kommunistischen Partei bildeten christdemokratische und sozialdemokratische Gewerkschafter ab Ende der vierziger Jahre eigene Verbände. Die meisten Arbeitskammern gehören weiterhin der CGIL an.[113]

3.3.3 Rechtsberatung und Einsatz gegen Missstände auf dem Arbeitsmarkt: Die Arbeitskammern in Genf und Zürich

Abschließend sollen die Arbeitskammern in Genf und Zürich erwähnt werden, die ebenfalls dem französischen Beispiel folgten, hinsichtlich Entstehung, Aufbau und Entwicklung aber Besonderheiten aufweisen.

Genf

Ein von den Sozialisten eingebrachtes Gesetz führte 1895 zur Gründung der Arbeitskammer des Kantons Genf. Ihre Hauptaufgabe bestand in der Arbeitsvermittlung, außerdem stellte sie den Gewerkschaften Räume zur Verfügung, bot Rechtsberatung an und unterhielt eine Bibliothek. Die Stadt gewährte einen Zuschuss. Ein Schwerpunkt der Bemühungen der Arbeitskammer lag auf der Beseitigung der auch in Genf verbreiteten Missstände bei der privaten Arbeitsvermittlung. Dazu gehörten überhöhte Vermittlungsgebühren, die häufig alleine für die Weitergabe von Adressen erhoben wurden, unabhängig davon, ob ein Arbeitsverhältnis zustande kam. Zwar konnte die Arbeitskammer nicht erreichen, dass diese Praktiken abgestellt wurden, doch gelang es den sozialistischen Abgeordneten, gestützt auf die Berichte der Kammer, den Stadtrat zu bewegen, erstmals überhaupt etwas gegen die Auswüchse des privaten Vermittlungswesens zu unternehmen. So wurden die Arbeitslosen aufgefordert, sich ausschließlich bei der Arbeitskammer zu melden und öffentliche Aufträge mit der Verpflichtung verbunden, die Arbeitskräfte über die Arbeitskammer anzuwerben.

Die Kammer bekämpfte außerdem die Anwerbung landwirtschaftlicher Saisonarbeiter auf öffentlichen Plätzen und fertigte eine Untersuchung über die Lage der Landarbeiter an, über deren Ergebnisse ihr Sekretär in Vorträgen in den Landgemeinden berichtete. Beim Verband der bäuerlichen Eigentümer blieb sie erfolglos, konnte die Landarbeiter aber zur Gründung einer Gewerkschaft ermutigen. Nach Erhöhung des städtischen Zuschusses wurde als zweite hauptamtliche Kraft eine Sekretärin eingestellt, die sich vor allem mit den Anliegen der Arbeiterinnen beschäftigte.

Über die Wahl des Verwaltungsausschusses durch die Richter der Schiedsgerichte wollten die sozialistischen Abgeordneten der Arbeitskammer die Selbstständigkeit und Anerkennung einer offiziellen Körperschaft sichern. Offenbar sollte auch eine Politisierung vermieden werden, wie sie in den französischen

Arbeitsbörsen zum Teil stattgefunden hatte. In die gleiche Richtung zielte die Bestimmung, dass sieben der elf Ausschussmitglieder Genfer sein mussten, was den Einfluss der als radikaler geltenden Arbeiter aus der deutschsprachigen Schweiz schmälerte. Etwa 30 der 51 Genfer Arbeiterverbände verweigerten eine Beteiligung, teils, da sie auf Grund des Wahlverfahrens die Unabhängigkeit der Arbeitskammer nicht gewährleistet sahen, teils aber auch, weil sie ihre Versammlungen und die Stellenvermittlung weiterhin in Gaststätten abhalten wollten. Auch der Arbeiterbund, ein Zusammenschluss von Gewerkschaften und Arbeitervereinen, lehnte die Arbeitskammer, nachdem er deren Einrichtung gefordert hatte, wegen des indirekten Wahlverfahrens ab.[114]

Zürich

Im Unterschied zu Genf ging der Anstoß zur Schaffung der Arbeitskammer Zürich nicht vom Stadtparlament aus, sondern von der Arbeiterunion, einer örtlichen Vereinigung sozialdemokratischer Vereine und Gewerkschaften. Bei der Gründung waren 47 Gewerkschaften in der Arbeitskammer vertreten, von denen aber nicht alle der Arbeiterunion angehörten.

Die Arbeitskammer richtete eine Rechtsauskunftsstelle und eine Stellenvermittlung ein, wobei letztere finanzielle Unterstützung von der Stadt erhielt. Für Gewerkschaftsmitglieder war die Beratung kostenlos, Nichtorganisierte konnten eine einmalige, kostenpflichtige Beratung in Anspruch nehmen und wurden angehalten, einem der Mitgliedsverbände beizutreten. Nach der Einrichtung des städtischen Arbeitsamtes im Jahre 1900 führte die Arbeitskammer als Gliederung der Arbeiterunion die Rechtsberatung fort. In Arbeitsstreitigkeiten bemühte sie sich um Einigung. Klagen sollten die Ausnahme bleiben. In „wichtigen und schwierigen Fällen"[115] vermittelte die Rechtsauskunftsstelle einen Anwalt. Als sich die Arbeiterunion 1913 auflöste, übernahm das Gewerkschaftskartell Zürich die Arbeitskammer als Beratungsstelle.[116]

Der „Doppelcharakter" war bei den Schweizer Arbeitsbörsen schwächer ausgeprägt als in Frankreich und Italien. Die Genfer Arbeitskammer war durch das Wahlverfahren stärker staatlich eingebunden und genoss die Unterstützung der sozialistischen Fraktion im Stadtrat. Andererseits vertrat sie nicht alle Arbeiterverbände. Die Arbeitskammer in Zürich war bis auf die finanzielle Unterstützung der Stellenvermittlung von der Stadt unabhängig.

4. Arbeitskammern und Räte – Anspruch und Wirklichkeit in der Weimarer Republik

4.1 Die Zentralarbeitsgemeinschaft: Notlösung und Vorbild

Die Einbeziehung der Arbeiter und ihrer Organisationen in die staatliche und wirtschaftliche Ordnung, die im Kaiserreich nicht gelungen war, wurde am Ende des Ersten Weltkrieges in kürzester Zeit in die Wege geleitet. Zwei Ereignisse trugen entscheidend dazu bei. Zum einen wurden die Sozialdemokraten im Vorfeld der Waffenstillstandsverhandlungen erstmals an der Regierung beteiligt. Im Kabinett von Reichskanzler Prinz Max von Baden, das am 3. Oktober 1918 gebildet wurde, erhielt die Arbeits- und Sozialpolitik mit dem neu geschaffenen Reichsarbeitsamt ein eigenes Ressort. Dessen Leitung übernahm der Sozialdemokrat und Vorsitzende der Generalkommission der Freien Gewerkschaften Gustav Bauer. Sein Stellvertreter wurde der Christliche Gewerkschafter und Zentrumsabgeordnete Johannes Giesberts als Unterstaatssekretär. Aus dem Reichsarbeitsamt entstand im Februar 1919 das Reichsarbeitsministerium.

Zum anderen erkannten die maßgeblichen Wirtschaftsgruppen im Abkommen zwischen den Arbeitgeber- und Gewerkschaftsverbänden vom 15. November 1918 (nach Hugo Stinnes und Carl Legien, den führenden Vertretern beider Seiten, auch Stinnes-Legien-Abkommen genannt) die Gewerkschaften als „berufene Vertreter der Arbeiterschaft"[117] an. Sie sagten zu, die „wirtschaftsfriedlichen" Werkvereine nicht mehr zu unterstützen. Die Gewährleistung der Koalitionsfreiheit,

Kollektivvereinbarungen und die Einrichtung von Arbeiterausschüssen stellten die Beziehungen zwischen den Sozialparteien auf eine neue Grundlage. Mit dem Achtstundentag erfüllten die Arbeitgeber eine seit langem erhobene Forderung der Gewerkschaften.

Auf Grundlage des Abkommens wurde am 12. Dezember die Zentralarbeitsgemeinschaft gebildet. Zu ihrer Zielsetzung heißt es in der Satzung: „Die Zentralarbeitsgemeinschaft bezweckt die gemeinsame Lösung aller die Industrie und das Gewerbe Deutschlands berührenden wirtschafts- und sozialpolitischen Fragen sowie aller sie betreffenden Gesetzgebungs- und Verwaltungsangelegenheiten."[118]

Zwar hatten sich schon zu Kriegsbeginn Arbeitsgemeinschaften einzelner Wirtschaftszweige gebildet, die Schwerindustrie widersetzte sich jedoch bis in den Sommer 1918 einer Zusammenarbeit mit den Gewerkschaften, ungeachtet des Hilfsdienstgesetzes und obwohl das Kriegsamt auf ein Entgegenkommen drängte. Erst die sich abzeichnende Notwendigkeit, den wirtschaftlichen Übergang nach Kriegsende zu regeln, bewirkte eine Sinnesänderung. Nach den Erfahrungen mit der staatlich gesteuerten Kriegswirtschaft fürchteten die Industriellen um ihre Selbstständigkeit und zogen es vor, „lieber mit den Gewerkschaften allein als mit der Bürokratie die Übergangswirtschaft in die Wege zu leiten", zumal sie sich in den nach dem Hilfsdienstgesetz eingerichteten Schlichtungsausschüssen von der „wirtschaftsverständige[n] Haltung der Gewerkschaften"[119] hatten überzeugen können. Entscheidend kam hinzu, dass angesichts der sich verbreitenden Sozialisierungsforderungen, der Übernahme der Regierung durch die Sozialdemokraten und des Ausfalls der bürgerlichen Parteien für die Vertretung von Wirtschaftsinteressen „vielen Unternehmern die Kooperation mit den Gewerkschaften [...] als ein Gebot der Selbsterhaltung [erschien]".[120]

Die Zentralarbeitsgemeinschaft war auf beiden Seiten umstritten und zerfiel 1924 schon wieder, als der ADGB aus Protest gegen die Abschaffung des Achtstundentages in der Schwerindustrie die Zusammenarbeit aufkündigte.[121] Arbeitsgemeinschaften in einzelnen Wirtschaftszweigen, zum Beispiel der chemischen Industrie, bestanden hingegen bis zum Ende der Weimarer Republik fort. Auch setzte die Zusammenarbeit der Sozialparteien „bleibende Standards in der deutschen Sozial- und Tarifpolitik"[122] und diente als Vorbild bei der Schaffung wirtschaftlicher Selbstverwaltungs- und Beratungsorgane.

4.2 Antwort auf die Rätebewegung: Die Arbeiter- und Wirtschaftsräte in der Weimarer Verfassung

Im Zusammenhang mit der Neuordnung der Wirtschaft fand der Arbeitskammergedanke Eingang in die Weimarer Verfassung, die in Artikel 165 sowohl reine Arbeitnehmervertretungen als auch paritätisch besetzte Wirtschaftsräte vorsah. Zur „Wahrnehmung ihrer wirtschaftlichen und sozialen Interessen" wurden den Arbeitern und Angestellten „gesetzliche Vertretungen in Betriebsarbeiterräten sowie in nach Wirtschaftsgebieten gegliederten Bezirksarbeiterräten und in einem Reichsarbeiterrat" in Aussicht gestellt. Die Arbeiterräte ihrerseits sollten zur „Erfüllung der gesamten wirtschaftlichen Aufgaben und zur Mitwirkung bei der Ausführung der Sozialisierungsgesetze" mit den Vertretungen der Unternehmer und den „Vertretungen [...] sonstiger beteiligter Volkskreise" Bezirkswirtschaftsräte und einen Reichswirtschaftsrat bilden.

Dabei handelte es sich um ein widersprüchliches Unterfangen. Inhaltlich verknüpfte es revolutionäre Forderungen der Rätebewegung mit berufsständischen Vorstellungen christlicher und konservativer Herkunft und Entwürfen bürgerlicher Sozialreformer, die auf die Einbindung der Arbeiterschaft abzielten. Als Vorbild dienten die Arbeitsgemeinschaften aus Arbeitgebern und Arbeitnehmern, die während des Krieges entstanden waren. In politischer Hinsicht stand das Bestreben der Weimarer Koalition aus Sozialdemokraten, Zentrum und Liberalen, die Rätebewegung in das parlamentarische System einzugliedern, deren eigenem Ziel der Errichtung einer proletarischen Herrschaft in Staat und Wirtschaft gegenüber. Die Freien Gewerkschaften wiederum sahen in der „organisierte[n] Wirtschaft [...], in der die Organisationen statt der Einzelunternehmer die Produktionsverhältnisse regeln" eine Voraussetzung für die „Überführung der Privatwirtschaft zur Gemeinwirtschaft".[123] Bei einem Teil der Unternehmerschaft war die Bereitschaft zur Zusammenarbeit eher den besonderen Umständen der Nachkriegszeit geschuldet als eigener Überzeugung.

Den Ausschlag für die Aufnahme von Arbeiter- und Wirtschaftsräten in die Verfassung gaben die Märzunruhen 1919. Zuvor waren die Weichen für die weitere politische Entwicklung gestellt worden:

- die Entscheidung des Ersten Allgemeinen Kongresses der Arbeiter- und Soldatenräte vom 16. bis 19. Dezember 1918 in Berlin für ein parlamentarisches Regierungssystem und gegen ein Rätesystem;
- die Wahlen zur Nationalversammlung am 19. Januar 1919 und
- die Bildung der Regierung aus Mehrheits-Sozialdemokraten (MSPD)[124], der Deutschen Demokratischen Partei (DDP) und dem Zentrum mit dem Sozialdemokraten Philipp Scheidemann als Reichskanzler am 13. Februar 1919.

Schon nach den Wahlen zur Nationalversammlung kam es vor allem im Ruhrgebiet und im mitteldeutschen Bergbaurevier zu Streiks und Aufständen. Während die MSPD in Zusammenarbeit mit den bürgerlichen Parteien eine parlamentarische Demokratie ansteuerte, sahen die linken Sozialdemokraten in der USPD und die neu gegründete KPD ihre Ziele – Rätesystem, Sozialisierung der Schlüsselindustrien und Demokratisierung des Militärs – zunehmend in Gefahr. Dies bewirkte gleichermaßen eine Radikalisierung der Streiks und Proteste wie einen Rückgang der Beteiligung im Vergleich zum November 1918. Die gewaltsame Niederwerfung der Aufstände und die politischen Morde durch die von der Regierung zu Hilfe gerufenen Freikorps vollendeten die Spaltung der Arbeiterbewegung.[125]

Bei der Übertragung seiner Rechte auf die Nationalversammlung forderte der „Zentralrat der deutschen sozialistischen Republik" am 4. Februar 1919 die „Eingliederung der Arbeiter- und Soldatenräte in die künftige Reichsverfassung zur Verstärkung der Arbeitervertretung und ihrer Produktionsinteressen sowie zur volkstümlichen Gestaltung des Wehrwesens".[126] Die Regierung, die zunächst nicht geneigt war, dem Begehren zu entsprechen, sah sich erst, als Streiks und Unruhen ab Ende Februar in kurzer Zeit um sich griffen, zu Zugeständnissen gezwungen. Nachdem am 3. März, noch während sie mit den Streikenden in Mitteldeutschland verhandelte, in Berlin ein Generalstreik begonnen hatte, gab sie am Tag darauf ein „Arbeitsprogramm" bekannt, das die Verankerung der Arbeiterräte in der Verfassung, die Wahl und gleichberechtigte Mitwirkung von Arbeiter- und Angestelltenräten in den Betrieben und die Bildung von „Bezirksarbeitsräte[n] (Arbeitskammern)" und eines Zentralarbeitsrates für das Reich enthielt. Zu letzteren heißt es:

> „In den Bezirks- und Zentralarbeitsräten sollen alle selbst Arbeit Leistenden, auch die Arbeitgeber, die freien Berufe usw. vertreten sein. Diese Räte haben bei Sozialisierungsmaßnahmen mitzuwirken und sind zur Kontrolle sozialisierter Betriebe und Gewerbezweige heranzuziehen. Sie haben alle wirtschafts- und sozialpolitischen Gesetze zu begutachten und das Recht, selbst solche Gesetze zu beantragen".[127]

Um die Arbeiterräte vor deren Hauptversammlung am 6. April in der Verfassung zu verankern, arbeitete das Kabinett in kurzer Zeit den späteren Artikel 165 aus.[128] Damit erhielten zwar Betriebs- und Arbeiterräte Verfassungsrang, die Mitwirkung an den Sozialisierungsmaßnahmen blieb aber paritätisch besetzten Körperschaften vorbehalten. Umgesetzt wurden zudem nur die Betriebsräte und der Vorläufige Reichswirtschaftsrat. Im Ergebnis blieb die Demokratisierung der Wirtschaft auf zwei unverbundene Bruchstücke mit eingeschränkten Wirkungsmöglichkeiten beschränkt.[129]

4.3 Trotz begrenzter Befugnisse „ein unentbehrliches Reichsspitzenorgan“: Der Vorläufige Reichswirtschaftsrat

Der Reichswirtschaftsrat entsprach, den veränderten Umständen gemäß, einer paritätischen Arbeitskammer. Zweck, Aufbau und Entwicklung dieser Körperschaft sollen deshalb näher betrachtet werden. Zu den Befugnissen des Reichswirtschaftsrates bestimmte die Reichsverfassung:

„Sozialpolitische und wirtschaftspolitische Gesetzentwürfe von grundlegender Bedeutung sollen von der Reichsregierung vor ihrer Einbringung dem Reichswirtschaftsrat zur Begutachtung vorgelegt werden. Der Reichswirtschaftsrat hat das Recht, selbst solche Gesetzesvorlagen zu beantragen. Stimmt ihnen die Reichsregierung nicht zu, so hat sie trotzdem die Vorlage unter Darlegung ihres Standpunkts beim Reichstag einzubringen. Der Reichswirtschaftsrat kann die Vorlage durch eines seiner Mitglieder vor dem Reichstag vertreten lassen.“ Zusätzlich konnten den Wirtschafts- wie auch den Arbeiterräten „auf den ihnen überwiesenen Gebieten Kontroll- und Verwaltungsbefugnisse übertragen werden“ (Art. 165 Abs. 4 f.). Ein Vetorecht, das von verschiedenen Seiten gefordert wurde, war nicht vorgesehen, da die Gesetzgebung in Abgrenzung zu rätedemokratischen und berufsständischen Vorstellungen ausdrücklich dem Reichstag vorbehalten bleiben sollte.[130]

Neben der Wahrnehmung allgemeiner wirtschaftlicher Aufgaben oblag dem Reichswirtschaftsrat die Mitwirkung an der „Ausführung der Sozialisierungsgesetze“. Das Ziel der Sozialisierung trat zwar bald in den Hintergrund; als die Verfassung erstellt wurde, erschien eine Antwort auf die in der Arbeiterschaft weit verbreitete Forderung nach Vergesellschaftung der Schlüsselindustrien aber dringend geboten.

Während eine Entscheidung über den Räteaufbau noch ausstand, beschloss das Kabinett im August 1919 durch Verordnung zunächst einen vorläufigen Reichswirtschaftsrat einzurichten. Der Verordnungsweg wurde gewählt, um das Verfahren zu beschleunigen. Kurz zuvor hatte sich der Vorstand der

Zentralarbeitsgemeinschaft für die Schaffung eines Gremiums ausgesprochen, das den Gesetzentwurf für den endgültigen Reichswirtschaftsrat erstellen sollte und in dem die Zentralarbeitsgemeinschaft vertreten zu sein wünschte. Die Ausarbeitung der Verordnung erfolgte „in enger Fühlungnahme mit der Arbeitsgemeinschaft".[131] Nachdem die Regierung die Zustimmung von Reichstag und Reichsrat eingeholt hatte, erließ sie am 4. Mai 1920 die „Verordnung über den vorläufigen Reichswirtschaftsrat", der am 30. Juni erstmals zusammentrat.

Der Vorläufige Reichswirtschaftsrat bestand aus 326 Mitgliedern, die in zehn Gruppen aufgeteilt waren. Dabei handelte es sich um paritätisch zusammengesetzte Gruppen für die verschiedenen Wirtschaftszweige, um Gruppen für Beamte und freie Berufe und für die Verbraucherschaft sowie um zwei Gruppen aus Persönlichkeiten, die von Reichsrat und Reichsregierung ernannt wurden. Die Benennung der Arbeitgebervertreter geschah überwiegend durch die Verbände; nur in Ausnahmefällen waren die Berufskammern beteiligt. Die Vertreter der Arbeitnehmer wurden von den Zentralarbeitsgemeinschaften der Wirtschaftszweige oder von den Gewerkschaften und Berufsorganisationen entsandt. Als „Vertreter der wirtschaftlichen Interessen des ganzen Volkes" (Art. 5) waren die Ratsmitglieder nicht an Aufträge gebunden und hatten auch bei fachlichen Anliegen die Belange der Gesamtwirtschaft zu berücksichtigen. Die Abstimmungen erfolgten sowohl nach Köpfen als auch nach Gruppen. Auch die Minderheitsvoten wurden der Reichsregierung mitgeteilt.[132]

In seiner vorläufigen Ausführung besaß der Reichswirtschaftsrat nur einen Teil der in Artikel 165 festgelegten Rechte. Sozial- und wirtschaftspolitische Gesetzentwürfe sollten ihm zwar zur Begutachtung vorgelegt werden und er konnte auch Gesetze beantragen; doch weder war die Reichsregierung verpflichtet, Gesetzesvorlagen des Vorläufigen Reichswirtschaftsrates im Reichstag einzubringen noch wurde ihm zugestanden, seine Stellungnahmen dort zu vertreten.[133] Ebenso fehlte die Möglichkeit zur Übertragung von Aufsichts- und Verwaltungsbefugnissen.

Die Arbeitsweise des Vorläufigen Reichswirtschaftsrates entfernte sich schon nach kurzer Zeit von den Vorgaben. Zum einen verlor die fachliche Gliederung an Bedeutung, da sich Arbeitgeber- oder Arbeitnehmervertreter zwecks Beratung und zur Wahl ihrer Ausschussmitglieder gruppenübergreifend zusammenschlossen. Zum anderen fanden die entscheidenden Beratungen in den Ausschüssen statt, während die Vollversammlung keine Bedeutung erlangte.[134]

„In seiner Entstehung von der Zentralarbeitsgemeinschaft beeinflusst", erfüllte der Vorläufige Reichswirtschaftsrat Aufgaben einer „zentralen Arbeitskammer"[135]. Weit entfernt von den Zielen der Rätebewegung und auch nur ansatzweise den Vorstellungen von einer Wirtschaftsdemokratie genügend, gewann er Bedeutung als Sachverständigengremium. Neben der Erstellung von Gutachten gab der Vorläufige Reichswirtschaftsrat Anregungen zur Sozial- und Wirtschaftspolitik. Während sein unmittelbarer Einfluss auf die Gesetzgebung schon auf Grund seiner begrenzten Befugnisse gering blieb, stellte er Fachwissen für politische Entscheidungen bereit. Da die Mitglieder überwiegend durch die Berufsverbände bestimmt wurden, verfügte der Vorläufige Reichswirtschaftsrat über politische Unabhängigkeit und infolgedessen über ein stärkeres Gewicht als ein von der Regierung ernannter Beraterkreis. Außerdem war er an der Besetzung anderer Gremien beteiligt.[136] Der Vorläufige Reichswirtschaftsrat wirkte in zweifacher Hinsicht verbindend: Nach „innen" fasste er eine Vielzahl wirtschaftlicher und gesellschaftlicher Interessen zusammen und trug zum Ausgleich zwischen den Sozialparteien bei, nach „außen" führte er die Wirtschaft als Gesamtheit einschließlich der Arbeitnehmerschaft an den Staat heran, indem er ihre Wünsche bei der Gesetzgebung zur Geltung brachte.[137]

Die stärksten Meinungsverschiedenheiten zwischen Arbeitgebern und Arbeitnehmern traten erwartungsgemäß im sozialpolitischen Ausschuss auf. Insbesondere die umkämpfte Regelung der Arbeitszeit führte auch hier zu nicht überwindbaren Gegensätzen. In zahlreichen anderen Fällen konnte Übereinstimmung zumindest in Teilbereichen erzielt werden, wie bei den Verhandlungen über den Arbeitsnachweis und die Schlichtungsordnung. Häufig führte die Heranziehung von Sachverständigen zu einer Einigung. Insgesamt soll die Zusammenarbeit in den Ausschüssen die Bereitschaft zur Verständigung gefördert haben.[138]

Die Interessengruppen von Industrie und Landwirtschaft nutzten in ihrem Bestreben, die Parteiendemokratie zugunsten berufsständischer Vertretungsorgane zu schwächen, den Vorläufigen Reichswirtschaftsrat, um sozial- und wirtschaftspolitische Entscheidungen aus dem Reichstag zu verlagern.[139] In der Frage der Sozialisierung trug die Hinhaltetaktik der Vertreter der Montanindustrie dazu bei, dass der in ihrem Sinne „kritische" Zeitraum ohne Ergebnis verstrich.[140]

Der Vorläufige Reichswirtschaftsrat beriet alle wichtigen arbeitsrechtlichen und sozialpolitischen Gesetzesvorhaben und erörterte wirtschafts- und finanzpolitische Angelegenheiten. 1928 bis 1932 führte er eine Wirtschafts- und Sozialerhebung durch.[141] In Erfüllung des Auftrags, „beim Aufbau der in der Reichsverfassung vorgesehenen Arbeiterräte, Unternehmervertretungen und Wirtschaftsräte"[142] mitzuwirken, entwarf der Verfassungsausschuss des Vorläufigen Reichswirtschaftsrates Leitsätze für die gesetzliche Regelung der Bezirkswirtschaftsräte, des endgültigen Reichswirtschaftsrates und der Berufsvertretungen.

Auf Kritik an der Arbeitsweise und geringen Wirksamkeit des Vorläufigen Reichswirtschaftsrates gab die Reichsregierung zu bedenken, dass die geeigneten Verfahrensweisen erst hätten gefunden werden müssen, der Rat in seiner vorläufigen Verfassung nur mit beschränkten Rechten ausgestattet sei und in der Anfangszeit, als dringende Entscheidungen anstanden, oft nicht über die erforderliche Zeit verfügt habe. Im Übrigen sei sein Einfluss auf die Gesetzgebung häufig unbemerkt geblieben, da die Ausschüsse unter Ausschluss der Öffentlichkeit tagten und die Regierung seine Vorschläge oft schon vor ihrer endgültigen Beschlussfassung aufgegriffen habe. Nach einem zeitgenössischen Urteil hat sich der Vorläufige Reichswirtschaftsrat „durchaus bewährt" und wurde „sowohl von der Regierung als auch von dem größtem Teil der Wirtschaft selber als ein unentbehrliches Reichsspitzenorgan angesehen".[143] Andererseits beklagte der Bürodirektor des Vorläufigen Reichswirtschaftsrates 1929, „daß die Spitzenorganisationen auf beiden Seiten sich immer direkt an die Regierung wenden und den Reichswirtschaftsrat außer acht lassen".[144]

4.4 Streitpunkt Industrie- und Handelskammern

Die mittlere Stufe des Räteaufbaus sollten die von den Arbeiterräten gemeinsam mit den Handels-, Handwerks- und Landwirtschaftskammern zu besetzenden Bezirkswirtschaftsräte bilden. Die Meinungsgegensätze über Zusammensetzung und Stellung der Industrie- und Handelskammern trugen entscheidend zum Scheitern der wirtschaftlichen Neuordnung bei.

Die Gewerkschaften forderten eine paritätische Zusammensetzung der Wirtschaftskammern beziehungsweise ihren Ersatz durch paritätische Körperschaften auf Bezirksebene. Die Unternehmerverbände wollten die Industrie- und Handelskammern in ihrer bestehenden Form als öffentlich-rechtliche Vertretung der Wirtschaft auf jeden Fall beibehalten. Nach ihrer Meinung konnte der in Artikel 165 der Verfassung niedergelegte Grundsatz, wonach die Arbeiter und Angestellten, „dazu berufen [sind], gleichberechtigt in Gemeinschaft mit den Unternehmern an der Regelung der Lohn- und Arbeitsbedingungen sowie an der gesamten wirtschaftlichen Entwicklung der produktiven Kräfte mitzuwirken", durch Arbeitnehmerkammern erfüllt werden, die zusätzlich zu den Kammern der Wirtschaft eingerichtet wurden. Die Zusammenarbeit sollte im Bezirkswirtschaftsrat stattfinden.

Für die Gewerkschaften setzte Gleichberechtigung hingegen die Beeinflussung des wirtschaftlichen Geschehens durch gemeinsame, paritätische Körperschaften voraus. Sie befürchteten, dass weiterhin die Unternehmer als maßgebliche Sprecher der Wirtschaft wahrgenommen würden, wenn die Industrie- und Handelskammern unverändert fortbestanden. Arbeitnehmerkammern hielten sie für entbehrlich, da sie die Vertretung von

Arbeiterinteressen als ihre eigene Aufgabe ansahen. Um den Arbeitnehmerstandpunkt in Wirtschaftsfragen zur Geltung zu bringen, bestanden die Gewerkschaften auf paritätisch besetzten Gremien. Der Verfassungsausschuss des Vorläufigen Reichswirtschaftsrates einigte sich auf einen Kompromissvorschlag, der Streit blieb aber ungelöst.[145]

Das Bestreben der Unternehmerverbände, die Industrie- und Handelskammern als reine Arbeitgebervertretung zu erhalten, stellt ein durchgängiges Motiv in der Arbeitskammerdebatte dar. Es erklärt sowohl ihre Ablehnung paritätischer Arbeitskammern bis in den Ersten Weltkrieg als auch das Scheitern aller späteren Versuche, die Kammern der Wirtschaft gleichberechtigt zu besetzen oder in ihrer Bedeutung einzuschränken. Die Arbeitgeberverbände waren allenfalls bereit, paritätische Gremien auf gesamtstaatlicher Ebene zuzulassen, die nicht in Wettbewerb zu den Selbstverwaltungsorganen der Wirtschaft treten konnten.

4.5 Der Gesetzentwurf über den endgültigen Reichswirtschaftsrat

Der Vorläufige Reichswirtschaftsrat war von Beginn an als Übergangslösung angelegt. In Folge der staatlichen Sparmaßnahmen zur Behebung der finanziellen Notlage nach dem Ende der Inflation, aber auch aus praktischen Erwägungen heraus, hatte sich seine Arbeitsweise außerdem so stark verändert, dass sie nicht mehr der Gründungsverordnung entsprach und einen Großteil der Mitglieder beziehungsweise Gruppen von der Mitwirkung ausschloss. Die Reichsregierung hielt es daher für notwendig, eine neue und endgültige rechtliche Grundlage zu schaffen.

Da eine Einigung über die Bezirkswirtschaftsräte nicht zu erwarten war, arbeitete das Wirtschaftsministerium in Anlehnung an die Leitsätze des Verfassungsausschusses des Vorläufigen Reichswirtschaftsrates vom 28. November 1923 einen Entwurf und ein Ausführungsgesetz allein für den Reichswirtschaftsrat aus. Zu dem Entwurf, der im August 1925 fertiggestellt war, nahm der Vorläufige Reichswirtschaftsrat wiederum Stellung. Im

November 1927 brachte die Regierung die Gesetzesvorlage im Reichstag ein, der vor seiner Auflösung aber nicht mehr darüber beriet. Nach den Neuwahlen legte die Reichsregierung sie am 14. Juli 1928 daher erneut dem Reichstag vor.[146]

Der Gesetzentwurf trug den Erfahrungen Rechnung und übernahm die schon vollzogenen Änderungen. Die Mitgliederzahl wurde auf 151 verringert, zusätzlich konnten nichtständige Mitglieder berufen werden.[147] Als bestimmendes Gliederungsmerkmal lösten die bisher nur in der Geschäftsordnung genannten Abteilungen aus Arbeitgebern, Arbeitnehmern und „sonst beteiligte[n] Volkskreise[n]"[148] die Gruppenbildung nach Berufen und Wirtschaftszweigen ab. Die Abteilungen der Arbeitgeber und der „Sonstigen" waren zwar noch in Gruppen unterteilt, bei den Arbeitnehmern wurde jedoch auf die fachliche Gliederung verzichtet, um „dem ständig sich vollziehenden Wechsel der Berufszugehörigkeit" gerecht zu werden. Für die Arbeitnehmerverbände galt lediglich die Auflage, bei der Auswahl ihrer Vertreter Mindestzahlen für Landwirtschaft, Forstwirtschaft und Heimarbeit festzusetzen, damit auch die dort beschäftigten Arbeitnehmer ausreichende Berücksichtigung fanden. Außerdem waren Vertreter der Angestellten „in angemessener Zahl" zu bestimmen.[149]

Das Recht zur Benennung der Arbeitnehmervertreter behielt der Gesetzentwurf den drei großen Dachverbänden, das heißt den Freien, Christlichen und Hirsch-Dunckerschen Gewerkschaften, vor. Beim Vorläufigen Reichswirtschaftsrat lag es bei den Zentralarbeitsgemeinschaften oder den jeweiligen Berufsverbänden.[150] Die Amtszeit betrug sechs Jahre mit Wechsel der Hälfte der Mitglieder nach drei Jahren. Die Aufträge sollten in der Regel von den Ausschüssen erledigt werden, was dem Verfahren entsprach, das sich eingespielt hatte. Für Erhebungen war die Einrichtung eigener Ermittlungsausschüsse vorgesehen.[151]

Als wichtigste Aufgabe nannte das Wirtschaftsministerium die Beratung der Regierung und der gesetzgebenden Körperschaften. Der Reichswirtschaftsrat sollte schon an der Vorbereitung von Gesetzen beteiligt, seine Stellungnahmen sollten

Reichsrat und Reichstag zusammen mit den Entwürfen vorgelegt werden.[152] Die Reichsregierung, die beiden Parlamentskammern und deren Ausschüsse konnten eine mündliche Erläuterung verlangen. Abweichend von den Leitsätzen des Vorläufigen Reichswirtschaftsrates war an eine Erläuterung ohne Aufforderung nicht gedacht.[153]

Im Übrigen hatte der Reichswirtschaftsrat die „Wünsche der Wirtschaftskreise zusammenfassend zu verarbeiten "[154] und der Reichsregierung als Gesetzesanträge oder Anregungen zu unterbreiten. Falls die Regierung einer Gesetzesvorlage nicht zustimmte, musste sie diese dennoch im Reichstag einbringen. Der endgültige Reichswirtschaftsrat erhielt auch das Recht, seine Gesetzentwürfe durch eigene Mitglieder im Reichstag vertreten zu lassen. Die Bedeutung des Reichswirtschaftsrates lag nach Ansicht der Regierung außerdem im Ausgleich „der widerstrebenden Interessen innerhalb unseres Wirtschaftslebens"[155], womit der Ausgleich sowohl zwischen Berufsgruppen und Wirtschaftszweigen als auch zwischen Arbeitgebern und Arbeitnehmern gemeint war.

Der Wechsel von Mitte-Rechts-Regierungen zu einer Koalition aus SPD, Zentrum, DVP und DDP Ende Juni 1928 hatte offenbar keine Auswirkungen auf Inhalt und Zwecksetzung des Vorhabens. Die neue Regierung brachte den Entwurf unverändert im Reichstag ein. Der zuständige Wirtschaftsminister Julius Curtius (DVP) bekleidete dieses Amt bereits in den Vorgängerregierungen.[156]

Die Abstimmung im Reichstag am 14. Juli 1930 ergab zwar eine Mehrheit für die Gesetzesvorlage, doch wurde die für eine Verfassungsänderung erforderliche Zweidrittelmehrheit nicht erreicht. Diese war erforderlich, da auf die gleichzeitige Errichtung des in Artikel 165 der Reichsverfassung enthaltenen Reichsarbeiterrates verzichtet wurde. Die rechten Parteien lehnten den Entwurf nicht aus Einwänden gegen den Reichswirtschaftsrat ab, sondern weil er ihren Wunsch nach „einer berufsständischen, den politischen Parlamenten gleichgewerteten Kammer"[157] nicht erfüllte. Die seit Kriegsende bestehende

Übereinstimmung zwischen den Verfechtern einer ständestaatlichen Ordnung, bürgerlichen Sozialreformern und Anhängern einer Wirtschaftsdemokratie war damit endgültig zerbrochen. Nachdem sich ihre ordnungspolitischen Ziele als unerreichbar erwiesen hatten, die Eindämmung revolutionärer Bestrebungen nicht mehr erforderlich schien und ein großer Teil der Unternehmerschaft zu einer konfrontativen Haltung gegenüber den Gewerkschaften zurückgekehrt war, maß die politische Rechte einer institutionalisierten Zusammenarbeit mit der Arbeitnehmerseite keine Bedeutung mehr zu. Außerdem verfügten die organisierten Interessengruppen von Industrie und Landwirtschaft im politischen System der Weimarer Republik über genügend andere Möglichkeiten, ihre Anliegen zur Geltung zu bringen.

Der Vorläufige Reichswirtschaftsrat wurde nie erneuert, sondern arbeitete in der ursprünglichen Besetzung weiter. Mit der Verdrängung des parlamentarischen Gesetzgebungsverfahrens durch Notverordnungen ab Herbst 1930 wurde er aus der Entscheidungsfindung ausgeschlossen. Die Regierung von Papen beabsichtigte 1932 eine Verringerung der Mitgliederzahl und die Ernennung durch die Reichsregierung. Nach der Machtübernahme der Nationalsozialisten und Bildung der Koalition aus NSDAP und DNVP setzte der deutsch-nationale Reichswirtschaftsminister Alfred Hugenberg diese Pläne um. Ein Gesetz vom 5. April 1933 verringerte die Zahl der Mitglieder auf 60 und übertrug deren Benennung der Regierung. Neue Vertreter wurden aber nicht berufen und der Rat im folgenden Jahr aufgelöst.[158]

4.6 „Nicht zu vermeiden": Die Arbeitskammern im Bergbau

Noch vor der Aufnahme der Arbeiter- und Wirtschaftsräte in die Verfassung richtete der Rat der Volksbeauftragten als vorläufige Reichsregierung Arbeitskammern im Bergbau ein. Mit den Bergarbeiterstreiks im Ruhrgebiet begann im Januar 1919 der zweite Abschnitt der Revolution, in dem neben der Verbesserung der Lebens- und Arbeitsbedingungen verstärkt die Sozialisierung der wichtigsten Wirtschaftszweige und insbesondere des Bergbaus gefordert wurde. Eine Sozialisierung beziehungsweise Vergesellschaftung fand Zustimmung in großen Teilen der Arbeiterschaft, doch bestanden keine einheitlichen und kaum näher umrissene Vorstellungen, was darunter zu verstehen sei.[159]

Bei Verhandlungen mit Vertretern der Bergarbeiter versprach der Rat der Volksbeauftragten Mitte Januar 1919 die Schaffung einer „gesetzliche[n] Vertretung [...], die dann auch das Recht haben sollte, sich mit den Sozialisierungsfragen zu beschäftigen".[160] Wie Reichsarbeitsminister Gustav Bauer (SPD) Ende Februar 1919 im Reichstag erklärte, war die Zusage „nicht zu vermeiden [...] und [...] allein schließlich auch geeignet [...], eine gewisse Ruhe im Bergbau sicherzustellen". Die Verordnung über die Errichtung von Arbeitskammern im Bergbau habe wesentlich zum Scheitern des von Kommunisten und Unabhängigen Sozialdemokraten ausgerufenen Generalstreiks im Ruhrrevier beigetragen. Für Bauer handelte es sich um „eine der dringendsten Verordnungen, die es überhaupt je gegeben hat". Gegenüber Bestrebungen, sie aufzuheben, gab er zu bedenken: „Wird jetzt diese Verordnung beseitigt, dann können Sie überzeugt sein, daß in kurzer Zeit ein neuer Generalstreik ausbricht [...]. Wir leben in den Zeiten der Revolution, und die revolutionäre Bewegung ist noch nicht zu Ende."[161]

Als Aufgaben der Arbeitskammern nannte die Verordnung vom 9. Februar 1919 an erster Stelle die Regelung von Erzeugung und Absatz und die Vorbereitung der Sozialisierung. Darüber hinaus sollten sie „in Wahrnehmung der gemeinsamen, wirtschaftlichen, fachlichen und sozialen Interessen ihres Gewerbes sowie der auf den gleichen Gebieten liegenden Sonderinteressen der Arbeitgeber, der Arbeiterausschüsse und der gesamten Arbeiterschaft", die Behörden beraten, auf die Durchführung der Verordnung über Tarifverträge, Arbeiter- und Angestelltenausschüsse und Schlichtung von Arbeitsstreitigkeiten hinwirken, Gutachten zum Arbeitsschutz erstatten, auf Missstände hinweisen und ein „gedeihliches Verhältnis" zwischen Arbeitgebern und Arbeitern fördern. Hinzu kamen die Anregung von Maßnahmen zur Hebung der wirtschaftlichen Lage und der allgemeinen Wohlfahrt der Arbeiter sowie zur „Pflege des jugendlichen Nachwuchses", die Förderung nicht gewerbsmäßig betriebener Arbeitsnachweise (Arbeitsvermittlungsstellen) und die Mitwirkung bei der Arbeitsbeschaffung für Kriegsbeschädigte und Unfallverletzte.[162]

Die meisten Aufgaben begegnen uns schon in den Vorkriegsentwürfen für ein Arbeitskammergesetz. Das gilt auch für die Wahrnehmung sowohl der gemeinsamen Sparten- als auch der Gruppeninteressen von Unternehmern und Arbeitern, die im Gesetzentwurf der Reichsregierung von 1908 enthalten ist.

Von den Kammern, die im Ruhrgebiet, in Ober- und Niederschlesien und in Bayern eingerichtet wurden, entfaltete offenbar nur erstere eine dauerhafte Tätigkeit.[163] Sie setzte sich aus je 20 Vertretern von Arbeitgebern und Arbeitnehmern zusammen und umfasste zusätzlich eine Abteilung für Angestellte mit je zwölf Mitgliedern. Auf übereinstimmenden Antrag fand gemeinsame Beratung oder Beschlussfassung statt. Bei den Wahlen der Arbeitervertreter errang der freigewerkschaftliche Bergarbeiterverband die Mehrheit, der Gewerkverein Christlicher Bergarbeiter ungefähr ein Drittel der Sitze. Wegen finanzieller Einschränkungen als Folge der Inflation musste die Arbeitskammer ihre Tätigkeit 1923 zeitweise einstellen. Während der Ruhrbesetzung stand sie unter Aufsicht der Besatzungsmächte. Ab 1925 war wieder eine fortlaufende Arbeit möglich.[164]

Während bei der Gründung Wirtschaftslenkung und Sozialisierung im Vordergrund standen, bestimmten nach der politischen Stabilisierung Arbeitsbedingungen und Ausbildungswesen die Tätigkeit der Arbeitskammer im Ruhrbergbau. Die Arbeitskammer beschäftigte sich mit dem Arbeitsschutz und der Bekämpfung von Berufskrankheiten, mit der Einbeziehung beruflich bedingter Gesundheitsschäden in die Unfallversicherung, der gesetzlichen Regelung der Arbeitszeit, der Arbeits- und Leistungskontrolle und dem beruflichen Ausbildungswesen. Sie erreichte, dass die Ausbildung in Handwerksberufen auch im Bergbau mit einer Prüfung durch die Handwerkskammern abgeschlossen und dadurch der Lehre in einem Handwerksbetrieb gleichgestellt wurde. Nach dem Urteil des Gewerkvereins Christlicher Bergarbeiter Deutschlands hat die Arbeitskammer damit „Tausenden von jungen Leuten eine wahre Wohltat erwiesen."[165] Denn während die Absolventen bis dahin als „jugendliche Arbeiter" galten, ermöglichte ihnen der Lehrbrief, auch außerhalb des Bergbaus als Gesellen zu arbeiten. Die Nationalsozialisten lösten die Arbeitskammern im Bergbau 1933 auf.[166]

4.7 Arbeitskammern auf Länderebene

4.7.1 Die Bremer Arbeitnehmerkammern

Sozialdemokratische Abgeordnete setzten sich in der Bremer Bürgerschaft seit 1888 für eine öffentlich-rechtliche Vertretung der Arbeiterschaft ein. 1901 beantragte der spätere Reichspräsident Friedrich Ebert die Gründung einer von allen Bremer Arbeitern in allgemeinen unmittelbaren Wahlen zu wählenden Arbeiterkammer. Während die Sozialdemokraten im Reichstag paritätische Kammern forderten, traten sie in Bremen für reine Arbeitnehmerkammern ein.[167] Obwohl auch bürgerliche Abgeordnete und der Präsident der Gewerbekammer die Bemühungen unterstützten, scheiterten sie an der Befürchtung bürgerlicher Kreise, dass die Kammern „sozialistische Propaganda" betreiben und den Klassenkampf fördern könnten.[168] Vom Beginn des Jahrhunderts an sprachen sich wegen der gleichzeitigen Verhandlungen im Reichstag auch Befürworter der Arbeitnehmerkammern dafür aus, eine Entscheidung zurückzustellen.

Noch während des Ersten Weltkrieges regte 1916 der damalige Syndikus der Handelskammer eine Änderung der Landesverfassung und des Wahlrechts an, um die nach Kriegsende zu erwartenden Forderungen nach einem allgemeinen, gleichen, direkten und geheimen Wahlrecht durch teilweise Zugeständnisse im Voraus aufzufangen. Zu diesem Zweck schlug er vor, Vertretungen für Arbeiter und Angestellte nach dem Vorbild der Berufskammern zu schaffen. Ein Ausschuss der Bürgerschaft arbeitete Vorschläge aus, die wegen der Revolution zwar nicht weiter verfolgt wurden, nach dem Krieg aber zusammen mit den früheren sozialdemokratischen Anträgen die Grundlage für die Errichtung der Arbeitnehmerkammern bildeten.[169]

Die Verfassung der Freien Hansestadt Bremen vom 18. Mai 1920 sah neben Kammern für Handel, Gewerbe, Kleinhandel und Landwirtschaft eine Angestellten- und eine Arbeitskammer vor. Mit zwei Gesetzen vom Juli 1921 nahmen sie Gestalt an. Im Unterschied zur Reichsverfassung enthielten die Bremer Regelungen weder einen Bezug zu Sozialisierung und Wirtschaftslenkung noch die Möglichkeit der Übertragung von Kontroll- oder Verwaltungsbefugnissen. Insofern sind die Arbeitnehmerkammern in Bremen, wenngleich sich ihre Einrichtung dem Umbruch nach dem Ersten Weltkrieg verdankt, von ihrer Aufgabenstellung her durch die Arbeitskammerdebatte der Vorkriegszeit geprägt.

Der gesetzliche Auftrag der Kammern besteht in der „Förderung der wirtschaftlichen und kulturellen Interessen" der Arbeiter und Angestellten. Sie sind „berufen, auf alles, was der Arbeiterschaft dienlich sein kann, ihr Augenmerk zu richten, darüber zu beraten und dem Senat auf seinen Antrag oder auch unaufgefordert gutachtlich zu berichten". Die Arbeitnehmerkammern können die zur Erfüllung ihrer Aufgaben erforderlichen Maßnahmen bei den Behörden beantragen. Einschlägige Gesetzentwürfe sind ihnen zur Begutachtung vorzulegen.[170]

Neben der Begutachtung von Gesetzesvorhaben und der Berichterstattung über die Lage der Arbeitnehmer und der Wirtschaft veranstalteten die Kammern Vorträge, gaben Veröffentlichungen heraus und unterhielten eine Bücherei. Die Arbeiterkammer betrieb eine Rechtsauskunftsstelle und eine Beratung für Auszubildende, die Angestelltenkammer beteiligte sich an der Trägerschaft einer auf ihren Antrag hin eingerichteten kaufmännischen Schule. Schon 1930 vermittelte die Arbeiterkammer ihren Mitgliedern preiswerte Ferienaufenthalte. Unaufgeforderte Stellungnahmen lösten, obwohl die Kammern dazu berechtigt waren, wiederholt Auseinandersetzungen über ihre Zuständigkeit mit dem von bürgerlichen Parteien gestellten Senat aus.[171]

Die Nationalsozialisten beabsichtigten zunächst, die Arbeitnehmerkammern nach ihrer „Gleichschaltung" beizubehalten. Ein neues Gesetz verfügte die Ernennung von Präsident und Mitgliedern durch den Senat und verlieh dem Präsidenten weitreichende Befugnisse. Die Tätigkeit verlagerte sich auf die Ausbildung und Umschulung von Arbeitslosen. Versuche der Deutschen Arbeitsfront (DAF), sich die Kammern einzugliedern, um an deren vermutetes Vermögen zu gelangen und gleichzeitig die eigene Stellung im nationalsozialistischen Machtgefüge über die Durchsetzung eines Alleinvertretungsanspruchs in Arbeitnehmerfragen auszubauen, führten nach anfänglichem Widerstand des Senats schließlich im März 1936 zur Auflösung beider Kammern.

Auf Verlangen der Gewerkschaften stellte der Senat mit Ermächtigung der Militärregierung Arbeiter- und Angestelltenkammer schon im Juli 1945 wieder her. 1999 schlossen sich beide Einrichtungen zu einer einheitlichen Arbeitnehmerkammer zusammen.

4.7.2 Der Arbeiterrat Groß-Hamburg

Anders als die Bremer Arbeitnehmerkammern, deren Leitgedanken auf die Zeit vor dem Ersten Weltkrieg zurückreichen, ging der Arbeiterrat Groß-Hamburg aus den revolutionären Bestrebungen nach Kriegsende hervor. Nachdem sich der Kongress der Arbeiter- und Soldatenräte im Dezember 1918 für die Wahl einer Nationalversammlung ausgesprochen hatte, forderten die Mehrheitssozialdemokraten in Hamburg sofortige Wahlen zur Bürgerschaft und die Neuwahl des von USPD und Linksradikalen beherrschten Arbeiter- und Soldatenrates. Dessen Führung widersetzte sich zunächst, lenkte aber ein, als eine Massendemonstration vor dem Rathaus der Forderung Nachdruck verlieh. Der Vorsitz ging an einen Mehrheitssozialdemokraten über.[172]

Die Wahlen zum Arbeiterrat fanden am 23. März 1919, eine Woche nach der Bürgerschaftswahl und noch vor Bildung des neuen Senats am 31. März, statt. Wahlberechtigt waren alle Lohn- und Gehaltsempfänger beiderlei Geschlechts, die in Hamburg und den damals noch selbstständigen Städten Altona und Wandsbek wohnten, das 20. Lebensjahr erreicht hatten und deren Lohn oder Gehalt 10.000 M. im Jahr nicht überstieg. Auch Arbeitslose konnten an der Wahl teilnehmen. Anders als bei Arbeits- oder Arbeiterkammern wurden die Wahllisten sowohl von Berufsvereinigungen als auch von politischen Parteien aufgestellt. Mit 239 von 400 Mandaten gewannen die Mehrheits-Sozialdemokraten die absolute Mehrheit.[173] Der Arbeiterrat bildete eine Exekutive aus 17 Mitgliedern, ein fünfköpfiges Präsidium und Kommissionen für verschiedene Sachgebiete. Exekutive und Kommissionen wurden entsprechend der Stärke der Fraktionen der Vollversammlung besetzt.[174]

Die Gründungsverordnung enthielt keine Aussage über Aufbau und Aufgaben. Letztere legte erst die Hamburger Verfassung von 1921 in Umrissen fest. Demnach war der Arbeiterrat „berufen, bei der Erfüllung der wirtschaftlichen Aufgaben und bei der Ausführung der Sozialisierungsgesetze mitzuwirken"[175] und konnte mit Kontroll- und Verwaltungsbefugnissen ausgestattet werden. Der Wortlaut stimmt mit Artikel 165 der Reichsverfassung überein. Davon abweichend übertrug die Landesverfassung die Mitwirkung bei Wirtschaftslenkung und Sozialisierung aber keiner paritätischen Körperschaft, sondern dem Arbeiterrat und dem mit gleichen Befugnissen ausgestatteten Wirtschaftsrat gemeinsam. Im Unterschied zu den Berufskammern in Bremen war beiden Räten die Erörterung politischer Angelegenheiten nicht untersagt.[176]

Der Wirtschaftsrat wurde im November 1918 durch Abgesandte von Handel, Gewerbe und Industrie offenbar als gemeinsame Vertretung gegenüber dem Arbeiter- und Soldatenrat gegründet, dem er seine fachliche Unterstützung anbot. Durch den Beitritt von Konsumentenkammer und Arbeiterrat erweiterte sich der Teilnehmerkreis. Anfangs waren Handels-, Gewerbe-, Detaillisten- (Einzelhändler-) und Konsumentenkammer sowie der Arbeiterrat mit je zwölf Mitgliedern vertreten. Auf Antrag des Arbeiterrates erhielten Arbeitnehmer und Arbeitgeber dieselbe Zahl an Sitzen. Die Konsumentenkammer wurde der Arbeitnehmerseite zugerechnet und stellte jetzt ein Drittel, der Arbeiterrat zwei Drittel der Arbeitnehmervertreter. Der Wirtschaftsrat traf seine Entscheidungen einvernehmlich, Abstimmungen fanden nicht statt. Falls sich keine Einigung erzielen ließ, wurde auf eine Stellungnahme verzichtet. Das Gremium, das einem Bezirkswirtschaftsrat nach Artikel 165 der Reichsverfassung ähnelte, beschäftigte sich mit der Eindämmung des Bestechungswesens, forderte Ausfuhrverbote für bestimmte Waren, bemühte sich um Arbeitsbeschaffung und beteiligte sich an der Ausgestaltung des Arbeitsnachweises für Erwerbsbeschränkte.[177]

Da weder auf Reichs- noch auf Landesebene Bestimmungen über Arbeiter- und Wirtschaftsräte erlassen wurden, blieb die Landesverfassung die einzige rechtliche Grundlage beider Körperschaften. Richtlinien, die der Arbeiterrat im April 1919 verabschiedete, erlangten keine Gesetzeskraft.[178] Ein Senatsbeschluss aus dem Jahre 1921 legte fest, dass der Arbeiterrat zu allen Gesetzentwürfen und Verwaltungsmaßnahmen, die seinen Aufgabenbereich betrafen, um Stellungnahme anzufragen sei.[179]

Neben der Beurteilung von Gesetzes- und Verordnungsentwürfen auf Reichs- wie auf Landesebene[180] setzte sich der Arbeiterrat für die Verbesserung der Arbeits- und Lebensbedingungen der Hamburger Arbeiterschaft ein. In seinen Jahresberichten gab er einen Überblick über die wirtschaftliche und soziale Lage und bezog Stellung zur Wirtschafts- und Sozialpolitik. Während der Inflation forderte der Arbeiterrat die Ausgabe wertbeständiger Zahlungsmittel und Notstandsarbeiten für Erwerbslose. Er verurteilte den kommunistischen Putschversuch in Hamburg am 22./23. Oktober 1923, nicht ohne darauf hinzuweisen, dass die „gewaltigen, zum Einkommen der Lohn- und Gehaltsempfänger in keinem Verhältnis stehenden Preissteigerungen [...] den Boden für neue Verzweiflungshandlungen bereiten [müssen]".[181] In der Weltwirtschaftskrise missbilligte er die Belastung der „Elenden und Bedrückten"[182] durch die Sparmaßnahmen der Reichsregierung und verlangte eine Verkürzung der Arbeitszeit, Arbeitsbeschaffungsmaßnahmen und eine Steigerung der Massenkaufkraft. In den Notlagen nach Kriegsende und während der Weltwirtschaftskrise organisierte der Arbeiterrat Hilfe für Bedürftige. Des Weiteren vermittelte er in Lohn- und Arbeitsstreitigkeiten, wobei sowohl Arbeitnehmer als auch Arbeitgeber seine Hilfe in Anspruch nahmen.[183]

Um als Vertretung der Arbeitnehmer im Sinne der Reichsverfassung „an der gesamten wirtschaftlichen Entwicklung der produktiven Kräfte mitzuwirken", mahnte der Arbeiterrat die Einrichtung der dort vorgesehenen Bezirkswirtschaftsräte an. Die Arbeitnehmer hätten an der wirtschaftlichen Entwicklung Deutschlands und Hamburgs „das allergrößte Interesse", und es liege ebenso „im Interesse unserer wirtschaftlichen Entwicklung [...], wenn die lebendigen Kräfte der Arbeitnehmerschaft zur Mitwirkung und gleichberechtigten Mitbestimmung [...] herangezogen werden".[184] In der zweiten Hälfte der zwanziger Jahre fanden ordnungspolitische Fragen weniger Beachtung; die Jahresberichte widmeten sich jetzt ausschließlich der Wirtschafts- und Sozialpolitik. Der Arbeiterrat arbeitete eng mit den Gewerkschaften zusammen.

Trotz der unterschiedlichen Entstehungsbedingungen und rechtlichen Grundlagen weisen der Arbeiterrat Groß-Hamburg und die Bremer Arbeitnehmerkammern, was ihre Ziele und Tätigkeitsfelder betrifft, Ähnlichkeiten auf. Gelegentlich kam es auch zu einer Zusammenarbeit, wie vor den Wahlen 1928, als sie in Erwiderung eines Aufrufs der hanseatischen Unternehmerkammer gegen die Steigerung der Sozialausgaben dazu aufforderten, nur solche Parteien zu wählen, „die den sozialen Fortschritt als ihr erstes und vornehmstes Ziel betrachten".[185] Auch der Arbeiterrat Groß-Hamburg wurde von den Nationalsozialisten aufgelöst, nach dem Zweiten Weltkrieg aber nicht erneuert.[186]

Abb. 2: In seinen Jahresberichten gab der Arbeiterrat Groß-Hamburg einen Überblick über seine Tätigkeit und setzte sich mit der wirtschaftlichen und sozialen Lage der Arbeiterschaft auseinander.

4.7.3 Pläne zur Einrichtung von Arbeitskammern in anderen deutschen Ländern

Noch weitere Länder beabsichtigten Anfang der zwanziger Jahre Arbeitskammern einzurichten. Die Bestrebungen gingen von Regierungen unterschiedlicher politischer Zusammensetzung aus, folgten dem Beispiel Bremens und schlugen sich in Sachsen, Oldenburg und Danzig in Gesetzentwürfen nieder.

Nach Gründung der Arbeitnehmerkammern in Bremen baten das sächsische und das braunschweigische Arbeitsministerium um Auskünfte und Unterlagen. In einem Schreiben an die Senate von Bremen und Danzig, das thüringische Staats- und das sächsische Arbeitsministerium schlug das Staatsministerium Oldenburgs im August 1922 eine Besprechung vor, da Einverständnis über einen gegenseitigen Erfahrungsaustausch und die „Aufstellung von Grundsätzen für die Schaffung möglichst gleichmäßiger Arbeitnehmervertretungen“[187] bestehe. Ob die Besprechung stattgefunden hat, ist nicht bekannt, doch stimmen die Gesetzentwürfe aus Sachsen und Oldenburg einschließlich der Begründung weitgehend überein. Die Aufgabenbestimmung war die gleiche wie in Bremen, doch sollte statt getrennter Kammern für Arbeiter und Angestellte jeweils eine Kammer für alle Arbeitnehmer geschaffen werden. Die Kosten wären von den Lohnempfängern getragen und durch die Gemeindebehörden erhoben worden.[188]

Die Gründung weiterer Arbeitnehmerkammern scheiterte allem Anschein nach an Einwänden der Reichsregierung. Schwierigkeiten wurden wohl vorhergesehen, denn das sächsische Arbeitsministerium bat in seiner Anfrage an den Bremer Senat auch um Auskunft zur Verfassungsmäßigkeit. Nach der Weimarer Verfassung stand es nämlich ausschließlich dem Reich zu, „Aufbau und Aufgabe der Arbeiter- und Wirtschaftsräte sowie ihr Verhältnis zu anderen sozialen Selbstverwaltungskörpern zu regeln“ (Art. 165 Abs. 6). Die Begründungen zu den Gesetzentwürfen Sachsens und Oldenburgs unterstrichen in Anlehnung an Bremen, dass es sich bei den in der Verfassung vorgesehenen Arbeiterräten um „Organe von ganz anderem Aufbau und von ganz anderen Aufgaben“[189] handele, die sich insbesondere durch ihre Kontroll- und Verwaltungsbefugnisse von den geplanten Arbeitskammern unterschieden. Ergänzend wurde darauf hingewiesen, dass für die Arbeiter- und Wirtschaftsräte zwar die ausschließliche Gesetzgebung des Reichs gelte, die Errichtung von Berufsvertretungen aber der konkurrierenden Gesetzgebung unterliege. Sachsen führte außerdem an, mit den Arbeitskammern würden die den Kammern der Wirtschaft entsprechenden Arbeitnehmervertretungen geschaffen, die nach der Reichsverfassung mit diesen die Bezirkswirtschaftsräte bilden sollten – woraus sich dann wieder der Schluss ziehen ließ, bei den Arbeitskammern handele es sich um Arbeiterräte, zu deren Errichtung nur das Reich berechtigt war.[190]

Anlässlich der Regierungserklärung des sächsischen Ministerpräsidenten Erich Zeigner am 10. April 1923, in der er den Entwurf eines Arbeitskammergesetzes ankündigte und im Übrigen dem Kabinett von Reichskanzler Wilhelm Cuno vorwarf, gegenüber dem Treiben rechter republikfeindlicher Verbände nicht die nötige Festigkeit gezeigt zu haben, merkte die Reichsregierung an: „Was die Arbeitskammer anlange, so müsse man zunächst abwarten, welche Gestaltung der angekündigte Entwurf nehmen würde. Immerhin sollte die Sächsische Regierung auf die Rechtslage hingewiesen werden, um zu verhindern, daß sie ein gegen die Verfassung verstoßendes Gesetz zur Verabschiedung bringe."[191]

Nachdem Innenminister Oeser dem Reichskanzler empfohlen hatte, „gegen das geplante Gesetz über die Arbeitskammern und gegen die Angriffe auf die R[eichs]Reg[ierung] Stellung zu nehmen"[192], wurden die offenen Fragen bei einem Besuch Zeigners in Berlin besprochen. Das Ergebnis ist nicht überliefert. Auch kann hier nicht der Frage nachgegangen werden, inwiefern die Einwände auf verfassungsrechtlichen Bedenken und inwieweit sie auf Befürchtungen hinsichtlich der politischen Absichten der Regierung des linken Sozialdemokraten Zeigner beruhten.[193] Da das Reichswirtschaftsministerium aber auch gegen die Errichtung einer Arbeitnehmerkammer im revolutionärer Umtriebe unverdächtigen Oldenburg Einspruch einlegte, ist anzunehmen, dass letztlich das Beharren des Reichs auf seiner Zuständigkeit den Ausschlag gab. Anfragen an den Bremer Senat aus Danzig und Württemberg aus dem Jahre 1924 deuten andererseits darauf hin, dass die Bestrebungen fortdauerten.[194]

Aus anderen Gründen wandten sich die Gewerkschaften gegen Arbeitnehmerkammern. Sie forderten „die paritätische Teilnahme der Arbeiterschaft in allen Organen der Wirtschaft, auch jener, die heute noch der Unternehmerschaft allein vorbehalten sind"[195] und befürchteten, dass die Gründung von Arbeitskammern die angestrebte paritätische Besetzung der Industrie- und Handelskammern verhindere. Im Beschluss des Bundesausschusses des ADGB vom 17. März 1925 heißt es weiter:

„Der Bundesausschuß kann in der Schaffung gesonderter Arbeitskammern keine Erfüllung der im Artikel 165 der Reichsverfassung gegebenen Zusicherung erblicken. Er fordert die in den Landesparlamenten wirkenden Vertreter der Arbeiterschaft auf, gegen die Errichtung von Arbeiterkammern Stellung zu nehmen und das Verlangen nach Schaffung von paritätischen Wirtschaftskammern mit aller Entschiedenheit zu unterstützen."[196]

5. Arbeitnehmerkammern im Ausland nach dem Ersten Weltkrieg

Nach dem Ersten Weltkrieg richteten zahlreiche Staaten Vertretungskörperschaften der Sozialparteien zur Beratung der Regierungen und zur Begutachtung von Gesetzentwürfen ein. Überwiegend dürfte es sich um paritätisch besetzte Wirtschaftsräte mit mehr oder weniger ausgeprägten Aufgaben und Selbstverwaltungsrechten gehandelt haben.[197] Diese Ansätze sollen hier nicht weiter verfolgt werden. Stattdessen wollen wir uns Österreich und Luxemburg zuwenden, wo, wie zur gleichen Zeit in Bremen und nach dem Zweiten Weltkrieg im Saarland, der Grundgedanke der Arbeitnehmerkammer verwirklicht wurde.

5.1 Institutionalisierte Sozialpartnerschaft: Die Arbeiterkammern in Österreich

Die Arbeitskammerdebatte in Österreich bis zum Ende der Monarchie

Die Forderung nach einer gesetzlichen Vertretung der Arbeiter entstand auch in Österreich im Gefolge der Revolution von 1848. Nach Gründung der Handelskammern sollten für die Arbeiterschaft vergleichbare Organe geschaffen werden. Die Handelskammern überdauerten als eine der wenigen Errungenschaften der Revolution die Wiederherstellung der alten Machtverhältnisse und erhielten 1861 das Recht, Vertreter in die Landtage zu entsenden.

In einem Memorandum an die Regierung forderten Wiener Sozialdemokraten 1872 die Einrichtung einer Arbeiterkammer, die unter anderem folgende Aufgaben übernehmen sollte:

- der Regierung „Wünsche und Vorschläge über sämmtliche [!] Arbeiter-Angelegenheiten" zu unterbreiten und jährlich über die Arbeiterverhältnisse in ihrem Bezirk zu berichten, wobei Behörden und Unternehmen zur Erteilung der erforderlichen Auskünfte verpflichtet sein sollten;
- Gesetzentwürfe und alle Einrichtungen zum Wohle der Arbeiter zu begutachten;
- eine Arbeitsstatistik zu führen;
- als Schiedsstelle zu wirken und
- Vertreter in den Reichsrat zu wählen.[198]

In seiner Schrift „Die Arbeiterkammern und die Arbeiter" erweiterte Victor Adler, der spätere erste Vorsitzende der Sozialdemokratischen Arbeiterpartei, 1886 diese Aufstellung um Mitwirkungsrechte beim Arbeitsschutz, im betrieblichen Ausbildungswesen, in der Lohnpolitik und bei der Arbeitsvermittlung.[199]

Im selben Jahr brachten liberale Abgeordnete einen Entwurf für ein Arbeitskammergesetz im Abgeordnetenhaus ein, der sich an das Handelskammergesetz anlehnte, den Arbeitskammern aber einige Rechte der Handelskammern vorenthielt. Deshalb, vor allem aber wegen der Verbindung mit dem Wahlrecht zur Abgeordnetenkammer, lehnten die meisten Arbeiterorganisationen den Vorschlag ab. Zwar hatte in den 1860er Jahren eine konstitutionelle Monarchie die nach der Niederwerfung der Revolution wiederhergestellte absolutistische Herrschaft abgelöst. Das Abgeordnetenhaus ging jedoch nicht aus allgemeinen und gleichen Wahlen hervor, sondern setzte sich aus so genannten Kurien zusammen, in welche die verschiedenen Berufs- und Bevölkerungsgruppen jeweils eine bestimmte Zahl von nach dem Zensuswahlrecht gewählten Abgeordneten entsandten. Wahlberechtigt waren dadurch nur etwa sechs Prozent der männlichen Bevölkerung ab 24 Jahren.

Nach dem liberalen Entwurf sollten die Arbeitskammern zusätzliche Abgeordnete für eine neu zu schaffende „Arbeiterkurie" wählen, die mit neun von dann 361 Abgeordneten nicht ins Gewicht gefallen wäre. Gleichzeitig hätte das Arbeitskammergesetz das undemokratische Wahlrecht bestätigt. Die sozialdemokratischen Arbeiterverbände sahen ihren Anspruch auf politische Gleichberechtigung der Arbeiterschaft nicht im Geringsten erfüllt und befürchteten darüber hinaus, dass ihre weiter reichenden Forderungen entkräftet würden.

Bei einer Versammlung am 20. Oktober 1886 in St. Pölten erklärten sie, „daß der [...] Gesetzentwurf [...] in keiner Weise den Anforderungen, welche an eine zweckdienliche Vertretung der Interessen der Lohnarbeiter gestellt werden müssen, entspricht und daß das Proletariat seine bestimmte, immer und immer wiederholte Forderung nach dem allgemeinen, gleichen und directen Wahlrecht niemals für das Linsengericht eines dürftigen Zubaues an die gegenwärtige Interessenvertretung aufgeben werde."[200]

Nach dem Scheitern der liberalen Gesetzesvorlage erhielt das Arbeitsstatistische Amt, das 1898 gegründet wurde, einen Teil der für die Kammern vorgesehenen Aufgaben. Mit der Erhebung, Bearbeitung und Veröffentlichung arbeitsstatistischer Daten sollte es Grundlagen für die wirtschaftliche und soziale Gesetzgebung bereitstellen. Zur Unterstützung des Amtes wurde der bereits im Zusammenhang mit den arbeitsstatistischen Ämtern erwähnte ständige Arbeitsbeirat gebildet, dem auch Arbeiter angehörten. Er erstattete auf Anforderung Gutachten zu sozialpolitischen Gesetzesvorlagen und konnte ab 1905 auch selbst Anträge stellen. Auf Grund seiner eingeschränkten Befugnisse und der Zusammensetzung aus Amtsträgern und vom Handelsminister ernannten Mitgliedern genügte er nicht den mit einer Arbeitskammer verbundenen Erwartungen. Immerhin mussten die Gutachten des Arbeitsbeirates einschließlich der Stellungnahmen der Minderheit veröffentlicht werden.[201]

Mit Einführung des allgemeinen und gleichen Wahlrechts für Männer im Jahre 1907 löste sich die Arbeitskammerdiskussion von der Wahlrechtsfrage. Einerseits bestand jetzt nicht mehr die Gefahr, dass Arbeitskammern als Ersatz für ein demokratisches Wahlrecht benutzt wurden, andererseits entfiel ein Beweggrund, ihre Einrichtung weiter zu betreiben. Wie in Deutschland war es die sich abzeichnende Notwendigkeit, den wirtschaftlichen Übergang nach Kriegsende zu gestalten, die zur Wiederaufnahme der Erörterung führte. 1917 brachten sozialdemokratische Abgeordnete einen Antrag zur Schaffung von Arbeitskammern im Reichsrat ein, doch fiel bis zum Ende des Krieges keine Entscheidung mehr.[202]

Die Arbeiterkammern in der Ersten Republik

Nach dem Sturz der Monarchie schuf die Koalition aus Sozialdemokraten und Christlichsozialen das bis heute bestehende österreichische Arbeitskammerwesen mit seiner umfassenden Mitwirkung an Gesetzgebung und Verwaltung. Die Einrichtung der Arbeitskammern gehörte zu den sozialpolitischen Maßnahmen, die im Koalitionsabkommen vom März 1919 vereinbart wurden. Den entscheidenden Anstoß gaben die Sozialdemokraten, indem sie ihre Zustimmung zur Änderung des Handelskammergesetzes von der Vorlage eines Gesetzentwurfs über die Arbeiterkammern abhängig machten.[203]

Bei den österreichischen Kammern für Arbeiter und Angestellte, die zusammenfassend auch als Arbeiterkammern bezeichnet werden, handelt es sich um reine Arbeitnehmervertretungen. Die Abstimmung mit der Unternehmerseite und die Zusammenarbeit der Sozialparteien mit der Regierung finden innerhalb der so genannten Sozialpartnerschaft statt. Sie baut im Wesentlichen auf den Kammern auf und stellt ein kennzeichnendes Merkmal des politischen Systems Österreichs dar.

Arbeitnehmerkammern entsprachen der sozialdemokratischen Staatsauffassung, die den Staat als klassenneutrales Werkzeug in den Händen der politischen Mehrheit begriff. Um an staatlichen Entscheidungen teilzuhaben, galt es, ein Gleichgewicht nicht innerhalb, sondern „zwischen den Institutionen"[204] herzustellen. Andererseits hätten sozialdemokratische Gewerkschafter auch in Österreich eine Umgestaltung der Handels- und Gewerbekammern vorgezogen. So bemerkte Ferdinand Hanusch, der seit 1903 dem Vorstand der Reichskommission der Freien Gewerkschaften angehörte und als Staatssekretär (d.h. Minister)[205] für soziale Verwaltung von 1918 bis 1920 die sozialpolitische Gesetzgebung und das Arbeitskammergesetz auf den Weg brachte:

> „Was die Arbeitskammern betrifft, so hätten wir sie nicht gebraucht, wenn es gelungen wäre, die Handels- und Gewerbekammern zu beseitigen. Da dies nicht gelang, so mußte ein Gegengewicht gegen ihren schädlichen Einfluß geschaffen werden."[206]

Während die Sozialdemokraten Mitbestimmung in der Produktion und die Beteiligung der Arbeiter am Ertrag durch eine Änderung der Wirtschaftsverfassung anstrebten, setzten die Gewerkschaften auf Betriebsräte und Tarifvereinbarungen und versuchten, eine Verbesserung der Lebensbedingungen vor allem über Lohnerhöhungen zu erreichen. In sozialpolitischen und allen die Arbeiterschaft unmittelbar betreffenden Angelegenheiten erhoben sie einen Führungsanspruch. Demgegenüber sollten die Arbeiterkammern auf die Wirtschaftspolitik, einschließlich der Handels-, Steuer- und Konsumentenpolitik, einwirken und eine Gegenmacht zu den Handelskammern bilden. Im Einzelnen bedeutete eine solche Arbeitsteilung zum Beispiel, dass sich die Gewerkschaften für Lohnerhöhungen, die Arbeiterkammern für stabile Preise einsetzten.[207]

Im christlichen Lager traf die Gründung von Arbeitskammern grundsätzlich auf Zustimmung, doch fehlte innerhalb der Christlichsozialen Partei und auch zwischen Partei und Christlichen Gewerkschaften eine einheitliche Vorstellung von Aufbau und Aufgaben der Kammern. Einigkeit bestand lediglich darin, dass sie als „oberste Instanz der Arbeiterbewegung"[208] Betriebsräten und Gewerkschaften übergeordnet sein und deren Tätigkeit aufeinander abstimmen sollten. In dieser Zwecksetzung verband sich das gesellschaftspolitische Ziel einer berufsständischen Ordnung mit dem Bestreben, einen Ausgleich für die Vorherrschaft der Freien Gewerkschaften in den Betrieben zu schaffen. Gemeinsam bemühten sich Christlichsoziale und Sozialdemokraten um die Eindämmung der Rätebewegung, wobei sie die Vorgänge in München und in Ungarn als abschreckende Beispiele werteten.[209]

Das Gesetz über die Errichtung von Kammern für Arbeiter und Angestellte vom 26. Februar 1920, das im Wesentlichen der Regierungsvorlage aus Hanuschs Sekretariat für soziale Verwaltung entsprach, wurde mit den Stimmen von Sozialdemokraten, Christlichsozialen und Großdeutscher Volkspartei verabschiedet. Eine Einbeziehung der Land- und Forstarbeiter, für die sich Sozialdemokraten und Freie Gewerkschaften eingesetzt hatten, verhinderten die Vertreter der Grundbesitzer in der Nationalversammlung. Heimarbeiter, Dienstboten und Arbeitslose, die über keine durchsetzungsfähigen Fürsprecher verfügten, blieben ebenfalls ausgeschlossen.[210]

In jedem Bundesland wurde eine Kammer mit einer Sektion für Arbeiter und für Angestellte eingerichtet. Die Arbeitnehmer des Bundeslandes wählen alle fünf Jahre in direkter und geheimer Wahl die Vollversammlung. Die Listen werden von den Gewerkschaftsverbänden aufgestellt, die den politischen Parteien nahestehen. Zur Beratung gemeinsamer Anliegen treten die Vorstände der Arbeitskammern mindestens einmal jährlich zum Arbeitskammertag zusammen. Die bundespolitische Vertretung obliegt der Arbeiterkammer Wien. Die Kammern finanzieren sich über eine Umlage, die mit dem Sozialversicherungsbeitrag eingezogen wird. Im Juli 1921 folgte die gesetzliche Gleichstellung der Arbeiterkammern mit den Kammern für Handel, Gewerbe und Industrie.[211]

In den ersten Wahlen 1921 errangen die Freien Gewerkschaften im Landesdurchschnitt über 80 Prozent, bei der folgenden

Wahl 1926 noch über drei Viertel der Mandate. Die Mehrheitsverhältnisse bildeten die Grundlage für eine enge Verbindung der Kammern mit den Freien Gewerkschaften.[212]

Die Arbeiterkammern erwirkten schon kurz nach ihrer Gründung die Schaffung eines Arbeitslosenversicherungsrates aus Vertretern der Arbeiter- und der Handelskammern, der die Verwendung der Mittel überwachte. Auch die 1923 eingerichtete Notstandsunterstützung, die eintrat, wenn der Anspruch auf Arbeitslosenunterstützung abgelaufen war, ging auf ihre Anregung zurück. Gemeinsam mit Gewerkschaften und sozialdemokratischen Abgeordneten setzten sie eine Zuwanderungskontrolle im Interesse der einheimischen Arbeitskräfte und gleichzeitig den Schutz für politische Flüchtlinge durch. Die Wiener Kammer richtete einen Jugendbeirat und ein Referat für Frauenarbeit ein. Unter Mitwirkung des Jugendbeirates konnte eine Beschäftigungsgarantie von mindestens drei Monaten nach der Lehre erreicht werden. In der Weltwirtschaftskrise leisteten die Arbeiterkammern Hilfe für Bedürftige und unterhielten eigene Beschäftigungsprogramme. Im Rahmen eines Hilfsprojektes für Arbeitslose entstand „Die Arbeitslosen von Marienthal", eine Studie über die Auswirkungen von Arbeitslosigkeit, die als grundlegendes Werk der empirischen Sozialforschung gilt.[213] Die Beteiligung an der sozialdemokratischen Arbeiterhochschule, die sozialwissenschaftliche Bibliothek der Arbeiterkammer Wien und Wanderbüchereien in mehreren Bundesländern eröffneten Bildungsmöglichkeiten für Arbeitnehmer. Die Arbeiterkammer Wien erwarb sich mit ihrem Mitarbeiterstab aus Sachverständigen allgemeine Anerkennung.[214]

Die Errichtung des autoritären Regimes durch die Regierung Dollfuß im Frühjahr 1933 bereitete den Arbeiterkammern in ihrer bisherigen Form ein Ende. Die Selbstverwaltung wurde aufgehoben, ernannte Verwaltungskommissionen und Regierungskommissäre traten an Stelle der gewählten Vollversammlungen und Vorstände. Nach der Angliederung Österreichs an das Deutsche Reich lösten die Nationalsozialisten 1938 die Arbeiterkammern auf und übertrugen ihr Vermögen der Deutschen Arbeitsfront.

Nach dem Zweiten Weltkrieg wurden sie auf Grundlage des Gesetzes von 1920 wieder eingerichtet.[215]

5.2 Furcht vor Konkurrenz: Gewerkschaften und Arbeitnehmerkammern in Luxemburg

Auch die Luxemburger Arbeitnehmerkammern gingen aus den Umbrüchen in Folge des Ersten Weltkrieges hervor. Im Januar 1918 setzte die Regierung zwei Sonderausschüsse für Arbeiter- und für Angestellteninteressen mit Vorschlagsrecht ein. Dem Sonderausschuss für Arbeiterinteressen gehörten Mitglieder der verschiedenen Gewerkschaftsrichtungen an. Beide Ausschüsse sprachen sich für die Bildung von gewählten Berufskammern, darunter auch einer Arbeitskammer, aus. Bis dahin gab es lediglich die 1841 gegründete Handelskammer, die auch die Industrie vertrat, deren Mitglieder aber nicht gewählt, sondern von der Regierung ernannt wurden.[216]

Das Arbeiterkammergesetz von 1920

Das allgemeine und gleiche Wahlrecht, das mit einer Verfassungsänderung am 19. Mai 1919 in Kraft trat, erhöhte das politische Gewicht der Arbeiterschaft und zwang die führende Partei der Rechten (Rechtspartei), im Wettbewerb um Wählerstimmen diese stärker zu berücksichtigen. Nach dem Vorbild des deutschen Gesetzes über den Vaterländischen Hilfsdienst wurden zunächst in Industriebetrieben mit über 50 Belegschaftsangehörigen, dann in allen Unternehmen mit mindestens 15 Arbeitern, Betriebsräte gebildet. Die Gewerkschaften setzten, gestützt auf eine wachsende Mitgliedschaft, in der frühen Nachkriegszeit den Achtstundentag, Lohnerhöhungen und weitere Zugeständnisse durch. Ein von christlich-sozialen Abgeordneten schon im April 1917 vorgeschlagenes Gesetz über Kollektivverträge mit verbindlicher Schlichtung, das die Gewerkschaften offiziell als Vertretung der Arbeitnehmerschaft anerkannte, kam hingegen erst Ende der dreißiger Jahre zustande.[217]

Nachdem ein Kongress der Arbeiterverbände die Forderung nach einer gewählten Arbeitskammer bekräftigt hatte, arbeitete eine Kommission des Sonderausschusses einen Vorentwurf aus. Dieser bildet die Grundlage für die Gesetzesvorlage, die eine parteiübergreifende Gruppe von Abgeordneten, darunter zwei Ausschussmitglieder, am 26. November 1919 im Parlament einbrachte. Zuvor war in einer gemeinsamen Sitzung der beiden Sonderausschüsse die Schaffung getrennter Kammern für Arbeiter und Angestellte beschlossen worden. Auch entschieden sich die Urheber der Gesetzesvorlage für reine Arbeitnehmerkammern.[218]

Die Gesetzesvorlage erarbeiteten christliche und sozialdemokratische Gewerkschafter noch gemeinsam. In der Parlamentsdebatte im April 1920 wurden die Gegensätze deutlich, die sich inzwischen herausgebildet hatten. Während die Radikalisierung der Arbeiterschaft die Freien Gewerkschaften und die Sozialistische Partei ebenfalls erfasste, hielten die Christlichen Gewerkschafter am Ausgleich zwischen den Sozialparteien fest. Durch ihre Bindung an die Partei der Rechten befanden sie sich, seitdem diese an die Regierung und mit Emile Reuter ein Vertreter des christlich-sozialen Flügels ins Amt des Ministerpräsidenten gelangt war, zudem in einer zwiespältigen Lage. Die Gründung des Luxemburgischen Christlichen Gewerkschaftsbundes im Januar 1921 besiegelte die Spaltung der Gewerkschaften.[219]

In der Parlamentsdebatte legten die Sozialisten einen Änderungsantrag vor, der die Arbeiterkammer durch einen von den Betriebsräten gewählten Arbeitsrat (Conseil du Travail) ersetzte. Dahinter stand die Befürchtung, dass eine Kammer, in der auch nicht organisierte Arbeiter vertreten waren, die Stellung der Gewerkschaften untergraben könne. Die rechte Parlamentsmehrheit lehnte den Antrag ab, übernahm jedoch einige zusätzliche Vorschlags- und Überwachungsbefugnisse für die Arbeitnehmerkammern. Sie hielt auch an der Bindung des Wahlrechts an die luxemburgische Staatsangehörigkeit und an der Öffentlichkeit der Sitzungen fest und stellte sich damit gegen den Staatsrat, der in diesen Punkten Änderungen gewünscht hatte. Das

Gesetz vom 28. Juni 1920 wurde zwar vom Abgeordnetenhaus verabschiedet, kam wegen Schwierigkeiten bei der Aufstellung der Wählerlisten und der Festlegung des Wahlverfahrens aber nicht zur Anwendung.[220]

Die Einrichtung wählbarer Berufskammern mit dem Gesetz von 1924

Mit einem Gesetzentwurf über gewählte Berufskammern griff die Regierung im Februar 1921 das Vorhaben wieder auf. Regierung und Rechtspartei versprachen sich von Berufskammern eine Verständigung der Sozialparteien und erwarteten, dass gesetzlich anerkannte Körperschaften mit festumrissenen Rechten, die unter Beobachtung der Öffentlichkeit stehen, zur Mäßigung gruppenbezogener Forderungen beitragen würden. Des Weiteren sollten sie das Parlament entlasten, indem sie wirtschaftliche Fragen behandelten, für die den Abgeordneten die Sachkenntnis fehlte.[221]

Auch jetzt wollten die Sozialisten vor allem eine Schwächung der Gewerkschaften verhindern. Statt einer allgemeinen Wahl forderten sie, die Arbeitnehmerkammern auf den Gewerkschaften zu begründen und diese mit einer Pflichtmitgliedschaft auszustatten. Die übrigen Kammern sollten durch die Berufsverbände gebildet werden.[222] Ein weiterer Streitpunkt betraf die Aufbringung der Kosten. Die Regierung beabsichtigte eine Finanzierung über Beiträge, was sie damit begründete, dass die Unabhängigkeit der Kammern ihre finanzielle Selbstständigkeit voraussetze. Die sozialistischen Abgeordneten entgegneten, dass die Kammern aus Steuermitteln unterhalten werden müssten, weil ihre Einrichtung im allgemeinen Interesse liege. Ihren tieferen Beweggrund bildete die Besorgnis, dass ein Pflichtbeitrag Arbeitnehmer von der zusätzlichen freiwilligen Mitgliedschaft in einer Gewerkschaft abhalten könne. Obwohl ihre Anträge auch diesmal keine Berücksichtigung fanden, stimmten die Sozialisten dem Gesetzentwurf letztlich zu.

In der Billigung des Gesetzes durch Sozialistische Partei und Freie Gewerkschaften kam ein neuerlicher politischer Wandel zum Ausdruck. Mit dem Scheitern des Hüttenarbeiterstreiks im März 1921 hatte der Aufschwung der Arbeiterbewegung ein jähes Ende gefunden. Staatliche Unterdrückung, Mitgliederverluste und die politische Spaltung schwächten die Gewerkschaften auf Jahre. Ihre Bemühungen richteten sich jetzt vorrangig auf den Wiederaufbau ihrer Organisation und die Anerkennung durch Unternehmer und Staat. Nachdem der Versuch einer grundlegenden Umwälzung misslungen war, wechselten sie zu einer Reformpolitik. Anfangs noch vorhandene Vorbehalte gegenüber den Arbeitnehmerkammern schwanden, sobald es ihnen gelang, diese für ihre Ziele zu nutzen.[223]

Das Gesetz betreffend die Errichtung von wählbaren Berufskammern vom 4. April 1924 schuf außer der Arbeiterkammer (Chambre de Travail), eine Privatbeamten-, das heißt Angestelltenkammer, eine Landwirtschafts- und eine Handwerkskammer. Die Handelskammer erhielt als gewählte Berufskammer eine neue gesetzliche Grundlage. Den Wunsch der Abgeordneten, auch für die Angehörigen des öffentlichen Dienstes eine Vertretung einzurichten – zumal ihnen das passive Wahlrecht zur Abgeordnetenkammer vorenthalten wurde – lehnte der Staatsrat mit dem Hinweis auf die sonstigen Vorrechte des öffentlichen Dienstes ab. Erst 1964 wurde auch diesen Arbeitnehmern eine Berufskammer zugestanden. Gegen das Votum des Abgeordnetenhauses, den Kammern die Entscheidung über die Öffentlichkeit ihrer Sitzungen selbst zu überlassen, bestand der Staatsrat außerdem darauf, dass sie grundsätzlich nichtöffentlich tagen. Um eine weitere Verzögerung zu vermeiden, stimmten die Abgeordneten auch in den strittigen Punkten dem Regierungsentwurf zu.[224]

Bei den ersten Wahlen zur Arbeiterkammer im März 1925 gewannen die Freien Gewerkschaften 13 von 16 Sitzen, während sich der Christliche Gewerkschaftsbund mit drei begnügen musste und die Kommunisten leer ausgingen. Zusammen mit der hohen Wahlbeteiligung von ungefähr 86 Prozent verdeutlichte das

Ergebnis, dass auch die Mehrheit der nichtorganisierten Arbeiter die Freien Gewerkschaften als ihre Vertretung ansahen.[225]

Die Arbeiterkammer trug zu den sozialen Verbesserungen bei, die ab Mitte der zwanziger Jahre erreicht wurden. Dazu gehörte der gesetzliche Anspruch auf bezahlten Jahresurlaub für Arbeiter und die Regelung von Ausbildung und Arbeitsbedingungen der Auszubildenden in der Industrie, für die sie sich gemeinsam mit den Betriebsräten einsetzten. Auf ihr Drängen hin ratifizierte Luxemburg die grundlegenden Abkommen der Internationalen Arbeitsorganisation. Ebenso bemühte sie sich um die gesetzliche Absicherung und Verallgemeinerung von Tarifvereinbarungen. Als die Gewerkschaften während der Krise der dreißiger Jahre wieder erstarkten, konnten sie auf die Vorarbeit der Arbeiterkammer zurückgreifen.[226]

Nach der Besetzung Luxemburgs lösten die Nationalsozialisten die Arbeiterkammer, nachdem ihr Vorstand die Zusammenarbeit mit der Deutschen Arbeitsfront verweigert hatte, auf. Léon Weirich, der erste Präsident der Kammer, kam in einem Konzentrationslager ums Leben.[227] Nach dem Ende des Zweiten Weltkrieges konnte die Arbeiterkammer im September 1945 ihre Tätigkeit wieder aufnehmen. Mit der Aufhebung der rechtlichen Unterscheidung zwischen Arbeitern und Angestellten und der Schaffung eines einheitlichen Statuts für die lohnabhängig Beschäftigten der Privatwirtschaft wurden Angestellten- und Arbeiterkammer 2008 zu einer gemeinsamen Arbeitnehmerkammer (Chambre des Salariés) zusammengefasst.

6. Arbeiter- und Wirtschaftsräte, Arbeits- und Arbeitnehmerkammern: Versuch einer Orientierung

Wie der Überblick über die Arbeitskammerdebatte von den Anfängen im 19. Jahrhundert bis in die Zeit nach dem Ersten Weltkrieg verdeutlicht hat, verbanden sich mit dem Arbeitskammergedanken unterschiedliche Inhalte, Ziele und Zwecksetzungen, die unter sich ändernden politischen und gesellschaftlichen Voraussetzungen zudem wechselten. Hinter einer Vielzahl von Entwürfen lassen sich gleichwohl zwei durchgehende Beweggründe erkennen:

Zum einen bemühten sich die Regierenden, Konfliktpotenzial zu verringern. Sie versuchten, sich über die Lage und Wünsche der Arbeiter in Kenntnis zu setzen und diese durch eine mehr oder weniger ausgeprägte und überwachte Beteiligung in die bestehende Ordnung einzugliedern. In Zeiten verstärkter Spannungen, zum Beispiel während der Streiks in den 1890er Jahren oder unter den offenen Machtverhältnissen nach dem Ersten Weltkrieg, gewann diese Zielsetzung an Gewicht und gab der Debatte neuen Antrieb. Wie sich zeigen wird, gilt dies auch für die Errichtung der Arbeitskammer im Saargebiet durch die Völkerbundsregierung und für die Gründung der Arbeitskammer des Saarlandes nach dem Zweiten Weltkrieg.

Zum anderen forderte die Arbeiterschaft, nachdem sie ein gemeinsames Selbstbewusstsein entwickelt und sich organisiert hatte, eine anerkannte Vertretung und ihre Berücksichtigung bei der staatlichen Entscheidungsfindung. Stand anfangs die

Gleichberechtigung der Arbeiter allgemein im Vordergrund, so richteten sich die Ziele von Arbeiterparteien und Gewerkschaften nach Erringung der politischen Demokratie auf eine diese ergänzende und weiterführende Demokratisierung der Wirtschaft.

Die Freien Gewerkschaften nahmen eine zwiespältige Haltung zu Arbeitskammern ein. Einerseits versprachen sie sich von der Beteiligung an Körperschaften mit amtlichem Auftrag Anerkennung und Einfluss, andererseits befürchteten sie, dass die Schaffung von Arbeitskammern wirksamere Formen der Mitsprache verhindern und ihre eigene Stellung als Sprecher der Arbeiterschaft schwächen würde. In Deutschland wandten sie sich, nachdem sie bis gegen Ende des Ersten Weltkrieges mehrheitlich reine Arbeiterkammern gefordert hatten, ab den zwanziger Jahren gegen Arbeitnehmerkammern und verlangten die paritätische Besetzung der Industrie- und Handelskammern. Ihre Vorbehalte hinderten sie indessen nicht daran, sich der Arbeitnehmerkammern in Bremen, Luxemburg und Österreich für ihre Zwecke zu bedienen.

Die Unternehmer legten Wert darauf, weiter alleine für die Wirtschaft als Ganzes zu sprechen. Eine gleichberechtigte Beteiligung der Arbeitnehmer an den Industrie- und Handelskammern oder eine Schmälerung von deren Gewicht durch andere amtliche Einrichtungen mit paritätischer Zusammensetzung traf daher auf ihren entschiedenen Widerstand.

Einen fortdauernden Streitpunkt in der deutschen Debatte vor dem Ersten Weltkrieg, der auch die Arbeiterorganisationen entzweite, bildete die Entscheidung zwischen paritätisch besetzten Arbeitskammern und Arbeitnehmerkammern. Der Zweck paritätischer Arbeitskammern bestand sowohl darin, eine Verständigung zwischen den Sozialparteien zu ermöglichen, als auch in der Unterrichtung der Regierung über die Anliegen der Arbeiterschaft als Voraussetzung für eine vorausschauende Sozialpolitik. Für diesen Ansatz stehen die belgischen Industrie- und Arbeitsräte, die niederländischen Arbeitskammern und die im Reichstag verhandelten Entwürfe. Arbeiterkammern, wie sie die

Freien Gewerkschaften oder die SPD in Bremen forderten, um eine den Kammern der Wirtschaft entsprechende Vertretung der Arbeiter zu schaffen, wurden bis Kriegsende nicht verwirklicht.

Während es sich bei paritätischen Arbeitskammern und Arbeitnehmerkammern um Körperschaften des öffentlichen Rechts handelt, stellten die französischen Arbeitsbörsen und die italienischen Arbeitskammern Einrichtungen der Gewerkschaften dar, die von den Gemeinden gegründet und finanziert wurden. Ohne gesetzliche Grundlage verfügten sie über einen größeren Handlungsspielraum, waren in ihrem Bestand aber auch weniger gesichert. Die Auseinandersetzung um die Pariser Arbeitsbörse und um die Haltung der italienischen Arbeitskammern gegenüber der Streikbewegung verdeutlichten die Widersprüche, die im „Doppelcharakter" einer Einrichtung kommunaler Sozialpolitik in gewerkschaftlicher Trägerschaft angelegt waren.

In Folge der Umbrüche im Anschluss an den Ersten Weltkrieg übernahm der Staat zusätzliche sozialpolitische Aufgaben; zugleich verschärften sich die gesellschaftlichen und politischen Gegensätze. Damit wuchs sowohl der staatliche Informationsbedarf als auch die Dringlichkeit, einen Ausgleich zwischen den Sozialparteien herbeizuführen und der Radikalisierung der Arbeiterschaft durch Beteiligungsangebote entgegenzuwirken.

Mit den Arbeitskammern im Bergbau, dem Reichswirtschaftsrat und der Arbeitskammer im Saargebiet entstanden paritätisch besetzte Vertretungen. Die als Zugeständnis an die aufständischen Bergarbeiter eingerichteten Arbeitskammern im Bergbau griffen auf Entwürfe zurück, über die der Reichstag noch im letzten Kriegsjahr beraten hatte. Ihr zusätzlicher Auftrag, an der Sozialisierung mitzuwirken, nahm die in der Arbeiterschaft verbreitete Forderung nach einer Änderung der Eigentumsverhältnisse auf und lenkte sie in „geordnete" Bahnen.

Als beständiger erwiesen sich die Arbeitnehmerkammern in Bremen, Luxemburg und Österreich. Zu ihren Merkmalen gehören Selbstverwaltung und eine gewisse Eigenständigkeit bei der Interessenwahrnehmung ebenso wie ihre staatliche Einbindung durch die Stellung als Körperschaft des öffentlichen Rechts und über die Beteiligung an Gesetzgebung und Verwaltung. Zum Ausgleich zwischen Arbeiterschaft und Unternehmern sollten zusätzlich paritätische Wirtschaftsräte geschaffen werden.

Der unter dem Eindruck der revolutionären Bewegung entstandene „Räteartikel" der Weimarer Verfassung umfasste sowohl paritätische Wirtschafts- als auch reine Arbeitnehmervertretungen. Inhaltlich handelte es sich um eine Zusammenfügung von Ideen der Vorkriegszeit mit rätedemokratischen Ansätzen. Politisch lässt sich die Verfassungsbestimmung als ein Angebot an die radikale Linke verstehen, das Ziele bürgerlicher Sozialreformer aufgriff und für Konservative ebenfalls annehmbar erschien, da es auch ständestaatliche Lösungen nicht ausschloss.

Der in der Verfassung niedergelegte Auftrag wurde nur unvollständig eingelöst. Zum einen entfiel nach Sicherung der Machtverhältnisse ein wesentlicher Beweggrund ihn auszuführen, zum anderen traten die weiterreichenden Ziele, die dem Räteaufbau zu Grunde lagen, auseinander, wobei sich weder wirtschaftsdemokratische noch ständestaatliche Vorstellungen durchsetzen konnten – nachdem sich das Rätemodell schon mit dem Scheitern der letzten revolutionären Aufstände 1923 „erledigt" hatte. Als Ergebnis blieb es bei den bis Anfang der zwanziger Jahre geschaffenen Einrichtungen.

Eine Wiederaufnahme erfuhr der Gedanke einer demokratischen Umgestaltung der Wirtschaft im Programm der Wirtschaftsdemokratie des ADGB, das mit dem Namen von Fritz Naphtali verbunden ist, dem Leiter der Forschungsstelle für Wirtschaftspolitik des ADGB. Naphtali führte den Vorsitz der Kommission, die das Konzept der Wirtschaftsdemokratie ausarbeitete. Es schloss an das Heidelberger Programm der SPD von 1925 an und stützte sich wie dieses auf die Theorie des organisierten Kapitalismus von Rudolf Hilferding. Demnach hatten wirtschaftliche Konzentration und Zentralisation, verbunden mit der Regulierung durch Staat und Verbände, die freie Konkurrenz abgelöst.[228] Für den ADGB lag der Ansatzpunkt zur Beeinflussung des wirtschaftlichen Geschehens folglich in den Syndikaten und den übergeordneten Reichsverbänden. Dagegen schienen die Betriebsräte, solange die Vertretungsorgane fehlten, die nach der Weimarer Verfassung ihre Verbindung mit den Selbstverwaltungskörperschaften auf Reichsebene herstellen sollten, nur zur Wahrnehmung ausführender und überwachender Aufgaben geeignet, etwa bei der Einlösung von Tarifvereinbarungen oder beim Arbeitsschutz. Ein „weites Betätigungsfeld" bot sich den Betriebsräten nach Ansicht des ADGB außerdem in der „selbständigen Erledigung der spezifisch betrieblichen Fragen des Arbeitsverhältnisses, z.B. der Durchführung des Entlassungsschutzes".[229]

Als „Formen, in denen eine demokratische Wirtschaftsverfassung heranreift",[230] wurden indessen die Selbstverwaltungskörperschaften der Wirtschaft angesehen, wie der Reichskohlenrat für die Wirtschaftslenkung auf Branchenebene und der Reichswirtschaftsrat für die staatliche Wirtschaftspolitik. Arbeitnehmerkammern kommen in diesen Überlegungen nicht vor, obwohl sie als Gegengewicht zu den Kammern der Unternehmerschaft die paritätischen Lenkungsorgane ergänzt hätten.

Während das Konzept der Wirtschaftsdemokratie mit Beginn der Weltwirtschaftskrise an Bedeutung verlor und überbetriebliche Gebilde wie der Vorläufige Reichswirtschaftsrat oder der Reichskohlenrat nur geringe Wirkung entfalteten, entwickelten sich die Betriebsräte zu einem Merkmal der deutschen Wirtschaftsordnung. Den Gewerkschaften gelang es, indem sie sich der Betriebsräte bedienten, ihre Einflussmöglichkeiten auf der betrieblichen Ebene zu erweitern – nachdem sie das Betriebsrätegesetz der Weimarer Republik und das Betriebsverfassungsgesetz von 1952 zunächst als unzureichend abgelehnt hatten. Nach dem Zweiten Weltkrieg entzog die von den Alliierten verfügte Entflechtung den wirtschaftsdemokratischen Vorstellungen aus der Zeit der Weimarer Republik ihren Ansatzpunkt. Forderungen des Deutschen Gewerkschaftsbundes (DGB) nach einem Bundeswirtschaftsrat, die die Überlegungen der Vorkriegszeit in veränderter Gestalt aufgriffen, scheiterten am Widerstand von Bundesregierung und Wirtschaftsverbänden. Die paritätische Besetzung der Industrie- und Handelskammern oder die Übernahme ihrer Aufgaben durch regionale Wirtschafts- und Sozialräte ließ sich auch jetzt nicht durchsetzen. Zudem scheint die Feststellung gerechtfertigt, dass nach der Verabschiedung des Mitbestimmungsgesetzes 1976 „der wirtschaftsdemokratische Begründungszusammenhang der Mitbestimmung verblasst ist".[231]

Öffentlich-rechtliche Selbstverwaltungskörperschaften mit paritätischer Zusammensetzung konnten in der Bundesrepublik weder für die Wirtschaftspolitik in Bund und Ländern noch für die Beziehungen zwischen den Sozialparteien Bedeutung erlangen. Ansätze wie der rheinland-pfälzische Wirtschaftsrat blieben wirkungslos und wurden aufgegeben. Für wirtschaftspolitische Anliegen der Sozialparteien erwies sich die Einflussnahme über Parlamente, Regierungen und Medien als erfolgversprechender. Die Beziehungen innerhalb der Wirtschaftszweige werden über Tarifverhandlungen gestaltet. Durch eine weiterentwickelte Tarifpolitik erreichten die Gewerkschaften auch einen Ausbau der betrieblichen Mitwirkung. Mit der Unternehmensmitbestimmung, deren Grundlagen die britische Militärregierung in der Montanindustrie legte, gewann eine zusätzliche Entscheidungsebene an Bedeutung, die zuvor wenig Beachtung gefunden hatte.[232]

Arbeitskammern sind in der Bundesrepublik trotz von Zeit zu Zeit auflebender Diskussionen über Neugründungen auf Saarland und Bremen beschränkt geblieben, im Saarland als Folge einer Sonderentwicklung durch die zeitweise Abtrennung von Deutschland, in Bremen als Ergebnis von Entscheidungen, die auf Grundlage einer korporativen Tradition nach dem Ersten Weltkrieg getroffen wurden. Wo Arbeitnehmerkammern bestehen, behaupten sie einen festen Platz im Beziehungsgefüge zwischen Wirtschaft, Arbeitnehmerschaft und Staat. Über die stärkste Stellung verfügen die Arbeiter- und Angestelltenkammern in Österreich, wo sie eng mit dem politischen System verbunden sind.

Die Wirkung von Arbeitskammern ist nicht erforscht und lässt sich am ehesten aus den Berichten der einzelnen Kammern erschließen. Es besteht Grund zu der Annahme, dass sie, wie es die bürgerlichen Sozialreformer beabsichtigt hatten, zur Verbesserung des Verhältnisses zwischen den Sozialparteien und zur Mäßigung der Standpunkte beigetragen haben. Das gilt nicht nur für paritätische Arbeitskammern, sondern auch für die französischen und italienischen Arbeitsbörsen – dasjenige „Modell", das den Gewerkschaften den größten Spielraum bot und radikalen Kräften zeitweise als Betätigungsfeld diente. Die Entwicklung sowohl der Pariser Arbeitsbörse als auch der italienischen Arbeitskammern zeigt, dass sich längerfristig entweder gemäßigte Gewerkschafter durchsetzten oder die militanten auf eine reformorientierte Politik einschwenkten.

Inwiefern die Arbeitskammern den Gewerkschaften zum Vorteil gereichten, lässt sich ebenfalls nur annäherungsweise überprüfen. In Frankreich und Italien bildeten die Arbeitsbörsen den Ausgangspunkt für den örtlichen Zusammenschluss der Berufsverbände und die Bildung landesweiter Dachverbände. Sie führten den Gewerkschaften neue Mitglieder zu und eröffneten den italienischen Gewerkschaften während der Streikwelle der 1890er Jahre den Zugang zur Landarbeiterschaft. Die Genfer Arbeitskammer ermutigte die Landarbeiter, eine Gewerkschaft zu bilden. Dass sie nicht organisierte Arbeiter den Gewerkschaften näher brachten, ist auf Grund ihrer engen Verbindung mit den Gewerkschaften auch von den Arbeitnehmerkammern anzunehmen. Es dürfte weniger auf paritätisch besetzte Arbeitskammern zutreffen.

Schließlich ist nach dem Einfluss der Arbeitskammern auf die Arbeits- und Sozialpolitik zu fragen. Die Wirkungsmöglichkeiten von Arbeitskammern werden nicht nur durch das allgemeine gesellschaftliche „Klima" bestimmt, sondern hängen auch von ihrem Zusammenspiel mit Politik und Gewerkschaften ab. Der Anteil der Arbeitskammern an erreichten Verbesserungen für Arbeiter und Angestellte ist daher oft nicht im Einzelnen feststellbar, so dass sich der Einwand, die gleichen Ergebnisse seien auch von Gewerkschaften oder politischen Parteien zu erzielen gewesen, mitunter weder bestätigen noch widerlegen lässt. Andererseits sind Arbeitskammern auf Grund ihrer besonderen Fachkenntnis in der Arbeits- und Sozialpolitik nicht nur befähigt, auf Sachverhalte aufmerksam zu machen und Vorschläge auszuarbeiten, wie es Verbänden mit einem weiter gestreuten Aufgabenbereich nicht möglich ist, sondern können als öffentlich-rechtliche Einrichtungen ihren Standpunkt auch mit einem größeren in der Sache begründeten Gewicht vorbringen als eine reine Interessenvertretung.

Teil II
„Ein Werkzeug des sozialen Friedens": Die Arbeitskammer im Saargebiet 1925–35

Kaum bekannt ist, dass schon in den zwanziger Jahren im damaligen Saargebiet eine Arbeitskammer bestand. Den spärlichen Hinweisen in der Literatur zufolge soll sie wenig bewirkt haben. Außerdem hätten sich Arbeitnehmer und Arbeitgeber in dem paritätisch besetzten Gremium nicht einigen können.[233] Ein genauerer Blick auf Entstehung und Arbeitsweise der Arbeitskammer des Saargebietes ergibt ein vielseitigeres Bild und vermittelt zudem einen Eindruck, wie unter den Bedingungen der Völkerbundsverwaltung politische Auseinandersetzungen geführt und Entscheidungen getroffen wurden.

1. Das Saargebiet des Völkerbundes: Vom Beamten- zum Bergarbeiterstreik

Mit dem Friedensvertrag von Versailles erhielt Frankreich als Ausgleich für die Zerstörungen, die sein Bergbau durch die deutsche Kriegsführung erlitten hatte, „das volle und unbeschränkte Eigentum an sämtlichen Kohlenfeldern in den Grenzen des Saarbeckens".[234] Das Saargebiet wurde einer vom Völkerbund ernannten Regierungskommission unterstellt. Nach 15 Jahren sollte die Bevölkerung in einer Abstimmung über ihre künftige Staatszugehörigkeit entscheiden.

Die Abtrennung traf im Saargebiet, wie auch in Deutschland, auf einhellige Ablehnung, die dadurch bestärkt wurde, dass die im Februar 1920 gebildete Regierungskommission unter starkem Einfluss Frankreichs stand. Mit der Begründung, dass „das Wohlergehen der Bevölkerung des Saarbeckens und die Erfordernisse der Ordnung in diesem Gebiet“[235] eine enge Zusammenarbeit mit der französischen Regierung erforderten, ernannte der Völkerbundsrat den französischen Staatsrat im besetzten Saargebiet, Victor Rault, zum Vorsitzenden der Kommission und folgte auch bei der Berufung der übrigen Mitglieder weitgehend den Vorschlägen Frankreichs. Das saarländische Mitglied, der vormalige Landrat Alfred von Boch, und der Kanadier Richard Deans Waugh als Vertreter Großbritanniens konnten sich nicht behaupten, was dazu führte, dass von Boch noch 1920 und Waugh 1923 zurücktrat.[236]

Nach dem Saarstatut des Versailler Vertrags behielten „die Gesetze und Verordnungen, die im Saarbeckengebiet am 11. November 1918 [d.h. zum Zeitpunkt des Waffenstillstandes, Verf.] in Kraft waren“, ihre Gültigkeit, ausgenommen die „mit Rücksicht auf den Kriegszustand getroffenen Bestimmungen“. Auch die Rechte der Arbeiter wurden garantiert. Falls Gesetzesänderungen notwendig wurden, hatte die Regierungskommission die „Äußerung der gewählten Vertreter der Bevölkerung“ einzuholen und bei der Festsetzung von Arbeitsbedingungen und Arbeitszeit „die Wünsche der örtlichen Arbeiterverbände sowie die vom Völkerbund angenommenen Grundsätze zu berücksichtigen“. Eine Änderung der gesetzlichen Ordnung des Grubenbetriebes setzte außerdem die Befragung des französischen Staates voraus, es sei denn, sie ergab sich als „Folge einer allgemeinen vom Völkerbund beschlossenen Regelung der Arbeitsverhältnisse“.[237]

Durch den Stichtag 11. November 1918 war das Saargebiet von der arbeits- und sozialrechtlichen Entwicklung in der Weimarer Republik ausgeschlossen, sofern die Regierungskommission die Änderungen nicht übertrug. Zwar hatten die Gewerkschaften nach Kriegsende auch hier den Achtstundentag in der Eisen- und Stahlindustrie, die 7 ½ stündige Schichtdauer in den Bergwerken und ihre Anerkennung als Tarifpartei und Vertreter der Arbeiterschaft durchsetzen können. Allgemeinverbindlichkeit und Unabdingbarkeit von Tarifvereinbarungen und die Arbeitszeiten wurden aber nicht gesetzlich abgesichert. Auch das deutsche Betriebsrätegesetz vom 4. Februar 1920 und die obligatorische Schlichtung erlangten keine Gültigkeit. Da die Regierungskommission die Verordnung über Tarifverträge, Arbeiter- und Angestelltenausschüsse und Schlichtung von Arbeitsstreitigkeiten vom 23. Dezember 1918 nicht übernahm, mit der im Reichsgebiet das Fortbestehen der Belegschaftsvertretungen bis zum Inkrafttreten des Betriebsrätegesetzes geregelt wurde, besaßen die Arbeiter- und Angestelltenausschüsse im Saargebiet mit Auslaufen des Hilfsdienstgesetzes keine rechtliche Grundlage mehr. Eine Verordnung sicherte lediglich den Bestand der Schlichtungsausschüsse, die mit dem Hilfsdienstgesetz eingerichtet worden waren.[238]

Die Arbeiterausschüsse bestanden zum Teil auf Grund von Tarifvereinbarungen weiter, was aber nur Großbetriebe betraf. Im Übrigen verfügten sie über weniger Rechte als die deutschen Betriebsräte. Während das Betriebsrätegesetz für alle Betriebe mit mindestens 20 Arbeitern und Angestellten eine Arbeitnehmervertretung vorschrieb, galt dies im Saargebiet erst ab 50 Beschäftigten. Angestellte verfügten über keine Vertretung. Die Mitwirkung bei der Verwaltung betrieblicher Sozialeinrichtungen, beim Unfall- und Arbeitsschutz, die Entsendung von Mitgliedern in den Aufsichtsrat und das, wenn auch wenig wirksame, Recht auf Einsichtnahme in die Gesamtbilanz standen den Ausschüssen im Unterschied zu den Betriebsräten der Weimarer Republik nicht zu. Auch der verbesserte Schutz durch die erforderliche Zustimmung des Betriebsrates zu Versetzungen und Entlassungen seiner Mitglieder, eine wesentliche Neuerung des Betriebsrätegesetzes, blieb den saarländischen Belegschaftsvertretern vorenthalten. Außerdem besaßen sie weder einen Anspruch auf Freistellung noch auf Lohnerstattung. Sitzungen konnten, sofern nicht der Arbeitgeber dazu eingeladen hatte, nur außerhalb der Arbeitszeit stattfinden.[239]

Im Bergbau blieben die deutschen Vorkriegsbestimmungen in Kraft. Danach setzten sich die Arbeiterausschüsse aus Vertretern der Übertagebelegschaft und den von den untertage Beschäftigten gewählten Sicherheitsmännern zusammen. Ab 1925 ernannte die Werksdirektion weitere Ausschussmitglieder, deren Zahl die der gewählten aber nicht überschreiten durfte. Schlichtungsausschüsse mit begrenzten Rechten wurden durch eine Tarifvereinbarung vom 2. Oktober 1922 eingerichtet.[240] Die Gewerkschaften forderten eine Angleichung an die arbeitsrechtliche Gesetzgebung des Deutschen Reiches.[241]

Kommissionspräsident Rault lehnte die Übernahme des Betriebsrätegesetzes und der obligatorischen Schlichtung im Januar 1921 mit der Begründung ab, dass die französische Bergwerksverwaltung dagegen sei und deshalb als rückständig erscheinen müsse, wenn die Forderungen für den Rest der Wirtschaft erfüllt würden.[242] Durch die Bindung an die Zustimmung der französischen Bergwerksverwaltung rückten arbeits- und sozialpolitische Fragen in einen Zusammenhang mit dem Saarstatut und der nationalen Zugehörigkeit des Saargebietes: „Die

Abb. 3: Saarbrücken, Bahnhofstraße, Einmündung der Reichsstraße, 1926. Während der Völkerbundsregierung gab das Saargebiet eigene Briefmarken heraus (Foto: Stadtarchiv Saarbrücken).

Regierungskommission erschien als Schützerin einer reaktionären sozialpolitischen Haltung des französischen Staates, die Weimarer Republik trotz der Not der Nachkriegsjahre als das Land des großen sozial- und arbeitsrechtlichen Fortschritts."[243]

Die saarländischen Parteien, Gewerkschaften und Wirtschaftsvereinigungen stimmten in der Verurteilung der Trennung von Deutschland überein, vertraten aber unterschiedliche Anliegen und verfolgten anfangs keine einheitliche Linie gegenüber der Regierungskommission. Das änderte sich, als diese im April 1920 ein Beamtenstatut vorlegte, das eine Einschränkung der Koalitionsfreiheit und eine rigide Disziplinargerichtsbarkeit beinhaltete, worauf die Beamten in den Streik traten. Über die Verteidigung der Koalitionsfreiheit näherten sich Beamtenorganisationen und Gewerkschaften einander an. Gewerkschaften und Verbände, Parteien und Presse schlossen sich gegen die Völkerbundsregierung und ihre von französischen Interessen geleitete Politik zusammen. Mit dem Vorrang der nationalen Frage und der Gegnerschaft gegen die von außen eingesetzte Kommission bildeten sich die Grundlinien heraus, die die politische Auseinandersetzung während der Völkerbundsverwaltung bestimmten.[244]

Die neue Einigkeit fand ihren Ausdruck in Eingaben an den Völkerbund und Abordnungen nach Genf.[245] Gegenüber den Beamten konnte sich die Regierungskommission noch weitgehend durchsetzen. Parteien und Gewerkschaften erreichten aber, dass ausländische Beobachter auf die Verhältnisse im Saargebiet aufmerksam wurden. Mit der Einrichtung des Landesrates als gewählter Vertretung der Bevölkerung antwortete die Regierung im März 1922 auf die schon länger erhobene Forderung nach einem Parlament auf Landesebene. Durch die Beschränkung auf die Begutachtung von Verordnungsentwürfen ohne gesetzgeberische Befugnisse und sogar ohne Immunität der Abgeordneten entsprach der Landesrat jedoch nicht den Erwartungen an eine Volksvertretung.[246] Gleichzeitig mit dem Landesrat wurde der Studienausschuss eingerichtet, dessen Aufgabe darin bestand, „fachmännische Gutachten über alle Angelegenheiten abzugeben, die ihm von der Regierungskommission überwiesen werden".[247] Er setzte sich aus mindestens acht Mitgliedern zusammen, die auf ein Jahr ernannt wurden.

Im nächsten Jahr verschärften sich die Gegensätze weiter. Ein Streik der Bergleute, der am 5. Februar 1923 mit Lohnforderungen begann, zog sich über drei Monate hin und entfaltete wegen der Gleichzeitigkeit der Ruhrbesetzung und den Gegenmaßnahmen der Regierungskommission politische Sprengkraft. Auf die weitgehend lückenlos eingehaltene Arbeitsniederlegung antwortete Kommissionspräsident Rault mit der Anforderung französischer Militäreinheiten, der Einschränkung der Pressefreiheit und schließlich, um die von der französischen Regierung verlangte Verhängung des Belagerungszustandes zu vermeiden, mit dem Verbot von Streikposten. Entlassungen und Wohnungskündigungen durch die Bergwerksverwaltung und die lange Dauer des Ausstandes brachten viele Bergarbeiterfamilien in Not. Erst auf Vermittlung des Internationalen Arbeitsamtes konnte der Konflikt am 12. Mai beigelegt werden.[248] Das Ansehen der Regierungskommission im Saargebiet war auf einen Tiefpunkt gesunken.

Der Bergarbeiterstreik bewirkte eine Wende in der Saarpolitik des Völkerbundes. Nachdem das Vorgehen Raults vor allem in England und Schweden auf heftige Missbilligung gestoßen war, nahm der Völkerbundsrat eine Überprüfung vor. Daraufhin ließ sich die bedingungslose Verfolgung französischer Interessen nicht mehr fortsetzen. Mit der Berufung des Zentrumspolitikers, früheren Bergmanns und Sekretärs der katholischen Arbeitervereine Bartholomäus Koßmann zum saarländischen Kommissionsmitglied 1924 leitete der Völkerbundsrat einen personellen Wechsel ein, der zwei Jahre später zur Abberufung Victor Raults führte und die französische Vorherrschaft in der Kommission beendete.[249] Gleichzeitig erhielt Koßmann, der zuerst nur für Volkswohlfahrt, Landwirtschaft, Forsten und Gesundheitswesen zuständig war, den bis dahin vom Kommissionspräsidenten verantworteten Bereich Sozialversicherung. Damit besaß das saarländische Mitglied, nachdem Rault ihm schon 1925 die Arbeitspolitik abgetreten hatte, Zugriff auf zwei entscheidende Politikfelder.[250]

Abb. 4: Die Jahrtausendfeier des Rheinlandes im Juni 1925 bot einen Anlass, die Verbundenheit des von alliierten Truppen besetzten Rheinlandes und des Saargebietes mit Deutschland zu unterstreichen: die Eisenbahnstraße in Saarbrücken mit Fahnen und Girlanden, im Hintergrund eine „Ehrenpforte"
(Foto: Landesarchiv Saarbrücken, Fotograf: Max Wentz).

2. „Ein beratendes Organ, das unter Aufsicht der Regierungskommission arbeitet“: Gründung und Konzeption der Arbeitskammer

2.1 Eine „soziale Politik“ als Entspannungsversuch: Internationale Arbeitsorganisation und Arbeitskammer

Der Versailler Vertrag hob die Bedeutung der sozialen Gerechtigkeit und der Verbesserung der Arbeitsbedingungen für die Sicherung des Weltfriedens hervor. Die Vertragsparteien verabschiedeten eine Reihe von Grundsätzen, zu denen die Koalitionsfreiheit, die Begrenzung der Arbeitszeit auf täglich acht und wöchentlich 48 Stunden, ein auskömmlicher Lohn, die Beseitigung der Kinderarbeit und Ermöglichung einer Ausbildung sowie gleicher Lohn ungeachtet des Geschlechts gehörten. Zur Verwirklichung dieser Ziele wurde als ständige Einrichtung die Internationale Arbeitsorganisation (IAO) ins Leben gerufen, die in Verbindung zum ebenfalls mit dem Versailler Vertrag gebildeten Völkerbund stand.[251]

Wenn sich der soziale Anspruch der Friedensordnung als glaubwürdig erweisen sollte, musste eine Völkerbundsregierung ihn einlösen. Schon kurz nach Amtsantritt der Regierungskommission besuchten der Direktor des Internationalen Arbeitsamtes (IAA), Albert Thomas, und der Präsident des Verwaltungsrates der IAO, Arthur Fontaine, am 15. April 1920 das Saargebiet. Der Leiter des Arbeitsamtes der Regierungskommission Fuhrmann, früher Bezirksleiter des Deutschen Metallarbeiterverbandes, vermittelte eine Begegnung mit Arbeitnehmervertretern.

Thomas meinte, dass die Grundsätze der IAO an der Saar leicht zu verwirklichen seien und schlug vor, einen Beitritt des Saargebiets in Erwägung zu ziehen. Er fand die Zustimmung der Regierungskommission, die ihrerseits Verordnungen zum Achtstundentag und zur Arbeitslosenunterstützung ankündigte.[252]

Ob auch über eine Arbeitskammer gesprochen wurde, ist nicht bekannt, doch lässt sich annehmen, dass die Entwicklung im Deutschen Reich und in Österreich sowohl in der IAO als auch im Saargebiet Beachtung fand. Jedenfalls forderte der Kreistag Saarbrücken-Land in einer Eingabe an den Völkerbund vom 9. November 1921 unter anderem eine Arbeitskammer.[253] In der Eingabe weigerte sich der Kreistag, weiter Gutachten für Gesetzesentwürfe abzugeben und damit die Aufgaben der von der Regierungskommission vorenthaltenen Volksvertretung wahrzunehmen. Die erste bekannte Äußerung von Regierungsseite stammt aus dem folgenden Monat. Bei der Trauerfeier für die 13 Todesopfer eines Explosionsunglücks in der Dynamitfabrik Saarwellingen versprach Rault am 11. Dezember 1921 die Einrichtung einer Arbeitskammer.[254]

Im Zusammenhang mit dem Bergarbeiterstreik wiederholten Gewerkschaften und Parteien ihre arbeits- und sozialpolitischen Forderungen. Die Parteien bemängelten in der Denkschrift „Der Geist des Saarstatuts und die Praxis der Regierungskommission" vom 2. Juni 1923 den Stillstand auf diesem Gebiet und erinnerten an Raults Versprechen einer Arbeitskammer.[255] Im Oktober wandten sich die Gewerkschaften an das IAA und schickten eine Abordnung zur Internationalen Arbeitskonferenz (IAK) nach Genf. Sie verlangten erneut eine Ausgestaltung des Arbeitsrechts in Anlehnung an die Weimarer Republik.[256]

Am 29. Oktober 1923 beschloss die Internationale Arbeitskonferenz, eine institutionelle Lösung für die Anliegen der Gewerkschaften zu suchen und zu ermitteln, wie das IAA zur Anwendung der Grundsätze des Völkerbundes im Saargebiet beitragen könne. Die Regierungskommission hatte diese Entwicklung wahrscheinlich vorausgesehen und sich schon im September in Genf nach den Bedingungen für eine Teilnahme an der IAO erkundigt. Jetzt sprach sie sich für die Zulassung beim IAA aus.[257] Da eine Mitgliedschaft des Saargebietes auf Bedenken des Auswärtigen Amtes in Berlin traf, das befürchtete, dass damit die Abtrennung anerkannt werde, griff Kommissionspräsident Rault eine Forderung der Freien Gewerkschaften auf und schlug eine Arbeitskammer vor. Die Freien Gewerkschaften hatten zunächst Vorbehalte gegenüber einer Arbeitskammer geltend gemacht und sich im September 1923 für eine Mitgliedschaft des Saargebietes in der IAO eingesetzt. Angesichts der Haltung des Auswärtigen Amtes änderten sie ihre Meinung und sprachen sich Rault gegenüber im März 1924 für eine Arbeitskammer aus, in der sie jetzt die Möglichkeit sahen, arbeitsrechtliche Verbesserungen herbeizuführen und zugleich den politischen Einwänden gegen den Beitritt zur IAO Rechnung zu tragen.[258]

Abb. 5: Die Regierungskommission 1925. Von links nach rechts: Bartholomäus Koßmann (Landwirtschaft, Wohlfahrts- und Gesundheitswesen), George W. Stephens (Finanzen und Forsten), Präsident Victor Rault, Jacques Lambert (Öffentliche Arbeiten, Eisenbahn, Post), Dr. Franz Vezensky (Justiz, Unterricht und Kultus)
(Foto: Landesarchiv Saarbrücken, Nachlass Ludwig Bruch)

Bei der ersten Sitzung der neu gebildeten Regierungskommission am 9. April 1924 kündigte Rault die Schaffung einer Arbeitskammer, die Begrenzung der Arbeitsdauer und eine Änderung der Streikpostenverordnung an. Eine „soziale Politik" entspreche nicht nur den Wünschen des Völkerbundsrates, sondern könne auch das Verhältnis zur Bevölkerung des Saargebietes verbessern. Um die Verordnungen zur Arbeitskammer und zum Achtstundentag unverzüglich auf den Weg zu bringen, sollten in Genf die erforderlichen Auskünfte nachgefragt werden, die in Saarbrücken schwer zu besorgen seien.[259]

2.2 Grundsatzentscheidungen: Aufgaben, Zusammensetzung und Befugnisse der Arbeitskammer

Am 30. Juni 1924 legte die Regierungskommission die Grundlinien für einen Verordnungsentwurf fest. Ausgehend von Erkundigungen über bestehende Arbeitskammern, die die Fachabteilungen in Genf eingeholt hatten, umriss Rault das Vorhaben und benannte die zu lösenden Aufgaben. Er sprach sich gegen eine Arbeiterkammer und für eine paritätisch besetzte Vertretung von Unternehmern und Arbeitern aus, an deren Arbeit sich die Fachdienste der Regierungskommission unmittelbar beteiligen sollten. Die geplante Einrichtung würde eher den „Conseils Supérieures du Travail" in Belgien, Frankreich, den Niederlanden und Italien beziehungsweise dem deutschen Reichswirtschaftsrat ähneln als den Arbeiterkammern in Bremen, Österreich und Luxemburg. Es sei nicht beabsichtigt, ein zusätzliches Vertretungsorgan der Arbeiter zu schaffen, denn die Gewerkschaften im Saargebiet verfügten bereits über ausreichende Möglichkeiten, ihre Anliegen mitzuteilen:

> „Es handelt sich für die Regierungskommission viel eher darum, die Arbeiter- und Unternehmervertreter, eingeschlossen die Vertreter der Bergwerksverwaltung, zu veranlassen, gemeinsam zu tagen und die Verordnungsentwürfe zu besprechen, die beide Seiten interessieren, und sich so daran

> zu gewöhnen, gemeinsam die Fragen zu prüfen, die für das wirtschaftliche Leben des Gebiets von Bedeutung sind."[260]

Da eine Aufgabe der Arbeitskammer in der Unterhaltung von Beziehungen zur IAO bestehe, sollte ihr Tätigkeitsfeld dem dieser Organisation und ihre Zusammensetzung einer Abordnung bei der IAK entsprechen. Die Delegationen der IAK wurden von Arbeitgebern, Arbeitnehmern und Regierungsvertretern gebildet, so dass sich auch die Regierungskommission hätte an der Arbeitskammer beteiligen müssen. Auf welchem Wege dies geschehen könnte, blieb offen.

Zu entscheiden war, ob der Arbeitskammer Personen angehören sollten, die außerhalb der beiden Lager standen. Für die Erweiterung um eine dritte Gruppe sprach, dass diese einer offenbar befürchteten Blockade der Kammer durch unvereinbare Standpunkte der Sozialparteien entgegenwirken konnte. Andererseits sah Rault die Gefahr, dass sich die Arbeitskammer zu einer Art Wirtschaftsparlament entwickelte und ihre Zuständigkeit überschritt, was er auf jeden Fall vermeiden wollte. Auch hätte die Auswahl der „neutralen" Persönlichkeiten Schwierigkeiten bereitet.

Die Bestimmung der Mitglieder konnte über Wahlen oder auf dem Wege der Ernennung durch die Regierungskommission erfolgen. Bei Wahlen waren eine unmittelbare Stimmabgabe durch Arbeiter und Unternehmer oder ein mittelbares Verfahren über die Verbände vorstellbar. Eine Ernennung sollte nur nach Befragung der Verbände geschehen. Eine „Zwischenlösung" hätte darin bestanden, dass die Regierung die Sitze zwischen den Verbänden aufteilte und es diesen überließ, ihre Vertreter zu bestimmen. Gewerkschaftssekretäre waren zur Wahl zuzulassen, da der andernfalls zu erwartende Widerstand ein nützliches Wirken der Arbeitskammer verhinderte. Ein Problem am Rande stellten der „Verband der Saarbergleute" und der „Verband der Saareisenbahner" dar. Wegen ihrer separatistischen Haltung musste bei ihrer Zulassung damit gerechnet werden, dass die anderen Gewerkschaften die Arbeitskammer boykottieren.

Als vorrangige Aufgabe nannte Rault die Begutachtung arbeits- und sozialrechtlicher Verordnungsentwürfe, wobei kurzfristig die Regelung der Arbeitszeit und des Schlichtungswesens zu beraten seien. In zweiter Linie sollte die Arbeitskammer die Entscheidungen der IAK hinsichtlich ihrer Übertragbarkeit auf das Saargebiet prüfen. „In dritter Linie könnte man der Arbeitskammer erlauben, Wünsche auf dem Gebiet der Arbeits- und Sozialgesetzgebung vorzubringen."[261] Dazu kämen besondere Aufgaben wie die statistische Erfassung der Lebenshaltungskosten, die Führung eines Verzeichnisses der Tarifvereinbarungen und die Schaffung einer Informationsstelle mit Bücherei. Über den Handlungsspielraum, den er der Arbeitskammer einräumen wollte, hatte sich der Kommissionspräsident schon zuvor in einem Schreiben an den Direktor des IAA, Albert Thomas, unmissverständlich geäußert: „Diese Kammer, die Vertreter der Arbeiter, der Unternehmer und der Regierungskommission umfasst, wäre ein beratendes Organ, spezifisch für das Saargebiet, das unter Aufsicht der Regierungskommission arbeitet."[262]

Während Kommissionsmitglied Lambert die Bildung einer dritten Gruppe aus „Vertretern der verschiedenen wirtschaftlichen Interessen"[263] befürwortete, die zwischen Arbeitgebern und Arbeitnehmern vermitteln könne, sah Koßmann darin ein grundsätzliches Problem. Wenn Vertreter der Handelskammer, von Handwerk, Banken usw. an der Arbeitskammer beteiligt würden, schaffe man ein Wirtschaftsparlament. Das entspreche nicht dem Wunsch der Arbeiter nach einem „Organ, um eine Arbeits- und Sozialpolitik zu entwickeln".[264] Der Landesrat fürchte die Konkurrenz durch ein Wirtschaftsparlament, und die Regierung entferne sich von den Vorgaben des Friedensvertrags.

Die Regierungskommission entschied sich gegen die Stimme Lamberts für eine paritätische Zusammensetzung, womit feststand, dass sie selbst keine stimmberechtigten Vertreter entsenden würde; denn „die Vertreter der Regierungskommission können kaum Schiedsrichter sein bei Abstimmungen einer Kammer, die dazu berufen ist, der Regierungskommission Gutachten zu liefern"[265], wie Rault in seinem Entwurf schrieb. Einigkeit bestand darüber, dass die Mitglieder der Arbeitskammer auf Grundlage der von der Regierung vorgenommenen Sitzverteilung von den Verbänden benannt wurden und Arbeitgeber und Arbeitnehmer abwechselnd den Vorsitzenden stellten. Auch das Recht der Kammer, Wünsche zu äußern, war unumstritten.

2.3 Beratung des Verordnungsentwurfs durch die Regierungskommission: Paritätische Lösung gegen den Willen der Arbeitgeber

Zwei Wochen später beriet die Kommission am 15. Juli 1924 über einen Verordnungsentwurf, den Präsident Rault einbrachte. Koßmann rief in Erinnerung, dass seit über zwei Jahren von der Arbeitskammer gesprochen werde, das Thema in Begegnungen mit Gewerkschaftern im Verlauf des vergangenen Jahres mehrmals zur Sprache gekommen sei und die Arbeiterschaft eine solche Kammer erwarte.

Da Rault weiterhin damit rechnete, dass Arbeitgeber und Arbeitnehmer gegensätzliche Meinungen vertreten würden, sah der Entwurf vor, auch die Minderheitsvoten festzuhalten. Um „junge Arbeiter mit radikalen Neigungen“[266] auszuschließen, wurde die Mitgliedschaft an ein Mindestalter von 25 Jahren gebunden. Abweichend von der bereits getroffenen Entscheidung, die Benennung der Vertreter den Verbänden zu überlassen, beanspruchte die Regierungskommission jetzt das Recht, unter drei vorgeschlagenen Bewerbern auszuwählen. Rault begründete die Änderung damit, dass die Regierung sich die Möglichkeit zu einem bedeutenden Zugeständnis nehme, wenn sie schon vorab den Verbänden einräume, ihre Vertreter selbst zu bestimmen.[267]

Zwecks Gewährleistung der Kontrolle über die Arbeitskammer wurden Einberufung, Festlegung der Tagesordnung und Erlassung einer Geschäftsordnung dem zuständigen Regierungsmitglied übertragen. Zur Öffentlichkeit der Sitzungen gab der Präsident zu bedenken, diese könne die Gewerkschaftssekretäre dazu verleiten, „eine demagogische Haltung anzunehmen“.[268] Da die Arbeitskammer andererseits nicht von Geheimnissen umgeben sein solle, sollten die Tagungen zwar unter Ausschluss der Öffentlichkeit stattfinden, der Vorstand die Presse aber über die Ergebnisse unterrichten. Als „Vorsichtsmaßnahme angesichts der gegenwärtigen Entwicklung der kommunistischen Bewegung"[269] behielt sich die Regierungskommission vor, die Arbeitskammer auflösen, „sollte sie ihre Befugnisse überschreiten und zur öffentlichen Beunruhigung beitragen".[270]

Anschließend wurde der Entwurf den Arbeitnehmer- und Arbeitgeberorganisationen zur Stellungnahme übersandt. Auf Antrag Koßmanns entfiel noch die Bestimmung, wonach Mitglieder von Landesrat und Studienausschuss nicht der Arbeitskammer angehören können. Damit sollte verhindert werden, dass dieselben Personen sich in verschiedenen Gremien zum selben Vorhaben äußern.[271] Der Entwurf wurde nicht als Beratungsergebnis der Regierungskommission, sondern als Vorschlag ihrer Fachdienste übermittelt. Auch über den Ausschluss von Angehörigen der beiden genannten Einrichtungen fiel noch keine endgültige Entscheidung. Die Vorgehensweise zeigt das Bemühen der Regierungskommission, sich eine möglichst große Handlungsfreiheit zu bewahren.

Während die Gewerkschaften, die französische Bergwerksverwaltung und die Handwerkskammer die Einrichtung einer Arbeitskammer grundsätzlich begrüßten, stieß sie bei den saarländischen Arbeitgeberverbänden durchweg auf Ablehnung. Der Arbeitgeberverband für das Saargebiet und der Schutzverein für die Schwerindustrie im Saargebiet (Comité des Forges de la Sarre), die Vertretung der Eisen- und Stahlindustrie, beurteilten das Vorhaben vor dem Hintergrund des gleichzeitigen Streits um die Arbeitszeit. Die Vertreter der Eisen- und Stahlindustrie rechneten damit, dass die Arbeitnehmer in der Arbeitskammer die gesetzliche Verankerung des Achtstundentages fordern würden – ein Ansinnen, das sie mit Hinweis auf die längeren Arbeitszeiten in Deutschland und Frankreich zurückwiesen. Sie hielten den Zeitpunkt für eine Arbeitskammer daher für „vollkommen ungünstig": „Die Frage ist bereits verwickelt genug, als dass man sie noch einer Art Parlament unterbreiten sollte, in welcher die Arbeiter stets die Oberhand behalten werden."[272] Aus der Erfahrung, dass die Röchlingschen Eisen- und Stahlwerke und die französisch beherrschten Hüttenwerke unterschiedliche Ziele verfolgten und es „keine Fachsolidarität gibt, die nicht den politischen Leidenschaften ausgesetzt wäre"[273], fürchteten sie wohl einen Machtzuwachs der Gewerkschaften durch die Arbeitskammer.

Der Arbeitgeberverband der Saarindustrie vertrat die Ansicht, „dass für die Erstattung von Gutachten und die Vorbringung von Wünschen es einer besonderen Arbeitskammer nicht bedarf, dass diese Aufgaben vielmehr bereits heute durch die bestehenden Berufsorganisationen erfüllt werden".[274] Ähnlich äußerte sich der Arbeitgeberverband für das Baugewerbe. Die französisch-saarländische Handelskammer sah „die Zeit noch nicht gekommen, bis die Regelung der Arbeitsbedingungen in den benachbarten Ländern Frankreich und Deutschland getroffen sei".[275] Der Arbeitgeberverband der Saarindustrie und die Handelskammer zu Saarbrücken meinten außerdem, mit ähnlichen Einrichtungen lägen keine vorteilhaften Erfahrungen vor und die Arbeitskammern im deutschen Bergbau, in den Niederlanden und Italien böten keinen Anlass zur Nachahmung. Da der Arbeitgeberverband eine paritätische Zusammensetzung ablehnte, schloss die Handelskammer, dass „ein erspriessliches Zusammenarbeiten im Rahmen der beabsichtigten Arbeitskammer nicht zu erhoffen sei",[276] und sprach sich deshalb für eine reine Arbeiterkammer aus.

Freie und Christliche Gewerkschaften wollten die Unabhängigkeit der neuen Einrichtung gegenüber der Regierung sichern und die beiden separatistischen Verbände der Bergleute und Eisenbahner fernhalten. Sie verlangten unter anderem die Benennung der Mitglieder durch die Verbände und größeren Einfluss der Arbeitskammer auf Tagesordnung, Einberufung und die Ernennung des Geschäftsführers – Forderungen, die auch die Handwerkskammer vorbrachte. Die Angestelltengewerkschaften wünschten, entsprechend ihrer Mitgliederzahlen, ebenfalls eine Vertretung in der Arbeitskammer.[277]

In Anbetracht des Widerstandes von Arbeitgeberseite gab Kommissionsmitglied Lambert bei der nächsten Beratung der Regierung am 7. November 1924 zu bedenken, ob eine Arbeiterkammer, wie von der Handelskammer gefordert, nicht ein „ganz gutes Mittel darstelle, um einen Teil der Schwierigkeiten zu verhindern".[278] Lambert befürchtete, dass die Arbeitgeber die Mitarbeit in der Arbeitskammer verweigerten und schlug vor, erneut mit ihnen zu verhandeln. Damit rief er den Widerspruch von Kommissionspräsident Rault hervor, dem daran gelegen war, nach dem Bergarbeiterstreik die Lage zu beruhigen und sein beschädigtes Ansehen im Saargebiet und beim Völkerbund zu verbessern. Er erinnerte daran, dass die Arbeitskammer die Beziehungen zur IAO erleichtern sollte, nachdem ein Beitritt des Saargebietes nicht zustande gekommen war. Sie müsse in ihrer Zusammensetzung daher der Internationalen Arbeitskonferenz ähneln. Dort stellten zwar zusätzlich die Regierungen ein Drittel der Abgesandten, doch ließ sich kaum von der Hand weisen, dass die Verbindung mit der IAO die Einbeziehung beider Sozialparteien erforderte, zumal die Arbeitnehmer bereits durch die Gewerkschaften in Genf vertreten waren. Vor allem wollte Rault vermeiden, dass die Regierungskommission „vor der öffentlichen Meinung [als] Regierung der Unternehmer" erschien. Deshalb sei es „mehr als je zuvor notwendig, im Saargebiet eine soziale Politik zu verfolgen".[279]

Unterstützung fand der Kommissionspräsident bei Bartholomäus Koßmann, der die Arbeitskammer aus gesellschaftspolitischen Erwägungen als „Werkzeug zum sozialen Frieden"[280] befürwortete – eine Einstellung, die Rault im Übrigen teilte. Die paritätische Zusammensetzung zwinge die Vertreter der Arbeiter, dem Standpunkt der Gegenseite Rechnung zu tragen und sich um Verständigung zu bemühen. Eine reine Arbeiterkammer hingegen werde sich bald in einen „Klub von Gewerkschaftssekretären"[281] verwandeln und für Angriffe gegen Regierung und Arbeitgeber benutzt. Koßmann erinnerte an den Widerstand der Unternehmer gegen Bismarcks Sozialgesetzgebung, auf die sie später wegen der Kostenentlastung nicht mehr hätten verzichten wollen. Er war sich sicher, dass sie in der Arbeitskammer mitarbeiten würden. Ebenso würden die Unternehmervertreter im Landesrat dem Vorhaben zustimmen, da sie nicht ihr politisches Ansehen aufs Spiel setzen wollten. Seine Einschätzung sollte sich bewahrheiten.

Auf Vorschlag Raults hielt die Regierungskommission an der paritätischen Lösung fest und überwies den Verordnungsentwurf an Landesrat und Studienausschuss.[282] Die Volksvertretung verabschiedete am 16. März eine überarbeitete Fassung, die ihre Fachausschüsse vorbereitet hatten. Auf Grundlage des ersten Entwurfs und der Vorschläge des Landesrates erstellte Koßmanns Abteilung einen neuen Verordnungstext – Rault hatte die Zuständigkeit für die Arbeitspolitik inzwischen dem saarländischen Kommissionsmitglied anvertraut. Auf ihrer Sitzung am 16. September 1925 beschloss die Regierung über die endgültigen Bestimmungen.[283] Mit der Veröffentlichung im Amtsblatt trat die „Verordnung betr. die Errichtung einer Arbeitskammer im Saargebiet“ am 29. September 1925 in Kraft.

Abb. 6: Die Regierungskommission führte ihre Amtsgeschäfte vom Neuen Landgerichtsgebäude in der Alleestraße 15, heute Franz-Josef-Röder-Straße, aus. Hier befand sich auch die Geschäftsstelle der Arbeitskammer. Die blau-weiß-schwarze Flagge des Saargebietes wurde nur von Regierungsbehörden benutzt (Foto: Stadtarchiv Saarbrücken).

2.4 Beilegung von Streitpunkten: Achtstundentag und Streikposten

In derselben Sitzung am 7. November 1924, in der die Regierungskommission die Weichen für die Gründung der Arbeitskammer stellte, entschied sie die strittige Frage der Arbeitszeit. Den Anlass gab ein Arbeitskampf bei den Röchlingschen Eisen- und Stahlwerken.

Die Anhebung der Preise für Kokskohle führte im zweiten Halbjahr 1923 zu Kostenerhöhungen für die Eisen- und Stahlindustrie. Nachdem ihre Beschwerden keinen Erfolg hatten, kündigten Dillinger und Völklinger Hütte im Mai 1924 Massenentlassungen an, worauf die französische Regierung auf Bitte der Regierungskommission die Bergwerksverwaltung zu einer Preisminderung veranlasste. Für die wirtschaftlichen Schwierigkeiten der Hüttenwerke in Dillingen, Neunkirchen und Völklingen waren jedoch nicht nur die hohen Kohlepreise, sondern letztlich strukturelle Schwächen verantwortlich, wie eine geringe Arbeitsproduktivität, unzureichende Kapitalausstattung und im Falle Neunkirchens und Völklingens die ungünstige Produktpalette.[284]

Ende August erklärte Hermann Röchling überraschend, dass die Völklinger Hütte zum 15. September stillgelegt werde. Unter Hinweis auf zu hohe Lohnkosten verlangte er die Rückkehr zum Zweischichtsystem mit einer täglichen Arbeitszeit von zehn Stunden, wie es bis 1919 gegolten hatte, oder entsprechende Lohnkürzungen. Röchling wollte nicht nur eine Verringerung des Lohnanteils und eine weitere Kohlepreisermäßigung erreichen, sondern das Deutsche Reich auch zur Gewährung günstiger Kredite bewegen. Dabei setzte er voraus, dass die Reichsregierung der Völklinger Hütte als einzigem noch vollständig in deutscher Hand befindlichem Hüttenwerk des Saargebietes ihre Unterstützung nicht verwehren konnte. Die Aussperrung traf auf den entschlossenen Widerstand der Gewerkschaften und schuf Zwietracht sowohl innerhalb der Wirtschaftsverbände als auch zwischen den Parteien. Wegen der unerwünschten politischen Auswirkungen vermittelte die Reichsregierung eine Einigung. Die Vereinbarung, mit der die Aussperrung am 30. Oktober 1924 endete, beinhaltete eine Lohnsenkung von 3,5 Prozent – statt der von Röchling geforderten 20–25 Prozent – und die Beibehaltung der geltenden Arbeitszeitregelung. Gemeinsam erwirkten die saarländischen Eisen- und Stahlhersteller eine weitere Herabsetzung der Kohlepreise, und die Reichsregierung bewilligte aus politischen Erwägungen dem Röchling-Konzern trotz wirtschaftlicher Bedenken vorteilhaftere Kreditbedingungen.[285]

Nachdem Hermann Röchling für Unruhe gesorgt und die Gewerkschaften gegen sich aufgebracht hatte, erließ die Regierungskommission eine Verordnung, die unter Berufung auf die Grundsätze der IAO die regelmäßige Arbeitsdauer in gewerblichen Betrieben auf täglich acht und wöchentlich 48 Stunden festsetzte.[286] Damit war die Arbeitszeit im Saargebiet kürzer und einheitlicher geregelt als im Deutschen Reich. Dort war die Eisen- und Stahlindustrie nach dem Ende der Inflation zum Zweischichtsystem zurückgekehrt. Der Achtstundentag wurde für die Hochofenwerke und Kokereien erst 1925, für Stahl- und Walzwerke sogar erst 1928 wieder hergestellt. Andererseits galt Mitte der zwanziger Jahre in fast der gesamten europäischen Eisen- und Stahlindustrie eine Arbeitszeit von acht Stunden täglich bei einer 48-Stunden-Woche, mit unterschiedlichen Ausnahmeregelungen für kontinuierlich arbeitende Betriebe. In den USA, dem weltweit größten Eisen- und Stahlhersteller, betrug die tägliche Arbeitsdauer in den Hüttenwerken allerdings über neun Stunden.[287]

Tatsächlich dürfte die Verordnung wenig verändert haben. Zum einen war der Achtstundentag in der Eisen- und Stahlindustrie und den Übertagebetrieben des Bergbaus tariflich vereinbart, zum anderen galten bestehende abweichende Arbeitszeiten „bis zu anderweitiger gesetzlicher Regelung" weiter. Zusätzlich konnte die Regierung „nach Anhörung der beteiligten Arbeitgeber- und Arbeitnehmerorganisationen" vorübergehende oder dauerhafte Ausnahmen genehmigen. Die Verordnung verhinderte jedoch, dass Achtstundentag und 48-Stunden-Woche rückgängig gemacht wurden und sicherte den erreichten Zustand.[288] Nähere Bestimmungen zur Festsetzung der Arbeitszeit sollte später die Arbeitskammer ausarbeiten.[289]

Schon zuvor hatte die Regierungskommission die umstrittene Streikpostenverordnung entschärft. Am 15. Juli 1924 erließ sie neue Vorschriften, die den britischen Richtlinien folgten. Sie blieben zwar hinter dem Rechtszustand vor der Verordnung von 1923 zurück, ließen Streikposten aber unter bestimmten Voraussetzungen zu.[290]

Abb. 7: Der Präsident der Regierungskommission residierte im Kreishaus beziehungsweise Kreisständehaus am Schlossplatz, heute Sitz des Museums für Vor- und Frühgeschichte (Foto: Stadtarchiv Saarbrücken).

2.5 Eine Arbeitskammer als „Ausdruck der im Wirtschaftsleben bitter notwendigen Gleichberechtigung": Die Debatte im Landesrat

Hinter der „nationalen Frage", die die politische Debatte in der Saargebietszeit beherrschte, traten unterschiedliche Interessen und Ziele der Parteien zurück. Die Beratung des Landesrates über die Arbeitskammer am 16. März 1925 zeigt, wie die Mahnung zur nationalen Einigkeit benutzt wurde, um die Belange der eigenen Wählerschaft zu vertreten. Indem die Gewerkschaftsvertreter in Zentrum und Sozialdemokratischer Partei ihre Anträge auf das unter den gegebenen Umständen Erreichbare beschränkten, nahmen sie die begrenzten Möglichkeiten der Volksvertretung wahr, ohne auf ihre weiter reichenden Forderungen zu verzichten. Damit konnten sie einen gewissen Erfolg verbuchen.

Peter Kiefer, Abgeordneter der Zentrumspartei und christlicher Gewerkschafter, bedauerte die „grundsätzliche Stellungnahme gerade der deutschen Handelskammer" gegen eine paritätisch besetzte Arbeitskammer als „psychologisch gesehen, sehr unklug"[291], zumal die französische Bergwerksverwaltung ihre Zustimmung erklärt hatte.

„Es gab auch im Saargebiet schon Zeiten, wo gewisse Kreise es nicht ungern sahen, wenn die Vertreter der Arbeitnehmerschaft sich mit ihnen an einen Tisch setzten, um gegenüber den Übergriffen Frankreichs und den Taten der Regierungskommission die gemeinsamen Interessen des Saarvolkes und der Saarwirtschaft zu schützen." Unter Hinweis auf den „antisozialen Geist", der inzwischen im deutschen Wirtschaftsleben eingezogen sei, mahnte er, dass die soziale Spaltung dem gemeinsamen Ziel schade: „Wird das Volk in sozialer Auffassung in zwei scharf von einander geschiedene Teile getrennt, dann ist es schwer gemacht, dieses zerrissene Volk zu einheitlichen politischen Aktionen zu bringen."[292]

Kiefer erinnerte daran, dass die christliche Arbeitnehmerschaft seit Jahren eine Arbeitskammer fordere, in der die Zentrumsfraktion „den Ausdruck der im Wirtschaftsleben bitter notwendigen Gleichberechtigung" sehe. Wünschenswert sei eine Selbstverwaltungskörperschaft mit obrigkeitlichen Befugnissen. Obwohl die Regierungskommission lediglich ein weiteres begutachtendes Gremium neben Landesrat und Studienausschuss wünsche, spreche sich seine Fraktion für die Kammer aus, weil damit eine Grundlage geschaffen werde und die paritätische

Zusammensetzung dem „als richtig anerkannten Gedanken der wirtschaftlichen Arbeitsgemeinschaft" entspreche. Die Arbeitskammer werde sich aber nur dann Gehör verschaffen, wenn Arbeitgeber und Arbeitnehmer einig seien.[293]

Der sozialdemokratische Abgeordnete und Gewerkschaftssekretär Johann Hoffmann leitete seine Stellungnahme mit einer umfassenden Kritik der Arbeits- und Sozialpolitik der Regierungskommission ein, die ihrer Verpflichtung auf die Grundsätze des Völkerbundes nicht nachgekommen sei. Er verurteilte die Verletzung der Koalitionsfreiheit während des Bergarbeiterstreiks und bemängelte, dass die neue Streikpostenverordnung immer noch stärkere Einschränkungen enthalte als die 1918 von den Gewerkschaften zu Fall gebrachte Vorkriegsregelung. Die Arbeitszeitverordnung vom November 1924 ermögliche zu leicht die Festsetzung von Überstunden und werde unzureichend überwacht. Während es den Lohn- und Gehaltsempfängern in den unteren Besoldungsgruppen immer schlechter gehe, würden die Gehälter der oberen Beamten ständig angehoben. Die Leistungen der Sozialversicherung blieben weiter hinter dem übrigen Deutschland zurück, obwohl die Gewerkschaften seit eineinhalb Jahren die Übernahme des Reichsknappschaftsgesetzes verlangten. Hoffmann bekräftigte die Forderung nach Übernahme des deutschen Betriebsrätegesetzes und der obligatorischen Schlichtung.

Die neue Zusammensetzung der Regierungskommission und der „neue Kurs in Frankreich" ließen nach seiner Ansicht indessen erwarten, dass „etwas Durchgreifendes im Saargebiet geschieht".[294] In der Ablehnung der Arbeitskammer durch Handelskammer und Arbeitgeberverbände sah Hoffmann „eine Schmach und eine Schande für die deutschen Arbeitgeber des Saargebietes".[295] Seine Begründung für eine paritätisch besetzte Arbeitskammer statt einer reinen Arbeiterkammer verdeutlicht, wie die Sozialdemokraten die Beziehungen zwischen den Sozialparteien und ihre eigenen Einflussmöglichkeiten einschätzten:

„Die Arbeiterkammer, die das Parteiorgan der Kommunisten verlangt hat, im Verein mit der Handelskammer und den Arbeitgeberverbänden, lehnen wir ab. Sie war vielleicht vor 10 oder 20 Jahren von den Gewerkschaften damals gefordert worden, weil damals andere Verhältnisse gewesen sind. Heute ist die Macht des Arbeitnehmers durch die Taktik der Gewerkschaften so gestärkt worden, daß man zusammen mit dem Arbeitgeber über Lohnfragen und Fragen des Arbeitsvertrages verhandeln kann. Das war früher nicht. In der heutigen Zeitperiode muss man deswegen auch die Arbeitskammer vertreten, weil man auch darin dem Arbeitgeber nach und nach dies oder jenes abholen kann und den Widerstand beseitigen muss, den Ausbau des Arbeitsrechtes zu sabotieren! Wir vertreten deshalb auch die Arbeitskammer, in der auch die Angestellten und Arbeitgeber vertreten sind, damit in der Arbeitskammer der Widerstand gegen den sozialen Fortschritt gebrochen wird."[296]

Während Sozialdemokraten und Zentrum den Landesrat, dessen Befugnisse sie für unzureichend hielten, gleichwohl nutzten, um ihre Ziele zu verfolgen, betrachteten die Kommunisten Vertretungsorgane wie den Landesrat oder die geplante Arbeitskammer als wirkungslos. Ihre eigene Aufgabe sahen sie darin, auf die Wirkungslosigkeit hinzuweisen und ihre Forderungen als Alternative vorzustellen. Andererseits hielt sie die Ablehnung des Parlamentarismus im Allgemeinen und des Landesrates im Besonderen nicht davon ab, Maßnahmen zur Verbesserung der Lage der Arbeiter zu unterstützen. Zur Arbeitskammer erklärte der Abgeordnete Heckler:

„Der Landesrat hat nichts zu sagen, die Arbeitskammer hat überhaupt nichts zu sagen und stellt eine Beruhigungspille dar. [...] Der Völkerbund ist die Vereinigung der westlichen Siegerstaaten. Er hat die Aufgabe, die Interessen und Vorteile Frankreichs und Englands wahrzunehmen. [...] Das Internationale Arbeitsamt in Genf hat die Aufgabe, die Methode auszuklügeln, wie man am besten die Arbeiter ausbeutet. [...] Schon die Besetzung des Vorsitzes [...] durch den früheren französischen Minister Thomas zeigt uns, daß wir nichts zu erwarten haben."[297]
Der Entwurf der KP, der eine ausschließlich mit Arbeitnehmervertretern besetzte Arbeiterkammer mit arbeitsrechtlicher

Entscheidungsgewalt vorsah, wurde erwartungsgemäß schon im Landesrat abschlägig beschieden.

Die Stellungnahme des Glasfabrikanten Dr. Max von Vopelius für die Deutsch-Saarländische Volkspartei (DSV) bestätigte die Erwartung von Kommissionsmitglied Koßmann, dass die Arbeitgeber dem Vorhaben letzten Endes zustimmen würden: „Ich bin mit meiner Fraktion der Ansicht, daß es nötig ist, daß nicht nur im Saargebiet, sondern in der ganzen Welt eine Verständigung zwischen Arbeitgeber und Arbeitnehmer Platz greifen muß. [...] wenn man die Presse liest, kann man oft feststellen, daß das wirtschaftliche Verständnis auf Seiten der Arbeitnehmer fehlt. [...] Dies würde sich ändern, wenn Arbeitgeber und Arbeitnehmer in paritätischer Zusammensetzung zusammenkommen würden[,] um sich über die Lage zu unterhalten, um dadurch gegenseitig Verständnis zu finden für ihre Lage [...]".[298]

2.6 Die Verordnung zur Errichtung einer Arbeitskammer im Saargebiet

Der Vergleich zwischen dem Regierungsentwurf und der Verordnung belegt, dass die Parteien Zugeständnisse erreichten. Wie der Landesrat und zuvor die Gewerkschaften hatte sich auch der Studienausschuss dafür ausgesprochen, der Arbeitskammer eine größere Unabhängigkeit einzuräumen.[299] Da die Regierungskommission dringend einen Beitrag zur Befriedung der Lage leisten und ihre „soziale Politik" unter Beweis stellen wollte, konnte der formell machtlose Landesrat in diesem Fall Einfluss ausüben. Davon abgesehen dürfte die Zustimmung der französischen Bergwerksverwaltung die Gründung der Arbeitskammer überhaupt erst ermöglicht haben.

Mit dem Recht der Verbände, ihre Vertreter selbst zu benennen, und dem Verzicht auf die Auswahl aus drei Vorschlägen, erfüllte die Regierungskommission eine wesentliche Forderung des Landesrates. Wie erwähnt hatte Rault dieses Zugeständnis eingeplant. Ebenso entfiel das Verbot politischer Erörterungen. Auch die Möglichkeit, die Arbeitskammer aufzulösen, „sollte sie die Grenzen ihrer Befugnisse überschreiten oder zur öffentlichen Beunruhigung beitragen"[300], ist in der Verordnung nicht mehr enthalten. Die Angestellten wurden ausdrücklich in die Kammer einbezogen.[301] Die Verteilung der Sitze geschah zwar nicht im Einvernehmen mit den Verbänden, wie der Landesrat verlangt hatte, die Verbände wurden aber angehört.

Kein Entgegenkommen zeigte die Regierung gegenüber dem Ansinnen, dass der Geschäftsführer auf Vorschlag der Arbeitskammer ernannt werden und nicht dem Vorstand angehören solle. Auch behielt sie sich die Festsetzung der Tagesordnung nach Anhörung des Vorstandes vor, während die Abgeordneten die Entscheidung über die Tagesordnung dem Vorstand alleine überlassen wollten. Diese Bestimmungen und die Ernennung des Mitarbeiterstabs der Kammer durch die Regierungskommission führten dazu, dass die Verordnung auch nach dem Verzicht auf noch stärkere Einschränkungen den „Eindruck einer gewissen Bevormundung"[302] erweckte.

Die Arbeitskammer setzte sich aus je 18 Vertretern von Arbeitgebern und Arbeitnehmern zusammen, die mit ihren Stellvertretern für zwei Jahre gewählt wurden. Die Sitze wurden für die Unternehmer auf die Wirtschaftszweige, für die Arbeitnehmer auf die entsprechenden Berufszweige aufgeteilt. Der Bergbau erhielt jeweils sieben Sitze, Glas- und Holzindustrie zusammen mit dem Baugewerbe je zwei. Handel, Transportgewerbe und Handwerk entsandten je einen Unternehmer- und Arbeitnehmervertreter. Die Eisen- und Metallindustrie als zweitgrößte Branche war auf der Unternehmerseite mit sechs Sitzen vertreten; auf der Arbeitnehmerseite wurden den Metallarbeitern fünf Plätze zugesprochen, der sechste Sitz blieb den technischen Angestellten vorbehalten.

Die Arbeitgebervertreter gehörten, soweit sie nicht von der französischen Bergwerksverwaltung entsandt wurden, der Vereinigung saarländischer Unternehmerverbände an. Es handelte sich sowohl um Verbandsvertreter als auch um Führungskräfte großer Unternehmen. Bei den Arbeitnehmern erhielten die im ADGB zusammengeschlossenen Freien Gewerkschaften neun

Mandate, die Christlichen Gewerkschaften sechs. Je ein Sitz fiel an den Allgemeinen freien Angestelltenbund (Afa-Bund) und den Gesamtverband deutscher Angestelltengewerkschaften (Gedag), die Angestelltenorganisationen beider Gewerkschaftsrichtungen. Einen Delegierten stellten die liberalen Hirsch-Dunckerschen Gewerkvereine.[303]

Der Vorsitz wechselte halbjährlich zwischen den Sozialparteien. Gleichzeitig mit dem Vorsitzenden und seinem Stellvertreter, der jeweils der Gegenseite angehören musste, wurden die beiden paritätisch bestimmten Beisitzer im Vorstand neu gewählt. Die Arbeitskammer tagte unter Ausschluss der Öffentlichkeit, der Vorstand unterrichtete die Presse über ihre Beratungen. Nicht nur Gewerkschaften und Landesrat, auch Koßmanns Abteilung für Arbeit hatten die Öffentlichkeit der Sitzungen befürwortet. Die Regierungskommission ließ sich von einem Staatskommissar vertreten.

Die Zuständigkeit der Arbeitskammer erstreckte sich auf arbeits- und sozialrechtliche Fragen, das berufliche Bildungswesen und auf die allgemeinen Lebensumstände der arbeitenden Bevölkerung. Im Einzelnen nennt die Verordnung Arbeitsbedingungen, Arbeitsschutz, Tarifrecht, Sozialversicherung, Aus- und Fortbildungswesen, die Regelung von Arbeitsmarkt und Arbeitsvermittlung sowie „Löhne und Gehälter zur Ermöglichung angemessener Lebensbedingungen". Die Regierung verpflichtete sich, der Arbeitskammer die einschlägigen Verordnungen zur Begutachtung vorzulegen. Außerdem durfte die Kammer der Regierung „Wünsche" unterbreiten und mit dem Einverständnis der für Arbeitswesen und Wirtschaft zuständigen Kommissionsmitglieder Umfragen zu den wirtschaftlichen Verhältnissen und Erhebungen über Einkommen, Lebenshaltungskosten und Arbeitszeit vornehmen. Bei Gutachten und Wünschen waren auch die Minderheitsvoten mitzuteilen. Zur „Erledigung besonderer Aufgaben" konnten Fachausschüsse gebildet und Sachverständige herangezogen werden, was die Möglichkeit bot, den Gutachten Unparteilichkeit und damit einen stärkeren Nachdruck zu verleihen.[304]

Amtsblatt

der Regierungskommission des Saargebietes.

Amtliches Anzeigeblatt für das Saargebiet, verbunden mit Öffentlichem Anzeiger.

Herausgegeben vom Generalsekretariat der Regierungskommission. | 6. Jahrgang | Bezugspreis für das Vierteljahr 8.— Francs Einzelnummer 2.— Francs

Nr. 27. Saarbrücken, den 29. September 1925.

Inhalt:

Amtliches.

Allgemeines.

Allgemeines.

Nr. 484. **Verordnung**
betr. die Errichtung einer Arbeitskammer im Saargebiet.

In der Absicht, die Eintracht zwischen den Arbeitgebern und den Arbeitnehmern des Saargebietes zu fördern,

entschlossen, zwischen dem Saargebiet und dem internationalen Arbeitsamt, welches auf Grund des Friedensvertrages von Versailles zu den Einrichtungen des Völkerbundes zählt, eine dauernde Zusammenarbeit zu ermöglichen,

auf Grund der §§ 19 und 23 der Anlage zum Abschnitt IV (Teil 3) des Friedensvertrages,

auf Grund des Teiles 13 des genannten Friedensvertrages und insbesondere seines Vorwortes,

auf Grund ihrer Entscheidung vom 18. September 1925 verordnet die Regierungskommission des Saargebietes nach Anhörung der gewählten Vertreter der Bevölkerung, was folgt:

Artikel 1.

Im Saargebiet wird eine Arbeitskammer errichtet.

Artikel 2.

Der Arbeitskammer fällt die Aufgabe zu, der Regierungskommission Gutachten und Wünsche zu unterbreiten, welche die Wahrnehmung der gemeinsamen Interessen, sowohl der Arbeitgeber als auch der Arbeitnehmer, namentlich in Bezug auf Verbesserung der Arbeitsbedingungen, betreffen wie z. B.

a) die Regelung der Arbeitszeit, Festsetzung einer Höchstdauer des Arbeitstages und der Arbeitswoche, der Durchführung der Sonntagsruhe usw.
b) Schutzbestimmungen für Kinder, Jugendliche und Frauen,
c) Regelung der Berufsvertretungen der Arbeiter und Angestelltenschaft,
d) Regelung des Arbeitsmarktes, Verhütung der Arbeitslosigkeit, Regelung des Arbeitsnachweiswesens und der Erwerbslosenfürsorge,
e) Löhne und Gehälter zur Ermöglichung angemessener Lebensbedingungen, Regelung des Tarifrechts und des Tarifschutzes und Förderung tarifrechtlicher Vereinbarungen,
f) Schutz der Arbeiter und Angestellte gegen allgemeine- und Berufskrankheiten, Schutz des Lebens und der Gesundheit der Arbeitnehmer in den Betrieben gegen Unfallgefahr und gesundheitsschädliche Einwirkungen,
g) Regelung der Sozialversicherung,
h) Regelung des gewerblichen und kaufmännischen Lehrlings- sowie Fortbildungsschulwesens,
i) Schutz der Interessen der im Ausland beschäftigten Arbeiter und Angestellten,
j) Regelung der Arbeitsvermittlung für die Kriegsbeschädigten.

Abb. 8: Amtsblatt der Regierungskommission mit der Verordnung über die Errichtung einer Arbeitskammer im Saargebiet

Für die Angehörigen der Berufsorganisationen richtete die Kammer eine Bücherei ein, in der die Veröffentlichungen des IAA und „von dem Vorstand der Kammer für geeignet erachtete Schriftwerke"[305] gesammelt wurden – eine Art Vorläufer des Dokumentationszentrums der heutigen Arbeitskammer. In einer Zeit, in der sich zu informieren weitaus schwieriger war und die Anschaffung von Literatur größere Kosten verursachte als heute, dürfte die Bücherei es den Arbeitnehmervertretern erleichtert haben, sich sachkundig zu machen. Außerdem wurde eine Liste der Tarifabschlüsse geführt. Bücherei und Sekretariat der Arbeitskammer unterstanden dem von der Regierungskommission ernannten Geschäftsführer.

Der Literaturbestand der Arbeitskammer wuchs zwischen 1926 und 1932 von 396 Bänden auf 1.836 Bände an. Er umfasste Veröffentlichungen aus den Bereichen: Gesetze und Verordnungen, Politik und Recht, Wirtschaft, Sozialversicherung, Arbeitsrecht, Schrifttum des Internationalen Arbeitsamtes, französische Literatur, Schrifttum der Gewerkschaften und Verschiedenes. Die Zahl der Ausleihen bewegte sich zwischen 109 (1930) und 218 (1928).[306]

2.7 Die Arbeitskammer des Saargebietes im Vergleich mit den Arbeitnehmerkammern in Bremen, Luxemburg und Österreich

Anders als im Saargebiet war es den Arbeitnehmerkammern in Bremen, Österreich und Luxemburg möglich, von sich aus Gutachten und Stellungnahmen abzugeben. In Bremen besaßen sie Rederecht in der Bürgerschaft und konnten „die ihnen zur Förderung ihrer Aufgaben angemessen erscheinenden Maßnahmen bei den zuständigen Behörden [...] beantragen".[307] Das luxemburgische Gesetz verpflichtete die Regierung, Vorschläge der Kammern zu prüfen und der Abgeordnetenkammer zu unterbreiten.[308] Die österreichischen Kammern für Arbeiter und Angestellte waren berechtigt, „zur Hebung der wirtschaftlichen und sozialen Lage der Arbeiter und Angestellten [...] Einrichtungen und Anstalten ins Leben zu rufen und zu verwalten oder an der Einrichtung und Verwaltung solcher Institutionen mitzuwirken".[309] Auch der Vorläufige Reichswirtschaftsrat konnte über die Begutachtung von Gesetzentwürfen hinaus Gesetzesvorlagen bei der Reichsregierung beantragen.[310]

Die Finanzierung über Beiträge, Haushaltshoheit und das Recht, Personal einzustellen, verliehen den Kammern in Bremen, Österreich und Luxemburg eine Selbstständigkeit, die der Arbeitskammer des Saargebietes fehlte. Alle drei Länder hatten sich für reine Arbeitnehmerkammern entschieden. Während Arbeiter und Angestellte in Bremen und Luxemburg eigene Kammern wählten, bildeten sie in den „Arbeiterkammern" Österreichs gemeinsame Vertretungen. Der soziale Ausgleich, der im Saargebiet über die Zusammenarbeit der Sozialparteien innerhalb der Arbeitskammer angestrebt wurde, sollte sich durch die Abstimmung der Arbeitnehmerkammern mit den Körperschaften der Wirtschaft einstellen. Die österreichische Regierung behielt sich vor, zu diesem Zweck gemeinsame, paritätisch besetzte Ausschüsse „zur Beratung gemeinsamer Angelegenheiten oder zur Leitung gemeinsamer Einrichtungen" zu schaffen.[311] In Luxemburg können die Berufskammern Vertreter zur Besprechung gemeinsamer Angelegenheiten benennen; ebenso kann die Regierung zu einer solchen Beratung einberufen.[312]

Die Beschränkung der politischen Teilhabe auf Anhörung entsprach den Vorgaben des Versailler Vertrages. Sie sahen zwar eine Regierung zum Wohle des Volkes vor, sprachen die Entscheidungsgewalt aber der Regierungskommission zu, die dem Völkerbund und nicht der einheimischen Bevölkerung verantwortlich war. Die Verwaltung in fremdem Auftrag prägte die Völkerbundsherrschaft und fand ihren Ausdruck in den begrenzten Rechten des Landesrates. Es erstaunt nicht, dass eine solche Regierung, selbst wenn sie wohlwollend zu handeln meinte und dies bisweilen auch tat, als undemokratisch und von außen aufgezwungen empfunden wurde.

2.8 Geringe Erwartungen: Stimmen zur Gründung der Arbeitskammer

Anlässlich der Errichtung der Arbeitskammer beanstandete die „Saarbrücker Landes-Zeitung", die Zeitung der Zentrumspartei, die geringen Befugnisse und die Abhängigkeit von der Regierungskommission und forderte im Gegenzug die Übertragung der deutschen Arbeitsgesetzgebung auf das Saargebiet. Ähnlich äußerte sich der Gewerkverein Christlicher Bergarbeiter, der einen Vergleich zum Landesrat zog: „Da neben der Arbeitskammer kein beschlußfassendes politisches Parlament steht, sondern auch nur eine Gutachterkörperschaft, dürfen keine großen Hoffnungen auf ihre Auswirkung gesetzt werden."[313]

Die Freien Gewerkschaften sahen bei ebenfalls grundsätzlicher Kritik an fehlender Selbstständigkeit und unzureichenden Rechten dennoch Sinn in einer Beteiligung:

> „Für die Arbeitnehmerschaft ist das Gesetz an sich von großer Bedeutung. Der § 2 des Gesetzes, der das Aufgabengebiet der Arbeitskammer behandelt, umfaßt so ziemlich den gesamten sozialpolitischen und arbeitsrechtlichen Fragenkomplex. [...] Noch begrüßenswerter wäre allerdings die Zubilligung wirklicher verwaltungsrechtlicher Befugnisse an Stelle des erfahrungsmäßig recht zweifelhaften Rechtes der Begutachtung und der Wünscheäußerung gewesen. [...] Die freien Gewerkschaften haben die feste Absicht, sich an der Kammer und ihren Arbeiten intensiv zu beteiligen. Sie vertreten auch nicht den Standpunkt der ‚Landeszeitung', der die deutsche Sozialgesetzgebung lieber ist, wie die ganze Arbeitskammerverordnung. Die erstere ist noch nicht ideal, bloß weil sie deutsch ist und die Arbeitskammer ist noch nicht zu verdammen[,] nur weil sie ein Produkt der Regierungskommission ist."[314]

Wie Bezirkssekretär Wilhelm Kimmritz in der „Volksstimme" schrieb, hatten sich die Freien Gewerkschaften für die Einbeziehung des Schlichtungswesens in die Zuständigkeit der Arbeitskammer eingesetzt und den Ausschluss der Öffentlichkeit abgelehnt. Der Auftrag der Arbeitskammer, der laut Verordnung die „Wahrnehmung der gemeinsamen Interessen, sowohl der Arbeitgeber als auch der Arbeitnehmer" umfasste, sollte nach dem Entwurf der Freien Gewerkschaften darin bestehen, „die natürlichen Gegensätze zwischen Arbeitgebern und Arbeitnehmern möglichst zu lindern".[315]

Die „Saarbrücker Zeitung" meinte: „Das ideale Ziel der Arbeitskammer müßte eine Überbrückung des Klassenkampfes sein. Aber man wird sich schon damit begnügen müssen, die bestehenden Gegensätze zwischen Unternehmertum und Arbeitern zu lindern [...]."[316]

Ähnliche Erwartungen äußerten Arbeitgebervertreter: „Auf Arbeitgeberseite sieht man [...] in der Arbeitskammer nicht etwa eine Arbeitsgemeinschaft, [...] aber es ist möglich, daß sich das Miteinanderarbeiten zu einer Zusammenarbeit entwickelt, die unter völliger Wahrung der Eigenart der grundsätzlichen Einstellung der beteiligten Organisationen zu einer gemeinschaftlichen Arbeit im Dienste der Wirtschaft zu Nutzen und Frommen von Arbeitgeber und Arbeitnehmer führt. Eine sachlich gründliche Arbeit an den sozialen und wirtschaftlichen Problemen des Saargebietes, zu der das Enqueterecht der Arbeitskammer ihr die Mittel an Hand gibt, bringt zum mindesten eine gewisse Erkenntnisgemeinschaft, [...] die letzten Endes auch eine Verständigung für die Wirtschafts- und Sozialpolitik, d.h. für das auf die Wirtschaft und die Sorge für den Wirtschafts-Faktor Mensch bezügliche Handeln im Gefolge haben muß."[317]

In ihren Stellungnahmen zum Verordnungsentwurf hatten die Arbeitgeber die Arbeitskammer noch mehrheitlich abgelehnt und die Gegensätze zu den Gewerkschaften hervorgehoben. Jetzt wollten sie die Kammer nutzen und sprachen sogar von Gemeinsamkeiten. Die Handelskammersitzung im Oktober 1925 brachte den Sinneswandel zum Ausdruck: „Nachdem nun aber die Arbeitskammer trotz der geäußerten Bedenken ins Leben gerufen sei, müsse es die Aufgabe des Unternehmertums sein, in bereitwilliger Mitarbeit die Arbeiten der neuen Einrichtung zu fördern und mit allen Mitteln zu versuchen, die neue Einrichtung den gemeinsamen Interessen der gesamten Wirtschaft, der Arbeitgeber- und Arbeitnehmerschaft nutzbar zu machen."[318] Die Entsendung ihrer führenden Vertreter deutet darauf hin, dass sowohl Gewerkschaften als auch Arbeitgeberverbände der Arbeitskammer zweifellos Bedeutung beimaßen.

In der zweiten Mandatsperiode von 1928 bis 30 gehörten der Arbeitskammer als Arbeitnehmervertreter unter anderen an: Fritz Dobisch, ab 1920 Bezirksleiter des Verbands der Fabrikarbeiter Deutschlands, 1928–35 Vorsitzender des ADGB Saar; Peter Kiefer, Gewerkschaftssekretär des Gewerkvereins christlicher Bergarbeiter, seit 1922 Zentrumsabgeordneter im Landesrat; Fritz Kuhnen, Bezirksleiter des Gewerkvereins christlicher Bergarbeiter; Karl Hillenbrand, Landessekretär des Gewerkvereins christlicher Bergarbeiter und Zentrums-Abgeordneter im Landesrat, nach dem Zweiten Weltkrieg Generalsekretär der christlichen Gewerkschaften im Saarland; Otto Pick, Bezirksleiter des Christlichen Metallarbeiterverbandes; Karl German, Gewerkschaftssekretär des Gewerkvereins christlicher Bergarbeiter in Neunkirchen, nach dem Zweiten Weltkrieg zeitweise Vorstandsmitglied und von April bis Herbst 1955 Präsident des Gesamtverbandes der Christlichen Gewerkschaften im Saarland, Alterspräsident der CVP und des Landtags bis 1955; Julius Schwarz, Gewerkschaftssekretär des Verbands der Bergarbeiter Deutschlands, 1930–35 Bezirksleiter für das Saarrevier, 1919–21 Abgeordneter der Verfassunggebenden Preußischen Landesversammlung, 1929/30 Mitglied des Saarausschusses, 1929–35 SPD-Stadtverordneter in Saarbrücken; Heinrich Wacker, Vorstandsmitglied des Afa-Bundes, Bezirk Saar, 1945–51 Präsident der Einheitsgewerkschaft, 1951–57 erster Präsident der Arbeitskammer des Saarlandes; Albin Weiß, Gewerkschaftssekretär des Deutschen Metallarbeiterverbandes, Völklingen. Auf der Arbeitgeberseite finden sich leitende Ingenieure der Bergwerksverwaltung, Direktionsmitglieder von Unternehmen und Syndizi der Verbände, unter ihnen das geschäftsführende Vorstandsmitglied des Arbeitgeberverbandes der Saarindustrie Bergrat Teßmar. [319]

Am Ende des Jahrzehnts sahen die Christlichen Gewerkschaften ihre Bedenken bestätigt. Nach einer kritischen Beurteilung der Tätigkeit der Regierungskommission auf dem Gebiet der Sozialversicherung und des Arbeitsrechts schrieben sie in ihrem Bericht über das Jahr 1928: „Um der Welt eine Saargebiets-Sozialpolitik vorzutäuschen, schuf man eine paritätische Arbeitskammer, die ebenso fruchtlos wie der Landesrat Gutachten abgeben darf. Nicht ein einziges nennenswertes Gutachten der dreijährigen Kammertätigkeit, selbst bei einmütiger Verabschiedung, ist Gesetz geworden."[320] Ähnlich urteilte Otto Bork 1930 in seiner Dissertation über die Großeisenindustrie des Saargebietes: „Man kann [...] einen praktischen Erfolg der Tätigkeit der Arbeitskammer bisher nicht verzeichnen. Es blieb immer nur bei Beratungen und Vorschlägen, zu deren Ausführung die Regierungskommission meistens nicht schritt."[321]

Blieb die Arbeitskammer erfolglos? Wie haben die Sozialparteien zusammengearbeitet? Aufschluss über die Verhandlungen innerhalb der Kammer und über ihre Ergebnisse könnten am ehesten die Niederschriften der Plenums- und Ausschusssitzungen liefern. Zwar sind außer der Niederschrift einer Vollversammlung am 3. Mai 1929 keine Unterlagen der Arbeitskammer erhalten, ihre Gutachten finden sich aber in den Anlagen zu den Sitzungsprotokollen der Regierungskommission – sofern sie sich damit beschäftigte.[322] Hinweise liefert ferner die Berichterstattung in der Presse. Die Jahresberichte von Bartholomäus Koßmanns Abteilung führen die Tagesordnungspunkte der Arbeitskammer und die Wünsche der Arbeitnehmer auf und geben zum Teil auch den Stand der Beratung wieder. Schließlich vermitteln die im Amtsblatt veröffentlichten Verordnungen und die Berichte der Kommission an den Völkerbundsrat ein Bild der Arbeits- und Sozialpolitik der Regierung, das sich mit den Gutachten der Kammer und mit den Forderungen von Parteien und Gewerkschaften vergleichen lässt. Zunächst wollen wir einen Blick auf die einzige vollständig dokumentierte Tagung der Arbeitskammer im Mai 1929 werfen.

Abb. 9: Die Landes-Zeitung war das Presseorgan der Zentrumspartei. Das Redaktions- und Verlagsgebäude des Stuttgarter Architekten Hans Herkommer in der Königin-Luisen-Straße (heute Ursulinenstraße) wurde 1926 fertiggestellt (Foto: Stadtarchiv Saarbrücken).

3. Gutachten und Wünsche: Die Tätigkeit der Arbeitskammer

3.1 Arbeitszeiten, Kündigungsschutz und Arbeitsgerichtsbarkeit: Themen der Arbeitskammer im Mai 1929

Im Mittelpunkt der Vollversammlung der Arbeitskammer am 3. Mai 1929 stand die Nacht- und Sonntagsarbeit in Bäckereien. Die Gewerkschaften drangen auf ein Verbot, die Großbäckereien forderten die Zulassung des Dreischichtbetriebs und räumten nur die Sonntagsruhe ein. Bäckerinnungen und Handwerkskammer hatten sich zunächst für ein Verbot ausgesprochen; die Innungen waren sich dann aber nicht mehr einig, worauf auch die Handwerkskammer Einwände vorbrachte. Jean Morize, in der Regierungskommission für Wirtschaft zuständig, verlangte, dass Großbäckereien ausgenommen würden, weil sie den für die Arbeiterbevölkerung wichtigen Brotpreis beeinflussten. Die Regierungskommission beauftragte die Arbeitskammer, in einem Gutachten im Besonderen die Auswirkungen auf die Brotpreise zu klären.[323]

Anfragen bei Handels- und Handwerkskammern und Arbeitnehmerorganisationen vor allem in Grenzgebieten des Deutschen Reiches ergaben, dass für Großbetriebe, die bisher in drei Schichten arbeiteten, mit einer geringen Preissteigerung gerechnet werden musste. Eine Umstellung vom Drei- zum Zweischichtsystem kam jedoch im Saargebiet nicht in Frage. Bei Bäckereien mit Ein- oder Zweischichtbetrieb trat keine Änderung ein, da sich dort die Nachtruhe nur verschob. In allen handwerksmäßigen Bäckereien war wegen der geringeren Ausgaben für Beleuchtung sogar eine Verminderung der Herstellungskosten vorauszusehen. In der Arbeitskammer „stellte sich die überwiegende Mehrheit der Arbeitgeber und Arbeitnehmer auf den Standpunkt, dass die Einführung eines Nachtbackverbotes eine Notwendigkeit bedeute und keine weiteren Schwierigkeiten im Handel und in Bäckereibetrieben hervorrufen werde".[324]

Die Arbeitskammer beschloss, die genossenschaftlichen Bäckereien ausdrücklich in das Nachtbackverbot einzubeziehen und zu empfehlen, dass auch der Verkauf an Sonn- und Feiertagen untersagt werde. Mit diesen Änderungen verabschiedete sie bei fünf Gegenstimmen den Entwurf, den ihr Arbeitsrechtsausschuss vorbereitet hatte. Wer dagegen stimmte und ob beziehungsweise wie die Ablehnung begründet wurde, ist aus den Aufzeichnungen nicht zu ersehen. Sie lassen auch keine Meinungsverschiedenheiten zwischen Arbeitgeber- und Arbeitnehmervertretern erkennen.[325]

Eine Episode am Rande gibt Aufschluss über die Erwartungen der Regierungskommission gegenüber. Karl Hillenbrand, Landessekretär der Christlichen Gewerkschaften, hatte vorgeschlagen, die Frage nach einer möglichen Brotverteuerung nicht zu beantworten, da es sich beim Nachtbackverbot um eine soziale Maßnahme handele, die nicht von Auswirkungen auf die Preise abhängig gemacht werden dürfe. Darauf gab der Leiter des Arbeitsamtes, Oberregierungsrat Valentin Schäfer, zu bedenken, dass durch Nichtbeantwortung die Erledigung der Angelegenheit „sicherlich nur verschleppt"[326] werde.

Während Koßmanns Abteilung für Arbeit das Nacht- und Sonntagsbackverbot befürwortete, gestand sein Regierungskollege Morize zwar „grundsätzlich" die Sonntagsruhe zu, lehnte eine Untersagung der Nachtarbeit aber weiter ab. Er wiederholte seine Befürchtung, dass der Brotpreis steigen werde, und sah die kleinen Bäckereien in ihrer Existenz bedroht. Außerdem verstehe er nicht, weshalb die Nachtarbeit für Bäcker verboten werden solle, während sie zum Beispiel für Zeitungsdrucker erlaubt bleibe. Koßmann bemerkte, dass es sich um eine alte Forderung der Sozialdemokraten handele, deren Zeitung nicht nachts, sondern morgens gedruckt werde, und gab sich „vorläufig" damit zufrieden, nur die Sonntagsarbeit zu verbieten.[327] Der Verordnungsentwurf wurde 1931 dem Studienausschuss und im Jahr darauf dem Landesrat zur Begutachtung vorgelegt, erlangte freilich keine Gültigkeit, da die Regierungskommission ihre Entscheidung im November 1932 „auf Grund der wirtschaftlichen Umstände"[328] bis auf Weiteres vertagte.

Ein ähnliches Schicksal erlitten zwei weitere Vorhaben, mit denen sich die Arbeitskammer im Mai 1929 beschäftigte. Beim ersten ging es um die Pausenregelung in den Thomasschlackenmühlen, wo die Schlacke gemahlen wurde, die bei der Stahlerzeugung im Thomasverfahren anfiel. Das phosphatreiche Thomasmehl fand als Düngemittel Verwendung. Auf Grund der Gesundheitsgefährdung durch die Staubentwicklung unterlag die Herstellung und Lagerung von Thomasmehl besonderen gewerberechtlichen Vorschriften.

Die geltenden Bestimmungen, die noch aus dem Kaiserreich stammten, sahen bei einer Höchstarbeitszeit von zehn Stunden mindestens zwei Stunden, bei bis zu sieben Stunden Arbeitszeit mindestens eine Stunde Pause vor. Mit der Begründung, dass die im Saargebiet geltende Höchstarbeitszeit von acht Stunden einen ausreichenden Schutz biete, hatte der Arbeitgeberverband die Aufhebung der Pausenregelung beantragt. Demgegenüber wollten die beiden zuständigen Gewerbeaufsichtsämter nicht auf eine Festlegung verzichten und sprachen sich für eine Pausendauer von einer Stunde bei achtstündiger Arbeitszeit aus; in dreischichtigen Betrieben sollte, sofern die Pause in die Arbeitszeit eingerechnet wurde, eine halbe Stunde genügen.

Der Arbeitgeberverband stimmte grundsätzlich zu, wollte im letzten Fall aber nur eine Viertelstunde Pause gewähren, worauf die Regierung ein Gutachten der Arbeitskammer anforderte. Deren Arbeitsrechtsausschuss schloss sich im Wesentlichen dem Vorschlag der Gewerbeaufsichtsämter an. Die Vollversammlung übernahm die Entscheidung des Ausschusses mit einer

Gegenstimme, was darauf hindeutet, dass die Arbeitgebervertreter jetzt mit einer halben Stunde Pause einverstanden waren. Die Regierungskommission erstellte einen Verordnungsentwurf, den sie dem Landesrat zur Stellungnahme übermittelte. Inzwischen erließ die Reichsregierung neue Bestimmungen, die sich nicht nur auf die Arbeitszeit, sondern auch auf die Herstellung, Verpackung, Lagerung und Einfuhr von Thomasmehl bezogen. Nachdem die Gewerbeaufsichtsämter angeregt hatten, die deutsche Verordnung im Saargebiet zu übernehmen, beauftragte die Regierungskommission im Oktober 1931 die Arbeitskammer erneut mit einem Gutachten. Eine neue Verordnung kam nicht mehr zustande.[329]

Das zweite Vorhaben betraf die Arbeitsgerichtsbarkeit, die im Deutschen Reich ab 1890 den Gewerbe- und Kaufmannsgerichten oblag. Das Arbeitsgerichtsgesetz der Weimarer Republik von 1926 schuf eigene Arbeitsgerichte, fasste die Zuständigkeiten für Arbeiter und Angestellte zusammen und enthielt mit der Zulassungsrevision und dem arbeitsgerichtlichen Beschlussverfahren zwei richtungweisende Neuerungen. Denn während sich das Gericht im Urteilsverfahren auf die Würdigung der von den Prozessparteien vorgetragenen Tatsachen beschränken muss, kann es im Beschlussverfahren, je nach Gegenstand und im Rahmen der gestellten Anträge, von sich aus den Sachverhalt erforschen und Beweise erheben.[330]

Nachdem sie sich für die Übernahme des deutschen Gesetzes ausgesprochen hatte, bat die Arbeitskammer im Mai 1929, das Verfahren zu beschleunigen. Der anwesende Staatskommissar berichtete, dass die Justizabteilung an einem Gutachten arbeite. Dabei blieb es. Die Arbeitsgerichtsbarkeit wurde im Saargebiet bis zur Rückgliederung 1935 von den Gewerbe- und Kaufmannsgerichten wahrgenommen.[331]

Mehr Erfolg hatte die Arbeitskammer beim Kündigungsschutz für Angestellte. Hier folgte die Regierungskommission dem Vorschlag auf Übernahme des entsprechenden Reichsgesetzes, den die Kammer gegen die Stimmen der Bergwerksvertreter am 5. Juni 1930 verabschiedete. Zuvor war das Thema am 3.

Mai 1929 auf Antrag der Arbeitgeberseite an die Arbeitsrechtskommission zurückverwiesen worden. Im vorausgehenden Jahr hatte Bergrat Teßmar als Vertreter der Arbeitgeber die Verlängerung der Kündigungsfristen abgelehnt, „da zweckmäßig derartige Vereinbarungen in den Tarifverträgen getroffen werden könnten".[332] Zum Teil sei das auch bereits geschehen. Unter Hinweis auf die „große Not der stellenlosen älteren Angestellten" befürwortete schließlich auch der Sprecher des Handels in der Arbeitskammer den Kündigungsschutz.[333] Die Regierungskommission erließ die Verordnung am 3. Dezember 1930, über vier Jahre nach Inkrafttreten des deutschen Gesetzes. Die Verzögerung ging zumindest zum Teil auf den Widerstand der Arbeitgeber zurück, die ihre Einstellung offenbar erst änderten, als die Notfälle mit der Verschlechterung der Wirtschaftslage zunahmen.

Abb. 10: Das Saarbrücker Rathaus, 1927. Die Arbeitskammer tagte im großen Sitzungssaal (Foto: Stadtarchiv Saarbrücken).

3.2 Betriebsräte, Arbeitslosenversicherung und andere „Wünsche" der Arbeitnehmer

3.2.1 Entscheidung durch Vertagung: Betriebsrätegesetz

Schon in der ersten Sitzung der Arbeitskammer hatten die Freien Gewerkschaften die Übernahme des deutschen Betriebsrätegesetzes gefordert. 1926 bat der Vorstand der Arbeitskammer die Regierungskommission, das Arbeiterausschusswesen auf die Tagesordnung zu setzen. Die Regierung verlangte, dass die Arbeitskammer zuerst ein angefordertes Gutachten zum Tarifrecht erstatte. Nachdem dies geschehen war, wiederholte der Vorstand seine Bitte.

In seiner Vorlage für die Sitzung der Regierungskommission am 11. Mai 1929 hob Bartholomäus Koßmann hervor, dass sich die Arbeiterschaft „in ihren diesbezüglichen Rechten benachteiligt" fühle.[334] Während die Reichsgesetzgebung für alle Betriebe mit mindestens 20 Arbeitern und Angestellten eine Arbeitnehmervertretung vorschreibe, müsse im Saargebiet erst ab 50 Beschäftigten ein Arbeiterausschuss eingerichtet werden. Angestellte verfügten über keine betriebliche Vertretung. Da das Gesetz über den Vaterländischen Hilfsdienst von der Reichsregierung noch 1918 aufgehoben worden sei, fehle den bestehenden Arbeiterausschüssen im Saargebiet die rechtliche Grundlage. Sie könnten sich lediglich auf eine stillschweigende Übereinkunft zwischen Arbeitnehmern und Arbeitgebern stützen. Das saarländische Regierungsmitglied fuhr fort:

> „Durch die gesetzliche Einführung der Arbeiter- und Angestelltenausschüsse wäre eine von der Arbeiterschaft stark empfundene Lücke in den arbeitsrechtlichen Verhältnissen des Saargebietes geschlossen. Zu gleicher Zeit wäre ein Organ in das Wirtschaftsleben eingeschaltet, dessen natürliche Funktion darin bestehen würde, die Beziehungen zwischen Arbeitgeber und Arbeitnehmer laufend in Ordnung zu halten."[335]

Koßmann versprach sich von Betriebsvertretungen, ähnlich wie von der Arbeitskammer, eine Verständigung zwischen den Sozialparteien: „Konflikte, die mitunter aus kleinen Anlässen heraus entstehen, werden normalerweise vom Arbeiterausschuss schon in ihrem ersten Stadium beigelegt. Derartige Betriebsvertretungen der Arbeiterschaft bilden mithin ein Element der Beruhigung des Wirtschaftslebens und bewahren den Produktionsprozess vor vielen vermeidbaren Störungen."[336] Nachdem sich die Arbeitsrechtskommission schon mit der Arbeiterausschussfrage beschäftigt und Arbeitgeber- und Arbeitnehmerseite jeweils eigene Verordnungsentwürfe ausgearbeitet hätten, solle der Arbeitskammer nun der Auftrag für ein einheitliches Gutachten erteilt werden.

Ob Koßmann auch eine Erweiterung der Rechte der Belegschaftsvertretungen nach dem Vorbild des deutschen Betriebsrätegesetzes anstrebte oder ob es ihm vorrangig um die rechtliche Absicherung und die Ausdehnung der Ausschüsse auf weitere Betriebe und die Angestellten ging, ist nicht zu ersehen. In seiner Stellungnahme für die Regierungskommission führte er als Aufgaben der Arbeiter- und Angestelltenausschüsse unter anderem das Eintreten für die Koalitionsfreiheit der Arbeitnehmer, die Unterstützung der Bekämpfung von Unfall- und Gesundheitsgefahren im Betrieb und die Mitwirkung an der Verwaltung betrieblicher Sozialeinrichtungen an. Diese Aufgaben seien in allen Ländern mit gesetzlicher Regelung „mit geringfügigen Abweichungen dieselben".[337] Wirtschaftliche Mitwirkungsrechte, wie sie den deutschen Betriebsräten mit der Entsendung von Vertretern in den Aufsichtsrat und der Einsichtnahme in die Gesamtbilanz zumindest in Ansätzen zustanden, werden nicht genannt.

Kommissionsmitglied Morize legte Widerspruch ein. Er hielt die geltende Regelung für ausreichend, da sich in kleineren Betrieben die Arbeitnehmer unmittelbar an den Arbeitgeber wenden könnten. Angestellte nähmen Kontroll- und Vorgesetztenaufgaben wahr; gegen die Einrichtung von Angestelltenvertretungen sei Widerstand von Arbeitgeberseite zu erwarten.

Koßmann unterstrich, dass die Arbeiterausschüsse von den Arbeitgebern günstig beurteilt würden und der Bergbau nicht betroffen sei, da dort das Berggesetz gelte. Auf seinen Vorschlag hin wurde die Angelegenheit an einen Ausschuss überwiesen, in dem die Abteilungen für Arbeit, Wirtschaft, Justiz und öffentliche Arbeiten sowie das Oberbergamt vertreten waren.[338]

Auf Betreiben der Arbeitnehmerseite erneuerte die Arbeitskammer im Mai 1929 ihre Bitte um den Auftrag für ein Gutachten. Während sich die Vertreter der Bergwerksdirektion der Stimme enthielten, erklärte Bergrat Teßmar, der von den Arbeitgebern benannte Vorsitzende der Arbeitskammer in der ersten Sitzungsperiode 1929, dass auch er eine Neuregelung für notwendig halte. Zwei Jahre später ersuchten die Arbeitnehmer die Regierungskommission, „im Saargebiet das Betriebsrätegesetz einzuführen".[339] Alle Bemühungen der Gewerkschaften um eine Erweiterung der Rechte der Belegschaftsvertretungen blieben jedoch erfolglos. Zwar erscheint auf der Tagesordnung der Regierungskommission am 22. Oktober 1930 ein Bericht der Justizabteilung zum Arbeiterausschusswesen – offenbar ein Ergebnis der Überweisung des Gegenstandes an den Ausschuss im Jahr zuvor – doch wurde die Besprechung vertagt und das Thema auch später nicht wieder aufgegriffen.

Abb. 11: Der Zentrumspolitiker Bartholomäus Koßmann (1883–1952) gehörte als saarländisches Mitglied ab 1924 der Regierungskommission an. Er war zunächst für Landwirtschaft, Wohlfahrts- und Gesundheitswesen zuständig, ab 1926 zusätzlich für Arbeitswesen, Sozialversicherung und Versorgungswesen. Koßmann kam aus der katholischen Arbeiterbewegung. 1946 zählte er zu den Gründern der Christlichen Volkspartei (Foto: Landesarchiv Saarbrücken).

3.2.2 Erwerbslosenfürsorge statt Arbeitslosenversicherung

Zu den vordringlichen arbeits- und sozialpolitischen Erfordernissen gehörten seit Kriegsende die Unterstützung von Arbeitslosen und Kurzarbeitern und die Arbeitsvermittlung. In Verbindung mit der Demobilisierung verpflichtete die Reichsregierung am 13. November 1918 die Gemeinden, „arbeitsfähigen und arbeitswilligen über 14 Jahre alten Personen, die infolge des Krieges durch Erwerbslosigkeit sich in bedürftiger Lage befinden"[340], eine Fürsorge zu gewähren. Reich und Länder ersetzten fünf Sechstel der Ausgaben, den Rest mussten die Gemeinden selbst aufbringen. Ab 1921 konnten sie Mittel der Erwerbslosenfürsorge für Notstandsarbeiten verwenden. Eine gleichzeitig eingerichtete Kurzarbeiterunterstützung bestand, nachdem sie zwischenzeitlich abgeschafft worden war, wieder ab 1925. Seit 1924 wurden Arbeitgeber und Arbeitnehmer über Beiträge zur Aufbringung eines Teils der Kosten herangezogen.

Eine neue Grundlage schuf 1927 die staatliche Arbeitslosenversicherung. Arbeitslose besaßen jetzt einen Rechtsanspruch auf Leistungen, unabhängig von der Bedürftigkeit. Die Finanzierung über Beiträge entlastete die Gemeinden. Mit der Trägerschaft wurde eine eigene Reichsanstalt betraut, die auch die Arbeitsvermittlung übernahm. Die Einrichtung der gesetzlichen Arbeitslosenversicherung erfüllte eine der wichtigsten sozialpolitischen Forderungen der Gewerkschaften.

Im Saargebiet setzten sich politische Parteien und Gewerkschaften ebenfalls für eine Arbeitslosenversicherung ein. Mit der Begründung, dass die Unterstützung der Arbeitslosen nicht mehr den Charakter einer Fürsorgemaßnahme haben dürfe, äußerten Freie und Christliche Gewerkschaften im November 1927 über die Arbeitskammer den Wunsch nach Übernahme des Reichsgesetzes. Arbeitgebervertreter Teßmar erklärte, dass „man grundsätzlich gegen die Einführung einer Arbeitslosenversicherung im Saargebiet keine Bedenken zu haben brauche".[341] Der Antrag wurde an den Fachausschuss für Arbeitsrecht überwiesen. In der Vollversammlung am 3. Mai 1929 verabschiedete die

Arbeitskammer einstimmig einen Antrag der Gewerkschaften, der die Regierungskommission aufforderte, einen Verordnungsentwurf vorzulegen. Im Jahr darauf erscheint die Arbeitslosenversicherung abermals unter den Anträgen der Arbeitnehmer. Die Fachausschüsse für Arbeiterfürsorge und für allgemeine Arbeiterfragen ersuchten in einer gemeinsamen Sitzung mit 14 gegen zwei Stimmen die Regierungskommission um eine Vorlage. Diese nahm in der Kabinettssitzung am 15. Oktober 1930 das Anliegen ohne Beratung „zur Kenntnis".[342]

Die Regierungskommission hatte sich zu diesem Zeitpunkt bereits gegen eine beitragsfinanzierte Arbeitslosenversicherung entschieden, nachdem sie zeitweise eine Versicherungslösung auch für das Saargebiet offenbar nicht ausgeschlossen hatte. Dafür spricht nicht nur die Ankündigung eines Gesetzes zur Schaffung einer Arbeitslosenversicherung von Ende 1920, sondern auch die spätere Erörterung über die Unterstützung für Erwerbslose.[343] Am 30. Juni 1926 erging an die Arbeitskammer der Auftrag für ein Gutachten über eine Neufassung der Bestimmungen zur Erwerbslosenfürsorge, die in ihrer damaligen aus der Nachkriegszeit stammenden und mehrmals veränderten Fassung als ungenügend angesehen wurden. Die Behandlung des am 17. März 1927 erstatteten Gutachtens verzögerte sich dann laut Koßmann „durch die inzwischen aufgetretene Frage der Schaffung einer Arbeitslosenversicherung".[344]

Am 5. Oktober besprach die Regierungskommission das Ersuchen der Gewerkschaften nach Errichtung einer Arbeitslosenversicherung. Bei dieser Gelegenheit merkte Koßmann an, dass der deutsche Beitragssatz ausreichen würde, um im Saargebiet die bisher gezahlten Leistungen für Erwerbslose zu finanzieren. Falls die Arbeitslosigkeit aber zum Beispiel im Bergbau stark zunehme, entstünde eine „riesige" Belastung.[345] Da andererseits etwas geschehen müsse, schlug er vor, eine Kommission aus Vertretern der verschiedenen Ressorts und des Oberbergamts unter seinem Vorsitz zu bilden. Als die Regierung am 24. Oktober 1928 abschließend über die Verordnung zur Erwerbslosenfürsorge beriet, meinte das saarländische Kommissionsmitglied, „unbeschadet der Entscheidung in der Frage der Arbeitslosenversicherung und auch bei Schaffung einer solchen" könne auf eine Erwerbslosenfürsorge als „notwendige und bleibende Ergänzung" nicht verzichtet werden.[346] Auch diese Äußerung legt nahe, dass noch keine Festlegung erfolgt war.

Die Entscheidung fiel ohne formellen Beschluss; auch ist nicht bekannt, zu welchem Ergebnis die Kommission gelangte, deren Einrichtung 1927 beschlossen wurde. Den Ausschlag dürfte die sich verschärfende Wirtschaftskrise gegeben haben, die bestehende Vorbehalte verstärkte, denn als der Landesrat 1929 eine Arbeitslosenversicherung nach deutschem Vorbild forderte, stieß er auf entschiedenen Widerstand.

Nach Koßmanns Aussage hielt es die Regierung für „unmöglich, der saarländischen Wirtschaft zusätzliche soziale Lasten aufzuerlegen", nachdem diese bereits im laufenden Jahr „ernsthaft erhöht" worden seien. Auch werde die Arbeitslosenversicherung in Deutschland auf Grund der gewonnenen Erfahrungen stark angegriffen. Morize pflichtete ihm bei: „Die Arbeitslosenversicherung ist in Deutschland sehr umstritten und ist bankrott. Sie ist eine viel zu starke Belastung für die Industrie und eine Ursache ernsthafter Sorgen aus haushaltspolitischer Sicht. Also in diesem Punkt hat Deutschland ein Beispiel gegeben, dem man nicht folgen sollte. Es scheint folglich, dass alle Mitglieder der Regierungskommission vollständig einig sind, den Vorschlag des Landesrates, der auf die Schaffung einer Arbeitslosenversicherung abzielt, zu beerdigen [...]."[347]

Eine letzte Aussprache vier Jahre später verdeutlicht noch einmal Ablauf und Hintergründe der Entscheidungsfindung. Im Zusammenhang mit der zweiten Neuregelung der Erwerbslosenhilfe erwähnte Koßmann, dass die Gemeinden 1929 ein „System der Arbeitslosenhilfe" gewünscht hätten. Da sie einen Teil der Erwerbslosenhilfe aufbringen mussten, was mit steigender Arbeitslosigkeit zu wachsenden Kosten führte, hätte eine Versicherungslösung sie entlastet. Die Kollegen hätten ihm, Koßmann, „nicht auf dieses Gebiet folgen wollen, um der saarländischen Wirtschaft nicht zu schaden". Morize erwiderte, dass die Regierungskommission nie mit einem konkreten Vorhaben befasst worden sei. „Wenn sie außerdem glaubte, sich dem ihr unterbreiteten Gedanken nicht anschließen zu können, so deshalb, weil es im Saargebiet in Anbetracht der geringen Anzahl von Berufen keine zweckmäßige Verteilung der Risiken geben kann."[348]

Folglich blieb es bei der Neuregelung der Erwerbslosenfürsorge. Sie trat 1930 in Kraft und löste die Reichsverordnung von 1918 ab.[349] Diese war auf das Saargebiet übertragen und in Anlehnung an die Änderungen der deutschen Bestimmungen schrittweise ergänzt worden, ohne jedoch die Teilfinanzierung durch Beiträge zu übernehmen.[350] Mit der Neuordnung wurden öffentliche Arbeitsnachweise bei den Gemeinden beziehungsweise Gemeindeverbänden eingerichtet und dem Arbeitsamt als Landesamt für Arbeitsvermittlung die Aufgaben einer Aufsichts- und Beschwerdestelle zugewiesen. Bis dahin hatten, ohne gesetzliche Grundlage, sowohl kommunale öffentliche Arbeitsnachweise in einzelnen Städten und Bürgermeistereien sowie den Landkreisen als auch private Vermittler die Stellenvermittlung ausgeübt. Außerdem boten manche Bürgermeisterämter bei „größerer Arbeitsnachfrage"[351] zeitweise eine Arbeitsvermittlung an. Die Schaffung öffentlicher Arbeitsnachweise entsprach der Regelung, die im Reichsgebiet von 1922 bis 1927 galt.

Der von der Gemeinde bestimmte Vorsitzende des örtlichen Arbeitsnachweises entschied auch über die Anträge auf Erwerbslosenunterstützung. Für Einsprüche war ein Ausschuss zuständig, der sich aus dem Vorsitzenden selbst und je einem Vertreter von Arbeitgebern und Arbeitnehmern zusammensetzte. Die Unterstützungsdauer wurde auf 26 Wochen festgelegt, konnte je nach Arbeitsmarktlage aber bis auf 13 Wochen verkürzt oder bis auf 39 Wochen verlängert werden.[352] Schon im September 1928 hatte die Regierungskommission die so genannte produktive Erwerbslosenfürsorge eingerichtet, die Gemeinden und Gemeindeverbänden Zuschüsse zu Arbeitsbeschaffungsmaßnahmen für unterstützte Erwerbslose gewährte.[353]

Im Hinblick auf die anhaltende Arbeitslosigkeit und zur Entlastung der Gemeinden, die die Arbeitslosen nach Ablauf des Unterhaltsanspruchs aus ihrem „Wohlfahrtsetat" unterstützen mussten, schaffte die Regierungskommission 1933 die zeitliche Beschränkung der Erwerbslosenhilfe ab und bezog die so genannten Wohlfahrtserwerbslosen wieder in die gesetzliche Erwerbslosenfürsorge ein. Eine Befristung war weiter möglich, wenn erwartet werden konnte, dass der Erwerbslose in dieser Zeit durch eigene Bemühungen Arbeit findet. Die Zusammenfassung der Empfänger von Erwerbslosen- und Wohlfahrtsunterstützung entsprach einer Forderung der Gewerkschaften, die sie auch über die Arbeitskammer vorgebracht hatten. Nach Aufhebung der zeitlichen Begrenzung hielt es die Regierung für gerechtfertigt, die für die Gewährung von Erwerbslosenfürsorge erforderliche versicherungspflichtige Beschäftigungsdauer zu verlängern.

Zur Bestreitung der Ausgaben wurde ein Landesverband als Körperschaft des öffentlichen Rechts gebildet, dem die Regierungskommission zwei Drittel des Gesamtaufwandes der Gemeinden (außer den Verwaltungskosten) erstattete. Sofern die Zuschüsse nicht ausreichten, erfolgte eine Umlage des Fehlbetrags auf die Kreise und die Stadt Saarbrücken. Eine weitere Änderung betraf die Krankenversicherung. Statt als Pflichtversicherte wurden die Erwerbslosen jetzt als freiwillig Weiterversicherte geführt. Dadurch hatten sie zwar Anspruch auf die Sachleistungen der Krankenversicherung, aber nicht mehr auf Kranken- und Hausgeld. Stattdessen wurde die Erwerbslosenhilfe weitergezahlt. Ein einheitlicher und im Durchschnitt niedrigerer Beitrag ersetzte die an den Lohnstufen ausgerichteten Beiträge. Die Regierungskommission versprach sich von der neuen Regelung vor allem eine Vereinfachung der Verwaltung für Krankenkasse und Arbeitsnachweise. Geringere Ausgaben der Krankenversicherung sollten die Mehrbelastung der Erwerbslosenunterstützung ausgleichen.[354]

Das Arbeitsnachweiswesen stand schon 1926 auf der Tagesordnung der Arbeitskammer, die Erwerbslosenfürsorge 1926,

1927 und wieder 1933. Den Verordnungen von 1930 und 1933 gingen Gutachten der Arbeitskammer voraus.

Abb. 12: Die Regierungskommission im März 1928. Von links nach rechts, sitzend Jacques Lambert, Sir Ernest Wilton (Präsident 1927–32), Bartholomäus Koßmann, stehend Jean Morize, der Nachfolger Victor Raults als Vertreter Frankreichs (Finanzen, Wirtschaft, Oberbergamt), und Dr. Franz Vezensky (Foto: Landesarchiv Saarbrücken)

3.2.3 Keine Einigung zum Krankengeld, aber gemeinsam gegen Wechselgeschäfte

Keine Unterstützung bei den Arbeitgebern fand der Antrag der Gewerkschaften auf Erhöhung der Kann- und Mussgrenze in der Krankenversicherung. Sowohl Freie als auch Christliche Gewerkschaften hatten eine gesetzliche Regelung verlangt, da die Bergwerksdirektion von der Möglichkeit einer freiwilligen Erhöhung des Krankengeldes keinen Gebrauch machte. Die Gewerkschaften führten an, dass Arbeiterfamilien im Krankheitsfall in Not gerieten, woraus eine „übergrosse Inanspruchnahme der Armenfürsorge"[355] folge. Arbeitgebervertreter Teßmar verwies auf die Betriebskrankenkassen, deren Vorstände mit den Stimmen der Arbeitnehmerseite eine Erhöhung ablehnten, „weil durch die Staffelung der Sätze, also durch entsprechende Ausnützung der Kanngrenze[,] ein genügendes Krankengeld gezahlt werden könne". Eine gesetzliche Regelung bedeute außerdem einen „Eingriff in das Selbstverwaltungsrecht der Krankenkassen, dem die Arbeitgeberseite nicht zustimmen könne".[356]

Auf einhellige Billigung stieß hingegen der Verordnungsentwurf der Regierung zu einem Verbot des Verkaufs gegen Wechsel im Wandergewerbe. Wechselgeschäfte hatten nach übereinstimmender Meinung „in einer übergrossen Zahl von Fällen zu erheblichen Misständen geführt".[357] Hausfrauen gaben bei fahrenden Händlern Bestellungen auf, die mit dem Verdienst des Ehemanns nicht zu bezahlen waren. Es kam zu Verurteilungen und Pfändungen, was zahlreiche Arbeiterfamilien ruinierte. Die Regierungskommission erließ das Verbot noch im selben Monat.

4. Arbeits- und Sozialpolitik in Zeiten der Wirtschaftskrise

Zwischen 1928 und 1932 verringerte sich die Beschäftigtenzahl im Saargebiet von 190.527 auf 137.593, die Zahl der Arbeitslosen stieg von 3.871 auf 41.439, die Arbeitslosenziffer von 2,04 Prozent auf 30,13 Prozent. Die Kurzarbeit nahm ebenfalls zu, vor allem im Bergbau.[358] In den Anträgen der Arbeitnehmerfraktion der Arbeitskammer nahmen die Erwerbslosenunterstützung und die Bekämpfung der Arbeitslosigkeit ab 1930 einen breiten Raum ein. Die Gewerkschaften verlangten wiederholt die Anhebung der Unterstützungssätze beziehungsweise die Zurücknahme von Verschlechterungen und setzten sich für beschäftigungsfördernde Maßnahmen ein.[359]

Mit der Erhöhung der im Sommer 1930 herabgesetzten Erwerbslosenunterstützung auf den „Wintersatz" des Vorjahres erfüllte die Regierungskommission noch einmal einen Wunsch der Arbeitnehmer.[360] Doch in dem Maße, wie sich die Krise verschärfte und den Regierungshaushalt belastete, wurden die Leistungen abgebaut. Ab Mai 1931 galt wieder der niedrigere Sommersatz, im Juli 1933 folgte eine allgemeine Kürzung der Erwerbslosenhilfe. Die Dauer der sozialversicherungspflichtigen Tätigkeit, die als Voraussetzung für den Leistungsbezug zählte, wurde von 13 auf 26 Wochen verdoppelt. Die Bildung von zwei Ortsklassen bei den Ausschlusssätzen und die Festlegung eines Höchsteinkommens für den Haushalt erwerbsloser Antragsteller erschwerten ab 1934 die Inanspruchnahme der Hilfe zusätzlich. Ohne Erfolg hatten die Arbeitnehmer in der Arbeitskammer verlangt, auf Kürzungen der Erwerbslosenunterstützung zu verzichten und die Höchstsätze vom April 1932 wieder herzustellen. Auch ihre Forderung nach Beseitigung oder Vergütung der Pflichtarbeit, die von den Unterstützungsempfängern verlangt werden konnte, blieb unerfüllt.[361]

Andererseits entsprach die Regierung einem Anliegen der Arbeitnehmer, indem sie den Gemeinden 1930 und 1931 den Zugang zur produktiven Erwerbslosenfürsorge erleichterte, was freilich keine Rückschlüsse auf die Einflussmöglichkeiten der Arbeitskammer zulässt, da die produktive Erwerbslosenfürsorge zu den bevorzugten Projekten von Kommissionsmitglied Koßmann gehörte. Die Zuschüsse für Arbeitsbeschaffungsmaßnahmen und die Zahl der beschäftigten Erwerbslosen stiegen von 1929 auf 1930 etwa um das Dreifache, sanken im folgenden Jahr aber wieder und fielen 1932 stark ab, da die Gemeinden auf Grund ihrer schlechten finanziellen Lage die erforderlichen Eigenmittel immer schwerer aufbringen konnten.[362]

Das IAA zählte zu den Befürwortern einer aktiven staatlichen Wirtschaftspolitik. Auf der Grundlage von Forschungen zu den Auswirkungen öffentlicher Arbeiten sprach es sich 1931 gegen reine Beschäftigungsmaßnahmen, so genannte Notarbeiten, aus und empfahl stattdessen die Vorwegnahme notwendiger Arbeiten. Die Arbeitskräfte sollten auf dem Arbeitsmarkt angeworben, wie üblich bezahlt und für die Dauer der Arbeiten fest angestellt werden.[363]

Ausgehend von diesen Empfehlungen und als Antwort auf Forderungen von Gewerkschaften und Parteien prüfte die Regierungskommission Möglichkeit und Nutzen öffentlicher Arbeiten für das Saargebiet. Sie gelangte zu dem Ergebnis, dass schon die Ausgaben, die erforderlich waren, um die Hälfte der 20.000 Arbeitslosen des Jahres 1931 zu beschäftigen, mit mindestens 200 Millionen Francs im Jahr die finanziellen Reserven überstiegen hätten. Da „bei der jetzigen Lage im Saargebiet eine Anleihe zur Ausführung öffentlicher Arbeiten nicht mehr in Frage zu kommen“[364] schien, lautete die Schlussfolgerung, dass ein Arbeitsbeschaffungsprogramm nicht durchführbar sei.

Außerdem fehlte es nach Ansicht der Regierung an geeigneten Vorhaben. Die beiden in der öffentlichen Debatte genannten Maßnahmen, der Bau einer Eisenbahnlinie durch das Ostertal und die Begradigung der Blies, hätten nur knapp 1.000 Arbeitsplätze geschaffen. Die Ostertalbahn schien angesichts der Entwicklung des Straßenverkehrs zudem unwirtschaftlich. Im Straßenbau standen nach einem 1925 aufgelegten Ausbauprogramm keine größeren Arbeiten mehr an. Der Wohnungsbau, der in den vergangenen Jahren ebenfalls stark gefördert worden war, versprach keine entscheidenden Beschäftigungswirkungen, da sich als Folge der Krise ein Rückgang der Wohnungsnachfrage abzeichnete. Von öffentlichen Arbeiten war daher nach Einschätzung der Regierungskommission keine Lösung des Problems der Arbeitslosigkeit zu erwarten. Die ebenfalls in Erwägung gezogene Förderung des vorzeitigen Ruhestandes scheiterte an der finanziellen Lage der Versicherungen.[365]

Was blieb, waren Einsparungen und Versuche, die Wirksamkeit des Sozialsystems zu erhöhen. Gesetzgebung, Ausführungsregeln und Gewährungspraxis der Erwerbslosenhilfe wurden überprüft.[366] Um den Belastungen des Haushalts durch die Krise Rechnung zu tragen, erhöhte die Regierung 1932 die Steuern, die sie erst zwei Jahre zuvor gesenkt hatte, und kürzte die Gehälter und Pensionen der Beamten und der Angestellten im öffentlichen Dienst; Schritte, die im Gegensatz zu den Forderungen der IAO nach konjunkturbelebenden Maßnahmen standen und zur weiteren Verschlechterung der Wirtschaftslage beigetragen haben dürften. Immerhin hielt sie an der Bezuschussung der „produktiven Erwerbslosenfürsorge" und im Rahmen ihrer finanziellen Möglichkeiten auch an der Wohnungsbauförderung fest, was in bescheidenem Umfang der Arbeitslosigkeit entgegenwirkte.[367]

Vor der Wirtschaftskrise, unter besseren Finanzierungsbedingungen und in Erwartung gesicherter Einnahmen, hatte die Regierungskommission Ertrag und Beschäftigungswirkung staatlicher Investitionen noch günstiger beurteilt. Im Dezember 1928 legte sie dem Völkerbundsrat den Plan für eine langfristige

Anleihe vor, um dringende und grundlegende Arbeiten in Auftrag zu geben, die sich aus den laufenden Einnahmen nicht bestreiten ließen. Dabei handelte es sich um technische Neuerungen bei Telefon und Eisenbahn, den Ausbau des Güterbahnhofs Saarbrücken, den Wohnungsbau für Staatsangestellte und die Instandsetzung des Straßennetzes. Die Kosten wurden auf circa 250 Millionen Francs veranschlagt. Die Kommission unterstrich, dass Zinsen und Tilgung aus den Einnahmen zu bestreiten seien, das Saargebiet keine öffentlichen Schulden habe, was „fast einmalig in Europa" sei, und eine leichte Erhöhung der vergleichsweise geringen Steuern die Steuerpflichtigen kaum belaste.

Außerdem sei zu erwarten, dass die Maßnahmen zum Verschwinden der Arbeitslosigkeit beitrügen.[368] Die Anleihe kam nicht zustande, weil es der Finanzausschuss des Völkerbundsrates, wie er im November 1929 mitteilte, „unter den gegebenen Umständen" nicht für zweckmäßig hielt, „die verschiedenen technischen Fragen, die sich stellen können", zu klären.[369] Demgegenüber gelang es der Stadt Saarbrücken, nach Verhandlungen mit einer britischen Bank im Oktober 1928 eine Anleihe in Höhe von etwa 96 Millionen Francs, unter anderem für den Bau von Wohnungen, aufzunehmen. Eine weitere Anleihe der Gemeinden, Städte und Kreise für Infrastrukturausgaben scheiterte 1930 an der Lage auf den internationalen Finanzmärkten.[370]

Zur Bekämpfung der Krisenfolgen forderten die Arbeitnehmervertreter in der Arbeitskammer die gesetzliche Festlegung von Achtstundentag und 40-Stunden-Woche und das Verbot von Überstunden (1930–33), die Beseitigung von Doppelverdiensten, Verhinderung der Stilllegung von Gruben und anderen Arbeitsplätzen (1931), die Verbesserung des Kündigungsschutzes und die Belebung des Arbeitsmarktes durch Vergabe von Aufträgen an die saarländische Industrie (1933).[371]

Mit den Doppelverdiensten – damit war die Beschäftigung von Ehepaaren oder engen Verwandten und von Ruhe- und Wartestandsbeamten gemeint – befasste sich auch die Regierungskommission, die 1931 eine Erhebung in Behörden und Privatwirtschaft vornahm und die Justizabteilung mit einem Verordnungsentwurf beauftragte, ohne aber eine Entscheidung zu treffen.[372] Die vorherrschende Einstellung zur Berufstätigkeit von Frauen fasste Arbeitskammermitglied Emil Münnich (Deutschnationaler Handlungsgehilfen-Verband) zusammen:

> „Niemand wende sich gegen diejenigen Frauen, die für den Unterhalt ihrer Familie sorgen, weil es der Mann nicht tut oder wegen Krankheit beziehungsweise Erwerbslosigkeit nichts tun könne. Diese Frauen verdienten vielmehr Hochachtung. [....] Aber die Allgemeinheit wende sich gegen jeden Mißbrauch. [...] Solche Mißstände seien die Erwerbstätigkeit von Frauen, deren Männer ein völlig ausreichendes Einkommen haben, ferner die Erwerbstätigkeit derjenigen Ruhe- und Wartestandsbeamten, die über eine hohe Pension oder ein hohes Wartestandsgeld verfügen."[373]

Eine allgemeine Verkürzung der Arbeitszeit stieß auf den Widerstand der Unternehmen. In der Arbeitskammersitzung im Februar 1933 beantragten die Arbeitnehmer, „unter dem Vorsitz der Regierungskommission [...] zwischen Unternehmer [!] und Gewerkschaften Vereinbarungen über eine Kürzung der Arbeitszeit und restlose Beseitigung aller Überstunden zu treffen".[374] Die Regierungskommission lud daraufhin Arbeitgeber- und Arbeitnehmerverbände zu einer Besprechung am 25.4.1933 ein, an der auch ein Vertreter des Arbeitsamtes teilnahm. Während die Arbeitgeberseite die Mehrkosten einer Arbeitszeitverkürzung anführte, hielten die Gewerkschaftsvertreter weitere Lohnsenkungen für nicht tragbar und wiesen auf Überstunden im Bergbau und in der Bauindustrie hin. Man einigte sich darauf, „dass eine Verkürzung der Arbeitszeit ein Mittel zur Milderung der Arbeitslosigkeit sein kann, wenn dabei die Möglichkeit besteht, ohne Verteuerung der Produktion mehr Menschen zu beschäftigen". Arbeitgeber und Arbeitnehmer wurden aufgefordert, für ihre Wirtschaftszweige zu prüfen, „ob und inwieweit eine Verkürzung der Arbeitszeit unter gleichzeitigen Neueinstellungen möglich ist".[375] Im Juni sollte über die Ergebnisse berichtet werden. Über weitere Schritte ist nichts bekannt.

Auf den Abbau von Arbeitsplätzen hatte die Regierung keinen unmittelbaren Einfluss. Für Eingriffe in die Personalpolitik von Unternehmen fehlte die gesetzliche Grundlage. Sie hätten auch nicht den politischen Vorstellungen der Kommissionsmitglieder entsprochen. Desgleichen blieb die Forderung nach Verbesserung des Kündigungsschutzes unerfüllt. Die Regierungskommission vermittelte jedoch wiederholt in Lohnkonflikten, zum Beispiel im Dezember 1930, als Lohnkürzungen und Kurzarbeit in der Eisen- und Stahlindustrie im Raum standen.[376] Größere Aufträge an die saarländische Industrie wurden zwar nicht vergeben, eine mittelbare Wirtschaftsförderung fand aber über die Unterstützung für Baumaßnahmen und die produktive Erwerbslosenhilfe statt.

5. Kein praktischer Erfolg? Versuch einer Bilanz der Arbeitskammer des Saargebietes

5.1 Grundlagen für die Tätigkeit der Arbeitskammer

Für eine Beurteilung von Tätigkeit und Wirkung der Arbeitskammer sind verschiedene Gesichtspunkte zu berücksichtigen:

- die Aufgabenstellung der Arbeitskammer;
- die Absichten, die die Regierungskommission bei der Einrichtung der Kammer leiteten, und die Ziele, die Arbeitgeber- und Arbeitnehmerorganisationen mit ihrer Beteiligung verfolgten;
- die rechtlichen Vorgaben, unter denen die Kammer arbeitete;
- die politischen und wirtschaftlichen Zeitumstände als Rahmenbedingungen.

Die Aufgaben folgten aus der Gründungsverordnung, wonach die Arbeitskammer geschaffen wurde, um „die Eintracht zwischen den Arbeitgebern und den Arbeitnehmern des Saargebietes zu fördern" und eine „dauernde Zusammenarbeit" mit dem internationalen Arbeitsamt zu ermöglichen. Außerdem sollte sie der Regierung „Gutachten und Wünsche (...) namentlich in Bezug auf Verbesserung der Arbeitsbedingungen" unterbreiten.

Für die Regierungskommission bildete die Arbeitskammer einen Bestandteil ihrer neuen „sozialen Politik", mit der sie die politische Lage nach dem Bergarbeiterstreik beruhigen und die Bevölkerung gewinnen wollte. Ein Beirat, in dem die

Sozialparteien ihre Standpunkte austauschen und gemeinsam Vorschläge zu sozialen und arbeitsrechtlichen Fragen entwickeln konnten, entsprach darüber hinaus den gesellschaftspolitischen Vorstellungen von Kommissionsmitglied Koßmann und Präsident Rault. Die Gewerkschaften hofften, dass die Arbeitskammer zu ihrer Anerkennung als gleichberechtigte Verhandlungspartner und zur Verwirklichung ihrer arbeits- und sozialpolitischen Ziele beitragen werde. Die Arbeitgeberorganisationen wollten die Kammer nach anfänglicher Gegnerschaft und trotz weiter bestehenden Bedenken ebenfalls ihren Zwecken nutzbar machen.

Die Arbeitskammer war ein Beratungsorgan, sie hatte keine Entscheidungsgewalt. Mit ihren Gutachten konnte sie jedoch Stellung beziehen zu den von der Regierungskommission unterbreiteten Vorhaben. Begrenzte Möglichkeiten für eigene Anstöße bot das Recht, Wünsche vorzulegen. Der Erfolg der Arbeitskammer hing letztlich davon ab, ob die Regierungskommission ihren Vorschlägen Rechnung trug. Deren eigenes Handlungsfeld wurde aus drei Richtungen bestimmt:

- Die Leitlinien waren im Versailler Vertrag und in den Grundsätzen des Völkerbundes niedergelegt. Bei der Auslegung der Vertragsbestimmungen besaß die Regierung einen Gestaltungsspielraum, musste sich aber dem Völkerbundsrat gegenüber verantworten. Über die Ernennung der Mitglieder, über Anfragen und Beurteilungen war es dem Rat möglich, die Politik der Kommission zu beeinflussen. In seinen Beschlüssen schlugen sich wiederum die Anteilnahme der Mitgliedsstaaten an der Saarfrage, das Kräfteverhältnis zwischen ihnen und ihre Beziehungen zueinander nieder. Der Rat bewirkte nach dem Bergarbeiterstreik einen Kurswechsel, ließ der Regierungskommission ansonsten aber weitgehend freie Hand.
- Ihr Auftrag, den französischen Anspruch auf Ausbeutung der Kohlevorkommen abzusichern, band die Regierungskommission an die Bergwerksverwaltung und damit an die franzö-

sische Regierung, wobei die wirtschaftliche Bedeutung des Bergbaus für das Saargebiet die französische Stellung zusätzlich stärkte.

- Zugleich sollte die Völkerbundsregierung die Rechte der Bewohner des Saargebietes schützen. Vor rechtlichen Änderungen hatte sie deren gewählte Vertreter anzuhören und bei der Festlegung der Arbeitsbedingungen die Wünsche der Arbeiterverbände zu beachten. Um ihre Aufgaben zu erfüllen, war sie auf ein gewisses Einvernehmen mit der Bevölkerung und ihren Vertretern angewiesen. Dadurch boten sich für Vertretungsorgane wie Arbeitskammer oder Landesrat trotz eingeschränkter Befugnisse Möglichkeiten der Einflussnahme.

Welche Wirkung die verschiedenen Kräfte in diesem keineswegs widerspruchsfreien Beziehungsfeld entfalteten, hing ab von den sich verändernden politischen Umständen innerhalb und außerhalb des Saargebietes. Hinzu kamen die wirtschaftlichen Bedingungen. Da die Völkerbundsregierung nur über geringe finanzpolitische Möglichkeiten verfügte, wurde ihr Handlungsspielraum in besonderem Maße durch die Konjunkturlage bestimmt. Dies zeigte sich deutlich während der Weltwirtschaftskrise.[377]

Wie ist unter diesen Voraussetzungen die Tätigkeit der Arbeitskammer zu bewerten? Über den Ertrag ihrer Arbeit gibt die Zahl der Stellungnahmen und Anträge Aufschluss, die die Kammer verabschiedete.[378] Davon ist ihre Wirksamkeit zu unterscheiden, die sich daran ablesen lässt, inwieweit die Regierungskommission Gutachten und Anregungen aufgriff.

Abb. 13: Die Bergwerksdirektion in Saarbrücken am 14. Juli 1934. Aus Anlass des französischen Nationalfeiertags schmückte die französische Bergwerksverwaltung ihr Dienstgebäude mit der Trikolore
(Foto: Landesarchiv Saarbrücken, Fotograf: Max Wentz).

5.2 Einigung im neutralen Raum: Arbeitgeber und Arbeitnehmer

Zwischen 1926 und 1933 beriet die Arbeitskammer über 27 Themen, wobei die Jahresberichte der Regierungskommission nicht durchgängig erkennen lassen, ob ein Auftrag für ein Gutachten vorlag. Allem Anschein nach konnten sich Arbeitnehmer und Arbeitgeber meistens einigen. Strittige Fragen wurden in die Fachausschüsse überwiesen, die in der Regel eine für beide Seiten tragbare Lösung fanden.[379] Nur über die Ladenschlusszeiten wurden zwei unterschiedliche Gutachten verfasst. Zum Tarifrecht gaben Arbeitnehmer und Arbeitgeber zunächst ebenfalls getrennte Gutachten ab, bis sie in der Arbeitsrechtskommission eine Einigung erzielten.[380] Zum Arbeiterausschusswesen legte in der Kommission jede Seite einen eigenen Entwurf vor; mangels Auftrag der Regierung kam es nicht zur Beratung im Plenum.

Als Ergebnis der Beratungen über die Erwerbslosenfürsorge verabschiedete die Arbeitskammer 1927 einstimmig ein allgemeines Gutachten des Fachausschusses und zusätzlich gegen die Stimmen der Arbeitgeber ein erweitertes Gutachten der Arbeitnehmer. Über die Neuregelung 1933 waren sich beide Seiten größtenteils einig.[381] Zum Religionsunterricht an Berufsschulen bestanden gegensätzliche Standpunkte innerhalb der beiden Lager. Während sich die christlichen Gewerkschaften gemeinsam mit einem Teil der Arbeitgeber für obligatorische Religionsstunden einsetzten, sprachen sich die freien Gewerkschaften und die französische Bergwerksverwaltung dagegen aus.[382] In der Frage der Arbeitszeit konnten sich Arbeitgeber und Arbeitnehmer zwar auf die Ausnahmen verständigen, unter denen die zulässige Arbeitsdauer überschritten werden durfte, Anträge der Arbeitnehmer zur Verringerung von Arbeitszeit und Überstunden und zur allgemeinen Festlegung von Achtstundentag und 40-Stunden-Woche trafen jedoch auf Widerstand von Unternehmerseite, so dass auch die Besprechung in den Fachausschüssen offenbar zu keinem Ergebnis führte.[383]

Die umfangreiche Liste von Anträgen der Arbeitnehmervertreter zeigt, dass die Gewerkschaften die Arbeitskammer ausgiebig nutzten, um Regierungskommission und Arbeitgebern ihre Forderungen vorzulegen. Die Freien Gewerkschaften brachten schon in der Eröffnungssitzung einen Forderungskatalog zu Arbeitsrecht, Sozialversicherung, Wirtschafts- und Kulturpolitik ein.[384] Insgesamt richteten die Arbeitnehmervertreter über die Arbeitskammer etwa 30 Wünsche an die Regierung. Sie beteiligten sich stärker an der Arbeit der Kammer als die Arbeitgeberverbände, denen vor allem mit der Handelskammer ein wirksameres Vertretungsorgan zur Verfügung stand.[385]

Die Gewerkschaften richteten ihre Ersuche vorwiegend an die Regierung, sie stellten aber auch Forderungen an die Arbeitgeber. So riefen die Christlichen Gewerkschaften im Anschluss an die Besprechung einer Regierungsvorlage zum Tarifrecht, an der sie das Fehlen von Aussagen zum Schlichtungswesen bemängelten, die Arbeitgeber-Kammermitglieder auf, „sich dafür einzusetzen, daß in Zukunft Schiedssprüche des Schlichtungsausschusses angenommen werden, um auf diese Weise einen wirtschaftlichen Faustkampf zu verhüten".[386] Über die Frage, wie den hohen Kartoffelpreisen zu begegnen sei, ergab sich in derselben Sitzung „eine recht lebhafte Aussprache". Die Vertreter der Freien Gewerkschaften warfen dem Handel Versagen vor und wollten die Regierungskommission zur „Beschlagnahme sämtlicher Kartoffeln" anhalten, was auf Widerspruch traf. „In einer dann mit überwiegender Mehrheit angenommenen Entschließung wurde die Regierungskommission aufgefordert, ihr Augenmerk auf diese Angelegenheit zu richten und schärfstens gegen sich etwa zeigende Auswüchse im Kartoffelhandel vorzugehen."[387]

Ähnlich verlief im März 1927 die Erörterung eines Antrags der Freien Gewerkschaften, die Regierungskommission möge sich gegenüber den Unternehmern für ein Ende des weit verbreiteten Lohnabbaus verwenden, um Arbeitskämpfe zu vermeiden. „Von Arbeitgeberseite wurde insbesondere auf die Schwierigkeit, die Beziehungen zwischen Lohnhöhe, Kaufkraft und Wirtschaftslage zu ermitteln und zu beurteilen, hingewiesen."[388] Der Antrag wurde an die Kommission für allgemeine Arbeiterfragen überwiesen, die Arbeitskammer brachte aber „ihre einheitliche Meinung dahingehend zum Ausdruck, daß es Aufgabe der Regierungskommission des Saargebietes sei, den wirtschaftlichen Frieden zu erhalten und daß sie deshalb alles tun müsse, diesen zu sichern".[389]

Die Beispiele zeigen, dass die Arbeitskammer geeignet war, wie von der Regierung beabsichtigt, strittige Fragen in „neutralem" Rahmen zu besprechen, bevor sie sich zu öffentlich ausgetragenen Konflikten ausweiteten. Ein Weg der Streitvermeidung bestand darin, die Verantwortung der Regierungskommission zuzuweisen. Ohne Ergebnis blieb, wie dargestellt, der Versuch, im Rahmen der Arbeitskammer eine Verständigung über die Bekämpfung der Arbeitslosigkeit mittels Arbeitszeitverkürzung zu erzielen.

Von den Auseinandersetzungen im Vorfeld der Rückgliederung blieb die Arbeitskammer offenbar unberührt, obwohl sich unter ihren Mitgliedern Anhänger beider Seiten befanden, die sich ansonsten erbittert bekämpften. Mit dem Beitritt der Christlichen Gewerkschaften zur Deutschen Gewerkschaftsfront in Oktober 1933 war die Spaltung auch innerhalb des Arbeitnehmerlagers unübersehbar. Es wäre von Interesse, zu erfahren, wie Gegner und Sympathisanten des NS-Regimes angesichts der politischen Verfolgung in Deutschland und in Aussicht auf ähnliche Zustände nach einer Rückgliederung des Saargebietes zusammenarbeiteten.[390]

Die Zerschlagung der Gewerkschaften durch die Nationalsozialisten fand, soweit es der Presseberichterstattung zu entnehmen ist, keine Erwähnung in der Arbeitskammer. Auch als sie am 15. November 1933 über eine gesetzliche Regelung des Tarifrechts beriet und die Gewerkschafter Pick und Dobisch „besonders Freiheit der gewerkschaftlichen Arbeit und Sicherung des Koalitionsrechtes"[391] forderten, wurde kein Bezug zu den Verhältnissen im Reichsgebiet hergestellt. Ebenfalls ist keine Stellungnahme zur Entfernung des Schrifttums der Gewerkschaften aus der Bücherei der Arbeitskammer überliefert, die die Regierungskommission „infolge der staatspolitischen Umstellung in Deutschland" veranlasste.[392]

5.3 Gutachten und Verordnungen: Arbeitskammer und Regierungskommission

Inwiefern fanden die Vorschläge der Arbeitskammer Berücksichtigung? Ihre in der Verordnung zur Errichtung der Kammer ausgesprochene Selbstverpflichtung, Verordnungsentwürfe zur Begutachtung vorzulegen, hielt die Regierungskommission im Wesentlichen ein. Die Vorhaben erscheinen auf der Tagesordnung der Arbeitskammer, im Vorspann der Verordnungen wird auf ihre Gutachten hingewiesen.

Von 19 nachweisbaren Gutachten mündeten 13 in Verordnungen. Dazu gehörten die Verpflichtung zur Beschäftigung Schwerbeschädigter, die Arbeitsvermittlung, Berufsschulpflicht, Verlängerung der Arbeitszeitbestimmungen für Arbeiterinnen und Jugendliche in gewerblichen Betrieben und die Erwerbslosenfürsorge. In fünf Fällen griff die Regierung Wünsche der Arbeitnehmer auf und forderte Gutachten an. Davon erfuhren die Ladenschlusszeiten, der Kündigungsschutz für Angestellte und das Tarifwesen eine Regelung.

Nach dem Verständnis der Arbeitskammermehrheit beschränkte sich das Recht, Wünsche zu äußern, nicht auf Mitteilungen an die Regierung, sondern beinhaltete darüber hinaus die Aussprache und Abstimmung über Anträge in Vollversammlung und Fachausschüssen der Arbeitskammer. Auf diesem Wege gab die Arbeitskammer Anstöße und verlieh arbeits- und sozialpolitischen Anliegen Nachdruck. Während die Regierungskommission die großzügige Auslegung, was die Wünsche betraf, billigte, wies sie Bestrebungen, die Befugnisse der Arbeitskammer förmlich zu erweitern, zurück. Für den Antrag von Arbeitskammer und Landesrat, der Volksvertretung die Gutachten gleichzeitig mit den Verordnungsentwürfen vorzulegen, äußerte Koßmann zwar Verständnis, sah aber keine Rechtsgrundlage, da es Aufgabe der Arbeitskammer sei, ihre Gutachten der Regierungskommission zu unterbreiten.[393]

Sechs Gutachten schlugen sich in keiner Verordnung nieder. Außer den Arbeitszeitregelungen für Bäckereien und Thomasschlackenmühlen und der Arbeitsgerichtsbarkeit, die bereits erwähnt wurden, handelte es sich um die Ergänzung der Arbeitszeitverordnung, die Ausdehnung der Gewerbeaufsicht auf den Handel und eine Urlaubsregelung für Jugendliche.

Gutachten (G), denen **Verordnungen** (V) folgten: Beschäftigung Schwerbeschädigter (G 1926, V 1927); Berufsschulpflicht (G 1926, V 1928); Arbeitsvermittlung/Arbeitsnachweiswesen (G 1926, V 1930); Ladenschlusszeiten (G 1927, V 1928); Erwerbslosenfürsorge (G 1927, V 1930); Tarifvertragsrecht (G 1927, 1932, 1934, V 1934); Verkaufsverbot im Wandergewerbe gegen Wechsel (G, V 1929); Zuständigkeit der Gewerbe- und Kaufmannsgerichte (G 1929, V 1930); Kündigungsschutz für ältere Angestellte (G, V 1930); Arbeitszeit für Arbeiterinnen und Jugendliche in gewerblichen Betrieben (Verlängerung geltender Bestimmungen) (G 1930, V 1934); Erhöhung des pfändungsfreien Einkommens (G, V 1931); Arbeiterzentralstelle (Neuregelung) (G 1931, V 1932); Neuregelung der Erwerbslosenfürsorge (G, V 1933).

Gutachten, auf die **keine Verordnungen** folgten: Urlaubsregelung für Jugendliche (G 1927); Arbeitsgerichtsbarkeit (G 1928); Nacht- und Sonntagsbackverbot (G 1929, Erlass der Verordnung 1932 vertagt); Arbeitszeitregelung in Thomasschlackenmühlen (G 1929, Verordnungsentwurf an die Arbeitskammer 1931); Erweiterung der Befugnisse der Gewerbeaufsicht auf den Handel (G 1930); Arbeitszeitregelung (als Ergänzung der Verordnung von 1924; G 1933).

Die Arbeitszeitverordnung von 1924, die vor Gründung der Arbeitskammer verabschiedet wurde, sollte von dieser später näher ausgeführt werden. Die Regierungskommission beriet 1930 über eine allgemeingültige Festlegung des Achtstundentages und der 48-Stunden-Woche, verschob die Entscheidung aber, bis das Deutsche Reich eine Regelung getroffen habe. Ein Gutachten der Arbeitskammer zu Arbeitszeit und Überstunden vom 15. November 1933 befasste sich mit den Fällen, in denen die zulässige Zeitdauer überschritten werden durfte.[394]

Die Ausdehnung der Gewerbeaufsicht auf den Handel stand 1926 auf der Wunschliste der Arbeitnehmer. Da der Handel nicht der Gewerbeaufsicht unterlag, wurden weder die Einhaltung der gesetzlichen Vorschriften zum Arbeits- und Gesundheitsschutz noch die Lehrlingsausbildung überwacht. Die Arbeitskammer beriet seit 1928 über das Thema und verabschiedete am 5. Juni 1930 ihr Gutachten mit 20 gegen zwei Stimmen.[395]

Weil die vorhandenen tarifvertraglichen Urlaubsbestimmungen uneinheitlich waren und jugendliche Arbeitnehmer und Lehrlinge nicht berücksichtigten, setzte sich der Vorstand der Arbeitskammer für eine gesetzliche Urlaubsregelung ein, wie sie in anderen Ländern bestand. Die Regierung erteilte den Auftrag für ein Gutachten, das die Arbeitskammer bei Enthaltung der französischen Mitglieder am 3. November 1927 verabschiedete.[396]

Arbeitszeitregelung, Ausdehnung der Gewerbeaufsicht und gesetzliche Urlaubsregelung wurden von der Regierungskommission nicht weiter verfolgt. Die Arbeitskammer beklagte verschiedentlich, dass ihre Gutachten und Anregungen nicht beachtet würden. So berichtete die „Saarbrücker Zeitung" 1928:

> „Es wurde festgestellt, daß die Arbeiten der Arbeitskammer in den beiden zurückliegenden Jahren sehr wenig Erfolge [Im Original gesperrt gedruckt, Verf.] in gesetzgeberischer Hinsicht gezeitigt habe. Sowohl von den freien als auch von den christlichen und Hirsch-Dunkerschen Gewerkschaften wurde gefordert, daß die Regierungskommission alsbald die bereits bearbeiteten Angelegenheiten durch Verordnungen verabschiedet und der Arbeitskammer weiteren Bearbeitungsstoff zugehen lasse, wenn die weitere Tätigkeit überhaupt noch einen Zweck haben solle."[397]

Soweit es sich überprüfen lässt, griff die Regierungskommission, wenn sie eine Verordnung erließ, auf die Gutachten der Arbeitskammer zurück, was nicht heißt, dass sie ihren Vorschlägen uneingeschränkt folgte. Eine weitgehende Übereinstimmung mit den Gutachten weisen die Verordnungen über Erwerbslosenfürsorge, Arbeitsnachweise und zum Kündigungsschutz für Angestellte auf, die sich an die deutschen Bestimmungen anlehnten. Für die Regelung der Erwerbslosenfürsorge 1929/30 bildete das Gutachten der Arbeitskammer die „sachliche Grundlage".[398] Die Verordnung legte aber zum Teil engere Voraussetzungen für den Bezug von Erwerbslosenunterstützung und geringere Leistungen fest. Andererseits enthalten die Ausführungsbestimmungen, insbesondere was die Zumutbarkeit betrifft, Zugeständnisse an die Erwerbslosen, die im Vorschlag der Arbeitskammer nicht enthalten sind.[399] Der Entwurf zur Neuregelung der Erwerbslosenfürsorge drei Jahre später traf in der Arbeitskammer im Wesentlichen auf Zustimmung.[400]

Bei der Organisation der Arbeitsvermittlung griff die Regierung eine Anregung der Arbeitskammer auf und gestand dem von Arbeitgebern und Arbeitnehmern besetzten Ausschuss ein Anhörungs- und Einspruchsrecht bei der Bestellung des Vorsitzenden des Arbeitsnachweises durch die Errichtungsgemeinde zu. Der Gemeinde räumte sie eine größere Mitsprache bei der Bestellung des Geschäftsführers und der Arbeitsvermittler durch den Ausschuss ein.[401]

Die Verordnung über die Arbeitszentralstelle betraf die Beschäftigung auswärtiger Arbeitskräfte. Hier war der Arbeitskammer vor allem daran gelegen, die so genannten Saargänger aus den strukturschwachen Gebieten jenseits der Grenze nicht von der Arbeitsmöglichkeit im Saargebiet auszuschließen. Koßmann teilte dieses Anliegen, wollte der Regierung aber gleichzeitig einen Einfluss auf das Arbeitskräfteangebot sichern. Deshalb lehnte er es ab, Arbeitnehmer, die schon längere Zeit im Saargebiet gearbeitet hatten, von der Antragspflicht auszunehmen, nicht ohne hervorzuheben, dass dieser Personenkreis bei den Zulassungen ohnehin bevorzugt werde.[402]

Einen Streitpunkt innerhalb der Arbeitskammer bildeten die Ladenschlusszeiten. Nach den geltenden Vorkriegsbestimmungen lag der gesetzliche Ladenschluss bei neun Uhr abends. Auf Antrag von zwei Drittel der Geschäftsinhaber konnten die Gemeinden die Ladenschlusszeit auf bis halb sieben Uhr vorziehen. Tatsächlich schlossen die meisten Läden freiwillig oder auf Grund von Gemeindebeschlüssen um 18.30 oder 19.00 Uhr. Die Gewerkschaften und der Schutzverein für Handel und Gewerbe hatten sich für eine allgemeinverbindliche gesetzliche Regelung wie im Reichsgebiet eingesetzt, wo die Ladenschlusszeit seit 1919 auf 19.00 Uhr festgesetzt war. In der Arbeitskammer wollten die Arbeitgeber nur einer Verlegung auf 20.00 Uhr zustimmen. Ein von ihnen eingebrachter Vergleichsvorschlag, der für Gemeinden mit über 5.000 Einwohnern 19.00 Uhr und für kleinere 20.00 Uhr vorsah, „wurde trotz anfänglicher Zustimmung von beiden Parteien schließlich von dem Vertreter des Handels abgelehnt".[403] Die Regierung wählte ebenfalls einen Mittelweg: Sie setzte den Ladenschluss auf 19.00 Uhr fest, gab den Behörden aber die Möglichkeit, befristet beziehungsweise für bestimmte Tage Ausnahmen zu genehmigen.[404]

Für die Berufsschulen beantragten die Freien Gewerkschaften vergeblich die Aufnahme von Schülervertretern in die Schulausschüsse, unentgeltliche Lehrmittel und den Verzicht auf Schulgeld bei hauswirtschaftlichen Schulen, erreichten aber, dass auch in Werkschulen Schulausschüsse eingerichtet wurden. Auch sah die endgültige Fassung nur noch ein „mäßiges" Schulgeld vor.[405]

Schon am 30. Juni 1926 gab die Regierungskommission ein Gutachten zum Tarifrecht in Auftrag, das die Arbeitskammer am 3. November des folgenden Jahres vorlegte. Die Gewerkschaften drängten auf eine gesetzliche Regelung des Tarifwesens. Die Arbeitnehmer- und Arbeitgebervertreter in der Arbeitskammer gaben Anfang Februar 1927 zunächst zwei getrennte Gutachten ab. Am 3. November 1927 nahm die Vollversammlung der Arbeitskammer die Vorlage der Kommission für Arbeitsrecht mit 25 Stimmen bei Enthaltung der französischen Mitglieder an. Meinungsverschiedenheiten waren zuvor in der Kommission ausgeräumt worden. Sie hatten unter anderem die Tariffähigkeit der Arbeitgeberverbände, die Einbeziehung von Lehrlingen und Volontären in Tarifverträge und die Friedensklausel betroffen.[406] Die Regierungskommission vertagte die Besprechung des Gutachtens mehrmals: „In Anbetracht des Umstandes, dass sich [...] die ersten Anzeichen einer Wirtschaftskrise bemerkbar machten, glaubte die Regierungskommission, der Wirtschaft keine neuen Belastungen sozialer und arbeitsrechtlicher Art aufbürden zu dürfen."[407]

Doch zumal in der Krise erwies sich als Nachteil, dass eine gesetzliche Regelung fehlte. Die Arbeitskammer mahnte deshalb in den Jahren 1931 bis 1933 immer wieder eine Verordnung zum Tarifwesen an und legte auch ein neues Gutachten vor. Es bildete die Grundlage des Verordnungsentwurfs, über den die

Regierungskommission auf Drängen Koßmanns ab Juli 1934 verhandelte.[408]

Innerhalb der Regierung war vor allem die Allgemeinverbindlichkeit der Tarifvereinbarungen umstritten. Morize und sein finnischer Kollege Dr. von Ehrnrooth, zuständig für Öffentliche Arbeiten, Eisenbahn, Post und Telefon, setzten sich für eine Abschwächung beziehungsweise ein unverbindliches Vermittlungsverfahren ein. Von Ehrnrooth äußerte nicht nur grundsätzliche Bedenken, Dritte zur Befolgung von Vereinbarungen zu verpflichten, die Vertragsparteien freiwillig abgeschlossen hätten, sondern führte auch lohnpolitische Überlegungen an:

> „Im Übrigen darf nicht vergessen werden, dass die Weltwirtschaft in diesem Augenblick einen grundlegenden Wandel erfährt. In der Lohnpolitik finden tiefgreifende Änderungen statt und gerade in diesem Augenblick ist die Regierungskommission mit einem Vorhaben befasst, dessen Zielrichtung – auch wenn das nicht der Gedanke seiner Urheber ist – darin besteht, die Löhne auf einer bestimmten Höhe zu halten."[409]

Offenbar befürchtete er, dass rechtlich abgesicherte Tarifverträge den während der Krise voranschreitenden Lohnabbau aufhalten könnten. Demgegenüber hing für Koßmann der Sinn und Nutzen der Verordnung von der Möglichkeit ab, Tarifverträge für allgemeinverbindlich erklären zu lassen. Auch hätten in der Arbeitskammer beide Seiten dem Entwurf zugestimmt. Die Verordnung wurde mit der Allgemeinverbindlichkeitsregel verabschiedet.[410]

Im Unterschied zum Tarifrecht der Weimarer Republik, das die Erklärung der Allgemeinverbindlichkeit dem Reichsarbeitsminister übertrug, entschied im Saargebiet ein Tarifamt. Die Einschaltung des Tarifamtes, das sich aus einem Vorsitzenden mit Eignung zum Richteramt und je zwei Arbeitgeber- und Arbeitnehmervertretern als Beisitzern zusammensetzte, sollte eine größere Unabhängigkeit von der Regierung gewährleisten. Auch mussten beide Tarifparteien einverstanden sein, was nach der deutschen Regelung nicht erforderlich war.[411] Die Verordnung trat am 1. Dezember 1934 in Kraft – drei Monate vor der Abstimmung über die Rückgliederung. Als die Regierungskommission darüber beriet, hatten die Nationalsozialisten die Tariffreiheit in Deutschland bereits abgeschafft. Schon 1923 war sie durch die staatliche Zwangsschlichtung stark eingeschränkt worden. Mit der Vierten Notverordnung vom 8. Dezember 1931 griff die Reichsregierung unmittelbar in die Lohngestaltung ein.[412]

Abb. 14: Der letzte Präsident der Regierungskommission, Sir Geoffrey George Knox, beim Verlassen seines Amtssitzes am Schlossplatz in Saarbrücken am 28. Februar 1935. Die Regierungskommission übertrug die Regierungsgewalt am Tag vor der Rückgliederung der Dreierkommission des Völkerbundes, die sie an Hitlers Innenminister Frick weiterreichte (Foto: Stadtarchiv Saarbrücken, Nachlass Mittelstaedt).

5.4 Besondere Voraussetzungen: Die Arbeitskammer im Saargebiet

Die Ergebnisse der Arbeitskammer müssen vor dem Hintergrund der Arbeits- und Sozialpolitik der Völkerbundsverwaltung beurteilt werden. Um die Einflussmöglichkeiten der Kammer einzuschätzen, ist zu berücksichtigen, wie in der Regierungskommission Entscheidungen zustande kamen und über welchen Handlungsspielraum sie verfügte.

Was die Leistungen der Sozialversicherung betrifft, konnten die Gewerkschaften mit Verzögerungen ihre Ziele erreichen. In der Heidelberger Abrede vom Oktober 1927 kamen Regierungskommission und Reichsregierung überein, dass das Deutsche Reich Zuschüsse an die saarländischen Versicherungen leistete. Auch die Knappschaftspensionen wurden einbezogen. Die Einigung bewirkte eine Angleichung an die deutsche Gesetzgebung und ermöglichte eine Anhebung der Leistungen. Andererseits hatten die Bindung an die deutsche Sozialversicherung und die Abhängigkeit von finanziellen Zuwendungen aus Berlin zur Folge, dass in der Wirtschaftskrise die Kürzung der Sozialleistungen durch die Notverordnungen der Reichsregierung auch das Saargebiet traf, was die sozialpolitischen Handlungsmöglichkeiten weiter einschränkte.[413]

Im Arbeitsrecht fand keine vergleichbare Anpassung statt. Die Entwicklung im Reichsgebiet wurde nur unvollständig nachvollzogen, wobei die Bergwerksdirektion ohnehin eine Sonderstellung genoss. Während die Tarifvereinbarungen auch ohne gesetzliche Absicherung gewöhnlich eingehalten wurden und die Forderung nach einer obligatorischen Schlichtung in dem Maße an Bedeutung verlor, wie die Schlichtungsausschüsse erfolgreich vermittelten, bedeutete die Verweigerung des Betriebsrätegesetzes einen deutlichen Rückstand gegenüber der Weimarer Republik.[414] Auch eine Arbeitslosenversicherung nach deutschem Vorbild wurde nicht eingerichtet.

Im Fall des Betriebsrätegesetzes erwies sich die französische Bergwerksverwaltung als entscheidendes Hindernis. Als sich Koßmann 1929 für eine gesetzliche Regelung einsetzte, erhob das französische Kommissionsmitglied Morize Einwände. Der Bericht des Ausschusses, der sich um eine Lösung bemühen sollte, wurde nicht mehr besprochen. Eine Arbeitslosenversicherung lehnte die Regierung ab, weil sie der saarländischen Wirtschaft keine weiteren Sozialabgaben auferlegen wollte und die

Risikoverteilung auf Grund der einseitigen Berufsstruktur des Saargebietes für unzureichend hielt.[415]

Die Regierungskommission fällte ihre Beschlüsse durch Mehrheitsentscheid. Je nach Gegenstand und Betroffenheit der Mitglieder bildeten sich Übereinstimmungen und Gegensätze heraus. Bei umstrittenen Themen kam es häufig zu Kompromissen. Zum Beispiel einigten sich Koßmann und Morize bei der Arbeitszeitregelung für Bäckereien und Konditoreien auf das Verbot der Sonntagsarbeit. Das ebenfalls erwogene Nachtbackverbot wurde nicht weiter verfolgt. Auch die gegensätzlichen Ansichten über die Wahlfreiheit beim Religionsunterricht und über die Erweiterung des Haushaltsunterrichts, die in Verbindung mit der Berufsschulpflicht zum Ausdruck kamen, konnten durch einen Vergleich überbrückt werden.[416] Wenn keine Einigung gelang, wurden nicht selten Kommissionen eingesetzt, was die Entscheidung verzögerte – sofern der Gegenstand überhaupt wieder aufgegriffen wurde.

Die Arbeitskammer erfüllte für Koßmanns Abteilung einen doppelten Zweck. Zum einen arbeitete sie ihr mit ihren Gutachten zu. Zum anderen bediente sich Koßmann der Kammer, um seinen Vorhaben Nachdruck zu verleihen. Bei der Berufsschulpflicht drängte er mit der Begründung, dass die Arbeitskammer eine „sehr vollständige, sehr ausführliche und sehr praktische" Meinung abgegeben habe, auf einen Beschluss: „Es ist unmöglich, dass die Regierungskommission den Anschein erweckt, sie übergehe die von der Arbeitskammer vorgebrachten Wünsche."[417] Auch seinen Vorstoß für die Verabschiedung der Tarifrechtsverordnung kurz vor dem Ende des Völkerbundmandats bekräftigte er mit der einstimmigen Stellungnahme der Arbeitskammer.[418]

Arbeitsrechtliche Fragen wurden wiederholt vertagt und blieben des Öfteren unerledigt. Abgesehen von politischen und wirtschaftlichen Erwägungen deuten die Sitzungsprotokolle darauf hin, dass den fünf Kommissionsmitgliedern angesichts kurzfristig zu lösender Aufgaben für grundlegende Entscheidungen die Zeit fehlte. Das galt verstärkt ab Anfang der dreißiger Jahre, als der Versuch, die Auswirkungen der Weltwirtschaftskrise zu meistern, andere Erfordernisse zurückdrängte. Vor der Abstimmung über die Rückgliederung und angesichts der mit dem Aufschwung der Nationalsozialisten ab 1932 um sich greifenden Verunglimpfungen, Drohungen und Gewaltanwendungen nahm das Bemühen, „Ruhe und Ordnung" im Saargebiet zu wahren und die Voraussetzungen für einen reibungslosen Verlauf der Abstimmung zu sichern, ihre Kräfte zusätzlich in Anspruch.[419]

Ob die Arbeitskammer ihre Aufgabe erfüllte, eine Verbindung des Saargebietes zur Internationalen Arbeitsorganisation herzustellen, lässt sich nicht beurteilen. Im Jahresbericht der Regierung über die Tätigkeit der Arbeitskammer 1926 heißt es, die Arbeitskammer habe bei ihren Verordnungsentwürfen „stets geprüft, inwieweit das Internationale Arbeitsamt zu den einzelnen Materien Stellung genommen hatte. Die vom Internationalen Arbeitsamt festgelegten grundsätzlichen Richtlinien hat sich die Arbeitskammer bei ihrer gutachterlichen Stellungnahme zu eigen gemacht und in den Entwürfen zum Ausdruck gebracht."[420] Ansonsten enthalten Veröffentlichungen und Archivunterlagen weder Hinweise auf einen gegenseitigen Austausch noch auf eine Beschäftigung der Arbeitskammer mit Beschlüssen der IAO.

Die Mitschrift einer Sitzung der Regierungskommission gegen Ende ihrer Amtszeit verdeutlicht, wie sie das Wirken der Arbeitskammer und ihren eigenen Beitrag zur arbeitsrechtlichen Entwicklung im Saargebiet bewertete. Anlässlich der Festlegung der Tagesordnung für die Vollversammlung der Kammer Anfang 1934 räumte Bartholomäus Koßmann ein, „dass die Regierungskommission nur über wenig Zeit verfüge, um tiefgreifende Änderungen der Arbeitsgesetzgebung in Angriff zu nehmen". Dennoch halte er es für notwendig, „es den interessierten Kreisen der Arbeitskammer zu überlassen, ihre Meinung mitzuteilen". Jean Morize sah sich „verpflichtet, die nützliche Rolle der Arbeitskammer im Saargebiet anzuerkennen. Es ist sicher, dass es im Laufe der letzten Jahre viel weniger Arbeitskonflikte gegeben hat als in der Zeit zu Anfang der Regierungskommission. Die Erfahrung, die auf diesem Gebiet gemacht wurde, ist voll und ganz befriedigend."[421]

Unter dem wenig demokratischen Völkerbundsregime, das selbst nur über eingeschränkte Gestaltungsmöglichkeiten verfügte, waren entscheidende arbeitspolitische Fortschritte nicht zu erzielen. In diesem begrenzten Rahmen machten vor allem die Gewerkschaften von der Arbeitskammer Gebrauch und trugen damit, auch wenn ihre weiterreichenden Forderungen unerfüllt und etliche Gutachten ohne Folgen blieben, zur Verbesserung der Lebens- und Arbeitsbedingungen von Arbeitern und Angestellten bei. Die Mitarbeit in der Arbeitskammer ergänzte andere Möglichkeiten der Interessenvertretung: im Landesrat, über Öffentlichkeitsarbeit, mittels Eingaben an den Völkerbund und die Internationale Arbeitsorganisation und durch Verbindungen zur Reichsregierung.

Mit der Rückgliederung des Saargebietes endete das Experiment Arbeitskammer. Der nationalsozialistische Staat bot keinen Platz für gewählte Vertretungsorgane.[422]

Abb. 15: Kommissionspräsident Sir Geoffrey George Knox auf dem Saarbrücker Hauptbahnhof bei der Abreise aus dem Saargebiet. Links Kommissionsmitglied Morize, rechts General John Brind, Oberbefehlshaber der Abstimmungstruppen. Der Abschied dürfte Knox, einem britischen Diplomaten, nicht schwergefallen sein, nachdem er wegen seiner Bemühungen, die öffentliche Ordnung aufrechtzuerhalten, aus Kreisen der Deutschen Front massiv angegriffen worden war (Foto: Landesarchiv Saarbrücken, Nachlass Ludwig Bruch).

Teil III
„Frei von jeder agitatorischen Notwendigkeit die gegebenen Möglichkeiten sachlich einschätzen": Die Arbeitskammer des Saarlandes. Gründung und erste Wahlperiode

Die Entstehungsgeschichte der Arbeitskammer des Saarlandes vollzog sich in drei Schritten, denen die Gliederung des dritten Teils folgt:

Die Voraussetzungen wurden in der saarländischen Verfassung gelegt. Sie entstanden im Zusammenhang mit den Grundsatzentscheidungen über die Wirtschafts- und Sozialordnung. Die Verfassungsberatungen geben Aufschluss über die wirtschafts- und sozialpolitischen Vorstellungen der Parteien und die Entscheidungsfindung unter den Bedingungen der französischen Besatzung. Sie zeigen, wie ausgehend von unterschiedlichen Zielen ein Rahmen geschaffen wurde, der die Zustimmung aller Beteiligten fand und einen Spielraum für künftige Entwicklungen offen ließ. Sowohl die Übereinstimmung in grundsätzlichen Fragen als auch der Wille, unter dem Zwang äußerer Vorgaben zu einem Ergebnis zu gelangen, trugen zur Einigung bei.

Seine Umsetzung fand der Verfassungsauftrag im Arbeitskammergesetz von 1951. Während alle Parteien die Einrichtung einer Arbeitskammer unterstützten und über Aufgaben, Befugnisse und Zusammensetzung im Wesentlichen Einigkeit bestand, traten in Einzelfragen Gegensätze und unterschiedliche Gewichtungen hervor. Des Weiteren wird deutlich, wie die Interessenvertretungen der Arbeitgeber Einfluss auf die Gesetzgebung nahmen.

Nachdem die Arbeitskammer ihre Tätigkeit aufgenommen hatte, wurden im dritten Schritt ihr Aufbau und ihre Arbeitsweise näher bestimmt und erfolgte ihre Einordnung in das politische Bezugssystem des teilautonomen Saarstaats. Eine Auseinandersetzung zwischen den Christlichen Gewerkschaften und dem sozialdemokratischen Arbeitsminister um Geschäftsordnung und Personalpolitik lässt sich als Kampf um Einfluss auf die neue Einrichtung verstehen. Die Schwerpunkte der Arbeitskammer in der ersten Wahlperiode, ihr Standort in der Arbeits-, Sozial- und Wirtschaftspolitik und ihre Wirkungsmöglichkeiten bilden weitere Fragestellungen dieses Abschnitts.

Den übergreifenden Bezugspunkt der Darstellung bildet die saarländische Nachkriegsentwicklung bis zur Rückgliederung 1957. Die Geschichte der Arbeitskammer gibt Aufschluss über die Voraussetzungen und Möglichkeiten für die Vertretung von Arbeitnehmerbelangen im Rahmen einer öffentlich rechtlichen Einrichtung in dieser Zeit und wirft Streiflichter auf die entscheidenden Streitfragen.

1. Die Arbeitskammer in der Verfassung des Saarlandes

Wirtschafts- und Berufskammern mit Pflichtmitgliedschaft, die als Körperschaften des öffentlichen Rechts Aufgaben der mittelbaren Staatsverwaltung wahrnehmen, wie die Industrie- und Handelskammern oder die Handwerkskammern, stellen ein Merkmal der bundesdeutschen Wirtschaftsordnung dar. Ähnliche Einrichtungen gibt es in Österreich, Luxemburg, Frankreich, Italien und Spanien, während die meisten anderen Länder der Europäischen Union ausschließlich Vertretungen auf freiwilliger Grundlage kennen.[423] Eine verfassungsrechtliche Absicherung der Kammern findet sich in der Bundesrepublik nur im Saarland. Die rheinland-pfälzische Verfassung enthielt bis 1991 eine vergleichbare Bestimmung. In Bremen besaß die paritätisch von Arbeitgebern und Arbeitnehmern besetzte Wirtschaftskammer, die bis 1996 bestand, als einzige Kammer Verfassungsrang.[424] In den anderen Bundesländern sind die Kammern lediglich gesetzlich festgeschrieben. Eine Arbeitskammer wiederum ist außer im Saarland nur in Bremen anzutreffen. Gemeinsam ist den Verfassungsbestimmungen in Rheinland-Pfalz (bis 1991), Saarland und Bremen das Bemühen, das Zusammenwirken der Sozialparteien institutionell zu regeln.

Auf die Entstehung der saarländischen Verfassung wirkten ein:

- die ordnungspolitischen Ziele der beiden großen Parteien CVP (Christlich Soziale Volkspartei) und SPS (Sozialdemokratische Partei Saar)[425];

- die Vorgaben der französischen Saarpolitik;
- die bereits bestehenden Länderverfassungen, die als Vorlage dienten, wobei sich der Abschnitt über die Wirtschafts- und Sozialordnung stark an die rheinland-pfälzische Verfassung anlehnt.

1.1 Zur Entstehung der saarländischen Verfassung im Zusammenhang der französischen Saarpolitik

Die französische Saarpolitik stand in ihren Grundzügen Anfang 1946 fest. Dazu gehörten die Übernahme des Bergbaus und die Einbeziehung des Saarlandes in das französische Zoll- und Währungssystem. Die Festlegung des politischen Status sollte einem künftigen Friedensvertrag vorbehalten bleiben, doch verlangte die französische Regierung, dass das Gebiet der Zuständigkeit des interalliierten Kontrollrates entzogen und auch künftig keiner zentralen deutschen Verwaltung unterstellt werde. Außerdem beanspruchte Frankreich das Recht, Truppen zu stationieren und eine ständige Aufsicht über die Verwaltung auszuüben.[426] Erst mit dem Bruch zwischen den westlichen Alliierten und der Sowjetunion, der sich ab Sommer 1946 abzeichnete, ließ sich diese Zielsetzung verwirklichen. Bis dahin verhinderten die gegensätzlichen Ansichten der Besatzungsmächte bei gleichzeitigem Beharren auf einer gesamtdeutschen Lösung eine Einigung in der Saarfrage.[427]

Im Januar 1947 begann die französische Regierung, die wirtschaftliche Angliederung, die sie ab Herbst 1946 vorbereitet hatte, gezielt umzusetzen. Gleichzeitig wurden Überlegungen zur Gestaltung der politischen Rahmenbedingungen angestellt. Mit zeitlicher Verzögerung gegenüber den Ländern der US-amerikanischen und der eigenen Besatzungszone veranlasste die französische Militärregierung nun auch im Saarland die Ausarbeitung einer Landesverfassung.[428] Schon im Oktober 1946 war im Anschluss an die ersten Gemeindewahlen eine Verwaltungskommission aus Vertretern der politischen Parteien gebildet worden, die unter französischer Aufsicht Regierungsaufgaben wahrnahm.

Am 23. Mai 1947 wies Militärgouverneur Grandval die Verwaltungskommission an, eine Verfassungskommission einzurichten. Gemäß dem Ergebnis der Gemeindewahlen entsandten CVP zehn, SPS fünf sowie KP (Kommunistische Partei, Bezirk Saar) und DP beziehungsweise DPS (Demokratische Partei des Saarlandes)[429] je zwei Vertreter. Als juristischer Fachmann und Vertrauter der Militärregierung gehörte außerdem Landgerichtspräsident Alfred Levy der Verfassungskommission an.[430] Das besondere Verhältnis zu Frankreich, das für das Saarland vorgesehen war, prägte die Entstehung der saarländischen Verfassung in zweierlei Hinsicht: Zum einen gab die Besatzungsmacht den wirtschaftlichen Anschluss an Frankreich und die politische Trennung von Deutschland vor. Der Verfassungskommission blieb die Aufgabe, diese vorab getroffenen Entscheidungen in der Präambel niederzulegen. Zum anderen entschied über die Annahme der Verfassung nicht wie in den übrigen deutschen Ländern eine Volksabstimmung, sondern die gesetzgebende Versammlung als erste gewählte Volksvertretung.

Auf eine nähere Betrachtung der Wirtschafts- und Währungseinheit mit Frankreich und ihrer Auswirkungen wird im Folgenden trotz ihrer Bedeutung für die saarländische Nachkriegsgeschichte verzichtet, da sie die Gründung der Arbeitskammer nicht unmittelbar berührte. Es ist jedoch zu berücksichtigen, dass die Bindung an Frankreich die Verfassungsbestimmungen zur Wirtschafts- und Sozialordnung insgesamt beeinflusst hat. Dies wird unter anderem in der Diskussion über die Verstaatlichung der Schlüsselunternehmen deutlich: Mit dem Bergbau und der Eisen- und Stahlindustrie waren die beiden wichtigsten Wirtschaftszweige der saarländischen Einwirkung entzogen. Der Bergbau wurde von einem französischen Staatsunternehmen betrieben, die Hüttenwerke standen unter Treuhandverwaltung oder gehörten mehrheitlich französischen und belgisch-luxemburgischen Kapitalgruppen. Da die Verfassungskommission erwartete, dass über den Teil der Schwerindustrie, der sich in ausländischem Besitz befand, die französische Regierung entscheiden werde, verzichtete sie darauf, die Eisen- und Stahlindustrie auf die Liste der Schlüsselunternehmen zu setzen, die „nicht Gegenstand privaten Eigentums" sein durften.[431]

Bei ihrer ersten Sitzung am 29. Mai 1947 richtete die Verfassungskommission Unterkommissionen für die einzelnen Abschnitte der Verfassung ein. Als Verhandlungsgrundlage diente ein Vorentwurf von Beamten der Verwaltungskommission, der auf die vorliegenden deutschen Verfassungen und dabei vor allem auf diejenigen von Rheinland-Pfalz und Bayern zurückgriff. Aus den Arbeitsergebnissen der Unterkommissionen erstellte die Verfassungskommission in drei Lesungen einen Entwurf, den der Verfassungsausschuss der am 5. Oktober 1947 gewählten gesetzgebenden Versammlung nochmals überarbeitete.[432]

Nach abschließender Lesung verabschiedete die gesetzgebende Versammlung die Verfassung am 8. November 1947. Damit sie in Kraft treten konnte, war das Einverständnis des Oberkommandierenden der französischen Truppen in Deutschland erforderlich. Über die Präambel hinaus nahm die Militärregierung auch auf einzelne Bestimmungen Einfluss. Weiter reichende Bestrebungen der französischen Regierung, wonach die saarländische Verfassung einen „eigenständigen Charakter"[433] aufweisen und sich nicht an die anderen deutschen Länder anlehnen sollte, wurden hingegen nicht eingelöst. Die Verfassung des Saarlandes steht in engem Zusammenhang mit der deutschen Verfassungstradition und den übrigen Länderverfassungen und kann im Wesentlichen als das Werk saarländischer Politiker angesehen werden. Sie gilt bis auf die Präambel, die bei der Eingliederung in die Bundesrepublik gestrichen wurde, mit Änderungen bis heute.[434]

Abb. 16: Markt auf dem Theatervorplatz in Saarbrücken. Das Stadtbild ist noch von Kriegszerstörungen geprägt, die Versorgungslage war im Saarland nach der Übernahme der französischen Währung am 20. November 1947 jedoch besser als im Rest des besetzten Deutschlands
(Foto: Landesarchiv Saarbrücken, Presse Photo Actuelle, Erich Oettinger).

1.2 Ordnungspolitische Grundlagen: Zweikammersystem, Berufskammern und Wirtschaftsgemeinschaften

In den Verfassungsbestimmungen zur Wirtschafts- und Sozialordnung fanden berufsständische Leitbilder aus dem christlichen Lager und sozialdemokratische Vorstellungen von Wirtschaftsdemokratie einen gemeinsamen Nenner.[435] Auf beiden Seiten handelte es sich um allgemeine Zielsetzungen. Offen blieb, wie sie zu verwirklichen seien, was die Einigung erleichterte. Übereinstimmung bestand in der Absicht, eine institutionelle Grundlage für die Verständigung und Konfliktregelung der Sozialparteien zu schaffen. Ihren Ausdruck fanden diese Überlegungen in der vorgesehenen Bildung von Wirtschaftsgemeinschaften, der öffentlich-rechtlichen Stellung der Kammern und, gleichsam auf höchster Ebene, in Plänen für eine zweite Parlamentskammer.

Die CVP befürwortete ein Zweikammersystem aus einer gewählten und „vielleicht"[436] einer berufsständischen Vertretung. Während Johannes Hoffmann als Parteivorsitzender für zwei gesetzgebende Körperschaften eintrat, dachte der Ehrenvorsitzende Bartholomäus Koßmann an eine berufsständische Vertretung mit beratender Aufgabe.[437] Die SPS forderte eine „Instanz, die zwar nicht kontrollierend, aber begutachtend neben dem Landtag steht"[438], womit sich auch Hoffmann einverstanden erklärte. Die Demokratische Partei und Landgerichtspräsident Levy brachten ein aufschiebendes Veto- beziehungsweise ein Initiativrecht für die zweite Kammer ins Gespräch. Gegen die Stimmen der kommunistischen Vertreter, die ein Einkammersystem für ausreichend hielten, wurde eine zweite Kammer beschlossen, deren Befugnisse später festgelegt werden sollten.[439] Dass es letztlich bei einem Einkammersystem mit dem Landtag als einzigem gesetzgebendem Organ blieb, war dem Einspruch der Militärregierung geschuldet, die eine zweite Kammer ablehnte.[440]

Die verfassungsrechtliche Grundlage der Arbeitskammer bildet Artikel 59 Absatz 1: „Die Wirtschaft des Saarlandes findet ihre öffentlich-rechtliche Vertretung jeweils in der Industrie- und Handelskammer, in der Handwerkskammer, in der Landwirtschaftskammer und in der Arbeitskammer, denen die Wirtschaftsgemeinschaften angeschlossen werden."

Die Kammern als öffentlich-rechtliche Vertretung der Wirtschaft (Art. 59) und die „Wirtschaftsgemeinschaften" (Art. 58) wurden aus der rheinland-pfälzischen Verfassung übernommen und finden sich schon in der Arbeitsvorlage der Beamten der Verwaltungskommission. Die Bildung einer Arbeitskammer war noch nicht vorgesehen. Vielmehr sollten die Arbeitnehmer wie in Rheinland-Pfalz in die bestehenden Kammern einbezogen werden. Nach der dortigen Verfassung hatte sich das „Ausmaß der Beteiligung der Arbeitnehmer […] nach Art und Aufgabengebiet der einzelnen Kammern" zu richten; für die Industrie- und Handelskammer war eine „gleichberechtigte" Vertretung beider Seiten festgelegt (Art. 69).[441] In der dritten Lesung ersetzte die saarländische Verfassungskommission jedoch die Beteiligung der Arbeitnehmer an den Wirtschaftskammern durch den Zusatz, dass „die Wirtschaftsgemeinschaften den Kammern angeschlossen werden".[442]

Zu den Wirtschaftsgemeinschaften heißt es in Artikel 58: „Die Vereinigungen der Arbeitgeber und Arbeitnehmer wirken auf der Grundlage der Gleichberechtigung in Wirtschaftsgemeinschaften zusammen. Sie haben die gemeinsamen Angelegenheiten ihres Bereiches zu behandeln, sind mit der Wahrnehmung der Interessen ihres Wirtschaftszweiges in der Gesamtwirtschaft betraut und von der Regierung zu allen wirtschaftlichen und sozialen Maßnahmen von grundsätzlicher Bedeutung zu hören."[443]

Die rheinland-pfälzische Verfassung enthielt zusätzlich eine Hauptwirtschaftskammer, die von den Kammern paritätisch mit Vertretern von Arbeitgebern und Arbeitnehmern besetzt wurde. Sie sollte Gesetzesentwürfe begutachten und konnte dem Landtag selbst Gesetzesvorlagen unterbreiten (Art. 71 f.).[444] Die Gutachterfunktion war im Saarland, bevor sie in der dritten Lesung aus dem Verfassungstext herausgenommen wurde, den Wirtschaftsgemeinschaften zugedacht. Erhalten blieb das Recht auf Anhörung. Eine Gesetzesinitiative erkannte die saarländische Verfassung weder den Wirtschaftsgemeinschaften noch den Kammern zu.[445]

1.3 Wirtschaftsgemeinschaften und Wirtschaftslenkung

Die Aufgaben der Wirtschaftsgemeinschaften und ihr Verhältnis zu den Kammern erfuhren in der Debatte über Wirtschaftslenkung und Verstaatlichung eine nähere Bestimmung. Umfang und Gestaltung der Wirtschaftsplanung, insbesondere aber die Überführung von Schlüsselunternehmen in Gemeineigentum, gehörten zu den wenigen schon in der Unterkommission strittigen Fragen.

CVP und SPS hielten eine wie auch immer beschaffene Lenkung der Wirtschaft für unverzichtbar. Doch während sich Sozialdemokraten, Kommunisten und die Einheitsgewerkschaft zur Vermeidung von Wirtschaftskrisen grundsätzlich für eine staatliche Planung unter Beteiligung der Gewerkschaften einsetzten, befürwortete die CVP zwar einen Wirtschaftsplan, „um den Zustand der Lähmung und Regellosigkeit zu beseitigen“, sah aber „eine außerordentliche Gefahr“ in der „Unterwerfung der gesamten Wirtschaft unter eine riesige Kontrollbürokratie“.[446]

Über die Planung hinaus verlangten SPS und KP die Überführung der Großunternehmen in Gemeineigentum. Für Peter Zimmer, Vorstandsmitglied der SPS, erforderte die Wirtschaftsplanung die Sozialisierung von Schwerindustrie, Verkehrsgewerbe und Großbanken.[447] Die liberal orientierte Demokratische Partei Saar, vertreten durch den Syndikus Dr. Albert Werle, sah die Wirtschaft „bei der Privatinitiative in guten Händen“ und wollte auch eine Wirtschaftslenkung nur vorübergehend zur Behebung der Kriegsfolgen billigen.[448] Sie bot allerdings Zugeständnisse an, wenn die Gegenseite auf die Verstaatlichung verzichte. Zimmer schlug vor, die Überleitung in öffentlichen Besitz als Auftrag zu formulieren und die Einzelheiten später gesetzlich zu regeln. Als Übergangslösung sollten die betreffenden Wirtschaftszweige der Oberaufsicht des Wirtschaftsministers unterstellt werden, ein Eingriff in die Unternehmensführung sollte aber nur durch Parlamentsbeschluss möglich sein.[449]

Die CVP bezog in der Sozialisierungsfrage keine eindeutige Stellung. Der stellvertretende Parteivorsitzende und spätere Wirtschaftsminister Dr. Franz Singer bemerkte zum Meinungsstreit in der Unterkommission: „Wir wollen, daß die Industrie nicht mehr die bekannten Auswüchse: Krieg, Spekulation, Krisen zeigt. Wir streiten uns, ob dies unterbunden werden soll durch eine Sozialisierung oder eine andere Form […].“[450]

Singer befürchtete, die Aussicht auf Enteignung werde ausländisches Kapital fernhalten, mit der Folge, dass dem Saarland die finanziellen Mittel zum wirtschaftlichen Wiederaufbau fehlten, die es aus eigener Kraft nicht aufbringen könne. Landgerichtspräsident Levy wies darauf hin, dass Bergbau und Verkehrswesen sich ohnehin in staatlicher Hand befänden und die Eisen- und Stahlindustrie wegen der Treuhandverwaltung oder der hohen ausländischen Beteiligung dem Zugriff von saarländischer Seite entzogen sei. Außerdem sei zu bedenken, dass „der privatkapitalistische Amerikaner dem saarländischen Staat nicht zu Hilfe kommen wird, wenn es heißt, daß er sozialisiert, daß er aber ein großes Interesse daran hat[,]... sich zu beteiligen". Er verstehe im Übrigen nicht, „daß diese doktrinären Gegensätze aufeinanderprallen", wo doch hinsichtlich der Übernahme monopolistischer Betriebe durch die öffentliche Hand und einer Planung „in geeigneter Form" Einigkeit bestehe.[451]

Levy schlug einen Wortlaut vor, der sich mit geringen Veränderungen im Verfassungstext wiederfindet. Demnach sind „Schlüsselunternehmungen der Wirtschaft (Kohlen-, Kali- und Erzbergbau, andere Bodenschätze, Energiewirtschaft, Verkehrs- und Transportwesen)" in Gemeineigentum zu überführen. In der Endfassung heißt es, dass sie „nicht Gegenstand privaten Eigentums sein [dürfen]". Außerdem können Großunternehmen enteignet werden, wenn sie „das Gemeinwohl gefährden". Beim Gemeineigentum kann es sich um eine „privatwirtschaftliche oder gemeinwirtschaftliche Unternehmensform" handeln.[452] An eine Verstaatlichung war nur im Ausnahmefall gedacht.

Damit bestand zwar die Möglichkeit, die Entstehung neuer privatwirtschaftlicher Monopole zu verhindern, der Sozialisierungsartikel blieb ansonsten aber wirkungslos. Zum einen befanden sich die entscheidenden Unternehmen der genannten Wirtschaftszweige, wie Levy während der Aussprache hervorgehoben hatte, bereits in öffentlichem Eigentum. Zum anderen wurde die Eisen- und Stahlindustrie nicht mehr unter den „Schlüsselunternehmungen" aufgeführt. Auch den französischen Staatsbesitz am Bergbau ließ die Verfassung unberührt, da sie über ausländisches öffentliches Eigentum keine Aussage traf.[453]

Als Gegenleistung für die Wirtschaftslenkung verzichtete die SPS auf eine umfassende staatliche Wirtschaftsplanung und verfocht stattdessen die „Selbstverwaltung der Wirtschaft" bei einer Art Richtlinienkompetenz des Wirtschaftsministers. Peter Zimmer schlug vor, die entscheidende Rolle den Wirtschaftsgemeinschaften zu übertragen:

> „Der Wirtschaftsminister kann seine Wirtschaftslenkung nur über die Wirtschaftsgemeinschaften durchführen. Die einzelnen Bestimmungen, die Durchführungsverordnungen und Anordnungen erläßt der Wirtschaftsminister. Die Durchführung als solche soll der Wirtschaft selbst überlassen bleiben [...]. Ich will den Beamten nicht in der Wirtschaft haben."[454]

Gegen den Widerspruch Alfred Levys, der befürchtete, dass sich die Wirtschaftsgemeinschaften zum „Staat im Staat"[455] entwickeln würden, räumten ihnen CVP und SPS nicht nur, wie anfänglich erwogen, eine Mitwirkung ein, sondern übertrugen ihnen die Zuständigkeit für die Wirtschaftslenkung. In Artikel 58, Absatz 2 der saarländischen Verfassung heißt es entsprechend: „Eine staatliche Wirtschaftslenkung kann nur über die Wirtschaftsgemeinschaften durchgeführt werden."[456] Für die SPS fasste Zimmer das Ergebnis zusammen:

> „Wir haben in der Verfassung die Planwirtschaft lediglich grundsätzlich anerkannt, und zwar in der Form, daß wir sie nicht ausschalten. [...] Wir stehen auf dem Standpunkt, daß die Wirtschaft nicht durch Beamte, sondern durch die Wirtschaft selbst geleitet werden soll. Wir wollen also die Möglichkeit der Wirtschaftslenkung nur bei der obersten staatlichen Spitze, dem Wirtschaftsminister, belassen und diesem durch die Verfassung vorschreiben, welcher Organe und Möglichkeiten er sich zu bedienen hat. Wir haben den Begriff der Wirtschaftsgemeinschaft auf Anregung der Demokratischen Partei in die Verfassung aufgenommen. Dieser besagt, daß die Wirtschaft, die Verbraucher und Gewerkschaften eine Wirtschaftsgemeinschaft bilden. [...] Diese Gemeinschaft soll in den Kammern gebildet werden."[457]

SPS-Vorstandsmitglied Dr. Heinz Braun sah in den Wirtschaftsgemeinschaften ein Gegenmodell zur Verstaatlichung, das sowohl für die Wirtschaft als Ganzes als auch für ihre einzelnen Zweige gelten solle.[458]

Die Formulierung zur Wirtschaftslenkung bedeutete einen für die beiden großen Parteien annehmbaren Kompromiss, der von Demokraten und Kommunisten mitgetragen wurde. Sie ermöglichte die von der SPS geforderte Planung, schrieb sie aber nicht vor und schloss die von christlicher Seite abgelehnte staatliche Bürokratie aus. Damit fand sie auch die Zustimmung der Wirtschaftsvertreter in der CVP.[459] Da zudem weder die Zusammensetzung der Wirtschaftsgemeinschaften noch ihre Aufgaben und ihr Verhältnis zum Wirtschaftsministerium als oberster Planungsstelle festgelegt wurden, blieb ein Auslegungsspielraum, der beiden Parteien die Aussicht bot, ihre Vorstellungen noch zu verwirklichen.

Abb.17: Nach der Eingliederung des Saarlandes in das französische Währungsgebiet und der Umstellung auf den französischen Franken am 20. November 1947 füllten sich die Auslagen der Geschäfte (Foto: Landesarchiv Saarbrücken, Presse Photo Actuelle, Erich Oettinger).

1.4 Die Aufnahme der Arbeitskammer in den Verfassungstext

Peter Zimmers Bemerkung während der zweiten Lesung, die Wirtschaftsgemeinschaft solle „in den Kammern gebildet werden", deutet darauf hin, dass zu diesem Zeitpunkt noch beabsichtigt war, die Arbeitnehmer an diesen zu beteiligen. In der dritten Lesung beschloss die Verfassungskommission, wie erwähnt, den Kammern die Wirtschaftsgemeinschaften anzuschließen. Der Verlauf der Beratungen lässt annehmen, dass weiterhin an eine Vertretung der Arbeitnehmer in den Kammern gedacht war, wofür auch die Übernahme des neuen Textes ohne Aussprache und Abstimmung spricht.

Erst der Verfassungsausschuss der gesetzgebenden Versammlung verankerte am 28. Oktober 1947 auch eine Arbeitskammer in der Verfassung. Auf die Frage des CVP-Abgeordneten Dr. Singer, „wem [...] solche Wirtschaftsgemeinschaften angeschlossen" würden, antwortete sein Parteikollege Erwin Müller, dies hänge von den Aufgaben ab, „die man der Kammer geben wird". Als Peter Zimmer erneut Verfügungsgewalt für den Wirtschaftsminister bei der Wirtschaftslenkung forderte – unter Ablehnung der Wirtschaftsplanung durch eine zentrale Behörde – stieß er auf Widerspruch bei der CVP. Während Heinrich Danzebrink, Direktor für Wirtschaft und Verkehr der Verwaltungskommission, für „reine Selbstverwaltung" eintrat, verwahrte sich Dr. Singer sogar „gegen die Zusammenfassung als solche", womit die Wirtschaftsgemeinschaften gemeint waren. Darauf gab Müller zu bedenken, „ob wir in den Kreis dieser Kammer nicht schon vorbeugend Arbeitskammern aufnehmen sollen", was bei SPS und KP sofort auf Zustimmung traf.[460]

Eine Abgrenzung der Befugnisse zwischen dem Ministerium und den Vertretungsorganen der Wirtschaft wurde damit zwar nicht erreicht, die Erweiterung des Kammerwesens um die Arbeitskammer bot aber eine neue Variante für das Zusammenwirken der Sozialparteien. An Stelle der von den Gewerkschaften verlangten Beteiligung an Industrie- und Handels-, Handwerks- und Landwirtschaftskammer konnte jetzt die Zusammenarbeit zwischen diesen und der Arbeitskammer treten.

1.5 Arbeitskammer und Wirtschaftsgemeinschaften in den ordnungspolitischen Vorstellungen der Parteien

In der Plenumssitzung der gesetzgebenden Versammlung am 7. November 1947, in der der Abschnitt über die Wirtschafts- und Sozialordnung abschließend besprochen und einstimmig angenommen wurde, fasste der CVP-Abgeordnete Dr. Singer den Standpunkt seiner Partei zur Wirtschaftsordnung und zu den Aufgaben von Kammern und Wirtschaftsgemeinschaften noch einmal zusammen: „Diese [...] Artikel legen grundsätzlich fest, daß Arbeitgeber und Arbeitnehmer zur Wahrung ihrer wirtschaftlichen und beruflichen Interessen in staatlich anerkannten Organisationen auf der Grundlage voller Gleichberechtigung zusammen wirken."[461]

Aufgabe dieser Organisationen sei es, „berufsinterne Fragen" zu regeln sowie den Staat bei der Wirtschaftslenkung zu unterstützen und durch „initiative Mitwirkung am öffentlichen Geschehen" zu entlasten. Die Demokratisierung der Wirtschaft vollziehe sich dabei auf drei Ebenen. Arbeitgeberverbände, Gewerkschaften und die fachlichen Organisationen beider Seiten bildeten die Grundstufe, die öffentlich-rechtlichen Kammern die Mittelstufe und die „Landeswirtschaftsgemeinschaft" beziehungsweise der „Landeswirtschaftsrat" die Spitze der Selbstverwaltung. Letztere, die in der Verfassung nicht vorgesehen war, sollte der Regierung „in allen wirtschaftlichen und sozialen Fragen ihre Vorschläge unterbreiten und ihre Ratschläge erteilen" können. Die Arbeitskammer verstand Singer als „die öffentlich-rechtliche Vertretungskörperschaft der sozialen, wirtschaftlichen und allgemein-beruflichen Interessen aller Arbeitnehmer, in der die Gewerkschaften, die sonstigen anerkannten Berufsorganisationen der Arbeitnehmer und die Betriebsräte zusammengeschlossen sind".[462]

Für die SPS betonte der Abgeordnete Petri den Kompromisscharakter der Verfassung und erinnerte daran, dass seine Partei hinsichtlich der Sozialisierung weiter reichende Ziele verfolgte: „Die Verfassung wird die sozialen Probleme nicht restlos lösen können, die Wege sind aber gezeigt, und weitere ausführende Gesetze können erlassen werden." Die Verwirklichung der in Artikel 57 enthaltenen Gleichberechtigung der Gewerkschaften mit den Organisationen der Arbeitgeber werde von der Initiative der Gewerkschaften abhängen: „Damit beginnen die ersten Ansätze zum Aufbau einer Wirtschaftsdemokratie." Durch die Zusammenfassung der Wirtschaftsgemeinschaften „in den einzelnen Kammern, denen die Wirtschaftsführung obliegt", könne „im Geist der Demokratie und mit sozialem Denken gute ersprießliche Zusammenarbeit für das Volkswohl geleistet werden".[463]

Richard Radziewski von der DPS forderte, dass die Kammern möglichst schnell „in die Funktionen kommen, die ihnen zustehen", vor allem aber, dass die Industrie- und Handelskammer wieder eingesetzt werde „als unsere öffentlich-rechtliche Vertretung der Wirtschaft, und als die neutrale Stelle, die für Gutachten, Beratung und Unterrichtung des Staates und der Wirtschaft, für Gesetzesausarbeitung usw. in Frage kommt."[464] Die Aufgabe der Arbeitskammer sah Radziewski vorrangig darin, zur gegenseitigen Verständigung beizutragen und in Tarifkonflikten ein Schlichtungsverfahren zu vermeiden: „Wir begrüßen auf jeden Fall die Einrichtung der Arbeitskammer außerordentlich und versprechen uns von dieser den wirtschaftlichen Frieden."[465]

Der KP-Abgeordnete Karl Hoppe bewertete die öffentlich-rechtliche Vertretung der Wirtschaft in Kammern als „eine mögliche Organisation der Wirtschaft für die Zukunft": „Wir sind der Auffassung, wenn ein lebendiger Organismus der Wirtschaftsgemeinschaften, in der Spitze zusammengefaßt in den Kammern und [...] getragen von Arbeitnehmern und dem Mittelstand unter Ausschaltung der monopolistischen Industrie, deren Vertreter nicht wie in der Vergangenheit hier ein Feld finden können und dürfen, um ihre wirtschaftliche Macht [...] auszudehnen, durch diese Form eine Demokratisierung der Wirtschaft in Form einer planmäßig geordneten Bedarfswirtschaft möglich ist."[466]

Die Verfassungsbestimmungen zur Wirtschafts- und Sozialordnung bildeten das Ergebnis der Einigung auf eine kooperative Wirtschaftsordnung mit der Möglichkeit zur staatlichen Wirtschaftslenkung, in der bei garantierter Koalitionsfreiheit Sozialparteien und Berufsorganisationen über öffentlich-rechtliche Einrichtungen an der staatlichen Wirtschaftspolitik und -planung mitwirken. Damit war eine Festlegung getroffen, die hinsichtlich noch zu schaffender Einrichtungen und Verfahren wie Wirtschaftslenkung, Wirtschaftsgemeinschaften oder Arbeitskammer unterschiedliche Gestaltungsmöglichkeiten bot und bei der Wirtschaftslenkung auch den Verzicht auf eine gesetzliche Regelung zuließ. Der allgemein gefasste Wortlaut erlaubte eine Übereinkunft zwischen den Parteien trotz zum Teil gegensätzlicher Ansichten und trug der Notwendigkeit und dem Bestreben Rechnung, mit der Verabschiedung der Verfassung möglichst rasch die Voraussetzungen für den staatlichen Neuaufbau zu schaffen.

Abb. 18: Wiederaufbau: Ministerpräsident Hoffmann, der Saarlouiser Bürgermeister Anton Merziger und der Hohe Kommissar Grandval (von links nach rechts) 1950 in Saarlouis (Foto: Landesarchiv Saarbrücken, Presse Photo Actuelle, Erich Oettinger)

2. Das Arbeitskammergesetz von 1951

2.1 Vom Verfassungsauftrag zum Gesetzentwurf

Die Wirtschaftsgemeinschaften wurden nicht eingerichtet, obwohl Artikel 59 unverändert fortbesteht. Auch die Arbeitskammer entstand erst mit Verzögerung. Sowohl die Einheitsgewerkschaft als auch christliche Gewerkschafter und Sozialpolitiker setzten sich für eine Arbeitskammer und zusätzlich für einen Wirtschaftsrat beziehungsweise eine Wirtschaftskammer ein.

Die Einheitsgewerkschaft forderte 1946 die paritätische Besetzung der Industrie- und Handelskammern, da nur auf diesem Wege eine Demokratisierung der Kammern und ihre „Säuberung von Nationalsozialisten und Reaktionären" durchzusetzen sei.467 Den Verfassungsartikel über die Wirtschaftsgemeinschaften begrüßte sie als Gewähr für den „Einfluß der Arbeitnehmerschaft auf die Gesamtwirtschaft".[468] Als erster Industrieverband verlangte der IV der Fabrikarbeiter auf seiner Generalversammlung am 4. April 1949 die Schaffung einer Arbeitskammer. Kurz darauf erscheint die Forderung in der Resolution der Einheitsgewerkschaft zum 1. Mai. Der Erste Kongress des Dachverbandes am 19./20. November 1949 in Sulzbach führte „die neu zu schaffende Arbeitskammer" in seinen Entschließungen auf.[469]

Die Arbeitskammer und ein paritätisch von Arbeitnehmern und Arbeitgebern gebildeter Wirtschaftsrat sollten die Demokratisierung auf Betriebsebene ergänzen und erweitern. Dem Wirtschaftsrat wollte die Einheitsgewerkschaft die Wirtschaftslenkung übertragen und damit den Arbeitnehmern Einfluss auf das Wirtschaftsgeschehen in seiner Gesamtheit sichern. Von der Arbeitskammer versprach sie sich ein Gegengewicht zur öffentlich-rechtlichen Vertretung der Unternehmer, zumal die Beteiligung der Gewerkschaften an der Industrie- und Handelskammer als unzureichend angesehen wurde. Gleichzeitig hielt sie an ihrer Forderung nach paritätischer Zusammensetzung der Wirtschaftskammern fest.[470]

Den entscheidenden Anstoß zum Arbeitskammergesetz gab offenbar ein Schreiben des Gesamtverbandes der Christlichen Gewerkschaften des Saarlandes (CGS) vom 10. Mai 1950 an Ministerpräsident Johannes Hoffmann:

> „Nach den bisherigen Erfahrungen hat sich die Einflussnahme der Arbeitnehmerschaft bei Behandlung von wirtschaftlichen Fragen, insbesondere bei Beratung von Gesetzesvorlagen[,] als unzulänglich erwiesen. Es fehlt der Arbeitnehmerschaft an Organen, wie diese für Industrie, Handel und Handwerk bestehen. Die Berufung von zwei Vertretern der Gewerkschaften in den Beirat der Handelskammer kann als eine ausreichende Wirkungsmöglichkeit der Arbeitnehmerschaft nicht angesehen werden.
> Wir beantragen daher die Bildung einer Arbeitskammer, in welcher [!] die grösseren Berufsverbände der beiden Gewerkschaften Vertreter entsenden. Nach Bildung der Arbeitskammer wäre als Abschluss eine Saarwirtschaftskammer einzurichten."[471]

Die Erste ordentliche Generalversammlung der Gewerkschaft Christlicher Saarbergleute (GCS) am 17./18. Juni 1950 bekräftigte die Forderung nach einer Arbeitskammer; außerdem deutete der Vorsitzende Hans Ruffing an, dass das Kabinett schon vor einem Jahr Arbeitsminister Richard Kirn (SPS) beauftragt habe, einen Gesetzentwurf vorzulegen.[472]

Möglicherweise hatte das Arbeitsministerium das Vorhaben bereits in Angriff genommen, denn schon bevor Minister Kirn am 17. Juli die Eingabe der Christlichen Gewerkschaften erhielt, sprach er sich bei der Generalversammlung des IV Öffentliche Betriebe und Verwaltungen, die ebenfalls am 17./18. Juni 1950 in St. Ingbert stattfand, für die Schaffung einer Arbeitskammer und eines Landeswirtschaftsrates aus und äußerte die Hoffnung, „daß dem Landtag bald ein Entwurf über die Arbeitskammer vorgelegt wird".[473] Auch eine Eingabe des Saarländischen Industriellen-Verbandes an Ministerpräsident Hoffmann vom 10. Mai 1950, in der ein Anhörungsrecht bei Gesetzesvorhaben, wie es für die Arbeitskammer beabsichtigt sei, auch für die Berufsorganisationen der Arbeitgeber verlangt wird, deutet darauf hin, dass bereits im Frühjahr 1950 über die Einrichtung der Arbeitskammer gesprochen wurde.[474] Andererseits enthalten die überlieferten Akten der Landesregierung keinen Hinweis auf Gesetzesvorbereitungen vor dem Antrag der Christlichen Gewerkschaften.[475]

Der Entwurf des Arbeitsministeriums vom 20. September 1950 stand bei der Landtagssitzung am 27. Januar des folgenden Jahres zum ersten Mal auf der Tagesordnung. Zuvor hatten die beteiligten Ministerien, die Arbeitgeberorganisationen, die Gewerkschaften und die Kammern Gelegenheit zur Stellungnahme erhalten.[476] Als die SPS am 14. April 1951 die Koalition aufkündigte, übernahm Ministerpräsident Hoffmann das Ministerium für Arbeit und Wohlfahrt. Die Leitung lag nun bei dem parteilosen Direktor Heinrich Welsch.[477] Der schon zuvor mit der Arbeitskammer befasste Referent Becker blieb im Amt. Nach zweimaliger Vertagung nahm der Ausschuss für Sozialpolitik am 16. Mai die Beratung auf. Nachdem das Ministerium zu den Änderungsvorschlägen Stellung genommen hatte, trat er am 23. und 31. Mai erneut zusammen. Am 8. Juni überwies der Landtag den Gesetzentwurf in zweiter Lesung an den Ausschuss zurück, der am 14. Juni weitere Änderungsanträge des CVP-Abgeordneten Germann und der SPS-Fraktion verhandelte. Ein Einspruch von Arbeitgeberseite führte zur Vertagung der dritten Lesung. In seiner Sitzung am 25. Juni trug der Ausschuss den Einwänden Rechnung, am 30. Juni 1951 wurde das Gesetz vom Landtag verabschiedet.

2.2 Der Entwurf für ein Arbeitskammergesetz und seine Begründung

Für Arbeitsminister Richard Kirn bildete die Arbeitskammer eine Voraussetzung für die Gleichberechtigung der Sozialparteien in einer demokratischen Wirtschaftsverfassung. Letztere sollte die politische Demokratie ergänzen und zur „Demokratisierung des staatlichen Lebens" beitragen. In der Begründung zum Gesetzentwurf heißt es: „Die neuzuschaffende Arbeitskammer soll das öffentlich rechtliche, arbeitsverfassungsmäßige Vertretungsorgan des gesamten ‚schaffenden Volkes' sein, das den in gleicher Weise öffentlich rechtlichen ‚berufsständischen' Kammervertretungen der Unternehmer organisatorisch gegenüberzustellen ist."[478]

Auf Wunsch der Berufsorganisationen war eine reine Arbeitnehmerkammer vorgesehen. Für die Gewerkschaften trug dies der Erfahrung Rechnung, dass sich die bestehenden Kammern in sozialpolitischen Fragen und insbesondere, was die Arbeitsverhältnisse betraf, als Interessenvertretungen der Unternehmer erwiesen hatten. Eine Arbeitnehmerkammer neben den Kammern der Wirtschaft sollte für ein Gleichgewicht auf der Ebene öffentlich-rechtlicher Körperschaften sorgen.[479]

Als Aufgaben der Arbeitskammer nennt der Gesetzentwurf die „Vertretung der wirtschaftlichen und sozialen Interessen der Arbeitnehmer" und die „Förderung der auf die Hebung ihrer wirtschaftlichen und sozialen Lage abzielenden Bestrebungen". Zu diesem Zweck kann die Kammer Vorschläge unter anderem zur Regelung der Arbeits- und Ausbildungsverhältnisse, zur Berufsausbildung, zur Wirtschafts-, Arbeitsmarkt- und Sozialpolitik und zur Schaffung und Organisation öffentlicher Einrichtungen der Wirtschaftsförderung unterbreiten. In ihre Zuständigkeit fallen außerdem die Förderung der beruflichen Weiterbildung, die Beratung der Arbeitnehmer „in wirtschaftlichen und sozialen Angelegenheiten, die ihre allgemeinen Interessen berühren" und die Unterstützung der zuständigen Stellen mit Rat und

Anregungen bei der Überwachung von Vorschriften des Arbeitsrechts und Arbeitsschutzes.

Der Auftrag, die „Bestrebungen der einzelnen Berufsorganisationen der Arbeitnehmer zu koordinieren"[480], trug dem Vorhandensein zweier Gewerkschaftsrichtungen im Saarland Rechnung, denn neben der Einheitsgewerkschaft bestanden seit 1947 auch Christliche Gewerkschaften. Von Seiten des Arbeitsministeriums hieß es dazu: „Durch diese Bestimmung soll die Arbeitnehmerschaft bereits im Rahmen der Arbeitskammer dem anderen Sozialpartner als geschlossenes Ganzes gegenübergestellt werden."[481]

Wie die übrigen Kammern sollte die Arbeitskammer nicht mit den Organen der Gesetzgebung konkurrieren, sondern Gesetzgeber und Verwaltung beraten. Sie erhielt ein Anhörungsrecht zu Gesetzentwürfen, das im Laufe des Gesetzgebungsverfahrens zur Soll-Bestimmung abgeschwächt wurde, und konnte selbst Gesetze und Maßnahmen zur Arbeits-, Sozial- und Wirtschaftspolitik vorschlagen. Um Überschneidungen mit den Gewerkschaften zu vermeiden, wurde das Aufgabengebiet der Arbeitskammer auf die Wahrnehmung der allgemeinen wirtschaftlichen und sozialen Angelegenheiten der Arbeitnehmer begrenzt. Dagegen blieb die Vertretung auf betrieblicher und Branchenebene und vor allem die Regelung der Arbeitsbedingungen den Gewerkschaften vorbehalten.[482]

Die institutionalisierte Mitwirkung an der staatlichen Willensbildung förderte nach Ansicht des sozialdemokratischen Arbeitsministers die gesellschaftliche Einbindung der Sozialparteien. In den Gremien würden „die Vertreter beider Seiten immer wieder zu sachlicher Arbeit zusammen geführt [...], die danach trachten, alle Hilfsmittel zur Förderung des Gesamtwohles zu nutzen".[483]

Die Mitglieder der Arbeitskammer sollten von den Arbeitnehmern in geheimer und direkter Wahl auf vier Jahre gewählt werden. Das Vorschlagsrecht lag bei den Gewerkschaften.[484] Zur Finanzierung der laufenden Ausgaben war eine Umlage vorgesehen, die von den Löhnen aller im Saarland beschäftigten Arbeitnehmer einbehalten wurde.

Abb. 19: Richard Kirn (1902–1988), Vorsitzender der SPS, Minister für Arbeit und Wohlfahrt in der ersten und dritten Regierung Hoffmann (1947–1951, 1952–1955) (Foto: Landesarchiv Saarbrücken, Presse Photo Actuelle, Erich Oettinger)

Eine spätere Stellungnahme des inzwischen von der CVP gestellten Arbeitsministeriums zeigt, dass die beiden großen Parteien in ihren Erwartungen an die Arbeitskammer weitgehend übereinstimmten. Gegenüber Einwänden von Landtagsabgeordneten, „daß die Beiträge zu hoch seien und [...] damit die Gefahr eines zu hohen Aufwandes bestünde"[485], unterstrich das Ministerium die Bedeutung, die es der Arbeitskammer für eine Versachlichung der sozialpolitischen Auseinandersetzung beimaß:

> „Wenn auch die Arbeitskammer weder eine Partei noch eine Gewerkschaft hindern kann und will, auf sozialem Gebiet initiativ zu werden, so wird die Einschaltung der Kammer mindestens bezüglich der Gewerkschaften und damit indirekt auch bei den Parteien viel zur Koordinierung und zur Abglättung mancher Anträge und Forderungen beitragen. Mit anderen Worten: wenn den Gewerkschaften für die Folge in der Kammer sachverständige Referenten zur Verfügung stehen, die frei von jeder agitatorischen Notwendigkeit die gegebenen Möglichkeiten sachlich einschätzen können, dann wird auch bei deren Forderungen und Wünschen eine realere und nüchterne Schau Platz greifen."[486]

Neben der Bereitstellung von Sachverstand sollte die Arbeitskammer eine maßgebende Rolle bei der Schulung der Arbeitnehmervertreter übernehmen. Da Mitbestimmung „auch eine Mitverantwortung zwangsläufig zur Folge hat", müssten die Sprecher der Arbeitnehmer in der Lage sein, „sachlich zu urteilen": „Von der verantwortlichen Arbeitnehmerseite ist es weder gewünscht noch gewollt, daß der Lautschreier im Betrieb im Vordergrund stehen soll. Diese Nur-Polemiker sollen durch den verantwortungsbewußten, sachlich geschulten Arbeitnehmervertreter abgelöst werden."[487]

Der Verfasser aus dem Arbeitsministerium erinnerte daran, dass die Gewerkschaften im Saarland für die Forschungs- und Bildungsstätten, die sie durch die nationalsozialistische Herrschaft verloren hätten, aus eigener Kraft keinen Ersatz schaffen könnten. Unter anderem aus diesem Grund hätten sie die Errichtung der Arbeitskammer gefordert. Die Gewerkschaften im Bundesgebiet hielten Arbeitskammern vielleicht auch deshalb für weniger vordringlich, weil sie mit dem Wirtschaftswissenschaftlichen Institut in Köln wieder über eine entsprechende Einrichtung verfügten.

Der Nutzen der Gewerkschaften für die Arbeitnehmer in ihrer Gesamtheit rechtfertigte nach Auffassung des Ministeriums die Finanzierung der Forschungs- und Schulungseinrichtungen über eine allgemeine Umlage. Es widerspreche dem Gebot der Gerechtigkeit, wenn die Gewerkschaftsmitglieder die Kosten für die Bildungseinrichtungen alleine trügen, während die nicht organisierten Arbeitnehmer „alle Vorteile der gewerkschaftlichen Betätigung hinnehmen".[488] Darüber hinaus sprächen auch politische Erwägungen für eine Förderung der Gewerkschaften: „Es bedarf keiner Begründung, daß es weder im Interesse des Staates noch der Wirtschaft liegt, an Stelle organisierter Gewerkschaften einen nihilistischen Haufen Unorganisierter zu haben, der das allzuleichte Opfer kommunistischer Agitatoren werden würde."[489] Angesichts der Bedeutung, die sowohl Gewerkschaften als auch Regierung der Schulung der Arbeitnehmervertreter beimaßen, erstaunt, dass der Gesetzestext als Bildungsaufgabe lediglich die berufliche Weiterbildung nennt.

Die Arbeitskammer des Saargebietes, die 1925 durch die vom Völkerbund eingesetzte Regierungskommission ins Leben gerufen wurde, konnte der neuen Einrichtung nicht als Vorbild dienen, da sie mit ihrer paritätischen Zusammensetzung andere Ziele verfolgte. Sie sollte die Regierungskommission beraten, deren belastetes Verhältnis zu Arbeiterschaft und Gewerkschaften verbessern und den Sozialparteien die Möglichkeit bieten, im Vorfeld arbeits- und sozialpolitischer Entscheidungen ihre Meinungen austauschen und zu einer Einigung zu gelangen. Angesichts der Gegensätze zwischen Arbeiter- und Unternehmerschaft hoffte die Regierungskommission, dass die Arbeitskammer zur Befriedung der sozialen Lage beitragen werde. Eine vergleichbare Aufgabe war in der saarländischen Nachkriegsverfassung dem Wirtschaftsrat zugedacht. Aus der unterschiedlichen Ausgangslage und Zielsetzung ist zu erklären, dass sich in den Beratungen über die saarländische Verfassung kein Hinweis auf die Vorläuferorganisation findet, auch wenn der Umstand, dass schon früher eine Arbeitskammer bestand, die Neigung, erneut eine solche, obgleich mit anderer Ausrichtung, zu schaffen, begünstigt haben mag. Sofern im Zusammenhang mit dem Arbeitskammergesetz und in späteren Beiträgen auf die Arbeitskammer des Saargebietes Bezug genommen wurde, standen die Unterschiede zwischen den beiden Körperschaften im Vordergrund.[490]

Mitarbeiter des Hohen Kommissariats – der übergeordneten französischen Behörde im Saarland – verstanden die Bildung der Arbeitskammer als Versuch, den Einfluss der Gewerkschaften zu beschneiden. Diese Einschätzung stützte sich offenbar vor allem darauf, dass die Kammer „die Bestrebungen der einzelnen Berufsorganisationen der Arbeitnehmer [...] koordinieren" sollte.[491] Seit den französisch-saarländischen Verhandlungen zum Abkommen über den Betrieb der Saargruben im Februar 1950 hatte sich der Widerstand gegen die Regierungspolitik verstärkt, wobei sich der Industrieverband Bergbau (IV Bergbau) zum Sprecher der Opposition entwickelte.

Die Begründungen des Arbeitsministeriums für die Schaffung der Arbeitskammer vermitteln indessen den Eindruck, als sei weniger eine „Einhegung" der Gewerkschaften in ihrer Gesamtheit beabsichtigt gewesen, als die Schaffung eines Gegengewichts gegen die regierungsfeindlichen Strömungen innerhalb derselben. Die Arbeitskammer sollte den Gewerkschaften fachliche Unterstützung und Schulungsmöglichkeiten zur Verfügung stellen, um Funktionsträger und Mitglieder einzubinden. Da die gesellschaftspolitischen Vorstellungen der Führung beider Gewerkschaftsverbände mit denen des Arbeitsministeriums größtenteils übereinstimmten, bestand im Übrigen kein Grund, die Gewerkschaften zu schwächen. Auch sind Zweifel angebracht, ob die Arbeitskammer ein geeignetes Werkzeug dargestellt hätte, um oppositionellen Gewerkschaftsverbänden entgegenzutreten. Die Ausschaltung des IV Bergbau 1952/53 erfolgte jedenfalls durch ein Zusammenspiel der regierungsfreundlichen Kräfte an der Spitze der Einheitsgewerkschaft mit der Regierung.

2.3 Das Gesetzgebungsverfahren: Strittige Punkte und Änderungen während der Behandlung der Gesetzesvorlage im Ausschuss für Sozialpolitik

Einen Streitpunkt bildete schon im Vorfeld der Geltungsbereich des Arbeitskammergesetzes. Die Berufsorganisationen wollten den öffentlichen Dienst einbeziehen; lediglich die Beamten sollten in der Arbeitskammer keine Vertretung finden. Demgegenüber bestand das Personal- und Organisationsamt der Regierung darauf, den öffentlichen Dienst in seiner Gesamtheit auszuschließen. Der Gesetzentwurf legte fest, dass die Arbeitskammer „die wirtschaftlichen und sozialen Interessen der Arbeitnehmer (Arbeiter und Angestellte)" vertritt, entzog den öffentlichen Dienst aber ihrer Zuständigkeit.[492]

In der ersten Sitzung des Ausschusses für Sozialpolitik beantragte die SPS-Fraktion, den Arbeitnehmerbegriff um die

Beamten zu erweitern und den Absatz über den öffentlichen Dienst zu streichen. Damit konnte sie sich zwar nicht durchsetzen, der statt dessen angenommene Antrag der CVP ersetzte den entsprechenden Absatz jedoch durch eine neue Bestimmung, wonach die „Erörterung politischer Angelegenheiten" und die „Wahrnehmung der besonderen wirtschaftlichen und sozialen Interessen, die den Berufsorganisationen vorbehalten sind", nicht zu den Aufgaben der Kammer zählen.[493] Als Ergebnis war die Kammer auch für den öffentlichen Dienst zuständig, während die Beamten ausgenommen blieben. Auch ein späterer Versuch der Sozialdemokraten, durch die Streichung des Zusatzes „Arbeiter und Angestellte" das Tätigkeitsfeld der Arbeitskammer auf alle Arbeitnehmer auszudehnen, blieb erfolglos.[494]

Abgesehen davon, dass die Gesetzesvorlage aus dem von der SPS geleiteten Arbeitsministerium stammte, trägt das Arbeitskammergesetz die Handschrift der CVP. In Übereinstimmung mit dem Koalitionspartner erweiterte die christliche Ausschussmehrheit die Aufgabe der Arbeitskammer von der „Vertretung" zur „Wahrnehmung der allgemeinen wirtschaftlichen und sozialen Interessen der Arbeitnehmer", setzte das Mindestalter für die Arbeitskammerwahl von 21 Jahren auf 18 Jahre herab und bezog den öffentlichen Dienst ein. Einigkeit bestand ebenfalls darüber, dass der Arbeitskammer nicht erst vor der Verabschiedung von Gesetzen, sondern bereits vor Einbringung der Gesetzesvorlagen die Möglichkeit zur Stellungnahme gegeben werden sollte. Im gleichen Sinne hatten sich das Arbeitsministerium und die Berufsorganisationen geäußert, was die Frage nahelegt, weshalb die Bestimmung zunächst anders lautete.[495] Andererseits wurde die Befragung zu Gesetzesvorlagen auf Veranlassung der CVP von einer zwingenden zur Soll-Bestimmung abgeschwächt. Die Änderung, für die sich auch das Wirtschaftsministerium aussprach, sollte verhindern, dass die anderen Kammern gleichartige Ansprüche erheben.[496]

Die Verhältniswahl bei der Besetzung der Ausschüsse und das Erfordernis einer Zweidrittelmehrheit für die Wahl des Arbeitskammerpräsidenten zielten auf eine Stärkung der Christlichen

Gewerkschaften, die sich in der Arbeitskammer erwartungsgemäß in der Minderheit befinden würden. Während die Sozialdemokraten hinsichtlich der Ausschüsse keinen Einspruch erhoben, sahen sie in der Zweidrittelmehrheit einen Versuch, „zu verhindern, daß der Vorsitzende in dieser Kammer durch die Einheitsgewerkschaft gestellt wird".[497] Deshalb müsse wenigstens im zweiten Wahlgang die einfache Mehrheit ausreichen. Nachdem die Beschlussfassung vertagt worden war, zog die SPS-Fraktion ihre Bedenken zurück, so dass die Zweidrittelmehrheit vorgeschrieben wurde.[498] Ohne Widerspruch entfiel die im Entwurf noch enthaltene Anforderung, dass „tunlichst die Hauptberufsgruppen zu berücksichtigen" seien und dem Vorstand „möglichst eine Frau" angehören solle.[499]

Die SPS scheiterte nicht nur mit ihrer Forderung nach Einbeziehung der Beamten, auch die Ausdehnung des Gegenstandsbereichs der Arbeitskammer auf Steuerfragen und die Übertragung der laufenden Geschäfte vom Geschäftsführer auf den Präsidenten wurde von der CVP-Mehrheit abgelehnt. Der Vorschlag der Sozialdemokraten, wonach bei Beschlussunfähigkeit des Vorstandes eine Folgesitzung unabhängig von der Anzahl der erschienenen Mitglieder beschlussfähig sein sollte, fand zwar Aufnahme in den (ersten) Entwurf zur dritten Lesung, wurde in der anschließenden Ausschusssitzung aber wieder gestrichen. Damit blieb es beim zwangsläufigen Rücktritt des Vorstandes im Falle der Beschlussunfähigkeit.

Die meisten Streitpunkte betrafen keine grundsätzlichen Meinungsunterschiede. Eine Ausnahme bildete allenfalls die Berücksichtigung der Beamten, wobei unklar bleibt, welche Bedeutung die SPS dieser Frage letztlich zumaß. Die Begründung des Arbeitsministeriums zur Gesetzesvorlage enthält keinen Hinweis, dass das vom Vorsitzenden der Partei geleitete Ministerium einen anderen Standpunkt eingenommen hätte als die Berufsorganisationen, die „nachhaltig die Ansicht [vertraten], daß auch der öffentliche Dienst eingeschlossen werden müsse, mit Ausnahme der Beamten, die zum Staat in einem Dienst- und Treueverhältnis stehen".[500]

Auf Anregung der Christlichen Gewerkschaften wurde die Bildung einer kommissarischen Arbeitskammer in das Gesetz aufgenommen. Damit sollte gewährleistet werden, dass die Kammer möglichst rasch mit der Arbeit beginnen konnte, zumal die Absicht, die Wahlen zur Arbeitskammer gleichzeitig mit den Betriebsrätewahlen abzuhalten, weitere Verzögerungen erwarten ließ. Das vorläufige Gremium, das im Verhältnis zwei zu eins von Einheitsgewerkschaft und Christlichen Gewerkschaften besetzt wurde, hatte in der Zwischenzeit die Verwaltung aufzubauen und die Aufgaben der Arbeitskammer wahrzunehmen.[501]

Mit Hans Ruffing, Karl Germann und Ludwig Habelitz gehörten führende christliche Gewerkschafter dem Ausschuss für Sozialpolitik an.[502] Ruffing war Vorsitzender des Ausschusses, nahm an mehreren Sitzungen aber nicht teil. Den stellvertretenden Vorsitz führte Germann. Eine Äußerung von Seiten der Einheitsgewerkschaft zu den Verhandlungen über das Arbeitskammergesetz ist nicht bekannt, obwohl auch ihr Vorsitzender Heinrich Wacker als SPS-Abgeordneter Mitglied des Ausschusses war.

Das Arbeitsministerium stimmte den Änderungen, die die Ausschüsse für Sozialpolitik und Wirtschaft bei ihrer gemeinsamen Sitzung am 16. Mai beschlossen hatten, zum größten Teil zu, was nicht überrascht, da die CVP nicht nur die Mehrheit der Abgeordneten stellte, sondern mittlerweile auch alleine regierte. Auf Vorschlag der Ministerialbeamten wurde die „Aufsicht des Ministeriums für Arbeit und Wohlfahrt" durch eine „Dienstaufsicht" ersetzt, mit der Begründung, dass Dienstaufsicht eine „engere Begriffsdefinierung" darstelle.[503] Die Folgen sollten sich im Streit um die Durchführungsverordnung zum Arbeitskammergesetz zeigen.

Auch riet das Ministerium, am Wahlrecht für alle im Saarland tätigen Arbeitnehmer festzuhalten, statt es, wie von der CVP-Fraktion beantragt, auf Saarländer zu beschränken. Schon zuvor hatte Richard Kirn, der für die SPS dem Ausschuss angehörte, eingewandt, eine solche Beschränkung verstoße gegen das französisch-saarländische Abkommen über Niederlassungsfreiheit. Die Regierung legte dar, dass zwar auf Grund des Abkommens französische Staatsangehörige nicht von den Arbeitskammerwahlen ausgeschlossen werden könnten, der Vorschlag der CVP aber die Grenzgänger aus dem Bundesgebiet treffe. Nach nochmaliger Besprechung beschloss der Ausschuss, das Wahlrecht für alle im Saarland beschäftigten Arbeitnehmer beizubehalten.[504]

Über andere Einwände setzte sich die CVP-Fraktion hinweg. So wollte es das Arbeitsministerium bei der zwingenden Befragung der Arbeitskammer zu Gesetzesvorhaben belassen, die christliche Ausschussmehrheit trug den Bedenken des Wirtschaftsministeriums Rechnung und entschied sich, wie erwähnt, für eine weniger verbindliche Regelung.[505] Auch die Empfehlung, die Besetzung der Ausschüsse dem Vorstand der Arbeitskammer zu übertragen, lehnte die CVP-Fraktion ab. Es blieb bei der Wahl der Ausschussmitglieder durch die Kammerversammlung. Für den Fall, dass Betriebe oder Verwaltungen Auskünfte gegenüber der Arbeitskammer verweigerten, schlug das Ministerium vor, die Entscheidung dem Arbeitsminister zu übertragen, da eine Befassung der Regierung, das heißt des gesamten Kabinetts, wie es der Sozialausschuss beschlossen hatte, zu schwerfällig und der Bedeutung der zu entscheidenden Angelegenheiten nicht angemessen sei. Der Ausschuss stimmte zu, kehrte später jedoch zu seinem ursprünglichen Beschluss zurück.[506]

Die Arbeitgeberorganisationen, die Industrie- und Handelskammer und die Handwerkskammer waren mit der Errichtung der Arbeitskammer einverstanden, verlangten aber das gleiche Recht auf Anhörung zu Gesetzentwürfen für sich selbst. Während Arbeitsministerium und Gewerkschaften einwilligten, wollte das Ministerium für Wirtschaft und Verkehr ein Anhörungsrecht zunächst nur der Arbeitskammer zugestehen. Im Laufe der Verhandlungen gab es zwar den Kammern gegenüber nach, schloss die Berufsorganisationen der Arbeitgeber aber weiter aus. Die Arbeitsgemeinschaft der Arbeitgeberorganisationen des Saarlandes wandte sich daraufhin mit einer Eingabe an den Landtag. Gleichzeitig betonte der Saarländische Industriellen-Verband in einem Schreiben an Ministerpräsident Hoffmann, dass nur die Berufsorganisationen die Belange der Industrie wahrnehmen könnten, und wies auf die Fachkompetenz der Verbände und die Bedeutung der Industrie für das Saarland hin.[507]

Der Geschäftsführer der Arbeitsgemeinschaft der Arbeitgeberorganisationen warb im Ausschuss für Sozialpolitik dafür, gleichzeitig mit dem Arbeitskammergesetz auch den Kammern der Wirtschaft ein Recht auf Stellungnahme einzuräumen, wenn ihre Belange durch Gesetzentwürfe betroffen seien. Des Weiteren vertrat er die Ansicht, dass nach Bildung der Arbeitskammer die Arbeitnehmervertretungen bei der Industrie- und Handelssowie der Handwerkskammer abgeschafft werden könnten. Nach der geltenden Regelung gehörte den Beiräten dieser Kammern jeweils ein auf Vorschlag der Gewerkschaften ernanntes Mitglied an. Die Beratung über das Arbeitskammergesetz bot den Arbeitgeberorganisationen die Gelegenheit, diese, wenngleich geringen, Einflussmöglichkeiten der Arbeitnehmerseite zu beseitigen und die von den Gewerkschaften erstrebte paritätische Besetzung der Wirtschaftskammern endgültig zu verhindern. Nachdem der Ausschuss dem Wirtschaftsministerium empfohlen hatte, „eine entsprechende Gesetzesvorlage einzubringen"[508], sprach eine gesetzliche Regelung vom Juli 1951 der Industrie- und Handelskammer, der Handwerks- und der Landwirtschaftskammer ebenso wie den Spitzenverbänden der Berufsorganisationen das gewünschte Anhörungsrecht zu und hob die Arbeitnehmervertretung in den Kammern auf.[509]

Ein Einspruch der Arbeitsgemeinschaft der Arbeitgeberorganisationen verzögerte schließlich noch die Verabschiedung des Gesetzes. Auf Vorschlag der CVP war eine Bestimmung in den Gesetzestext eingefügt worden, wonach die Kammer berechtigt sei, „von den Betrieben und Verwaltungen Auskünfte, insbesondere betriebsstatistischer Art zu verlangen, soweit diese zur Erfüllung ihrer Aufgabe notwendig sind und das Auskunftsverlangen nicht gegen das wohlverstandene Interesse des Betriebes verstößt".[510] Offenbar wurden Schwierigkeiten vorhergesehen, denn in der Sitzung am 14. Juni beschloss der Ausschuss auf Antrag des CVP-Abgeordneten Germann, dass die Regelung „nur sehr eng ausgelegt werden dürfe", da die Kammer anderenfalls

Einsicht in Personalakten verlangen könne.[511] Kurz darauf beantragten die IHK und die Arbeitsgemeinschaft der Arbeitgeberorganisationen eine Vertagung der dritten Lesung, weil ihnen keine Gelegenheit gegeben worden sei, sich zu den Änderungen zu äußern.

Gleichzeitig erhoben die Arbeitgeberorganisationen Einspruch gegen das Wahlrecht für leitende Angestellte, gegen gestaffelte Beiträge an Stelle des zuerst vorgesehenen festen Umlagebetrages und vor allem gegen die Auskunftspflicht: „Keiner Behörde und keiner Körperschaft des öffentlichen Rechtes mit Ausnahme des Statistischen Amtes, das zur Verschwiegenheit über alle Einzelangaben verpflichtet ist, ist durch Verfassung oder Gesetz ein derartiges Recht auf Auskunftserteilung gegenüber Unternehmen oder Privatpersonen eingeräumt."[512] Auf Vorschläge beider Fraktionen hin beschloss der Ausschuss für Sozialpolitik, dass die Arbeitskammer die Auskünfte über das Statistische Amt einzuholen habe. Außerdem sollte im Streitfall die Regierung und nicht der Arbeitsminister allein entscheiden.[513]

Um Interessenkollisionen zu vermeiden, hatte der Gesetzesentwurf Arbeitnehmer, die Aufgaben der Unternehmensleitung wahrnehmen, von den Arbeitskammerwahlen ausgeschlossen. Das galt außer für Vorstandsmitglieder, gesetzliche Vertreter und Familienangehörige des Arbeitgebers auch für „leitende Angestellte, denen maßgebender Einfluß auf die Betriebsführung zusteht".[514] Auf Vorschlag der CVP wurden die leitenden Angestellten nicht mehr erwähnt, wodurch sie an den Arbeitskammerwahlen hätten teilnehmen können. Nachdem die Arbeitsgemeinschaft der Arbeitgeberorganisationen beanstandet hatte, dass damit Angestellte, die zum Beispiel als Prokuristen oder Betriebsleiter Arbeitgeberfunktionen ausüben, wahlberechtigt und beitragspflichtig zur Arbeitskammer seien, wurden die leitenden Angestellten auf Antrag der CVP wieder aus dem Kreis der Wahlberechtigten gestrichen. Auch die im Entwurf zur dritten Lesung enthaltene Beitragserhebung als Zuschlag auf die Lohnsteuer entfiel. Stattdessen wurde es dem Arbeitsminister anheimgestellt, das Verfahren festzulegen.[515]

Als Ergebnis trug der Ausschuss zwei Einwänden der Arbeitgeberorganisationen Rechnung und ließ die Entscheidung über den dritten offen. In der Beitragsfrage war ihnen kein Erfolg beschieden: Die im folgenden Jahr erlassene Beitragsverordnung band den Arbeitskammerbeitrag an die Höhe des Lohnes.[516] In seiner schon angeführten Begründung berief sich das Arbeitsministerium vor allem auf den Bildungsauftrag der Arbeitskammer, der die Befähigung der Arbeitnehmer zur Wahrnehmung wirtschaftlicher Mitverantwortung einschließe. Kritik an der Höhe der Beiträge hielt die Landesregierung vor diesem Hintergrund für „absolut kurzsichtig".[517] Gesellschaftspolitische Zielsetzungen und die immer noch vorhandene Furcht vor einem „Abdriften" der Arbeiterschaft in kommunistisches Fahrwasser wogen für die CVP-Landesregierung in diesem Fall schwerer als finanzielle Erwägungen der Arbeitgeber.[518]

Die Schlussdiskussion im Landtag bestätigte die grundsätzliche Einigkeit zwischen den Parteien. CVP und SPS begrüßten das Arbeitskammergesetz als Schritt zur wirtschaftlichen Mitbestimmung und gesellschaftlichen Einbeziehung der Arbeitnehmer. Die Sprecher beider Parteien sprachen sich dafür aus, zusätzlich eine Wirtschaftskammer beziehungsweise einen Landeswirtschaftsrat einzurichten. Für die SPS mahnte Heinrich Wacker darüber hinaus die Verabschiedung des Betriebsrätegesetzes an. Der Einsatz der Arbeitnehmerschaft und ihrer Organisationen beim Wiederaufbau begründete nach seiner Ansicht den „Anspruch, in allen Dingen des gesellschaftlichen und wirtschaftlichen Geschehens verantwortungsvoll und gleichberechtigt mitzuarbeiten". Gleichberechtigung und Beteiligung der Arbeitnehmerschaft könnten verhindern, dass es „anonyme[n] Machtfaktoren" gelinge, den demokratischen Staat zu untergraben, „wie wir es schon einmal erlebt haben".[519]

Der liberale Abgeordnete Richard Radziewsky[520] begrüßte die Überwindung von Meinungsverschiedenheiten im Laufe des Gesetzgebungsprozesses und gab der Hoffnung Ausdruck, dass das Gesetz zum Arbeitsfrieden beitragen möge. Auch der kommunistische Abgeordnete Paul Kärcher erklärte sich „im Prinzip mit der Errichtung der Arbeitskammer einverstanden".[521] Wegen der Streichung der Auskunftspflicht der Unternehmen und der Zwischenschaltung des statistischen Amtes stimmte er dennoch gegen das Arbeitskammergesetz. Kärcher forderte ebenfalls, „das Betriebsrätegesetz in Kraft zu setzen, denn das Betriebsrätegesetz gibt erst der Arbeitnehmerschaft das Recht, wirklich im Betrieb ein Wort mitzureden".[522]

Auf das Betriebsrätegesetz wird noch einzugehen sein. Die Landtagsdebatte verdeutlicht, dass Sozialdemokraten, Kommunisten und zumindest der Arbeitnehmerflügel der CVP die Arbeitskammer zu diesem Zeitpunkt als Teil einer sowohl betrieblichen als auch gesamtwirtschaftlichen Mitbestimmung der Arbeitnehmer verstanden. Der konservative „Rheinische Merkur" schrieb aus westdeutscher Sicht: „Bisher hatte man an der Saar interessiert die Auseinandersetzungen der Sozialpartner in der Bundesrepublik verfolgt. Heute ist das Saarland einen Schritt weiter als wir, weil sich durch die Errichtung der Arbeitskammer eine paritätische Besetzung der Industrie- und Handelskammern, wie sie in Westdeutschland von Gewerkschaftsseite gefordert wurde, erübrigt."[523]

2.4 Das saarländische Arbeitskammergesetz im Vergleich

Bei der Gründung der saarländischen Arbeitskammer soll „das österreichische Vorbild Pate gestanden"[524] haben. In der Tat entspricht der Gesetzentwurf zum Teil bis in den Wortlaut dem österreichischen Gesetz über die Errichtung von Kammern für Arbeiter und Angestellte von 1920. Als Zweck der Kammern wird in Österreich wie im Saarland die Vertretung der „wirtschaftlichen" beziehungsweise „wirtschaftlichen und sozialen Interessen" der Arbeiter und Angestellten und die „Förderung der auf die Hebung ihrer wirtschaftlichen und sozialen Lage abzielenden Bestrebungen" genannt.

Auch der Aufgabenkatalog, der das Wirkungsfeld näher umreißt, weist Übereinstimmungen auf. Er umfasst in beiden Ländern die Erstellung von Gutachten über die Regelung von

Arbeitsverhältnissen, Arbeitsschutz, Sozialversicherung und Arbeitsmarkt, über Gesetzesvorhaben, die den Gegenstandsbereich der Arbeitskammer betreffen und über „die Errichtung und Organisation von öffentlichen Anstalten oder Einrichtungen" zur Förderung von Industrie, Gewerbe, Handel usw. Die Erstattung eines regelmäßigen Berichts der Arbeitskammer an die Landesregierung „über ihre Wahrnehmungen hinsichtlich der Gestaltung des Arbeitsmarktes und der Arbeitsverhältnisse sowie der wirtschaftlichen und sozialen Lage der Arbeitnehmer und der zur Besserung dieser Lage geschaffenen Einrichtungen" findet sich ebenfalls fast wortgleich im österreichischen Gesetzestext.[525] Die Vorgabe, dass die „Erörterung von politischen Angelegenheiten [...] nicht Aufgabe der Kammer" sei, die auf Antrag der CVP-Fraktion beschlossen wurde, ist demgegenüber wörtlich im Bremer Arbeiterkammergesetz von 1921 enthalten.[526]

Die Aufgaben lauten für alle Arbeitnehmerkammern ähnlich. Das Bremer Gesetz nennt die „Förderung der wirtschaftlichen und kulturellen Interessen", in Luxemburg ist allgemeiner von „Verbesserung der Lage der Lohnarbeiter" und „Wahrnehmung und Schutz der Interessen der Arbeiter" die Rede.[527] Die Förderung der kulturellen Anliegen, in Bremen schon bei der Bildung der Arbeitnehmerkammern 1921 angeführt, wurde in Österreich 1954, im Saarland 1967 gesetzlich verankert.[528] Während das ursprüngliche saarländische ebenso wie das österreichische Gesetz einen ausführlichen Aufgabenkatalog enthalten, beschränkte sich der Gesetzgeber in Bremen auf eine allgemeine Zweckbestimmung. In Luxemburg werden lediglich bestimmte Überwachungsaufgaben näher beschrieben.

Der inhaltliche Schwerpunkt der Arbeitnehmerkammern liegt auf der Sozial- und Wirtschaftspolitik. Hinzu kommen kulturpolitische sowie Bildungsfragen. Die Interessenvertretung der Arbeiter und Angestellten beinhaltet nach außen vor allem die Mitwirkung an Gesetzgebung und Verwaltung, im Binnenverhältnis, das heißt gegenüber den Mitgliedern, findet sie ihren Ausdruck in Beratungs- und Bildungsangeboten.[529] Alle Kammern finanzieren sich über Pflichtbeiträge der Arbeitnehmer.[530]

Zwar sind alle Kammern befugt, Vorschläge, Gutachten und Berichte abzugeben, doch unterscheiden sich Gegenstandsbereich und Umfang ihrer Mitwirkungsmöglichkeiten. In Österreich, Bremen und Luxemburg ist die Befragung zu Gesetzesvorhaben zwingend vorgeschrieben, im Saarland handelt es sich um eine Soll-Bestimmung.[531] Die Kammern in den drei erstgenannten Ländern verfügen zusätzlich über ein Anhörungsrecht vor dem Erlass landesrechtlicher Vorschriften.

Den Bremer Kammern ist es freigestellt, bei der Erörterung von Gesetzen, die sie begutachtet haben, einen Vertreter zur Stellungnahme in die Bürgerschaft zu entsenden. Außerdem sind sie „berufen, [...] die [...] zur Förderung ihrer Aufgaben angemessen scheinenden Maßregeln bei den zuständigen Behörden zu beantragen".[532] In Luxemburg verfügt die Arbeitnehmerkammer – wie die Handels- und die Handwerkskammer – darüber hinaus über das Recht der Gesetzesinitiative; die Regierung ist verpflichtet, Anträge gegebenenfalls der Abgeordnetenkammer vorzulegen.[533] Wie in Österreich ist sie berechtigt, soziale und Bildungseinrichtungen selbst ins Leben zu rufen. In beiden Ländern sind die Kammern zusätzlich in den Gesetzesvollzug durch die staatliche Verwaltung einbezogen.

Die Rechte gegenüber der Verwaltung sind in Österreich besonders stark ausgeprägt. Hier können die Arbeitnehmerkammern im gesetzlich festgelegten Rahmen Vertreter in andere Körperschaften entsenden und bei Maßnahmen und in Einrichtungen, die Arbeitnehmer betreffen, mitarbeiten. Der Österreichische Arbeiterkammertag gehört mit Bundesregierung, Gewerkschaften, der Bundeswirtschafts- und der Landwirtschaftskammer der Paritätischen Kommission für Preis- und Lohnfragen an, die Kammern wirken an der Arbeitsstatistik und bei Erhebungen mit und nehmen behördliche Aufgaben bei der Arbeitsplatzinspektion und der Überprüfung der Arbeitsverhältnisse von Auszubildenden und Jugendlichen wahr. Behörden, Berufsgenossenschaften und Sozialversicherung, Berufsvereinigungen und Betriebsräte müssen ihnen Auskunft erteilen. In Luxemburg ist die Arbeitnehmerkammer an der Überwachung der Einhaltung von Arbeitsgesetzgebung und Arbeitsverträgen beteiligt.[534]

Ausschließlich im Saarland zählt die Koordination der Bestrebungen der Gewerkschaften zu den gesetzlichen Aufgaben der Arbeitskammer und wird die Beratung der Arbeitnehmer ausdrücklich im Gesetz erwähnt. Arbeitsrecht und Unfallschutz ebenso wie Berufsausbildung und Weiterbildung erfahren besondere Hervorhebung. Eine Eigenheit des ersten saarländischen Arbeitskammergesetzes stellt auch das ausschließliche Vorschlagsrecht der Gewerkschaften für die Wahl zur Arbeitskammer dar.[535]

In Österreich und Luxemburg besteht die gesetzliche Möglichkeit zur Auflösung der Kammern durch die Regierung, in Österreich unter anderem bei Vernachlässigung der Aufgaben und Überschreitung der Befugnisse, in Luxemburg „aus wichtigen Gründen". Hier kann die Regierung auch einen Vertreter zu den Kammersitzungen entsenden.[536]

Insgesamt entsteht der Eindruck, dass die Arbeitnehmerkammern in Bremen, Luxemburg und Österreich über mehr Rechte verfügen als im Saarland. Abgesehen von der Förderung der beruflichen Weiterbildung „durch geeignete Maßnahmen" und der Beratung der Arbeitnehmer enthält das saarländische Arbeitskammergesetz überwiegend Vorschlagsrechte. Die Befragung zu Gesetzesvorhaben war ins Ermessen der Regierung gestellt. Andererseits erlaubt die als „Wahrnehmung von Arbeitnehmerinteressen" weit gefasste allgemeine Aufgabenstellung allen Arbeitskammern, ihre Tätigkeit über die gesetzlich festgelegten Bereiche hinaus auszudehnen.

Die Bremer Kammern nutzten diesen Spielraum schon in den zwanziger Jahren, um sich zu sozialen Fragen im weitesten Sinne zu äußern und Rechtsberatung, kulturelle, Bildungs- und Freizeitveranstaltungen anzubieten.[537] Auch die Formulierung im österreichischen und im saarländischen Gesetz von 1951, dass sich die Zuständigkeit „insbesondere" auf die genannten Gegenstände erstrecke, ließ eine Erweiterung zu. So konnte die saarländische Arbeitskammer mit der Schulung von Betriebsräten und der Gründung des Ferienwerks Schwerpunkte setzen, die der Gesetzestext nicht ausdrücklich vorsah.[538] Zudem wird die Arbeitskammer auch ohne gesetzlichen Anspruch zu Beiräten von Regierung und Wirtschaft hinzugezogen, sei es, um ihren fachlichen Rat einzuholen, sei es, weil eine Beteiligung der Arbeitnehmer erwünscht ist.[539]

3. Die Arbeitskammer des Saarlandes bis zur Rückgliederung 1957

3.1 Auftakt mit Verzögerung: Vom Gesetz zur ersten Kammerwahl

Bis die Kommission zur Errichtung der Arbeitskammer am 17. November 1951 im Sitzungssaal des Landtagsgebäudes zu ihrer ersten Sitzung zusammentrat, sollten nach der Verabschiedung des Gesetzes noch viereinhalb Monate vergehen. Zuvor hatten die Christlichen Gewerkschaften (CG) bereits im Juli und die Einheitsgewerkschaft (EG) im August ihre Vertreter benannt. Dabei blieb es zunächst. Noch am 23. September forderte die Landeskonferenz der Gewerkschaft Christlicher Saarbergleute, „daß die Kammer ihre Tätigkeit im Interesse der Arbeitnehmer nunmehr alsbald aufnehme".[540]

Die Kommission kam nur einmal zusammen, um das Präsidium[541] zu wählen. Sie bestimmte den Vorsitzenden der Einheitsgewerkschaft, Heinrich Wacker, zum Präsidenten, den Vorsitzenden der GCS, Hans Ruffing, zum ersten und Paul Kutsch, den zweiten Vorsitzenden des IV Bergbau, zum zweiten Vizepräsidenten. Mit Alois Lenhart und Heinrich Cullmann gehörten je ein weiterer Vertreter der Christlichen Gewerkschaften und der Einheitsgewerkschaft als Beisitzer dem Präsidium an. Zum Geschäftsführer bestellte die Kommission Bernhard Welter, bis dahin Geschäftsführer der GCS.

In seiner Antrittsrede unterstrich Heinrich Wacker, dass die Arbeitskammer auch der internationalen Entwicklung ihre

Aufmerksamkeit schenken müsse, was eine Zusammenarbeit mit dem Internationalen Arbeitsamt erfordere. Welches Tätigkeitsfeld er für die Arbeitskammer sah und welchen Anspruch er mit der neuen Einrichtung verband, lässt sich den folgenden Ausführungen Wackers entnehmen:

„Beim Aufbau der Kammer, der Schaffung der einzelnen Abteilungen sowohl des Referates für Wirtschafts- und Sozialpolitik, des Frauen- und Jugendreferates und des Bildungswesens muss grösster Wert auf die Berufung von Männern gelegt werden, welche die Materie beherrschen und das soziale Verständnis für die schaffenden Menschen haben." Er sei der „festen Überzeugung", dass die Arbeitskammer „erfolgreiche Arbeit zum Wohle der schaffenden Menschen des Saarlandes leisten wird und dazu beiträgt, die sozialen Spannungen zu mildern, die Lebenshaltung zu verbessern, den sozialen Frieden zu wahren und damit einen Beitrag zur Befriedung der Welt leistet".[542]

Heinrich Wacker und Alois Lenhart hatten schon der Arbeitskammer des Saargebietes angehört, Lenhart als Vertreter des Gewerkvereins Christlicher Bergarbeiter, Wacker für den freigewerkschaftlichen Allgemeinen freien Angestelltenbund (AfA-Bund). Heinrich Wacker wurde 1887 in Aalen/Württemberg geboren, erlernte den Beruf des Werkzeugmachers und arbeitete ab 1917 als Werkmeister in Homburg/Saar. 1922 wurde er Geschäftsführer des Bezirks Saar des Deutschen Werkmeister Verbundes. Letzterer hatte sich 1921 mit anderen Angestelltenverbänden zum AfA-Bund zusammengeschlossen, der durch ein Kooperationsabkommen mit dem ADGB verbunden war. Nach Besuch der Wirtschaftsschule des ADGB in Düsseldorf wurde Wacker Vorstandsmitglied des AfA-Bundes, Bezirk Saar. Außerdem gehörte er dem Verwaltungsrat der Angestelltenversicherung an.

„Die Arbeitskammer" schrieb anlässlich seines Ausscheidens aus der Arbeitskammer zum Jahreswechsel 1956/57: „Sehr aktiv beteiligte sich Präsident Heinrich Wacker im sozialpolitischen Leben durch Förderung des sozialen Wohnungsbaus für die Angestellten, durch Mitwirkung an der Volkshochschule der Stadt

Saarbrücken in den Unterrichtsfächern Arbeitsrecht und Sozialpolitik sowie als Dozent der Volkshochschule der Freien Gewerkschaften."[543]

Als engagierter Sozialdemokrat und Leiter des „Massenselbstschutzes", zu dem sich der Sozialistische Schutzbund der SPD und der kommunistische Rote Frontkämpferbund 1934 angesichts der gewalttätigen Auseinandersetzungen mit der Deutschen Front zusammengeschlossen hatten, emigrierte Wacker 1935 nach Frankreich. Während des Krieges im Elsass und später in der besetzten Tschechoslowakei zwangsverpflichtet und zeitweise von der Gestapo verhaftet, kehrte er 1945 an die Saar zurück. Auf der Gründungsversammlung der Einheitsgewerkschaft am 1. Juli 1945 in St. Ingbert, zu der Wacker eingeladen hatte, wurde er zum Vorsitzenden gewählt. Bis 1954 gehörte er dem Parteivorstand der SPS und von 1947 bis 1952 dem ersten saarländischen Landtag an.[544]

Abb. 20: Heinrich Wacker (Mitte) im Gespräch mit dem Oberbefehlshaber der französischen Besatzungstruppen in Deutschland und Militärgouverneur der französischen Besatzungszone, General Pierre Koenig. Von 1945 bis 1952 war Heinrich Wacker Vorsitzender der Einheitsgewerkschaft, anschließend bis 1956 Präsident der Arbeitskammer (Foto: Landesarchiv Saarbrücken, Presse Photo Actuelle, Erich Oettinger).

Als Vorsitzender der Einheitsgewerkschaft unterzeichnete Heinrich Wacker gemeinsam mit den Parteivorsitzenden von CVP und SPS ein Telegramm an die Pariser Außenministerkonferenz vom April 1946, in dem die wirtschaftliche Vereinigung des Saarlandes mit Frankreich gefordert wurde. Auf dem Parteitag der SPS im Oktober 1949 sprach er sich für eine größere Autonomie des Saarlandes und bessere Wirtschaftsbeziehungen zu Deutschland aus.[545]

Das Präsidium traf sich zu vier Sitzungen. Es legte Einstellungsgrundsätze fest, entwarf eine Beitrags- und Wahlordnung und stellte einen Haushalts-, Stellen- und Organisationsplan auf. Gleichzeitig bemühte sich der Geschäftsführer um geeignete Räumlichkeiten. In einer ersten Stellungnahme missbilligte die Arbeitskammer einen im Landtag vorliegenden Gesetzentwurf für eine erhöhte Umsatzsteuer für Einzelhandelsunternehmen mit mehr als zwei Filialen und einem Jahresumsatz, der eine bestimmte Höhe überschritt. Die Regelung benachteilige die Konsumgenossenschaften und führe über die Abwälzung der Umsatzsteuer auf die Preise zu einer Mehrbelastung der überwiegend den ärmeren Bevölkerungskreisen angehörenden Kundschaft der Genossenschaften.[546] Bei der Festlegung des Arbeitskammerbeitrags entschied sich das Präsidium für einen gestaffelten Pauschalbeitrag und setzte sich damit bei der Regierung gegen den Vertreter des Arbeitsministeriums durch, der eine einheitliche Pauschale vorgeschlagen hatte. Bezüglich des Wahltermins stimmte es Präsident Wacker zu, der auf eine baldige Wahl im Januar drängte, und mahnte die Ausarbeitung der noch fehlenden Wahlordnung durch das Arbeitsministerium an.[547]

Die Wahlen zur ersten Kammerversammlung fanden am 16. und 17. Februar 1952 statt. Bis 1967 wählten die Arbeitnehmer die Kammermitglieder unmittelbar, seitdem erfolgt die Wahl durch den Landtag. Nachdem die Arbeitgeber es abgelehnt hatten, die Wahlen in den Betrieben durchzuführen, wurden sie auf Vorschlag des Arbeitsministeriums von der Arbeitsverwaltung ausgerichtet.[548] Die Wahllokale befanden sich in Schulen,

Rathäusern und Gaststätten. Mit 20 Vertretern der Einheitsgewerkschaft und zehn christlichen Gewerkschaftern blieb die Sitzverteilung gegenüber der vorbereitenden Kommission unverändert.

Die KP rief zum Boykott der Arbeitskammerwahlen auf. Sie bemängelte vor allem, dass nur die anerkannten, tariffähigen Gewerkschaften Wahlvorschläge einreichen konnten und die Kandidatenaufstellung zudem ohne Beteiligung der Gewerkschaftsmitglieder erfolgt sei: „Alles läuft auf eine Arbeitsgemeinschaft der Gewerkschaftsbürokratie hinaus, die niemanden [!] verantwortlich wären [!], jedenfalls nicht der Arbeiterschaft".[549]

Die Einheitsgewerkschaft rechtfertigte die Beschränkung des Vorschlagsrechts damit, dass die Arbeitskammer, die lediglich Anregungen geben könne, den Arbeitnehmern allein in Zusammenarbeit mit den Gewerkschaften Nutzen bringe. Im Übrigen gewährleisten nur gewerkschaftlich organisierte Vertreter einen Einsatz für die allgemeinen Interessen der Arbeiterschaft, jenseits von Einzel- und Gruppenanliegen. Der Vorwurf, dass die Kandidaten ohne Befragung der Mitglieder ausgewählt worden seien, blieb unerwidert.[550]

Abb. 21: Wahlplakat der Einheitsgewerkschaft zur Arbeitskammerwahl am 16./17. Februar 1952 (Dokumentationszentrum der Arbeitskammer)

Abb. 22: Wahlplakat der Christlichen Gewerkschaften zur Arbeitskammerwahl am 16./17. Februar 1952 (Dokumentationszentrum der Arbeitskammer)

Auf ihrer ersten Sitzung am 7. März 1952 wählte die Kammerversammlung Heinrich Wacker erneut zum Präsidenten. Erster Vizepräsident wurde Peter Gier, der Sozialreferent der CGS, zweiter Vizepräsident blieb Paul Kutsch.[551] Als Beisitzer gehörten für die Einheitsgewerkschaft jetzt Mathias Rhoden und für die Christlichen Gewerkschaften weiterhin Aloys Lenhart dem Präsidium an.

Die Kammerversammlung bildete einen Verwaltungs-, Wirtschafts-, Arbeitsrechts- und Sozialausschuss sowie Ausschüsse für Bildungsarbeit, Jugendfragen und Frauenfragen, jeweils mit fünf Mitgliedern.[552] Das Präsidium stellte die ersten Mitarbeiter ein, darunter einen Referenten für Wirtschaft, einen Referenten für Arbeitsrecht und Sozialfragen und einen Jugendreferenten, der auch für die Schulungsarbeit zuständig war.[553] Mit einwöchigen Kursen für Betriebsräte nahm die Arbeitskammer am 15. September 1952 ihre Schulungen auf. Den Lehrgangsteilnehmern wurden Lohnausfall und Fahrtkosten erstattet, sie erhielten ein Taschengeld von 300 Franken für jeden Schulungstag und, sofern sie nicht nach Hause fahren konnten, freie Verpflegung und Unterkunft. Die Lehrgänge fanden im Ferienheim der Kreissparkasse auf dem Scheuerhof bei Dreisbach statt.[554] Als erste Veröffentlichung erschien ab Sommer 1952 ein Informationsdienst für Betriebsräte und Gewerkschaftsfunktionäre[555], im Januar 1953 folgte die Zeitschrift „Die Arbeitskammer", Vorläuferin des „arbeitnehmer". Im Februar wurde das Ferienwerk gegründet, das mit seinen günstigen Angeboten in den folgenden Jahren vielen saarländischen Arbeitnehmern und ihren Familien zum ersten Mal eine Urlaubsreise ermöglichte.

Von der Cartesiusstraße, der heutigen Fichtestraße, wo sie am 4. Dezember 1951 im Verwaltungsgebäude der ASKO-Konsumgenossenschaft eine vorläufige Unterkunft gefunden hatte, zog die Arbeitskammer im April 1952 in das Gebäude der französischen Botschaft in der Alleestraße 21 (heute Franz-Josef-Röder-Straße) um, bevor sie sich Anfang 1955, zunächst zur Miete, in der Sophienstraße (heute Fritz-Dobisch-Straße) einrichtete. Die Kammerversammlung hielt ihre erste Sitzung im Saarbrücker Rathaus ab, anschließend tagte sie im Sitzungssaal des Landeswohnungsamtes Ecke Talstraße/Molièrestraße (heute Yorckstraße) und von Oktober 1953 bis zum Ende der ersten Wahlperiode im Sitzungssaal der Landesversicherungsanstalt in der Martin-Luther-Straße.[556]

3.2 Streit um die Durchführungsverordnung

Vermutlich ahnten die Mitglieder der Kammerversammlung nicht das drohende Unheil, als sie am 14. April 1953 den Vorschlag von Präsident Wacker ablehnten, einem Wunsch des Arbeitsministeriums entsprechend die Entscheidung über die Einstellung eines Sozial- und eines Pressereferenten zurückzustellen. Stattdessen beschlossen sie auf Antrag Norbert Engels (EG) mit zwölf gegen zwei Stimmen bei zehn Enthaltungen, an der Tagesordnung festzuhalten, „da Präsidium und Verwaltungsausschuß schon vorberaten und präzise Vorschläge der Kammerversammlung vorgelegt hätten".[557] Auch als Richard Rauch, ebenfalls Einheitsgewerkschaft, vor der Aussprache über die Einstellung des

Pressereferenten einen Antrag auf Vertagung stellte, wurde dieser mehrheitlich gegen fünf Stimmen abgelehnt.

In Widerspruch zur Selbstverwaltung: die Durchführungsverordnung von Minister Kirn

Daraufhin wies Arbeitsminister Kirn mit Schreiben vom 20. April das Präsidium an, bis zur Genehmigung des Haushalts- und Stellenplanes durch das Ministerium von Einstellungen Abstand zu nehmen. Anderenfalls drohte er der Kammer mit „schwerwiegenden Konsequenzen".[558] Wenige Tage zuvor hatte Kirn die von der Kammerversammlung beschlossene Aufwandsentschädigung für die Kammermitglieder von 1.000 auf 500 Franken herabgesetzt, zehn Monate nach dem Antrag auf Genehmigung.[559] Am 30. April folgte eine vom Arbeitsministerium entworfene Durchführungsverordnung zum Arbeitskammergesetz. Sie stellte dem Präsidium „zur Koordinierung der Tätigkeit der Arbeitskammer mit der Regierung des Saarlandes" einen Verwaltungsbeirat aus Vertretern der Ministerien für Arbeit und Wohlfahrt, Finanzen und Forsten und des Innern an die Seite, der zur Durchführung von Beschlüssen der Arbeitskammerversammlung seine Zustimmung geben musste.[560] Schon im Februar hatte die Regierung auf Vorschlag des Finanzministers die Generalfinanzkontrolle mit einer Überprüfung der Haushaltsführung der Arbeitskammer beauftragt. Gleichzeitig mit dem Erlass der Durchführungsverordnung stellte das Finanzministerium die Überweisung der Beiträge ein.[561]

Vizepräsident Gier (CG) sah in der Durchführungsverordnung eine „Ausnahmebestimmung", welche die Selbstverwaltung der Kammer „praktisch aufhebe".[562] Auf seinen Vorschlag beschloss das Präsidium, ein Rechtsgutachten bei einem Verwaltungsjuristen einzuholen und sobald es vorliege, eine Kammerversammlung einzuberufen. In seinem Gutachten, das er am 26. Juni überreichte, hielt Justizrat Dr. Heim die Durchführungsverordnung in Teilen für rechtswidrig. Die Bindung der Ausführung von Beschlüssen der Kammerversammlung an die Zustimmung eines dem Präsidium aufgezwungenen Verwaltungsbeirates verletze ebenso wie die Bestimmung, die der Arbeitskammerversammlung die Erstattung von Rechtsgutachten untersage, das Recht auf Selbstverwaltung. Das Gleiche gelte für die Erweiterung des staatlichen Genehmigungsvorbehalts auf den Haushaltsplan als Ganzes und die Prüfung der Haushaltsrechnung durch die Generalfinanzkontrolle statt durch eigene Prüfungsorgane, wie es bei der Industrie- und Handels- oder der Handwerkskammer üblich sei. Auch dass zu jeder Einstellung, Höhergruppierung und Entlassung die Genehmigung der Aufsichtsbehörde eingeholt werden müsse, widerspreche der Selbstverwaltung. Schließlich sei die Entmachtung des Geschäftsführers zugunsten des Präsidenten und dessen Einstufung als „Organ" neben Kammerversammlung und Präsidium nicht mit dem Arbeitskammergesetz vereinbar. Als grundlegenden Fehler, der schon im Gesetz angelegt sei, wertete Heim die Unterstellung der Arbeitskammer unter die „Dienstaufsicht" des Arbeitsministeriums. Eine solche „dienstliche Leitung" unterscheide sich nämlich grundsätzlich von der gegenüber einer öffentlich-rechtlichen Körperschaft angemessenen Staatsaufsicht.[563]

Entgegen dem Beschluss des Präsidiums berief Präsident Wacker keine Kammerversammlung ein, da er die Ansicht vertrat, es sei zunächst Aufgabe der Gewerkschaften, Stellung zu nehmen. Während von Seiten der Einheitsgewerkschaft keine Äußerung überliefert ist, erhob die Gewerkschaft Christlicher Saarbergleute bei Ministerpräsident Hoffmann Einspruch gegen die „Überprüfung der Verhältnisse der Arbeitskammer" durch eine von der SPS gebildete Kommission aus drei Abgeordneten am 13. Juli, in der sie die „eigenmächtige Handlung einer Partei" sah.[564] Christliche Gewerkschafter, die dem Landtag angehörten, beantragten eine Überprüfung der Verfassungsmäßigkeit der Durchführungsverordnung durch die Verfassungskommission.[565]

Der Gesamtverband der Christlichen Gewerkschaften forderte in einem Schreiben an Ministerpräsident Hoffmann eine neue Verordnung, „in welcher das Selbstverwaltungsrecht der Kammer beachtet und die notwendigen organisatorischen

Vorschriften der Regelung bei anderen gleichartigen Kammern (Industrie- und Handelskammer, Handwerkskammer) angepasst wird [!]". Zwar werde nicht bestritten, „dass regierungsseitig gewisse Sorgen, vor allem über die personelle Entwicklung bei der Arbeitskammer, berechtigt sein mögen", doch sei „unverkennbar, dass Herr Minister Kirn die bei verschiedenen Ministern bestehende Mißstimmung gegen die Kammer dazu ausnutzt, um aus der Kammer ein ihm gefügiges und von ihm leicht zu lenkendes Instrument zu machen". Kirn wolle jede Möglichkeit zur Kritik ausschalten und über eine „personelle Durchsetzung der Kammer mit Leuten seiner Parteirichtung" die Voraussetzungen schaffen, um „bei einem politischen Wechselfall" neben SPS und Einheitsgewerkschaft auch die Arbeitskammer „als Basis jedweder Opposition gegen seinen evtl. Nachfolger im Amt zu benutzen". Die Dienstaufsicht, auf die sich der Minister bei seinen Maßnahmen stützte, sei auf Vorschlag des Referenten Becker in den Gesetzesentwurf aufgenommen worden, wobei Becker es unterlassen habe, „die Mitglieder des Ausschusses von der weitgehenden Konsequenz der Änderung [...] zu unterrichten". Der GCS äußerte „die Vermutung, dass Herr Becker schon damals die Absicht verfolgte, auf Grund dieser Bestimmung zum geeignet erscheinenden Zeitpunkt den ihm recht erscheinenden Gebrauch zu machen [...]".[566]

Der Verdacht erscheint insofern bemerkenswert, als der Beschluss, im Gesetzestext „Aufsicht" durch „Dienstaufsicht" zu ersetzen, während der CVP-Alleinregierung fiel. Becker, der weiter im Arbeitsministerium tätig war, hätte demnach in Erwägung einer Rückkehr Kirns in das Ministeramt gehandelt, die Ende 1952 tatsächlich stattfand. In Wirklichkeit hatte das Ministerium mit dem Begriff „Aufsicht" schon im ersten Gesetzesentwurf eine Dienstaufsicht gemeint, was wiederum den Verdacht der Christlichen Gewerkschaften bestätigen könnte.[567] Jedenfalls scheinen die möglichen Folgen der Änderung den Landtagsabgeordneten entgangen zu sein. Abgesehen davon, dass sich die unterstellten Absichten widersprachen, da Kirns Nachfolger die Eingriffsmöglichkeiten ebenfalls hätte nutzen können, um sich die Arbeitskammer gefügig und damit als Werkzeug der Opposition untauglich zu machen, zeugt die Beweisführung vom nicht gerade innigen Verhältnis zwischen den Koalitionspartnern.

Bei der nächsten Kammerversammlung, die auf Antrag der Christlichen Gewerkschaften schließlich am 20. Oktober 1953 stattfand, ließ die Regierung erklären, die Verordnung sei „auf Grund der Haltung der Kammer, insbesondere aber der Geschäftsführung", erlassen worden und bleibe solange bestehen, bis die Kammer die ihr im Gesetz zugewiesenen Aufgaben erfülle. Die Kammerversammlung werde zu gegebener Zeit Gelegenheit zur Stellungnahme erhalten. Ausdrücklich wurde betont, dass es sich dabei um den Standpunkt der gesamten Regierung handele. Statt des von der christlichen Fraktion auf Grundlage des Gutachtens von Justizrat Dr. Heim beantragten Einspruchs gegen die Verletzung des Arbeitskammergesetzes beschloss die der Einheitsgewerkschaft angehörende Mehrheit, die Sitzung zu vertagen, bis die Regierung die Gründe für ihr Handeln dargelegt habe.[568]

Mögliche Ursachen der Maßnahmen gegen die Arbeitskammer

Da sich die Äußerungen der Beteiligten auf Andeutungen beschränken, bleiben die Hintergründe des Geschehens letztlich im Dunkeln. Eine Erklärung wird auch dadurch erschwert, dass sich verschiedene Konfliktlinien überlagerten. Gegensätze bestanden nicht nur zwischen den Christlichen Gewerkschaften und Arbeitsminister Kirn, sondern ebenso zwischen Einheitsgewerkschaft und Christlichen Gewerkschaften und dem sozialdemokratischen und dem christlichen Lager insgesamt. Hinzu kam die Saarfrage, die beide Blöcke nochmals in sich spaltete.

Die Christlichen Gewerkschaften sahen den sozialdemokratischen Arbeitsminister als treibende Kraft. Den Anstoß zur Überprüfung der Haushaltsführung gab hingegen der Finanzminister, der der CVP angehörte. Die Durchführungsverordnung stammte zwar von Kirn, doch hatte das Arbeitsministerium, bevor es

Ende 1952 wieder an die SPS überging, bereits einer Geschäftsordnung, die die Kammerversammlung im Juni desselben Jahres verabschiedete, ohne Begründung die Genehmigung versagt. Einzelne Bestimmungen dieser Geschäftsordnung waren zuvor auch bei der christlichen Fraktion der Kammerversammlung auf Widerspruch gestoßen.[569] Im September beauftragte das Ministerium Geschäftsführer Welter, eine Dienstverordnung zu entwerfen. Demnach bestand schon während der CVP-Alleinregierung die Absicht, die Geschäftsführung der Arbeitskammer statt durch die im Gesetz vorgesehene Geschäftsordnung über eine Dienstverordnung zu regeln. Der Entwurf Welters diente der Verordnung vom April 1953 als Vorlage. Hinzugefügt wurde der Verwaltungsbeirat, der folglich Kirn zuzuschreiben sein dürfte.[570]

Das Arbeitsministerium betonte wiederholt, die Maßnahmen gegenüber der Arbeitskammer würden von der gesamten Regierung getragen, doch erging weder zur Durchführungsverordnung noch zu der Erklärung, die Regierungsrat Lawall auf der Kammerversammlung am 20. Oktober vortrug, noch zur folgenden Einsetzung eines kommissarischen Geschäftsführers ein formeller Kabinettsbeschluss.[571] Von daher entsteht der Eindruck, dass Arbeitsminister Kirn in Wahrheit doch eigenständig handelte. Inwieweit er sich dabei auf das Einverständnis seiner Kabinettskollegen stützen konnte, ist nicht feststellbar; sie haben sein Vorgehen aber zumindest geduldet. Da sich die innenpolitischen Spannungen im Laufe des Jahres 1952 verschärft hatten, besteht Grund zu der Annahme, dass die Regierung parteiübergreifend bestrebt war, die Arbeitskammer unter Kontrolle zu halten.

Nach dem Auftrag zur Überprüfung der Haushaltsführung fasste das Kabinett bis zum Ende von Kirns Amtszeit im Juli 1954 nur einen weiteren Beschluss zur Arbeitskammer: Am 2. Oktober 1953 – noch vor der Kammerversammlung, aber nachdem die christlichen Landtagsabgeordneten ihre Verfassungsklage angestrengt hatten – entschied es, der Kammer aus den zurückgehaltenen Beiträgen zehn Millionen Franken zur Erledigung laufender Verpflichtungen zu überweisen. Gleichzeitig wurde der Arbeitsminister angehalten,

- „mit dem von ihm evtl. für die Geschäftsführung der Arbeitskammer vorgeschlagenen Amtsgerichtsrat Himber in Verbindung mit den beiden Gewerkschaften den Aufgabenkreis der Kammer festzulegen",
- der Arbeitskammer mitzuteilen, dass die Beiträge neu festgesetzt werden und
- dem Ministerrat „einen neuen Gesetzentwurf über die Arbeitskammer vorzulegen." Damit war wohl eine neue Durchführungsverordnung gemeint, denn weiter heißt es: „Im Hinblick auf dieses neue Gesetz soll mit den Gewerkschaften verhandelt werden, die bei dem Verfassungsausschuss eingereichte Verfassungsklage vorerst zurückzuziehen."[572]

Ob das Arbeitsministerium Verhandlungen mit den Gewerkschaften aufnahm, ist nicht bekannt. Die Verfassungsklage wurde nicht zurückgezogen und bis Anfang 1955 gibt es keine Anzeichen für eine bevorstehende Änderung der Dienstverordnung. Eine Neufestsetzung der Beiträge stand im Februar und März 1954 auf der Tagesordnung des Kabinetts, wurde jedoch beide Male zurückgestellt.[573]

Die Maßregeln richteten sich vorrangig gegen die Geschäftsführung, der die Regierung vorwarf, die Arbeitskammer „nur als Mittel zum Selbstzweck" zu benutzen.[574] Die Dienstverordnung schränkte die Befugnisse des Geschäftsführers ein. Schließlich berief Minister Kirn, freilich erst am 22. Dezember, Geschäftsführer Welter ab und betraute kommissarisch den Arbeitsrichter Ernst Himber mit der Geschäftsführung.[575] Möglicherweise bestand ein Zusammenhang mit finanziellen Unregelmäßigkeiten, die im Januar zur Entlassung des Kassenleiters durch Präsident Wacker geführt hatten.

Kurz darauf schaltete das Kabinett die Generalfinanzkontrolle ein. Die Prüfung ergab aber keine größeren Beanstandungen: „Lediglich die Einstufung eines Angestellten musste beanstandet werden, wobei eventuell ein betrügerisches Verhalten des Angestellten vorgelegen hat."[576] Außerdem war die Geschäftsführung von den Unregelmäßigkeiten nicht betroffen; dem Kassenleiter wurde vielmehr vorgeworfen, sich Unterschriften von Präsident Wacker erschlichen zu haben. Vizepräsident Gier bemängelte aus diesem Anlass die unklare Regelung der Zuständigkeiten und mahnte einen Geschäftsverteilungsplan an.[577] Im Arbeitskammerpräsidium scheinen keine Vorbehalte gegen den Geschäftsführer bestanden zu haben, denn nach seiner Abberufung durch die Regierung beschloss es bei Enthaltung des Beisitzers Rhoden (EG), Bernhard Welter unter Fortzahlung seiner bisherigen Bezüge als Leiter der Verwaltung einzusetzen.[578]

Ausgelöst wurde der Eingriff der Regierung durch die Besetzung der beiden Referentenstellen. Auch der Gesamtverband der Christlichen Gewerkschaften räumte in seinem Schreiben an Ministerpräsident Hoffmann ein, dass die „personelle Entwicklung bei der Arbeitskammer" bei der Regierung „gewisse Sorgen" ausgelöst habe.[579] Gleichwohl finden sich keine Anzeichen für Einwände gegen die ausgewählten Bewerber. Für die Stelle des Sozialreferenten gab es nur einen Anwärter. Als Pressereferent hatten sich drei Personen beworben, von denen das Präsidium zwei der Kammerversammlung zur Wahl vorschlug.

Den ausgewählten Interessenten hatte die Geschäftsführung mit Billigung des Präsidiums schon im Februar 1953 vorläufig mit der Redaktion der Kammerzeitschrift betraut. Nachdem die Einstellung am Einspruch des Arbeitsministeriums gescheitert war, beschäftigte ihn die Arbeitskammer auf Honorarbasis weiter.[580] Falls Kirn Vorbehalte gegen den Redakteur hegte, so wurden sie von seinen Parteifreunden im Kammerpräsidium nicht geteilt, denn sowohl der vorläufigen Einstellung als auch der Weiterbeschäftigung gingen einstimmige Beschlüsse voraus.[581] Im Oktober 1954 erhielt der Redakteur ein festes Arbeitsverhältnis. Kurz darauf besetzte das Präsidium die Stelle des Sozialreferenten mit einem Bewerber, den der kommissarische Geschäftsführer vorgeschlagen hatte.[582] Aus den Akten geht nicht hervor, ob der ursprüngliche Anwärter nicht erwünscht oder nicht mehr interessiert war.

Unabhängig von diesen Personalien nahmen auch die Gewerkschaften an der Einstellungspraxis und dem Vorgehen des Präsidiums Anstoß. Im Mai 1952 beantragten beide Fraktionen eine außerordentliche Kammersitzung. Die Christlichen Gewerkschafter wünschten, über Stellenplan, Stellenausschreibungen und Personalfragen zu beraten, die Einheitsgewerkschaft billigte zwar die vorgenommenen Einstellungen, forderte aber die Bildung einer Personalkommission.[583] Dass er nicht schon früher eine Kammerversammlung einberufen hatte, begründete Präsident Wacker mit der Notwendigkeit, „zunächst die räumlichen und personellen Voraussetzungen" zu schaffen. Zu diesem Zweck habe das Präsidium die Referentenstellen für Wirtschaft, Arbeitsrecht und Sozialfragen sowie für das Jugendreferat besetzt und außerdem einen Kassenleiter, einen Übersetzer und einen Verwaltungsangestellten, eine Stenotypistin und einen Kraftfahrer eingestellt. Damit waren die Bedenken der Gewerkschaften wohl fürs Erste ausgeräumt, denn die Kammerversammlung griff das Thema nicht wieder auf und die Einheitsgewerkschaft verzichtete auf ihre Forderung nach einer Personalkommission.[584] Künftig wurden die Stellen ausgeschrieben. Der Verwaltungsausschuss wählte einen engeren Kreis von Bewerbern aus, mit denen Präsident, Geschäftsführer und der zuständige Referent Vorstellungsgespräche führten. Auf Grundlage ihrer Empfehlungen entschied das Präsidium über die Einstellung.[585]

Präsidium und Geschäftsführung gaben bald wieder Anlass zur Unzufriedenheit. Im Dezember 1952 beantragte die Einheitsgewerkschaft eine Dringlichkeitssitzung, weil der im Gesetz vorgesehene mindestens zweimonatige Turnus für die Einberufung der Kammerversammlung nicht eingehalten und ungeachtet des Beschlusses der Versammlung abermals Einstellungen vorgenommen worden seien. Des Weiteren müsse eine einheitliche Regelung der Gebührensätze für Präsidiums- und Ausschusssitzungen getroffen werden.[586] Präsident Wacker beteuerte, ausschließlich „sachliche Ursachen" hätten zu der Verzögerung geführt. Über die Einstellungen wurde nicht gesprochen, die

Versammlung ermächtigte aber das Präsidium, „gemeinsam mit dem Verwaltungsausschuß die technischen Kräfte bei der Kammer selbständig einzustellen".[587]

Ansonsten wurde beschlossen, die Teilnahme an Präsidiums- und Ausschusssitzungen einheitlich zu vergüten.[588] Während das Missfallen bei den Gewerkschaften über die Einstellungspraxis allem Anschein nach ausgeräumt war, so dass sich auch von dieser Seite keine Erklärung für die Eingriffe der Regierung findet, sorgte das Verhalten des Präsidiums gegenüber der Kammerversammlung weiter für Ärger. So beschwerte sich die Einheitsgewerkschaft nach der Versammlung am 14. April 1953, dass ihre Mitglieder die Besprechungsunterlagen erst am Tag zuvor erhalten hätten, was die meisten an der Vorbereitung gehindert habe.[589]

Möglicherweise bot die Besetzung der Referentenstellen dem Ministerium nur einen Anlass, und die Ursache der Verstimmung lag darin, dass die Arbeitskammer die Einstellungen vor Genehmigung des Haushalts- und Stellenplans vorgenommen hatte. Darauf könnte die Empfehlung von Regierungsrat Lawall aus dem Arbeitsministerium auf einer Präsidiumssitzung Ende Februar 1953 hindeuten, von Einstellungen abzusehen, bis beide Pläne genehmigt seien.[590] Ungeachtet dessen traf das Präsidium Personalentscheidungen und setzte sich die Kammerversammlung über Kirns Aufforderung, die Besetzung der Referentenstellen zu vertagen, hinweg.

Zeitgleich mit der Durchführungsverordnung meldete das Arbeitsministerium Vorbehalte gegen den Haushaltsplan an. In einem Schreiben an das Präsidium vom 30. April wurden „verschiedene Haushaltspositionen beanstandet beziehungsweise die Streichung bestimmter Haushaltsansätze gefordert und die Herabsetzung der Kammerbeiträge empfohlen".[591] Letzteres regte angesichts steigender Beitragseinnahmen auch die Generalfinanzkontrolle an, deren Bericht nachweislich Ende Juni dem Finanzministerium vorlag. Die Rechnungsprüfer gaben im Übrigen zu bedenken, ob die von der Kammerversammlung im Dezember 1952 beschlossene Errichtung eines Schulungsheims, auch im Hinblick auf die zu erwartenden Unterhaltungskosten, vertretbar sei, und schlugen vor, „zu prüfen, ob eine derart groß angelegte Schulung Aufgabe der Kammer ist".[592] Von dem Ergebnis der Haushaltsprüfung erhielt die Arbeitskammer keine Kenntnis. Das Arbeitsministerium richtete lediglich verschiedene Schreiben an die Kammer, die „den Haushalt, die Beitragsfrage, die Besoldung des Geschäftsführers usw."[593] betrafen. Trotz der Entlastung durch den Bericht gab das Kabinett im Oktober nur zehn Millionen Franken zur Abwicklung laufender Verpflichtungen frei. Unklar bleibt, worauf sich die Einwände gegen die Haushaltsführung letztlich stützten.

Abb. 23: Ministerpräsident Hoffmann und der SPS-Vorsitzende Richard Kirn, hier in der Opposition, auf einer Karikatur der satirischen Zeitschrift „Der Tintenfisch" vom Mai 1951 (Der Tintenfisch, Jg. 4, Heft 10, S. 4)

Auswirkungen und Auflösung des Streits

Mit der Durchführungsverordnung schuf sich die Regierung die Möglichkeit, über den Verwaltungsbeirat in die Tätigkeit der Arbeitskammer einzugreifen. Die Ernennung eines kommissarischen Geschäftsführers dehnte die Aufsicht auf den laufenden Betrieb aus. Andererseits ist nicht festzustellen, dass der

Verwaltungsbeirat oder der kommissarische Geschäftsführer Himber inhaltlich oder politisch Einfluss genommen hätten. Das war wohl auch nicht erforderlich. Zum einen lassen die Beratungen und Beschlüsse der Arbeitskammer keine Gegensätze zur Regierungspolitik erkennen, obwohl mit Peter Gier und Paul Kutsch zwei oppositionelle Gewerkschafter dem Präsidium angehörten. Zum anderen bestand die Möglichkeit der informellen Einwirkung, wie die Behandlung eines Antrags des Kontrollausschusses des verbotenen IV Bergbau zeigt.

Nach der Auflösungsverfügung der Landesregierung vom Februar 1953 und dem Scheitern einer Einigung zwischen den abtrünnigen Gewerkschaftern und der regierungsfreundlichen Nachfolgeorganisation war der größte Teil der Bergarbeiter nicht mehr gewerkschaftlich organisiert. Mit der Begründung, dass die Arbeitskammer diesen Zustand wegen seiner Bedeutung für die Arbeitnehmer nicht unbeachtet lassen könne, beantragte der Kontrollausschuss eine Stellungnahme zum Verbot des IV Bergbau. Bei einer Besprechung im Arbeitsministerium entschied Minister Kirn, „dass von Seiten der Arbeitskammer auf diesen Antrag [...] keine Antwort erfolgen soll".[594] Im Präsidium wurde der Antrag nicht besprochen.

Die Durchführungsverordnung stärkte die Stellung des Präsidenten zu Lasten des Geschäftsführers. So wurde der Geschäftsführer von der Vollziehung von Kassenanweisungen und vermögensrechtlich verpflichtenden Urkunden und Verträgen außerhalb des laufenden Geschäftsverkehrs ausgeschlossen, was laut dem Gutachten von Justizrat Dr. Heim in Widerspruch zum Arbeitskammergesetz stand.[595] Als Arbeitsminister Kirn Ende Dezember Geschäftsführer Welter des Amtes enthob, warf der Gesamtverband der Christlichen Gewerkschaften dem Minister vor, er habe es „seit dem Bestehen der Arbeitskammer darauf abgestellt [...], den Vertreter der christlichen Gewerkschaften kalt zu stellen". Das „Intrigenspiel der SPS und EG" habe nun „dazu geführt, den Einfluss, den die christlichen Gewerkschaften noch auf die Geschicke der Arbeitskammer hatten, restlos zu beseitigen".[596]

Mit dem Jugend- und Berufsausbildungsreferenten Franz Ruffing, in dessen Zuständigkeit bis Ende 1954 auch die Schulungen fielen, und dem Redakteur der Kammerzeitschrift, Anton Hoffmann, waren Vertreter der christlichen Seite jedoch weiter an entscheidender Stelle tätig. Ruffing war Gründungsmitglied und zeitweise Landesjugendleiter der CVP und gehörte dem Vorstand der Christlichen Gewerkschaft Öffentlicher Dienst an. Schon früh in Opposition zur Parteiführung, wechselte er Anfang 1951 zur DPS, als deren Generalsekretär er bis zum Verbot der Partei am 21. Mai 1951 wirkte.[597] Auch gewann der von Kirn eingesetzte Geschäftsführer Himber bald die Unterstützung der Christlichen Gewerkschaften und stieß eher bei der Einheitsgewerkschaft auf Vorbehalte.[598]

Ein dreiviertel Jahr nachdem sie die von der christlichen Fraktion beantragte Beschwerde abgelehnt hatten, erhoben die Vertreter der Einheitsgewerkschaft ebenfalls Einspruch gegen die Durchführungsverordnung. Auf der Kammerversammlung am 16. Juli 1954 legten sie eine Entschließung vor, die eine Folgeverordnung vom März des Jahres als „undemokratischen Eingriff in die Selbstverwaltung einer öffentlich-rechtlichen Körperschaft" und Verstoß gegen die in der Verfassung verankerte „Gleichstellung von Wirtschaftsvereinigungen" verurteilte und ihre unverzügliche Aufhebung forderte. Unerwähnt blieb, dass der Eingriff in die Selbstverwaltung bereits mit der ersten Durchführungsverordnung erfolgt war, die zweite in dieser Hinsicht nichts änderte und ihre Aufhebung lediglich die Rückkehr zur früheren Fassung bedeutet hätte.

Die neue Verordnung scheint der Einheitsgewerkschaft die Gelegenheit geboten zu haben, die Ablehnung der ersten nachzuholen. Möglicherweise trug der Bruch der Koalition von CVP und SPS Anfang Juli 1954 zum Sinneswandel bei. Laut Richard Rauch (EG) waren „die besonderen Umstände" Ursache der Verzögerung: Nach schwerwiegenden Vorwürfen von „autorisierter Seite" gegen die Geschäftsführung der Kammer habe die Fraktion der Einheitsgewerkschaft „grösstes Interesse daran gehabt, diese Dinge durch die Generalfinanzkontrolle klären zu lassen".

Nachdem sich die Vorwürfe als „böswillige Gerüchte" herausgestellt hätten, sei der Verwaltungsbeirat entbehrlich. Die Kammerversammlung forderte das Präsidium auf, bei der Regierung, unter Verwendung der Stellungnahmen beider Fraktionen, die Aufhebung der Durchführungsverordnung zu beantragen.[599]

Im Januar 1954 hatte das Präsidium erstmals seit einem halben Jahr wieder getagt. Vorausgegangen war die Einsetzung von Amtsgerichtsrat Himber als kommissarischer Geschäftsführer durch das Arbeitsministerium, dessen kommissarische Bestellung das Präsidium nun einstimmig beschloss.[600] Die Mitglieder des Verwaltungsbeirates hatte das Ministerium schon Anfang Juli 1953 der Kammer bekannt gegeben.[601] Auf der Präsidiumssitzung am 24. März 1954 berichtete der neue Geschäftsführer über „seine Verhandlungen mit den einzelnen Ministern bezüglich der Regelung der Personalverhältnisse bei der Kammer und legte dar, wie es zur Durchführungsverordnung [...] gekommen ist".[602]

Vizepräsident Gier stellte erneut die rechtliche Grundlage der Verordnung in Frage, meinte aber, dass „man sich [...] nunmehr mit den gegebenen Verhältnissen abfinden müsse".[603] Gegenüber Ministerpräsident Hoffmann hatte der Gesamtverband der Christlichen Gewerkschaften Anfang Januar noch den „Rücktritt aller Vertreter der christlichen Gewerkschaften aus den Organen der Arbeitskammer" angekündigt, falls die Abberufung von Geschäftsführer Welter nicht zurückgenommen werde.[604] Was die christlichen Gewerkschafter besänftigte, bleibt unklar. Vielleicht war es die Erfahrung, dass in der Tätigkeit der Arbeitskammer keine einschneidende Änderung eintrat. Jedenfalls kam auf der nächsten Kammerversammlung im Juli 1954 weder die Absetzung Welters noch die Dienstverordnung zur Sprache.[605]

Zwar stellte inzwischen wieder die CVP das Arbeitsministerium, doch was die strittigen Fragen betraf, war noch keine Einigung in Sicht. Im Oktober erteilte das Arbeitsministerium seine Zustimmung zu den vier vorgesehenen Beamtenstellen, womit der Stellenplan umgesetzt werden konnte. Die Einrichtung von Beamtenstellen für Geschäftsführer, Kassenleiter und Referenten mit hoheitlichen Aufgaben war ursprünglich zwischen Präsidium und Arbeitsministerium unstrittig.[606] Die Genehmigung des Stellenplans durch das Ministerium blieb dann aber aus, und die Durchführungsverordnung vom April 1953 legte fest, dass die laufenden Geschäfte grundsätzlich durch Angestellte wahrgenommen werden. Diese Bestimmung wurde im März 1954 mit der Zweiten Durchführungsverordnung aufgehoben, in der es heißt: „Der Dienst bei der Arbeitskammer des Saarlandes wird je nach Art durch Beamte, Angestellte oder Arbeiter verrichtet."[607]

Anfang 1955 zeichnete sich auch eine Lösung hinsichtlich der Durchführungsverordnung ab, wobei die überlieferten Unterlagen nicht den Eindruck vermitteln, als habe die Angelegenheit in den Monaten zuvor noch größere Beachtung erfahren. Den Anstoß gab die von den Landtagsabgeordneten angerufene Verfassungskommission, indem sie das Arbeitsministerium darauf hinwies, „dass zwischen dem Gesetz [...] und der [...] Durchführungsverordnung ernstliche Widersprüche beständen, die zwingend einer Bereinigung bedürfen".[608] Das Ministerium bat daraufhin die Arbeitskammer um Änderungsvorschläge. Am 11. Mai 1956 beschloss die Kammerversammlung eine Geschäftsordnung, die die Selbstverwaltung wieder herstellte. Inzwischen hatten sich nach der Saarabstimmung, den Landtagswahlen und der Bildung einer neuen Regierung die politischen Rahmenbedingungen gleichfalls verändert.[609]

Sowohl die Vorgänge im Zusammenhang mit der Durchführungsverordnung 1953 als auch der Regierungswechsel im folgenden Jahr verzögerten den Aufbau der Arbeitskammer. Zwar arbeiteten die Referenten weiter und Schulungswesen und Ferienwerk wurden ausgebaut, inhaltliche und personelle Entscheidungen mussten aber zurückgestellt werden. Zwischen Ende Juni 1953 und Anfang Januar 1954 sowie von Anfang Juli bis Mitte Oktober 1954 fanden keine Präsidiumssitzungen statt. Die Kammerversammlung tagte nach April 1953 nur noch einmal im Oktober, zweimal im Juli 1954 und dann erst wieder im Februar des folgenden Jahres.

Abb. 24: Die Kammerversammlung tagte ab Oktober 1953 im Sitzungssaal der Landesversicherungsanstalt in der Martin-Luther-Straße in Saarbrücken (Foto: Stadtarchiv Saarbrücken, Nachlass Mittelstaedt).

3.3 „Soziale Vorkämpfer" heranbilden und zur Sicherung des Arbeitsfriedens beitragen: Das Selbstverständnis der Arbeitskammer

Im Verständnis des Führungspersonals der Arbeitskammer verband sich die Interessenvertretung der Arbeitnehmer mit ihrer gesellschaftlichen Einbindung, die über Mitbestimmung und Mitverantwortung vollendet und gefestigt werden sollte. Bei der Einweihung des Schulungsheims in Kirkel im Januar 1956 brachte Heinrich Wacker diese Sichtweise zum Ausdruck:

> „Die Arbeitnehmerschaft hat sich in einem jahrzehntelangen erbitterten geistigen, sozialen und wirtschaftlichen Ringen eine entscheidende Position im wirtschaftlichen und gesellschaftlichen Leben errungen. [...] Sie ist im wahrsten Sinne des Wortes mündig geworden und hat aus sich heraus Kräfte und Persönlichkeiten hervorgebracht, die heute an verantwortlicher Stelle im staatlichen und wirtschaftlichen Leben stehen und ihren Mann stellen. [...] Sie haben bewiesen, daß

> auch der schaffende Stand im besonderen Sinne ein tragender und schöpferischer Stand in der menschlichen Gesellschaft von heute ist."[610]

Aus der gesellschaftlichen Stellung, die die Arbeitnehmer erlangt hatten, leitete Wacker die Notwendigkeit einer umfassenden Schulung ab: „Denn das wollen wir: Eine neue Führungsschicht der schaffenden Menschen heranbilden, die sich ihrer sozialen Stellung und Verantwortung bewußt ist und stellvertretend für ihre Kameraden draußen in den Betrieben denkt und wirkt. Sie sind nicht mehr der isolierte Facharbeiter in Beruf und Betrieb, sie sind der Träger einer hohen Verantwortung und hineingestellt in das weitverzweigte und komplizierte Räderwerk moderner Führungsaufgaben in Gesellschaft und Wirtschaft. Ihnen dazu das wissensmäßige und soziale Rüstzeug zu geben, sie charakterlich und führungsmäßig zu sozialen Vorkämpfern zu bilden, das ist die Aufgabe, die diesem Schulungsheim und seinen Lehrern gestellt ist."[611]

Im gleichen Sinne, doch mit stärkerer Betonung auf der Befriedung gesellschaftlicher Gegensätze, schrieb Geschäftsführer Welter in der ersten Ausgabe der Kammerzeitschrift: „Den Gewerkschaften ist heute ein klares Ziel gesetzt: in der demokratischen Gestaltung unseres Wirtschaftslebens mitbestimmender Faktor zu sein. [...] Die Zeit, in welcher die Gewerkschaften lediglich als Verhandlungspartner für tarif- und sozialpolitische Fragen auftraten, ist vorbei. Vorbei ist auch die Zeit, in welcher der Einzelne noch alles überschauen konnte." Die Arbeitskammer „soll die geistige Rüstkammer des Arbeitnehmervertreters sein, ihn vor Trugschlüssen bewahren und ihm durch objektive Information die Grundlagen für eine fruchtbringende Tätigkeit schaffen. Ihre Arbeit soll zur Steigerung der Verantwortung und zur Sicherung des Arbeitsfriedens wesentlich beitragen".[612]

Als Schlussfolgerung heißt es: „So gesehen, ist die Arbeit der Kammer, unbeschadet der politischen Seite, eine staatserhaltende."[613] „Unbeschadet der politischen Seite" galt die Annahme, dass eine Beteiligung der Arbeitnehmer an betrieblichen und wirtschaftspolitischen Entscheidungen erreichbar sei. Die Aussagen Heinrich Wackers bei der Einweihung des Schulungsheims im Januar 1956, im Vorfeld der Rückgliederung, unterscheiden sich sinngemäß nicht von Erklärungen, die er zur Zeit der Hoffmann-Regierung abgab.[614] Welters Überlegungen erschienen Anfang 1953, als die zurückliegenden Ereignisse Zweifel erwecken konnten, ob eine Demokratisierung der Wirtschaft unter den gegebenen Umständen möglich sei.

In den Monaten zuvor hatte die Regierungskoalition aus CVP und SPS mit dem IV Bergbau die größte Einzelgewerkschaft in die Illegalität getrieben. Die maßgeblichen Streitpunkte, die Verfügungsgewalt über den Bergbau und die Tarifvertragsfreiheit, waren letztlich in der wirtschaftlichen Angliederung an Frankreich begründet. Auch beim Betriebsrätegesetz verhinderten französische Interessen – gemeinsam mit dem Arbeitgeberflügel der CVP – eine Lösung im Sinne der Gewerkschaften. Der Anspruch, „unpolitisch" und „objektiv" im Sinne der Arbeitnehmer zu handeln, beschrieb vor diesem Hintergrund unausgesprochen die Grenzen, die die im Rahmen des Zulässigen nicht zu hinterfragenden Grundlagen des Saarstaates setzten.

Doch nicht nur die politischen Vorgaben ließen keine weiter reichenden Schlussfolgerungen zu. Indem Eigentumsverhältnisse und Verfügungsgewalt ausgeklammert wurden, mussten wirtschaftliche Entwicklungen als Sachzwänge erscheinen. In ihren gesellschaftspolitischen Vorstellungen stimmten die christlichen und sozialdemokratischen Befürworter des teilautonomen Saarstaates grundsätzlich überein, auch wenn letztere die Vertretung von Arbeitnehmerbelangen stärker hervorhoben.[615]

3.4 Schulung als Schwerpunkt

3.4.1 Die Bildungsarbeit der Arbeitskammer

Die Schulung der Arbeitnehmervertreter, die Präsident Wacker ein besonderes Anliegen war, entwickelte sich rasch zum Schwerpunkt. Damit trat eine Verlagerung gegenüber den im Gesetz beschriebenen Aufgaben ein, unter denen Gutachten, Vorschläge und Berichte im Vordergrund standen. Andererseits maß schon während der Behandlung des Gesetzes im Landtag das Arbeitsministerium in seiner Stellungnahme zur Beitragsfrage der Schulung ein besonderes Gewicht zu. Für die Gewerkschaften stellte die Bildungsarbeit eine Voraussetzung der angestrebten Wirtschaftsdemokratie dar. Ein erster Schritt in dieser Richtung, der sowohl von Arbeitsminister Kirn als auch von dem der CVP angehörenden Kultusminister Dr. Straus unterstützt wurde, erfolgte 1949 mit der Gründung der Akademie der Arbeit in Zusammenarbeit mit der Universität des Saarlandes. Nach dem Vorbild der gleichnamigen Einrichtung in Frankfurt ermöglichte sie Betriebsräten und Gewerkschaftsfunktionären ohne Abitur ein wirtschaftswissenschaftliches Studium, das ihnen Grundlagen für ihre Tätigkeit in Betrieb oder Gewerkschaft vermitteln sollte.[616]

Die Arbeitskammer begann ihre Schulungstätigkeit mit fünftägigen Kursen für Betriebsräte zum Arbeitsrecht. Nach einer Einleitung über ethische, soziale, rechtliche und wirtschaftliche Gesichtspunkte der Arbeit standen Arbeitsvertragsrecht, Arbeitsgerichtsbarkeit, Betriebsverfassungs- und Koalitionsrecht sowie Tarifrecht, Schlichtungswesen und Streikrecht auf dem Programm. Als Lehrkräfte wirkten sowohl eigene Referenten als auch auswärtige Fachleute. Die Teilnehmer wurden von den Gewerkschaften vorgeschlagen, die Kurse richteten sich gezielt an bestimmte Berufsgruppen. Eingeladen wurden jeweils 30 Teilnehmer. An den 44 Lehrgängen, die bis Ende 1953 stattfanden, nahmen fast 1.200 Gewerkschaftsmitglieder teil. Gemäß den Beschäftigtenzahlen waren Metallindustrie (317 Teilnehmer) und Bergbau (258) am stärksten vertreten, gefolgt von der Eisenbahn (140) und den öffentlichen Betrieben und Verwaltungen (83).

Außer den Kursen für Betriebsräte fanden fünf Lehrgänge für Jugendliche mit 136 Teilnehmern statt. Da das Durchschnittsalter anfangs bei etwa 40 Jahren lag, hielt die Arbeitskammer die „Schulung der jüngeren Generation" für unerlässlich.[617] 1954 wurden zusätzlich Schulungen zur Sozialpolitik und Sozialversicherung angeboten. Nach der Verabschiedung des

Betriebsverfassungs- und des Kündigungsschutzgesetzes lösten Veranstaltungen zu diesen Themen die Arbeitsrechtslehrgänge ab, um die Betriebsräte mit der neuen Rechtslage vertraut zu machen.[618] Die Räumlichkeiten in Dreisbach reichten schon bald nicht mehr aus; ab 1954 nutzte die Arbeitskammer zusätzlich ein Gasthaus in Besch an der Mosel und das „Europahaus" in Otzenhausen, die spätere Europäische Akademie.[619]

Zuständig für die Schulungen war, wie erwähnt, der Jugend- und Berufsausbildungsreferent Franz Ruffing. Ruffing baute auch das Ferienwerk der Arbeitskammer auf. Am 1. November 1954 übernahm der neu eingestellte Sozialreferent Franz Rieth das Schulungsreferat.[620]

Inwieweit strittige Fragen, wie die Beschränkung von Arbeitnehmerrechten im teilautonomem Saarstaat, zur Sprache kamen, ist nicht überliefert. Die Lehrpläne behandelten vorwiegend die formalen Seiten des Arbeits- und Sozialrechts und streiften auch die geschichtliche Entwicklung.[621] Die Stoffvermittlung dürfte hauptsächlich in Form von Vorträgen erfolgt sein. Es ist aber anzunehmen, dass sich zumindest in Pausen und Freizeit die Möglichkeit zum Meinungsaustausch bot, zumal auch oppositionelle Gewerkschafter die Kurse besuchten. Auf letzteres deutet die Anfrage eines Vertreters der Christlichen Gewerkschaften bei der Kammerversammlung am 3. März 1955 hin, „wieso Unorganisierte an den Schulungskursen der Arbeitskammer teilnähmen". Da die Teilnehmer von den Gewerkschaften benannt wurden, war die Anwesenheit von Nichtorganisierten in der Tat erklärungsbedürftig. Arbeitskammer-Referent Dr. Leiner erläuterte, „daß dies praktisch keine Unorganisierten seien, sondern solche, die einmal organisiert waren, aus der Gewerkschaft ausgetreten, aber noch als Organisierte benannt seien".[622]

Neben den eigenen Schulungen beteiligte sich die Arbeitskammer an Einrichtungen der Berufs- und Weiterbildung. Ab Juni 1953 gehörte sie gemeinsam mit der Industrie- und Handelskammer und den Gewerkschaften zum Trägerkreis der Technischen Abendschule und des Kaufmännischen Berufsbildungswerks.[623]

Abb. 25: Teilnehmer einer Schulung der Arbeitskammer in Besch an der Mosel, zwischen 1954 und 1956. In der ersten Reihe (zweiter von rechts) der spätere Vorstandsvorsitzende der Arbeitskammer Albrecht Herold
(aus: Arbeitskammer des Saarlandes [Hrsg.]: Kollege Präsident. Albrecht Herold zum 80. Geburtstag, Saarbrücken 2009, S. 18, Fotograf unbekannt)

3.4.2 Das Schulungsheim in Kirkel

Wegen der Bedeutung der Schulungstätigkeit und da die Räumlichkeiten in Dreisbach von Ausstattung und Lage her den Ansprüchen nicht genügten, beschloss die Kammerversammlung bereits während der Haushaltsberatung für 1953 den Bau eines eigenen Schulungsheims. Gleichzeitig entschied sie, den erwarteten Haushaltsüberschuss vollständig der für das Bauvorhaben gebildeten Rücklage in Höhe von 23 Millionen Franken zuzuführen.[624] Aus den Angeboten verschiedener Gemeinden wählte das Präsidium bis zum April des folgenden Jahres einen Bauplatz in Kirkel aus. Hier sollte nach dem Vorbild der ÖTV-Gewerkschaftsschule des Stuttgarter Architekten Karl Elsässer in Mosbach/Baden, die das Präsidium zuvor besichtigt hatte, ein Schulungsheim mit 50 Betten entstehen.[625]

Nachdem die Kammerversammlung ihre Zustimmung gegeben und das Präsidium weitere Schulungshäuser von DGB-Gewerkschaften besucht hatte, legten im Mai des folgenden Jahres die beauftragten Architekten Willi Barth und Lorentz Schmidt ihre Pläne vor. Sie schlugen einen dreigliedrigen Bau aus Unterrichts-, Verwaltungs- und Wohntrakt vor, verbunden durch geschützte Durchgänge. Gegenüber Vizepräsident Gier und Beiratsmitglied Dr. Masloh, denen neben der Dreigliederung auch die Bedachung mit Eternitplatten „als ein Bruch mit der herkömmlichen Bauweise" erschien, betonte Oberbaurat Barth, „daß die Bedachungsart nicht eine Modesache sei. Man habe diese Bauweise aus Amerika übernommen, da sie sowohl formschön als auch erheblich kostensparend sei. [...] Im Bundesgebiet sei diese Bauweise bereits heimisch geworden, und auch hier an der Saar sei beispielsweise bei dem Schulhausneubau in Scheidt nach einem anerkannt guten Entwurf von Professor Krüger die gleiche Bedachung gewählt worden."[626]

Ab Juli wurden die Aufträge vergeben, Anfang 1955 war der Rohbau fertiggestellt. Auf ein Richtfest wurde verzichtet. Mit einer Verzögerung von etwa drei Monaten konnte das Schulungsheim am 21. Januar 1956 eingeweiht werden.[627]

Während Präsidium und Geschäftsführung in der Schulung eine der wichtigsten Aufgaben der Arbeitskammer sahen, hegten die Gewerkschaften Befürchtungen, dass ihnen Konkurrenz entstehen könne. So gab Hans Ruffing, Vorsitzender der Gewerkschaft Christlicher Saarbergleute und des Gesamtverbandes der Christlichen Gewerkschaften des Saarlandes, zu bedenken, dass den Gewerkschaften ein Ansehensverlust drohe, wenn „zuviele Aufgaben von den anderen Institutionen wahrgenommen würden".[628] In der Kammerversammlung fand er zwar wenig Zuspruch, Vorbehalte bestanden aber weiterhin. Um diese zu entkräften, grenzte die Kammerleitung die Angebote der Arbeitskammer von denen der Gewerkschaften ab und stellte ihre Bedeutung als Ergänzung und Erweiterung heraus. Sie betonte, dass die Arbeitskammer in der Lage sei, längere und intensivere Schulungen zu veranstalten, während die Gewerkschaften lediglich Kurse am Wochenende durchführen könnten. Sie übernehme Aufgaben, die die Gewerkschaften im Saarland überforderten; eine Begründung, die bereits für die Schaffung der Arbeitskammer angeführt wurde. Als Vorbild wurde auf Österreich verwiesen, wo sich Arbeitskammer und Gewerkschaften die Bildungsarbeit teilten.

Die Notwendigkeit eines eigenen Schulungsheims folgte aus den höheren Anforderungen, die ein erweitertes Angebot stellte, unabhängig davon, wer die Kurse durchführte. In beiden Fällen reichten die von den Gewerkschaften für Kurzschulungen benutzten Räumlichkeiten nicht aus.[629] Während der veranstaltungsfreien Zeit stand das Heim in Kirkel den Gewerkschaften zur Verfügung. Die Finanzierung der Mitnutzung erfolgte aus einem Haushaltstitel für Zuschüsse an die Gewerkschaften zu Zwecken der Jugendpflege und Schulung.[630]

Abb. 26: Das Schulungsheim in Kirkel auf einer Ansichtskarte
(Foto: Dokumentationszentrum der Arbeitskammer)

3.4.3 Personalfragen

Vereinzelt erregten die Ausführungen von Lehrgangsreferenten Anstoß. So beanstandete Kammer- und Präsidiumsmitglied Gier (CG), Landesschlichter Dr. Erich Lawall habe es als Referent den Gewerkschaften als Versäumnis angelastet, dass sie nach einem Schiedsspruch im Bergbau die Anrufung des Oberlandesgerichts unterlassen hätten. Nach Meinung Giers durften die Gewerkschaften als Träger der Arbeitskammer nicht dulden, dass ein Keil zwischen sie und die Kursteilnehmer getrieben werde[631]:

> „Die Gewerkschaften hätten sich in diesem Lohnstreit die grösste Mühe gegeben und deshalb sei eine derartige Äusserung unpassend und gewerkschaftsschädigend. Eine Schulung der Arbeitskammer müsse sich im Rahmen vollkommener Objektivität bewegen und auf dem Boden des geltenden Rechts stehen."[632]

Wie Gier zu der Auffassung gelangte, dass der Referent den Boden des geltenden Rechts verlassen habe, bleibt ebenso rätselhaft wie was ihn veranlasste, die Einwände, die sich auf einen Lohnstreit im Jahre 1953 bezogen und sich laut einem internen Vermerk „auf Grund einer persönlichen Aussprache zwischen H. Gier und H. Lawall am 20.4.53" erledigt hatten, in den Kammerversammlungen im Juli 1954 und März 1955 abermals vorzubringen.[633]

Vorwürfe gegen Lawall erhob im Namen seines Verbandes auch der Vorsitzende des IV Metall, Richard Rauch. Wenige Wochen nach dem Metallarbeiterstreik, der durch eine Tarifauseinandersetzung ausgelöst wurde, mit der Lawall von Amts wegen befasst war, beantragte der Vorstand des IV Metall in einem Schreiben an den Präsidenten der Arbeitskammer, den Landesschlichter wegen „dessen Verhalten bei der Lohn- und Gehaltsforderung für die in der Metallindustrie beschäftigten Arbeitnehmer" und seiner „sehr oft defaitistische[n] Äußerungen über Bedeutung und Wert der Gewerkschaften" nicht mehr als Referenten einzusetzen.[634] Lawall war durch seine Auslegung des Schiedsspruches in Konflikt mit Einheitsgewerkschaft und SPS geraten, die ihm vorwarfen, er habe die Lohnsteigerungen höher dargestellt, als sie tatsächlich ausfielen.[635] Kurz nach der Saarabstimmung wurde der Vorsitzende des IV Metall erneut bei der Arbeitskammer vorstellig:

„Der Ausgang des Referendums hat gezeigt, daß die saarländische Bevölkerung mit den führenden Männern ihrer Regierung nicht einverstanden ist. Dieses Ergebnis muß auch in der Personalpolitik und der sonstigen Wirkungsweise der Arbeitskammer seine Berücksichtigung finden." Rauch wiederholte die Forderung nach Abberufung Lawalls und verlangte, dass auch der Referent im Arbeitsministerium, Becker, nicht mehr bei Schulungen eingesetzt werde: „Von Herrn Becker wird behauptet, daß er sehr stark parteipolitisch gewirkt und in seinen Vorträgen die Verhältnisse an der Saar als die einzig richtigen bezeichnet hat."[636]

Das Präsidium, einschließlich Peter Gier, sah keinen Grund, die beiden Referenten abzuberufen. Zunächst müsse nachgewiesen werden, dass die Beschuldigungen zuträfen. Bisher hätten Becker und Lawall bei den Lehrgangsteilnehmern „eine sehr gute Kritik" gefunden, von politischen Äußerungen sei nichts bekannt. In einem Schreiben an den IV Metall-Vorsitzenden bestritt Lawall die ihm unterstellten Äußerungen über die Gewerkschaften und bezichtigte seinerseits Rauch des politischen Opportunismus.[637]

Eine anders beschaffene Personalangelegenheit betraf den Schulungsleiter Dr. Aloys Masloh. Masloh, Leiter des „Zentralinstituts für Landesforschung", dann Regierungsrat im Innenministerium, außerdem französischer Geheimdienstagent und Ehemann der Cousine von Innenminister Dr. Hector (CVP), wurde in Verbindung mit der Gründung einer „Saar-Heimatpartei" und dem „Remer-Telegramm" gebracht – Aktivitäten, die das Ziel verfolgten, die Opposition in die Nähe neonazistischer Bestrebungen zu rücken.[638] Als Vertreter des Innenministeriums gehörte er dem Verwaltungsbeirat der Arbeitskammer an. Im

März 1955 beschloss das Präsidium einstimmig, Dr. Masloh zum 1. April als Schulungsleiter im Beamtenverhältnis zu übernehmen, womit er für die Verwaltung des Schulungsheims und die Erstellung der Lehrpläne verantwortlich war.[639] Seine subversive Tätigkeit, über die Zeitungen bereits 1952 berichtet hatten, wurde offenbar nicht als Hinderungsgrund angesehen.

Nach der Saarabstimmung forderte die Fraktion des DGB Maslohs Abberufung, da „durch den Schmeisserprozess Dinge bekanntgeworden seien, die Dr. Masloh als Schulungsleiter untragbar erscheinen liessen" und er bei seiner Einstellung falsche Angaben über seine Tätigkeit in der unmittelbaren Nachkriegszeit gemacht habe. Ende der vierziger Jahre förderte Masloh im Auftrag des französischen Geheimdienstes DST in der Pfalz separatistische Bestrebungen und unterhielt enge Verbindungen zu den rechtsextremen Anhängern Otto Strassers. In dem erwähnten Prozess ging es um Anschuldigungen, die ein anderer früherer französischer Geheimdienstagent, Hans-Konrad Schmeißer, in einem „Spiegel"-Artikel gegen Bundeskanzler Adenauer und seinen engen außenpolitischen Mitarbeiter Herbert Blankenhorn erhoben hatte. Den Hintergrund der insgesamt verwirrenden Angelegenheit bildeten Umtriebe, an denen auch Masloh beteiligt war.[640]

Inzwischen hatte die Arbeitskammer ihren Schulungsleiter auf dessen eigenen Wunsch beurlaubt. Die Landesregierung suchte für ihn nach einer neuen Verwendung, und es bestand Übereinstimmung, dass Dr. Masloh nicht mehr für die Arbeitskammer tätig sein könne.[641]

Abb. 27: Schulung in Kirkel, Ende der fünfziger Jahre
(Foto: Dokumentationszentrum der Arbeitskammer)

Abb. 28: Freizeit im Schulungsheim Kirkel
(Foto: Dokumentationszentrum der Arbeitskammer)

3.5 Gutachten, Stellungnahmen und Vorschläge

3.5.1 Betriebsräte- beziehungsweise Betriebsverfassungsgesetz

Die betriebliche Mitbestimmung bildete über Jahre einen politischen Streitpunkt. Arbeitsminister Kirn legte im November 1949 dem Kabinett einen Gesetzentwurf vor, der sich an die Betriebsrätegesetze Hessens und Badens anlehnte, deren Bestimmungen zur wirtschaftlichen Mitbestimmung aber nur in abgeschwächter Form übernahm. Der Entwurf rief den Einspruch des Hohen Kommissars Grandval hervor und traf auf Widerstand beim Arbeitgeberflügel der CVP.[642] Bis das Gesetz am 7. Juli 1954 in veränderter Fassung verabschiedet wurde, galt die von der Verwaltungskommission unter Aufsicht der französischen Militärregierung erlassene Betriebsräteverordnung vom 1. August 1947, die den Belegschaftsvertretungen bereits damals weniger Rechte zuerkannte als die Betriebsräteverordnungen in anderen Teilen des besetzten Deutschlands.

Die Stellungnahme der Arbeitskammer

Die Arbeitskammer unterbreitete im August 1952 zu dem vom Landtag schon überarbeiteten Gesetzentwurf eine Reihe von Änderungsvorschlägen.[643] Das vom Referenten für Arbeitsrecht, Dr. Ernst Leiner, verfasste Gutachten wurde, bevor die Kammerversammlung darüber beriet und abstimmte, im Arbeitsrechtsausschuss besprochen. Die meisten Vorschläge wurden einstimmig beschlossen, was auf weitreichende Einigkeit zwischen beiden Fraktionen hindeutet. Strittig war vor allem die von der Einheitsgewerkschaft geforderte Aufnahme der Beamten in das Betriebsrätegesetz. Die Christlichen Gewerkschaften zogen ein eigenes Personalvertretungsgesetz für den öffentlichen Dienst vor, wie es in der Bundesrepublik 1955 verabschiedet wurde.[644]

Unterschiedliche Auffassungen bestanden auch zum Verhältnis zwischen Gesamtbetriebsrat und Einzelbetriebsräten in Unternehmen mit mehreren gleichartigen Betrieben. Die Einheitsgewerkschaft, der an einer starken Stellung der Einzelbetriebsräte gelegen war, wollte die Zuständigkeit des Gesamtbetriebsrates ausdrücklich auf Angelegenheiten des gesamten Unternehmens beschränken und ihn von den Einzelbetriebsräten wählen lassen. Demgegenüber traten die Christlichen Gewerkschaften für eine unmittelbare Wahl des Gesamtbetriebsrates durch die Belegschaft ein. In beiden Fragen setzte sich die Einheitsgewerkschaft dank ihrer Mehrheit in der Kammerversammlung durch.

An anderer Stelle waren die Standpunkte weniger deutlich. Der Gesetzentwurf sah vor, dass Arbeiter und Angestellte getrennt wählen. Der Arbeitsrechtsausschuss stimmte der Gruppenwahl zu, wollte aber die Möglichkeit schaffen, auf ausdrücklichen Beschluss der Wahlberechtigten beider Gruppen gemeinsam zu wählen. In der Kammerversammlung lehnte die Einheitsgewerkschaft diese Regelung, die ihre Vertreter im Ausschuss zuvor gebilligt hatten, ab und drang auf gemeinsame Wahl ohne Ausnahme. Schließlich einigte man sich auf gemeinsame Wahl als Regelfall, sofern nicht eine Minderheitsgruppe mehrheitlich Gruppenwahl fordert.

Gemeinsam setzten sich beide Fraktionen für die betriebliche Vertretung möglichst aller Beschäftigten, geringere Voraussetzungen für die Einrichtung von Betriebsräten, einen besseren Schutz der Belegschaftsvertreter, größere Mitbestimmungsmöglichkeiten und eine stärkere Einbeziehung der Gewerkschaften ein. Dabei übernahmen die Christlichen Gewerkschaften Vorschläge von Einheitsgewerkschaft und SPS, die im Gegensatz standen zur Auffassung der CVP-Landtagsfraktion.

Mit der Begründung, dass die Betriebsräte für alle Belegschaftsangehörigen sprechen müssten, verlangte die Kammerversammlung, auch die nicht ständig Beschäftigten und die Lehrlinge in die Belegschaftsvertretung einzubeziehen und sie bei der Bemessung der Betriebsgröße, die über Einrichtung, Umfang und Rechte eines Betriebsrates entscheidet, zu berücksichtigen. Das aktive und passive Wahlalter seien herabzusetzen oder eine Jugendvertretung zu bilden.[645] Die im Gesetzentwurf enthaltene mindestens sechsmonatige Beschäftigung im Betrieb als Voraussetzung für das passive Wahlrecht sollte, vor allem um dem häufigen Betriebswechsel im Bauwesen Rechnung zu tragen, durch eine dreijährige Berufserfahrung ersetzt werden können. „Im Interesse der Gleichberechtigung von männlichen und weiblichen Arbeitnehmern"[646] forderte die Arbeitskammer eine Vertretung der weiblichen Belegschaftsangehörigen im Betriebsrat entsprechend ihrem Belegschaftsanteil.

Um zu verhindern, dass die Einrichtung von Belegschaftsvertretungen durch Entlassungen vor der Wahl unterlaufen werde, was „mehrfach vorgekommen"[647] sei, regte die Kammerversammlung an, den Kündigungsschutz auf Betriebsratskandidaten und Mitglieder des Wahlausschusses zu erweitern. Bei Stilllegungen sollten Betriebsratsmitglieder als letzte entlassen und bei Wiederaufnahme der Arbeit als Erste wieder eingestellt werden. Einen Anspruch auf Freistellung für eine bestimmte Zeitdauer wünschte die Arbeitskammer bereits ab einer Belegschaftsstärke von 20 Arbeitnehmern, statt erst ab 50, 200 oder 400, wie SPS, Einheitsgewerkschaft und CVP vorschlugen.[648]

Während der Gesetzentwurf die mitbestimmungspflichtigen Gegenstände im Einzelnen aufführte und bei Personalentscheidungen zum Teil nur eine Mitberatung einräumte, wollte die Arbeitskammer dem Betriebsrat in sozialen und personellen Fragen ein grundsätzliches Mitbestimmungsrecht zubilligen. In wirtschaftlichen Angelegenheiten sollte die Mitbestimmung auf Betriebserweiterungen, die Bildung von Kartellen und ähnlicher Zusammenschlüsse und auf die Festlegung von Feierschichten und Kurzarbeit ausgedehnt werden. Bei Änderungen des Betriebszwecks und der „Einführung grundlegend neuer Arbeitsmethoden" sei das Mitberatungs- durch ein Mitbestimmungsrecht zu ersetzen, da es sich um Fragen handele, die „die Existenz des Betriebs und damit die Existenzgrundlage der Arbeitnehmerschaft betreffen".[649] Damit vertrat die Arbeitskammer eine umfassendere Mitbestimmung als SPS und Einheitsgewerkschaft.[650] Andererseits schränkte sie den Anspruch des Betriebsrates auf Mitbestimmung ein:

> „Die Verwirklichung des Mitbestimmungsrechtes im Aufsichtsrat schließt begrifflich ein Mitbestimmungsrecht des Betriebsrates aus, da sonst der Betriebsrat als Gegenspieler der im Aufsichtsrat Tätigen auftreten könnte. Ein Mitbestimmungsrecht des Betriebsrates wäre nur dort wirksam, wo das Mitbestimmungsrecht des Aufsichtsrats nicht eingreifen könnte. Insofern wirkt sich das Mitbestimmungsrecht im Betrieb mehr in der Form einer gewissen Mitwirkung aus, während das Mitbestimmungsrecht im Aufsichtsrat ein echtes Mitbestimmungsrecht darstellt."[651]

Unklar bleibt, wie sich der geforderte Vorrang der Arbeitnehmervertretung im Aufsichtsrat mit den angestrebten Mitbestimmungsrechten des Betriebsrates vereinbaren lässt, wie bei Meinungsverschiedenheiten verfahren werden sollte und was unter der Auswirkung des Mitbestimmungsrechts in Form einer Mitwirkung zu verstehen ist. Tatsächlich sind Gegensätze zwischen den Arbeitnehmervertretern im Aufsichtsrat und dem Betriebsrat vorstellbar.[652]

Bei der Besetzung des Aufsichtsrates schloss sich die Arbeitskammer der von der SPS-Landtagsfraktion zu diesem Zeitpunkt vertretenen Forderung an, die Hälfte der Mitglieder aus vom Betriebsrat aufgestellten Arbeitnehmerlisten zu wählen. Dabei sollten auch „Beauftragte der Gewerkschaften" aufgestellt werden können.[653] Den von der SPS befürworteten Ausschluss der gleichzeitigen Wahrnehmung mehrerer Aufsichtsratsmandate lehnte die Kammerversammlung hingegen ab: „Wie die Arbeitgebervertreter sollen auch die Arbeitnehmervertreter in mehrere Aufsichtsräte gewählt werden können, vor allem im Hinblick darauf, daß besonders dazu befähigte Arbeitnehmer ihre Arbeitskraft der gesamten Arbeitnehmerschaft zur Verfügung stellen sollen."[654]

Mit der verpflichtenden Einberufung einer Betriebsversammlung zweimal im Jahr griff die Arbeitskammer eine Anregung der Arbeitsgemeinschaft der Arbeitgeberorganisationen auf. Die Ausdehnung der Schutzbestimmungen auf Kandidaten und

Wahlausschussmitglieder, eine dreijährige Berufserfahrung als Voraussetzung der Wählbarkeit, die anteilsmäßige Vertretung der weiblichen Arbeitnehmer und die Einrichtung einer Jugendvertretung als Alternative zur Herabsetzung des Wahlalters kommen zum ersten Mal im Gutachten der Arbeitskammer vor.

Abb. 29: Forderung nach Mitbestimmung auf der Demonstration der Einheitsgewerkschaft zum 1. Mai 1949. Im Hintergrund die Bergwerksdirektion
(Foto: Landesarchiv Saarbrücken, Nachlass Barbian, Fotograf: Walter Barbian)

Die Beratung des Betriebsrätegesetzes im Landtagsausschuss für Sozialpolitik

Noch während die Arbeitskammer ihre Stellungnahme vorbereitete, stellte der Ausschuss für Sozialpolitik das Betriebsrätegesetz zurück. Am 30. November fanden Landtagswahlen statt, im Januar 1953 brachte die SPS den Gesetzentwurf des Arbeitsministeriums von 1949 aufs Neue in den Landtag ein. Aber erst im Mai 1953 wurden die Verhandlungen fortgesetzt. Zuvor hatten IV Metall, Einheitsgewerkschaft, SPS-Fraktion und Arbeitsministerium eine beschleunigte Verabschiedung des Gesetzes gefordert. Den Weg bereitete offenbar der Verzicht der SPS auf ihre

Forderung nach der Hälfte der Aufsichtsratssitze für die Arbeitnehmerseite, die „auf erhebliche Widerstände seitens der Arbeitgeberschaft gestoßen" war.[655]

Nach Wiederaufnahme der Besprechung regte Amtsgerichtsrat Himber als Sachverständiger im Ausschuss an, „zu prüfen, ob es nicht zweckmäßig sei, weitgehend die Bestimmungen des Betriebsverfassungsgesetzes der Bundesrepublik zu übernehmen, um die Rechtsprechung auf dem Gebiete des Arbeitsrechts zu erleichtern. Es sei unwahrscheinlich, daß zu dem saarländischen Betriebsrätegesetz jemals ein Kommentar erscheinen werde, während zu dem bundesdeutschen Betriebsverfassungsgesetz schon jetzt eine ganze Reihe von Kommentaren vorläge. Auch könnten die Entscheidungen der Arbeitsgerichte der Bundesrepublik bei den Entscheidungen der saarländischen Arbeitsgerichte herangezogen werden."[656] Im Juli 1952 hatte der Bundestag das Betriebsverfassungsgesetz verabschiedet. Zwar wurde kein entsprechender Beschluss gefasst, doch näherte sich der saarländische Gesetzestext im weiteren Verlauf dem deutschen Betriebsverfassungsgesetz an.

Im August 1953 fasste ein Unterausschuss die bisherigen Ergebnisse zusammen. Die Beratungen wurden jedoch wieder unterbrochen, dieses Mal bis Januar des folgenden Jahres. In der Zwischenzeit erstellte eine Kleine Kommission der CVP-Fraktion einen eigenen Entwurf. Offenbar musste zuerst eine Einigung innerhalb der Fraktion erzielt werden. Auf Meinungsverschiedenheiten deutet auch der zusätzliche Entwurf hin. Die CVP verfügte zwar über die Mehrheit im Ausschuss für Sozialpolitik, aber während dort vier der sieben CVP-Mitglieder den Christlichen Gewerkschaften angehörten, war in der Fraktion der Wirtschaftsflügel stärker vertreten. Der Ausschuss, dem nun zwei Entwürfe vorlagen, übernahm, wenn auch mit Änderungen und Ergänzungen, zum größten Teil die Vorschläge aus dem CVP-Text.[657] Auf die Kleine Kommission der CVP-Fraktion gehen vor allem die folgenden Bestimmungen zurück:

- das Wahlrecht zum saarländischen Landtag als Voraussetzung für die Wählbarkeit in den Betriebsrat;
- eine dreijährige statt der bis dahin vorgesehenen zweijährigen Amtszeit;
- der Verzicht auf eine bindende Freistellungsregelung für Betriebe mit bis zu 400 Arbeitnehmern. Stattdessen sollte die Freistellung wie in der Bundesrepublik nach Bedarf erfolgen;
- die Streichung der verpflichtenden vierteljährlichen Betriebsversammlung. Als Begründung wurde angeführt, es reiche aus, dass ein Viertel der Wahlberechtigten eine Betriebsversammlung erzwingen könne;
- eine geringere Vertretung der Arbeitnehmer im Aufsichtsrat als die vom Unterausschuss zugestandene Drittelbeteiligung;
- die Eingrenzung des Arbeitnehmerbegriffs auf Arbeiter und Angestellte und der Ausschluss des öffentlichen Dienstes aus dem Geltungsbereich des Betriebsverfassungsgesetzes. Zwar hatte die CVP von Beginn an die Ansicht vertreten, das Gesetz solle nicht für Beamte gelten, und der vorherige Gesetzentwurf hatte dem bereits Rechnung getragen, der Unterausschuss bezog die Beamten aber wieder ein. Die Kleine Kommission nahm nun nicht nur die Beamten, sondern den öffentlichen Dienst insgesamt aus dem Betriebsverfassungsgesetz aus.[658]

Da die SPS auf der Berücksichtigung des öffentlichen Dienstes bestand, „solange sie nicht die Gewißheit habe, daß die Frage im Personalvertretungsgesetz zufriedenstellend gelöst sei", beauftragte der Ausschuss seinen Vorsitzenden, „an den Innenminister zu schreiben und ihn zu bitten, den Entwurf eines Personalvertretungsgesetzes umgehend dem Kabinett vorzulegen und dafür Sorge zu tragen, daß dieser Entwurf im Kabinett so rasch wie möglich verabschiedet und dem Landtag zugeleitet wird [...]".[659] Die Bitte wurde nicht erhört. Das Saarland erhielt erst 1958 ein Personalvertretungsgesetz.

Einen besonderen Fall bildete der öffentliche Nahverkehr. Im Gesetzestext heißt es, das BVG finde auf öffentliche Betriebe, die wirtschaftliche Zwecke verfolgen, „nur dann keine Anwendung, wenn die Befriedigung der wirtschaftlichen Bedürfnisse, der sie dienen, ganz oder überwiegend der öffentlichen Hand vorbehalten ist" (§ 88 Abs. 1b). Der Ausschuss nahm zu Protokoll, dass nach seiner Auffassung „Straßenbahnen und Nahverkehrsbetriebe, gleich welcher Art, unter die Bestimmungen des Betriebsverfassungsgesetzes fallen".[660] Aufgrund von Bedenken, ob dies dem Wortlaut zweifelsfrei zu entnehmen sei, sollte der Text vor der abschließenden dritten Lesung noch einmal überarbeitet werden.[661] Diese Überarbeitung unterblieb.

Stattdessen entschied das Verwaltungsgericht des Saarlandes im Oktober 1954, dass das Betriebsverfassungsgesetz auf die Belegschaftsangehörigen von Nahverkehrsbetrieben im Besitz der öffentlichen Hand nicht anzuwenden sei. Laut dem Urteil enthielt das Gesetz keine zweifelsfreie Aussage und bedurfte deshalb der Auslegung. Dabei sei „die subjektive Vorstellung der am Gesetzgebungsverfahren beteiligten Organe oder einzelner Mitglieder über die Bedeutung der Bestimmung", das heißt die im Protokoll niedergelegte Ansicht des Ausschusses, gegenüber dem im Gesetzestext zum Ausdruck kommenden „objektivierten Willen des Gesetzgebers" unmaßgeblich. Ausschlaggebend war nach Meinung der Richter der überwiegende Anteil der öffentlichen gegenüber den privaten Unternehmen an den geleisteten Personen-Kilometern und beförderten Personen, denn er belege, dass „die Befriedigung des Nahverkehrs im Saarland [...] weitaus überwiegend der öffentlichen Hand tatsächlich vorbehalten ist".[662]

Vor allem die Zusammensetzung der Aufsichtsräte und die Stellung des öffentlichen Dienstes dürften die Kleine Kommission der CVP-Fraktion zu ihrem eigenen Gesetzentwurf bewogen haben, nachdem der Unterausschuss in diesen für die Fraktionsmehrheit entscheidenden Fragen anderslautende Regelungen getroffen hatte. Ende April 1954 schlug die Kleine Kommission außerdem vor, sich bei der Mitbestimmung dem bundesdeutschen Betriebsverfassungsgesetz anzuschließen, „um die Kommentare und die Rechtsprechung zum Mitbestimmungsrecht in der Bundesrepublik verwerten zu können".[663] Mit der gleichen Begründung hatte Amtsgerichtsrat Himber im Jahr zuvor eine Anlehnung an das bundesdeutsche Gesetz empfohlen.

Während die SPS unter der Voraussetzung zustimmte, dass auch die Drittelparität bei der Besetzung des Aufsichtsrates übernommen werde, hielt die christliche Ausschussmehrheit am Entwurf ihrer Fraktionskommission fest. Demnach sollten dem Aufsichtsrat bei einer Gesamtzahl von bis zu neun Mitgliedern zwei, von zehn bis 15 Mitgliedern drei und bei über 15 Aufsichtsratssitzen vier Arbeitnehmervertreter angehören, das heißt in jedem Fall weniger als ein Drittel. Nach Aussage des Ausschussvorsitzenden und christlichen Gewerkschafters Hans Ruffing, schloss sich die CVP-Landtagsfraktion gegen seinen Vorschlag der Auffassung der Kleinen Kommission an.[664] Als Begründung nannten die CVP-Vertreter im Ausschuss „wirtschaftspolitische" Erwägungen:

> „Es sei nun einmal Tatsache, daß man im Saarland auf die Beteiligung des Fremdkapitals nicht verzichten könne. Man müsse sogar bestrebt sein, dem ausländischen Kapital einen Anreiz zur Beteiligung zu geben und das bereits vorhandene daran zu interessieren, hier zu bleiben. Dieses Interesse könne gemindert werden, wenn die ausländischen Kapitalgeber Anlaß zu der Befürchtung hätten, daß sie durch ein Zusammengehen der saarländischen Arbeitnehmer- und Arbeitgebervertreter im Aufsichtsrat ins Hintertreffen geraten könnten. Auch den umgekehrten Fall, daß das saarländische Privatkapital sich von der Beteiligung zurückziehe, weil es im Aufsichtsrat eine bedeutungslose Rolle zu spielen gezwungen sei, müsse man sich vor Augen führen."[665]

Der Vertreter der Arbeitgeberorganisationen im Ausschuss unterstützte den Vorschlag. Aber auch Regierungsrat Becker aus dem SPS-geführten Arbeitsministerium erklärte sich einverstanden: „Er betrachte diese Lösung aber als Augenblickslösung und vertrete die Auffassung, daß im Zuge der fortschreitenden

Rechtsentwicklung die Regelung, daß die Arbeitnehmer ein Drittel der Aufsichtsratssitze erhalten, verwirklicht werden solle."[666]

Worauf Becker seine Erwartung gründete, teilte er nicht mit. Nachdem der bisherige Gesetzgebungsprozess über vier Jahre in Anspruch genommen hatte, musste eine baldige Änderung fraglich erscheinen. Bei der anschließenden Abstimmung wurde die Übernahme der Mitbestimmungsparagraphen einstimmig beschlossen; die vom bundesdeutschen Gesetz abweichende Vertretung der Arbeitnehmer im Aufsichtsrat verabschiedete die CVP-Mehrheit gegen die Stimmen der sozialdemokratischen Abgeordneten.

Nachdem eine Einigung über die Aufsichtsräte gescheitert war, brachte die SPS ihre Forderungen noch einmal in ihrer Gesamtheit bei der zweiten Lesung im Landtag ein, scheiterte damit jedoch am Widerstand der CVP.[667] Umstritten blieb insbesondere:

- der Geltungsbereich des Betriebsverfassungsgesetzes. Nach Auffassung der SPS sollte das Gesetz sowohl für die Privatwirtschaft als auch für den öffentlichen Dienst gelten und alle Arbeitnehmer, einschließlich Beamte und Auszubildende, erfassen.
- die Mitbestimmungsrechte des Vertrauensmanns, der in Betrieben mit unter zwanzig und wenigstens fünf wahlberechtigten Arbeitnehmern an Stelle des Betriebsrates trat. Der Gesetzentwurf sprach ihm in sozialen und personellen Fragen lediglich ein Anhörungsrecht und in wirtschaftlichen keinerlei Mitwirkung zu. Die Abgeordneten der SPS wollten dem Vertrauensmann in sozialen und personellen Angelegenheiten die gleichen Befugnisse verleihen wie einem Betriebsrat; in Wirtschaftsfragen sollte er gehört werden.[668]
- die Zusammensetzung des Aufsichtsrates und die Mitbestimmungsrechte des Betriebsrates. Die SPS hatte ihre Zustimmung zur Übernahme der westdeutschen Mitbestimmungsregelungen an die Drittelbeteiligung im Aufsichtsrat gebunden. Nachdem dies von der christlichen Mehrheit

abgelehnt worden war, erhob sie wieder ihre ursprünglichen Forderungen nach paritätischer Besetzung des Aufsichtsrates und einer umfassenderen Mitbestimmung für den Betriebsrat.

Das am 7. Juli 1954 vom Landtag mit den Stimmen der CVP bei Enthaltung der SPS verabschiedete saarländische Betriebsverfassungsgesetz entspricht zwar größtenteils dem bundesdeutschen Gesetz, unterscheidet sich von diesem aber außer im Arbeitnehmeranteil an den Aufsichtsratssitzen noch in weiteren wesentlichen Punkten[669]:

- Dem Betriebsobmann, der dem saarländischen Vertrauensmann entspricht, erkennt das bundesdeutsche Betriebsverfassungsgesetz in sozialen Angelegenheiten die gleichen Mitwirkungsrechte zu wie einem Betriebsrat. Im Saarland musste der Vertrauensmann lediglich gehört werden. Andererseits galt das Anhörungsrecht hier auch in personellen Fragen, in denen das deutsche Gesetz eine Mitwirkung gleich welcher Art erst in Betrieben mit mehr als zwanzig wahlberechtigten Arbeitnehmern gewährt.
- In der Bundesrepublik gelten auch Auszubildende als Arbeitnehmer.[670]
- Die im Saarland erforderliche dreimonatige Betriebszugehörigkeit als Voraussetzung für das aktive Wahlrecht fehlt im bundesdeutschen Gesetz.
- Das passive Wahlalter liegt im Saarland bei 24, in der Bundesrepublik bei 21 Jahren. Das bundesdeutsche Betriebsverfassungsgesetz verlangt eine Betriebszugehörigkeit von mindestens einem Jahr, von der in Ausnahmefällen Abstand genommen werden kann, „wenn zwischen der Mehrheit der Arbeitnehmer und dem Arbeitgeber hierüber eine Verständigung herbeigeführt wird". Im Saarland reichten sechs Monate aus. Sofern der Betrieb erst kürzere Zeit besteht, kann nach dem deutschen Gesetz gewählt werden, wer bei Einleitung der Wahl im Betrieb beschäftigt ist, während im Saarland das

passive Wahlrecht den Beschäftigten vorbehalten bleibt, die dem Betrieb schon bei der Gründung angehörten.

- Das saarländische Betriebsverfassungsgesetz erlaubte dem Arbeitgeber, an allen Sitzungen des Betriebsrates teilzunehmen. In der Bundesrepublik ist der Arbeitgeber nur auf ausdrückliche Einladung, oder falls die Sitzung auf sein Verlangen anberaumt wurde, zur Teilnahme berechtigt.
- Eine weitere Besonderheit des saarländischen Betriebsverfassungsgesetzes besteht im vorrangigen Vorschlagsrecht der „im Betrieb vertretenen anerkannten Gewerkschaften" sowohl für die Betriebsratswahl als auch für die Wahl der Arbeitnehmervertreter im Aufsichtsrat. Damit wurde den Gewerkschaften ein größerer Einfluss gesichert. Gleichzeitig erlaubte die Beschränkung des Vorschlagsrechts auf die „anerkannten" Gewerkschaften, die sich gegen den verbotenen IV Bergbau richtete, die Verhinderung politisch missliebiger Kandidaturen.[671]
- Vorteile bot möglicherweise die saarländische Freistellungsregelung, die einen Mindestumfang nach der Belegschaftsgröße festsetzte, während das bundesdeutsche Gesetz nur allgemein festlegt, dass Betriebsratsmitglieder freizustellen sind, „wenn und so weit es nach Umfang und Art des Betriebs zur ordnungsgemäßen Durchführung ihrer Aufgaben erforderlich ist".[672]

Bis auf die Freistellung und die in der Bundesrepublik im Regelfall längere Betriebszugehörigkeit als Voraussetzung des passiven Wahlrechts blieb das saarländische Betriebsverfassungsgesetz aus Arbeitnehmersicht hinter dem bundesdeutschen zurück. Eine wesentliche Einschränkung bedeutete sicher die schwächere Vertretung der Arbeitnehmer im Aufsichtsrat, die umso schwerer wog, als im Saarland die Montanmitbestimmung nicht galt.

Abb. 30: Am 1. Mai 1954 gehörte ein fortschrittliches Betriebsverfassungsgesetz für Arbeiter, Angestellte und Beamte noch immer zu den Forderungen der Einheitsgewerkschaft. Die Demonstranten ziehen durch die Mainzer Straße zur Kundgebung auf dem Landwehrplatz in Saarbrücken. Im Hintergrund das Druck- und Verlagshaus des kommunistischen Presseorgans „Neue Zeit" in der Obertorstraße
(Foto: Landesarchiv Saarbrücken, Presse Photo Actuelle, Erich Oettinger)

Die Kammerversammlung zum saarländischen Betriebsverfassungsgesetz und zur Beteiligung der Arbeitskammer am Gesetzgebungsverfahren

Bei der Kammerversammlung am 29. Juli 1954 warf der Vorsitzende des IV Graphik, Karl Hammerschmidt, Generalsekretär[673] Himber vor, im Ausschuss für Sozialpolitik nicht die Auffassung der Arbeitskammer, sondern seine eigene Ansicht vertreten zu haben. Himber entgegnete, dass „nach Inkrafttreten des BVG in der Bundesrepublik [...] die Behandlung des saarländischen Betriebsverfassungsgesetzes eine ganz andere Form angenommen [habe], so dass am Schluss der Beratung lediglich zwei Entwürfe vorgelegen hätten und sonst nichts. Die Arbeitskammer könne im Ausschuss nur Stellung nehmen, wenn sie gefragt sei.

Es sei nur noch ein Rennen mit der Zeit gewesen, weil die Ferien begonnen hätten und man sich darauf festgelegt hatte, das Gesetz noch vor Schluss der Sitzungsperiode zu verabschieden. Wenn zwischen der 2. und 3. Lesung Zeit gewesen wäre, wäre die Arbeitskammer dazu übergegangen, die Gewerkschaften zu Besprechungen über diesen Entwurf einzuladen."[674]

Die Entgegnung traf nur zum Teil zu. Im Januar 1954 beschloss der Ausschuss für Sozialpolitik, je zwei Vertreter der Gewerkschaften und der Arbeitgeberorganisationen und einen Vertreter der Arbeitskammer einzuladen. An den folgenden Sitzungen nahmen Generalsekretär Himber oder der Referent für Arbeitsrecht, Dr. Ernst Leiner, an einigen auch beide gemeinsam teil.[675] In dem Unterausschuss, der im Mai den Text überarbeitete, wirkte Himber ebenfalls als Vertreter der Arbeitskammer mit. Insofern bot sich die Gelegenheit, deren Standpunkt Gehör zu verschaffen. Im Übrigen lag das Gutachten der Arbeitskammer dem Ausschuss bereits bei Wiederaufnahme der Beratungen im Mai 1953 vor; der Gesetzentwurf, auf den es sich bezog, bildete weiter die Grundlage der Verhandlungen. Auch in dem halben Jahr vor der Verabschiedung des Gesetzes, als Vertreter der Arbeitskammer zu den Sitzungen eingeladen waren, bestand genügend Zeit, die Vorschläge einzubringen. Von einem „Rennen mit der Zeit" konnte allenfalls für den Zeitraum zwischen zweiter und dritter Lesung die Rede sein.

Den Hintergrund von Hammerschmidts Vorhaltungen bildete Himbers Anregung vom Juli 1953, die Bestimmungen des Betriebsverfassungsgesetzes der Bundesrepublik zu übernehmen – auf einer Sitzung, an der er nicht als Vertreter der Arbeitskammer, sondern als Sachverständiger für Arbeitsrecht teilnahm. Der Vorsitzende des IV Graphik beanstandete, dass sich durch die Anlehnung an das deutsche BVG die Rechte der Belegschaftsvertretung in Kleinbetrieben gegenüber den früheren Entwürfen verschlechtert hätten. Dabei seien die Besonderheiten der saarländischen Wirtschaft außer Acht geblieben, denn während Kleinbetriebe im Bundesgebiet nur vier Prozent des Druck- und

Graphikgewerbes ausmachten, würden sie im Saarland 90% der Arbeitnehmer dieses Wirtschaftszweiges beschäftigen.

Nach eigener Aussage gab Hammerschmidt die Ansicht seiner Fraktion wieder, die Stellung der Einheitsgewerkschaft entbehrt aber der Eindeutigkeit. So pflichtete Richard Rauch, der amtierende Vorsitzende, Generalsekretär Himber bei, „wobei er betonte, dass an dem Gesetz kein Vertreter der Arbeitskammer hätte etwas ändern können". Gleichzeitig äußerte er Verständnis für „die Sorgen des KM [Kammermitglied, Verf.] Hammerschmidt bezüglich der Kleinbetriebe, da ein grosser Teil der saarländischen Betriebe durch die Bestimmungen des Gesetzes bei der Betriebsrätewahl ausfalle und keinen Betriebsrat bekomme. Der Kleinbetrieb sei eine der hauptstrittigen Fragen gewesen, [...] über die keine Einigung hätte erzielt werden können".[676]

Fraglich bleibt, ob die saarländische Bestimmung, die dem Vertrauensmann in Betrieben mit fünf bis zwanzig Arbeitnehmern lediglich ein Anhörungsrecht in sozialen und personellen Angelegenheiten verlieh und dem Entwurf der Kleinen Kommission der CVP-Fraktion entstammte, überhaupt auf die Annäherung an das bundesdeutsche Gesetz zurückzuführen ist. Dass sie sich, wie oben dargestellt, nicht unerheblich von diesem unterscheidet, spricht eher dagegen.[677]

Die Begebenheit verdeutlicht die Wahrnehmung auf Seiten der Arbeitskammer, dass die eigenen Vorschläge keine hinreichende Beachtung fanden. Tatsächlich vermitteln die Niederschriften des Landtagsausschusses für Sozialpolitik nicht den Eindruck, als sei die Stellungnahme der Kammer zur Kenntnis genommen oder von ihren Vertretern im Ausschuss verfochten worden – wobei einschränkend zu berücksichtigen ist, dass die Niederschriften die Ergebnisse und in großen Zügen den Verlauf der Besprechung wiedergeben, nicht aber jede Wortmeldung. Da der Gesetzentwurf schon vor Gründung der Arbeitskammer in den Landtag eingebracht wurde, entfiel die im Arbeitskammergesetz vorgesehene Begutachtung vor dem Beginn der Parlamentsdebatte. Eine mögliche Einflussnahme beschränkte sich daher auf die Begleitung der Ausschussberatungen.

Soweit die SPS die Vorstellungen der Arbeitskammer teilte, fanden sie über deren Abgeordnete Eingang in die Verhandlungen. Das war der Fall bei der Einbeziehung von Beamten, öffentlichem Dienst und Auszubildenden in den Arbeitnehmerbegriff des Betriebsverfassungsgesetzes und beim Mindestalter für die Wählbarkeit.[678] Was die Freistellung von Betriebsratsmitgliedern betraf, setzte sich die SPS ebenfalls für eine großzügigere, obgleich weniger weit reichende Regelung ein. Demgegenüber fand der Vorschlag, dem technischen Personal in so genannten Tendenzbetrieben ausdrücklich ein Mitbestimmungsrecht in sozialen und personellen Angelegenheiten zu gewähren, bei den sozialdemokratischen Ausschussmitgliedern keine Unterstützung. Offenbar nahm die SPS keinen Anstoß an der wenig deutlichen Formulierung, wonach bis auf die Mitbestimmung in wirtschaftlichen Fragen die „sonstigen Bestimmungen dieses Gesetzes [...] nur insoweit Anwendung finden, als nicht die Eigenart des Betriebes dem entgegensteht".[679]

Die von der Arbeitskammer angeregte anteilsmäßige Vertretung der weiblichen Beschäftigten im Betriebsrat zählte zwar nicht zu den Forderungen von SPS und Einheitsgewerkschaft, ist aber in den Entwürfen sowohl des Unterausschusses und der CVP-Fraktionskommission als auch im endgültigen Gesetzestext enthalten. Möglicherweise wurde sie aus dem deutschen Betriebsverfassungsgesetz übernommen.[680] Auch die als Alternative zur Herabsetzung des Wahlalters auf 16 Jahre vorgeschlagene Jugendvertretung findet sich in den beiden Entwürfen wieder.[681] Andere, ausschließlich von der Arbeitskammer erhobene Forderungen, wie die Ausdehnung der Schutzbestimmungen auf Kandidaten und Wahlausschussmitglieder und eine dreijährige Berufserfahrung als Voraussetzung der Wählbarkeit kamen in den Ausschusssitzungen, soweit den Niederschriften zu entnehmen ist, nicht zur Sprache. Ein Verbot, gleichzeitig mehrere Aufsichtsratsmandate wahrzunehmen, wurde ebenfalls nicht erörtert, wobei offen bleibt, weshalb die SPS-Fraktion es nicht weiter verfolgte.

Das saarländische Betriebsverfassungsgesetz, wie es aus der parlamentarischen Beratung hervorging, wurde maßgeblich von der CVP geprägt. Sowohl die Angleichung an die bundesdeutschen Bestimmungen als auch die Abweichungen in entscheidenden Punkten gehen auf sie zurück. Die SPS konnte ihre anderslautenden Vorstellungen nicht zur Geltung bringen, wodurch auch ein großer Teil der Arbeitskammervorschläge unberücksichtigt blieb. Letztere fanden, falls überhaupt, nur mittelbar Beachtung, obwohl dem Ausschuss für Sozialpolitik Gewerkschafter beider Richtungen und mit den Abgeordneten Albert Becker, Richard Rauch (beide EG) und Hans Ruffing (CG) auch Mitglieder der Arbeitskammer angehörten.[682]

Arbeitskammer und Gewerkschaften zum saarländischen Betriebsverfassungsgesetz

Als Ergebnis der Aussprache über das Betriebsverfassungsgesetz beauftragte die Kammerversammlung den Arbeitsrechtsausschuss, auf Grundlage der Stellungnahmen der Gewerkschaften Änderungsvorschläge auszuarbeiten.[683] Inwieweit wirklich die Hoffnung bestand, nachträglich eine Gesetzesänderung zu erreichen, bleibt dahingestellt.

Nach der Verabschiedung des Gesetzes schrieb die Zeitschrift „Die Arbeitskammer": „Bei der Frage nun, ob das neue Betriebsverfassungsgesetz auch tatsächlich allen Forderungen der Arbeitnehmerschaft gerecht wird, sind Zweifel durchaus berechtigt."[684] Doch komme es darauf an, das neue Gesetz zu nutzen: „Sache der saarländischen Arbeitnehmerschaft ist es nunmehr, die Rechte und Pflichten, die das Gesetz ihnen eingeräumt hat, wahrzunehmen und so die soziale Mündigkeit zu erreichen, auf die sie solange gepocht hat, d.h. für die Kleinarbeit vorerst: Schulung der demnächst neuzuwählenden Betriebsräte in sachlichfachlicher, in betriebs- und volkswirtschaftlicher, in arbeits- und sozialrechtlicher sowie charakterlicher und berufsständischer Hinsicht."[685] Die Beiträge in den folgenden Ausgaben erläuterten die Bestimmungen des Gesetzes und brachten vereinzelt auch Einwände vor.[686] Im Übrigen gab „Die Arbeitskammer" die Einschätzung von Regierung und Gewerkschaften wieder.

Die Christlichen Gewerkschaften merkten an, „daß nicht alle berechtigten Erwartungen und Forderungen [...] erfüllt werden konnten", hielten das Gesetz aber für „geeignet, in allen sozialen und personellen Fragen zu einer echten Partnerschaft im Betrieb zu führen". Die wirtschaftliche Mitbestimmung gewährleistete nach ihrer Einschätzung „den notwendigen Einfluß der Arbeitnehmer zur Sicherung ihrer Existenzgrundlage [...]. Über die garantierte Mitwirkung in Wirtschaftsausschüssen und Aufsichtsräten wird bei verständnisvoller Zusammenarbeit der Betriebspartner der Weg zur vollen Mitbestimmung auch auf dem wirtschaftlichen Sektor des Betriebes geebnet werden."[687]

Für die Einheitsgewerkschaft stellte das Betriebsverfassungsgesetz gegenüber den anfänglichen Entwürfen „nur noch einen Torso" dar. Sie bemängelte den Ausschluss des öffentlichen Dienstes, die Regelung für Kleinstbetriebe, die getrennte Wahl der Belegschaftsvertreter durch Arbeiter und Angestellte und die ihrer Ansicht nach unzureichenden Freistellungsregelungen.[688]

Zu fragen bleibt, welchen Stellenwert die Gewerkschaften der Mitbestimmung beimaßen. Zunächst waren Einheitsgewerkschaft und Christliche Gewerkschaften mit dem Gesetzentwurf des Arbeitsministeriums einverstanden, der mindestens zwei Betriebsratsmitglieder im Aufsichtsrat vorsah. Die Einheitsgewerkschaft forderte zusätzlich für die Gewerkschaften das Recht, in Betrieben mit über 1.000 Beschäftigten je einen Vertreter zu entsenden. Außerdem setzte sie sich für umfassendere Mitbestimmungsrechte des Betriebsrates ein. Nach Verabschiedung des Gesetzes über die Montanmitbestimmung in der Bundesrepublik verlangten beide Gewerkschaften die paritätische Besetzung der Aufsichtsräte. Angesichts des Widerstandes der Arbeitgeber, der französischen Vertretung und der CVP-Fraktion begnügten sie sich ab 1953 nach dem Vorbild des bundesdeutschen Betriebsverfassungsgesetzes mit einem Drittel der Sitze.

Dabei fällt auf, dass die Gewerkschaften die Forderung nach Parität, nachdem sie sich hinsichtlich des Betriebsverfassungsgesetzes als aussichtslos erwiesen hatte, für die Montanindustrie ebenfalls nicht aufrechterhielten. Möglicherweise erschien ihnen nach den vorausgegangenen Erfahrungen auch eine Montanmitbestimmung im Saarland unerreichbar. Im Übrigen scheint Mitbestimmung, obzwar immer wieder gefordert, im betrieblichen Alltag kein drängendes Thema gewesen zu sein. Die gewerkschaftliche Praxis stand im Zeichen von Lohnpolitik und Preisgestaltung. Im Abstimmungskampf stellten die regimekritischen Gewerkschafter vorwiegend allgemeindemokratische Forderungen auf, so dass der Rückstand des Saarlandes bei den Arbeitnehmerrechten auch von dieser Seite keine stärkere Hervorhebung erfuhr.[689]

3.5.2 Kündigungsschutzgesetz

Die Betriebsräteverordnung von 1947 hatte aus dem Betriebsrätegesetz der Weimarer Republik die Kündigungseinspruchsklage übernommen, die ein Arbeitnehmer unter bestimmten Voraussetzungen durch Anrufung des Betriebsrates erheben konnte. Sie bildete den einzigen gesetzlichen Schutz im Kündigungsfall und setzte das Vorhandensein eines Betriebsrates voraus. Mit der Neuregelung der Betriebsvertretung sollte der Kündigungsschutz in einem besonderen Gesetz auf alle Arbeitnehmer ausgedehnt und durch soziale Grundsätze verstärkt werden. Der saarländische Gesetzesentwurf von 1952 folgte mit wenigen Änderungen dem Kündigungsschutzgesetz, das der Bundestag im Jahr zuvor beschlossen hatte.[690]

In ihrer Stellungnahme schlug die Arbeitskammer vor, die Mindestbeschäftigungsdauer für die Inanspruchnahme des Kündigungsschutzes nicht auf drei, sondern wie im Bundesgebiet auf sechs Monate festzulegen. Die längere Frist, die aus Arbeitnehmersicht eine Verschlechterung darstellte, wurde damit begründet, dass sie sich bewährt habe. Andererseits sollte, abweichend von der deutschen Regelung, die Beweislast des Arbeitnehmers für die Unrichtigkeit der Entlassungsgründe durch eine Beweispflicht des Arbeitgebers für die Berechtigung der Kündigung ersetzt werden und für Betriebe mit 29 bis 49 Belegschaftsangehörigen schon die Entlassung von zwei statt fünf Arbeitnehmern der Anzeigepflicht beim Arbeitsamt unterliegen.[691]

Das saarländische Kündigungsschutzgesetz, das gleichzeitig mit dem Betriebsverfassungsgesetz verabschiedet wurde, übernahm in allen drei Punkten die bundesdeutschen Bestimmungen, das heißt die Mindestbeschäftigungsdauer wurde auf sechs Monate festgesetzt, während die beiden anderen Regelungen unverändert blieben. Nicht eingelöst wurde auch die Forderung der Arbeitskammer, die Kündigungsfrist nach der Beschäftigungsdauer zu staffeln. Während für Angestellte eine solche Staffelung bereits seit den zwanziger Jahren galt, konnten Arbeiter ungeachtet ihrer Dienstjahre mit einer Frist von 14 Tagen gekündigt werden.[692] In einer Würdigung des Gesetzes begrüßte die Arbeitskammer, dass eine Kündigung künftig begründet werden musste und nur noch wirksam wurde, wenn sie sozial gerechtfertigt war. Bemängelt wurde, dass die Beschäftigten sowohl von Verwaltungen, sofern sie keine wirtschaftlichen Zwecke verfolgten, als auch von Kleinbetrieben weiterhin keinen Kündigungsschutz genossen.[693]

Gleichzeitig mit ihren Anträgen zum Betriebsrätegesetz unterbreitete die Arbeitskammer der Landesregierung einen Gesetzentwurf über die Freistellung von Betriebsratsmitgliedern für Lehrgänge von Arbeitskammer und Gewerkschaften. Darin war ein Anspruch auf Freistellung bei Weiterzahlung von Lohn oder Gehalt für eine Dauer von, je nach Beschäftigtenzahl, einer bis vier Wochen im Jahr vorgesehen.[694] Die Landesregierung griff den Vorschlag nicht auf. Es blieb dabei, dass die Arbeitskammer den Lehrgangsteilnehmern den Lohnausfall erstattete.

3.5.3 Anregungen zur Arbeits-, Sozial- und Bildungspolitik

In ihrem Jahresbericht an die Landesregierung für 1952 sprach sich die Arbeitskammer für weitere arbeitsrechtliche Neuregelungen aus. So regte sie an, die Lohnfortzahlung bei notwendiger Arbeitsversäumnis, die bis dahin über Tarifverträge uneinheitlich geregelt war und nur für bestimmte Wirtschaftszweige galt, gesetzlich zu verankern. Außerdem sollte der monatliche freie Arbeitstag für erwerbstätige Frauen, der so genannte Hausarbeitstag, auf den ein Rechtsanspruch bestand, wie in einigen Bundesländern auch im Saarland vergütet werden.[695] Des Weiteren forderte die Kammer ein Tarifvertragsrecht für den öffentlichen Dienst und die Einbeziehung des Bergbaus in das Tarifvertragsgesetz. Die Weigerung der französischen Bergbauverwaltung, sich dem saarländischen Tarifrecht zu unterwerfen, gab wiederholt Anlass zu Protesten der Gewerkschaften. Schließlich empfahl die Arbeitskammer, die Rechtsberater der Gewerkschaften als Prozessvertreter bei Arbeitsgerichtsprozessen auch in Revisionsverfahren zuzulassen, da der Anwaltszwang zu einer Verteuerung der Verfahren geführt habe und die Anwälte mit arbeitsrechtlichen Fragen oft wenig vertraut seien.

Auf dem Gebiet der Sozialpolitik setzte sich die Arbeitskammer für die Erhöhung der Rentenleistung durch Anhebung der Steigerungssätze und der Beitragsbemessungsgrenze des versicherungspflichtigen Entgelts ein. Die Arbeitnehmeranteile der Zusatzversorgung im öffentlichen Dienst sollten wieder von den Beschäftigungsbehörden gezahlt werden, wie es vor 1952 gehandhabt wurde. Durch eine Zusatzversorgung für alle Arbeitnehmer sei eine Altersversorgung von bis zu 75 Prozent des Lohneinkommens zu gewährleisten. Angesichts der vor allem unter Bergleuten weit verbreiteten Silikose (Staublunge), deren Behandlung die Krankenhäuser überforderte, schlug die Kammer die Schaffung eines Silikosekrankenhauses sowie Umschulungsmöglichkeiten für die Betroffenen vor. Außer der Anhebung der Steigerungssätze in der Rentenversicherung wurde bis zur Rückgliederung keine dieser Forderungen erfüllt.

Im Hinblick auf das berufliche Bildungswesen beklagte der Jahresbericht, dass die Handwerksinnungen jede Mitwirkung von Arbeitnehmerseite und auch der Berufsschullehrer ablehnten. Notwendig sei eine verbindliche Regelung von Berufsausbildung und Prüfungswesen in einem Berufsausbildungsgesetz. Ein neu einzurichtender Berufsausbildungsausschuss könne einen Gesetzentwurf vorbereiten und sowohl die Ausarbeitung von Berufsbildern und fachlichen Vorschriften zur Lehrlingsausbildung als auch ihre laufende Anpassung an die technische Entwicklung übernehmen. Angesichts der Prüfungsergebnisse, die auf erhebliche Mängel in der fachtheoretischen Ausbildung hindeuteten, mahnte die Kammer die Ausbildung zusätzlicher Berufsschullehrer an und befürwortete eine stärkere Gewichtung des fachbezogenen Berufsschulunterrichts gegenüber den allgemeinbildenden Fächern.

Nach Absprache mit Arbeitskammer, Industrie- und Handelskammer, Handwerkskammer, dem saarländischen Gewerbelehrerverband und dem Berufspädagogischen Institut der Universität des Saarlandes ermöglichte die Landesregierung ab Oktober 1954 Ingenieuren und Volksschullehrern eine finanziell unterstützte Fortbildung zum Gewerbelehrer.[696]

3.5.4 Einflussmöglichkeiten der Arbeitskammer

Anzumerken bleibt, dass die Arbeitskammer nach 1952 zu keinen weiteren Gesetzesvorhaben Stellung bezog und auch von sich aus keine Anstöße mehr gab. Auch erschien bis zur Rückgliederung des Saarlandes kein weiterer Jahresbericht.[697] Um die Standpunkte der Arbeitskammer in die Öffentlichkeit zu tragen, blieb im Wesentlichen die Kammerzeitschrift. Welchen Einfluss sie auf die Meinungsbildung ausübte, lässt sich nicht feststellen.

Sitzungen der Arbeitskammer-Ausschüsse sind ebenfalls nur bis Herbst 1952 nachgewiesen. Der Arbeitsrechtsausschuss entwarf das Gutachten zum Betriebsräte- und zum Kündigungsschutzgesetz. Die Besprechung eines Entwurfs des Arbeitsministeriums für ein Gesetz über die Festsetzung von Mindestarbeitsbedingungen wurde ohne Ergebnis abgebrochen. Die Gewerkschaften beanstandeten, dass auf dem Verordnungsweg Unterschreitungen des Mindestlohnes möglich sein sollten, wollten dem Arbeitsministerium aber grundsätzlich das

Verordnungsrecht bei der Festsetzung des Mindeststundenlohns zuerkennen, um unter Umständen zeitraubende Verhandlungen zwischen den Tarifparteien zu vermeiden. In einer gemeinsamen Sitzung beauftragten Arbeitsrechts- und Wirtschaftsausschuss die zuständigen Referenten, einen eigenen Vorschlag auszuarbeiten.[698]

Der Wirtschaftsausschuss beschäftigte sich im Sommer 1952 mit dem französisch-saarländischen Wirtschaftsabkommen (Konvention über die Durchführung der französisch-saarländischen Wirtschaftsunion) von 1950. Dabei wurde bemängelt, dass das Abkommen, in dem sich die Regierung des Saarlandes verpflichtete, in Gesetzgebung und Wirtschaftspolitik für eine Angleichung der Wettbewerbsbedingungen zu sorgen, nicht alle wettbewerbsbestimmenden Umstände berücksichtige. Die von oppositionellen Gewerkschaftern als Einschränkung der Tariffreiheit bekämpfte Verpflichtung zur Angleichung der saarländischen an die französischen Lohnverhältnisse fand hingegen keine Erwähnung. Dies überrascht umso mehr, als das Arbeitsministerium unter Berufung auf diese Bestimmung zu Anfang desselben Jahres mit seinem Einspruch eine tarifvertraglich vereinbarte Lohnerhöhung im Bergbau verhindert hatte. Der Wirtschaftsausschuss vertagte sich mit der Feststellung, dass „zuerst ein Studium des Textes der Konvention erforderlich sei, bevor eine Stellungnahme erfolgen könne".[699]

Falls die Fachausschüsse ihre Tätigkeit wirklich nach wenigen Sitzungen einstellten, hätten die Gewerkschaften auf ihr wichtigstes Werkzeug zur Beeinflussung der Kammerarbeit verzichtet. Dabei vermitteln die Niederschriften den Eindruck, dass die Ausschüsse ihre Arbeit mit reger Beteiligung begonnen haben.[700]

Bei verschiedenen sozial- und arbeitsrechtlichen Vorhaben forderten Regierung und Landtag die Arbeitskammer gar nicht erst zu einer Stellungnahme auf. Als in der Kammerversammlung im Februar 1955 um eine Erklärung gebeten wurde, erinnerte Generalsekretär Himber daran, dass das Gesetz die Anhörung nicht zwingend vorschreibe. Die Geschäftsführung bemühe sich um eine Berücksichtigung der Arbeitskammer. Auch habe ihm der Vorsitzende des sozialpolitischen Ausschusses versprochen, „für die Folge den zuständigen Referenten der Kammer zu allen Beratungen [...] einzuladen“.[701]

Die Kammermitglieder sahen die Ursachen für den geringen Einfluss nicht zuletzt bei der Arbeitskammer selbst, was auf die Geschäftsführung zielte. Bei der Aussprache über den Tätigkeitsbericht im März 1955 wurde bemängelt, dass sich die Kammer zu wenig an der Erörterung arbeits- und sozialrechtlicher Gesetzesvorhaben beteiligt habe. Sie dürfe nicht abwarten, bis sie gefragt werde, sondern müsse sich selbst in die Gesetzgebung einschalten. Auch eine engere Zusammenarbeit zwischen den Referaten und den Gewerkschaften wurde angemahnt, wobei die Befürchtung und Kritik mitklang, dass die Referenten Stellungnahmen entwarfen, ohne die Gewerkschaften einzubeziehen. Die Einheitsgewerkschaft beanstandete, die Arbeitskammer habe sich während der Verhandlungen über das Betriebsverfassungsgesetz nicht darum bemüht, zwischen den Gewerkschaften zu vermitteln, um ein einheitliches Votum zu erreichen.[702] Der Vorwurf lohnt eine Überprüfung, nicht nur, um festzustellen, inwieweit die Arbeitskammer in der Lage war, ihrem gesetzlichen Auftrag gemäß die Bestrebungen der Gewerkschaften zu koordinieren, sondern auch weil das Verhalten der Christlichen Gewerkschaften in diesem Fall Aufschluss darüber gibt, wie im christlichen Lager politische Entscheidungen zustande kamen.

In der langjährigen Auseinandersetzung um ein saarländisches Betriebsverfassungsgesetz vertraten Einheitsgewerkschaft und Christliche Gewerkschaften anfangs ähnliche Standpunkte. Die christlichen Gewerkschafter stießen jedoch bald auf den Widerstand des Arbeitgeberflügels ihrer Partei. Die Verabschiedung des Montanmitbestimmungs- und des Betriebsverfassungsgesetzes in der Bundesrepublik weckten zudem auf französischer Seite Befürchtungen, dass im Saarland Ähnliches zu erwarten sei.[703] Hochkommissar Grandval hatte schon Einspruch gegen den ersten Entwurf eines Betriebsrätegesetzes von Arbeitsminister Kirn erhoben. Jetzt suchte und fand er Unterstützung beim

Arbeitgeberflügel der CVP, der seit den Wahlen Ende 1952 über eine Mehrheit in der Landtagsfraktion verfügte. Die christlichen Gewerkschafter im Landtag stimmten schließlich für den Gesetzentwurf ihrer Fraktion und lehnten die Änderungsanträge der SPS ab, obwohl diese zum Teil ihren eigenen ursprünglichen Zielen entsprachen.

Die CVP nahm die Enthaltung der sozialdemokratischen Abgeordneten bei der Abstimmung über das Betriebsverfassungsgesetz zum Anlass, die Koalition aufzukündigen, was auf der Gegenseite auf Unverständnis traf. Tatsächlich dürften andere Gründe maßgeblich gewesen sein. Den Ausschlag gab wohl, dass sich die CVP-Führung ohne den Koalitionspartner einen größeren Handlungsspielraum in der Saarpolitik versprach. Außerdem stellte der erstarkte Wirtschaftsflügel der Partei die ausgeprägte Sozialpolitik, die gewissermaßen einen Ausgleich für die geringen Handlungsspielräume im Arbeits- und Tarifrecht bildete, angesichts wirtschaftlicher Schwierigkeiten zunehmend in Frage. Damit ging eine Gemeinsamkeit verloren, die CVP und SPS bisher geteilt hatten.[704] Angesichts der Unstimmigkeiten innerhalb des Regierungsbündnisses ordneten sich die christlichen Gewerkschafter der Parteilinie unter. Vor diesem Hintergrund sind Zweifel angebracht, ob die Arbeitskammer ein einheitliches Vorgehen der Gewerkschaften hätte erreichen können.

3.6 IV Bergbau, Metallarbeiterstreik und andere Streitpunkte: Die Stellung der Arbeitskammer zu den Auseinandersetzungen im teilautonomen Saarland

Die beiden herausragenden Konflikte zwischen Arbeitnehmerschaft und Landesregierung, die Ausschaltung des oppositionellen IV Bergbau 1952/53 und der Metallarbeiterstreik im Februar 1955, stießen bei der Arbeitskammer nur mittelbar, wenngleich in unterschiedlicher Weise, auf Widerhall.

3.6.1 Der Konflikt um den IV Bergbau und die Abberufung Paul Kutschs

Die französische Vormachtstellung bei den Saarbergwerken und der Abbau der Warndtkohle durch französische Bergwerke von Lothringen aus zählten zu den umstrittensten Sachverhalten im teilautonomen Saarstaat. Aus Sicht eines großen Teils der Öffentlichkeit entzog die Beherrschung des Bergbaus durch Frankreich dem Saarland die Verfügung über seine wirtschaftliche Lebensgrundlage. Da die wertvollsten Kohlereserven im Warndt lagen, erhielt der Zugang zur Warndtkohle eine besondere Bedeutung, zumal der Ertrag der restlichen Vorkommen zurückging. Bei den Gewerkschaften sorgten die Einschränkung der Tariffreiheit und die Verweigerung von Mitspracherechten im Bergbau ebenso wie die Personalpolitik der Bergwerksverwaltung zusätzlich für Unmut. Die Auseinandersetzung um den Bergbau weitete sich zum Streit um die Bindung an Frankreich und die Zukunft des Saarlandes aus, wobei sich der IV Bergbau trotz wiederholter Lohnerhöhungen und günstiger Sozialleistungen zum „Brennpunkt" des Konflikts entwickelte.[705]

Im Juli 1952 beantragte der IV Bergbau bei der Arbeitskammer ein Gutachten über die Saargruben. Darin sollten die Warndtfrage, die Verteilung der Zuwendungen aus dem Marshallplan zwischen Frankreich und dem Saarland sowie die künftige Rechtsform und die Kosten- und Ertragslage der Bergwerke behandelt werden. Das Präsidium stimmte dem Antrag „im

Hinblick auf dessen allgemeine Bedeutung" zu und ermächtigte die Geschäftsführung, „soweit erforderlich auch Sachverständige außerhalb der Kammer zur Mitarbeit heranzuziehen".[706] Weiteres über das Gutachten ist nicht bekannt.

Zum Zeitpunkt des Antrags stellten die zur Hoffmann-Regierung oppositionellen Gewerkschafter mit Paul Kutsch den Vorsitzenden sowohl der Einheitsgewerkschaft als auch des IV Bergbau. Die Widersprüche zwischen der Mehrheit im IV Bergbau einerseits sowie der Landesregierung und ihren Anhängern in der Einheitsgewerkschaft andererseits kamen bei den saarländisch-französischen Wirtschaftsverhandlungen Anfang 1950 erstmals offen zum Ausbruch. Im März 1952 wurde Paul Kutsch zum Vorsitzenden der Einheitsgewerkschaft, im Mai zum Vorsitzenden auch des IV Bergbau gewählt.

Es folgte sein Ausschluss aus der Gewerkschaft durch den Schiedsausschuss des Bergbauverbandes im November 1952 und die Auflösung des IV Bergbau durch die Landesregierung im Februar des folgenden Jahres, nachdem dessen Vorstand seinem Vorsitzenden das Vertrauen ausgesprochen und das Landgericht Saarbrücken den Ausschluss für rechtswidrig erklärt hatte. Die Ausschaltung der Gewerkschaftsopposition stellte eine Verletzung von Arbeitnehmerrechten dar und schwächte, da der Konflikt auch die Einheitsgewerkschaft durchzog, die Gewerkschaften insgesamt. Diese aus Arbeitnehmersicht keineswegs unerheblichen Vorgänge wurden weder im Präsidium noch in der Kammerversammlung besprochen.

„Die Arbeitskammer" berichtete zwar über die Entwicklung der Saargruben und die Warndtfrage, sparte die strittigen Punkte aber aus. Nach dem Abschluss der saarländisch-französischen Verhandlungen 1953, die unter anderem einen neuen Vertrag über den Bergbau und ein Zusatzprotokoll zur „Regelung betreffend die Warndtkohlenfelder" zum Ergebnis hatten, beschränkte sie sich auf die Wiedergabe der Meinung von Ministerpräsident Hoffmann und Arbeitsminister Kirn.[707] Dem Streit um den IV Bergbau, der sich über die Vermittlungsversuche des Internationalen Bundes Freier Gewerkschaften im Frühjahr 1953 bis zu den Betriebsrätewahlen Anfang 1955 fortsetzte, schenkte die Kammerzeitschrift keine Beachtung.

Das heißt nicht, dass die Ereignisse die Arbeitskammer unberührt gelassen hätten. Wie erwähnt, verzichtete das Präsidium auf Anweisung von Arbeitsminister Kirn darauf, den Antrag des IV Bergbau auf Stellungnahme zum Verbot der Gewerkschaft zu behandeln. Außerdem schlug sich die Auseinandersetzung im Verhalten gegenüber Paul Kutsch als Präsidiumsmitglied nieder.

Am 29. Mai 1954 beschloss das Präsidium auf Antrag von Präsident Wacker, Kutsch, da er nicht erschienen sei und seinen Kammerbeitrag nicht mehr zahle, zu keinen weiteren Sitzungen einzuladen und die Angelegenheit der Kammerversammlung zu unterbreiten.[708] Bis dahin nahm Paul Kutsch regelmäßig an den Sitzungen teil. Einige Tage zuvor hatte Arbeitsminister Kirn bei einer Besprechung mit Präsident Wacker eine Mitteilung angekündigt, wonach der frühere Gewerkschaftsvorsitzende nicht länger Mitglied der Kammer sein könne, weshalb davon abzusehen sei, ihn zu künftigen Sitzungen einzuladen. Anfang Juli setzte Wacker das Präsidium davon in Kenntnis, dass er Paul Kutsch von seinen Funktionen als Mitglied der Kammerversammlung und des Präsidiums entbunden habe, weil dieser als Vollrentner – er bezog inzwischen eine Angestellten- und Invalidenrente – nicht mehr der Kammerversammlung angehöre.[709] Auf Antrag der Einheitsgewerkschaft berief die Kammerversammlung bei Enthaltung der christlichen Gewerkschafter Kutsch am 16. Juli als Kammer- und Präsidiumsmitglied ab. Laut Niederschrift löste der Antrag „eine lebhafte Diskussion" aus. Der Betroffene selbst war nicht eingeladen.[710]

Nachdem die Volksabstimmung am 23. Oktober 1955 das Saarstatut verworfen und den Weg zur Rückgliederung eröffnet hatte, bemühte sich die Einheitsgewerkschaft, ihren einstigen Vorsitzenden wieder als Präsidiumsmitglied einzusetzen. Der Versuch, dies über die Nachfolge des ausgeschiedenen Alois Lenhart zu erreichen, scheiterte am Widerstand der christlichen Fraktion, die die Stelle erneut für einen Vertreter ihrer Gruppierung beanspruchte.[711] Die nächste Kammerversammlung am

23. April 1956 stellte auf Antrag der früheren EG-Fraktion, die sich nun Fraktion des DGB nannte, fest, dass das Mandat Kutschs als Mitglied der Kammerversammlung nicht erloschen sei. Die christlichen Gewerkschafter enthielten sich, wie bei der Abberufung knapp zwei Jahre zuvor, der Stimme.[712] Durch den Rücktritt des letzten Vorsitzenden der Einheitsgewerkschaft, Jakob Schäfer, bot sich schließlich die Gelegenheit, Paul Kutsch auch wieder ins Präsidium der Arbeitskammer zu berufen. Diesmal fiel die Entscheidung einstimmig.[713] Der Rehabilitierte bemerkte bei der folgenden Präsidiumssitzung, dass ihm seine Wiedereinsetzung nicht mitgeteilt worden sei und „daß im Zuge des damaligen Verbotes des alten IV Bergbau es nicht erforderlich gewesen wäre, ihm sein Mandat als Kammer- und Präsidiumsmitglied zu entziehen".[714]

Abb. 31: Paul Kutsch bei seiner Ansprache als Vorsitzender der Einheitsgewerkschaft auf dem Landwehrplatz in Saarbrücken am 1. Mai 1952
(Foto: Landesarchiv Saarbrücken)

3.6.2 Der Metallarbeiterstreik und Vorschläge für eine „zeitgemäße" Lohnpolitik

Der Metallarbeiterstreik im Februar 1955, der in einen Generalstreik mündete, entstand aus einem Lohnkonflikt. Seit Sommer 1953 hatten die Sozialparteien ohne Ergebnis über eine Lohnerhöhung verhandelt. In den Jahren zuvor waren die Löhne hinter den Lebenshaltungskosten zurückgeblieben. Im zweiten Halbjahr 1954 erlebte die Konjunktur einen Aufschwung; Produktionszahlen und Arbeitsproduktivität stiegen an, was der Forderung nach Lohnerhöhungen zusätzliche Nahrung gab.[715]

Nachdem auch ein Vermittlungsversuch der Landesregierung und die Einschaltung des Landesschlichters zu keinem Ergebnis geführt hatten, hielten IV Metall und Christlicher Metallarbeiter-Verband eine Urabstimmung ab, in der sich die überwiegende Mehrheit der Abstimmenden für einen Streik aussprach. Daraufhin forderten beide Gewerkschaften gemeinsam dazu auf, ab 21. Februar die Arbeit niederzulegen. Obwohl nur etwas mehr als ein Drittel der Metallarbeiter gewerkschaftlich organisiert war, wurde der Aufruf in allen größeren Betrieben fast vollständig befolgt. Auch etwa die Hälfte der Angestellten schloss sich an. Auf einen verbindlichen Schiedsspruch hin erklärten die Gewerkschaften den Streik nach zwei Tagen für beendet. Dessen ungeachtet streikte ein großer Teil der Belegschaften weiter, wobei es am 24. Februar zu heftigen Zusammenstößen mit der Polizei kam.

Nun rief die Einheitsgewerkschaft aus Protest gegen den rücksichtslosen Polizeieinsatz, die Verletzung des Streikrechts durch die Zwangsschlichtung, Versammlungsverbote und die einseitige Berichterstattung des Rundfunks zu einem eintägigen Generalstreik auf. Die Christlichen Gewerkschaften lehnten den Generalstreik ab und warfen der gegnerischen Organisation vor, die Lohnbewegung zum Kampf gegen den CVP-Arbeitsminister zu missbrauchen. Der Streik wies unterdessen über die taktischen Winkelzüge der Gewerkschaften und auch über den Lohnstreit hinaus. Denn der Unmut, der von den schleppenden

Lohnverhandlungen über die Zwangsschlichtung bis zur Verletzung des Versammlungsrechts angewachsen war, richtete sich inzwischen gegen die undemokratischen Zustände im Saarland und rührte an die politische Verfasstheit des Saarstaates. Insofern bildete der Metallarbeiterstreik einen weiteren Schritt auf dem Weg zur Ablehnung des Saarstatuts im Oktober desselben Jahres.[716]

Wie die Kammerzeitschrift das Thema aufgriff, ist bezeichnend für ihren Umgang mit strittigen und politisch „aufgeladenen" Fragen. Zuerst gab sie einen Kommentar des Handelsblatts wieder, der den Streik der unbeweglichen Haltung des Arbeitgeberverbandes anlastete und bemerkte, dass dessen Vorgehensweise auch in der Unternehmerschaft bedauert werde.[717] Eigene Beiträge setzten sich anschließend mit dem saarländischen Lohnsystem auseinander und unterbreiteten Vorschläge für eine „zeitgemäße" Lohnpolitik. Über den Arbeitskampf selbst wurde nicht berichtet; auch die politische Stoßrichtung des Ausstands, die sich gegen die Einschränkung der Tariffreiheit und des Streikrechts richtete, fand keine Erwähnung.

Eine Ursache für die Unzufriedenheit unter den Metallarbeitern lag nach Auffassung der Arbeitskammer im wachsenden Abstand zwischen den niedrigen Tariflöhnen, die sich am gesetzlichen Mindestlohn ausrichteten, und den durch Akkordsätze und Überstunden bestimmten Effektivlöhnen. Da letztere von der Konjunkturentwicklung abhingen, boten sie keine gesicherte Existenzgrundlage. Von daher hätten die Tariflöhne angehoben werden müssen. Zu den lohnpolitischen Spannungen habe außerdem beigetragen, dass bei der Heraufsetzung des Mindestlohns die Facharbeiterlöhne zurückgeblieben waren. „Zeitgemäße" Lohnpolitik bedeutete aus Sicht der Arbeitskammer, den Tariflohn durch einen an der Arbeitsproduktivität und der individuellen Leistung bemessenen „betrieblichen Ertragslohn" zu ergänzen. Eine leistungsgerechte Entlohnung führe nicht nur zu Einkommenssteigerungen und erlaube eine Beilegung des Lohnstreits; die Anerkennung ihrer Leistung fördere auch die Bereitschaft der Arbeitnehmer, zum Wohl von Betrieb und Gesellschaft beizutragen:

„Der Lohn ist [...] mehr als ein rein betriebliches Kostenelement. Er erhebt sich über das Wagen und Wägen des wirtschaftlichen Rechnens weit hinaus und unterstreicht damit die volkswirtschaftliche Leistung des schaffenden Menschen und gibt ihm seine volle und gültige Bewertung."[718] Über die Verringerung von Materialverlusten und eine bessere Auslastung der Anlagen war es nach Ansicht der Autoren möglich, die Arbeitsproduktivität zu erhöhen und betriebliche Lohnreserven auszuschöpfen. Damit könnten die Löhne steigen, ohne dass Rückwirkungen auf die Preise zu befürchten seien. Ein ertragsorientierter Lohn schaffe wiederum Anreize zum wirtschaftlichen Einsatz von Ressourcen.

Das Bemühen, mit sachbezogenen Vorschlägen zur Konfliktlösung beizutragen, entsprach dem Selbstverständnis der Arbeitskammer als „objektiver Sachwalter arbeitnehmerischer Interessen", der „seine Anliegen in aufrichtiger Zusammenarbeit mit den anderen Sozialpartnern zum Wohle der Gesamtgesellschaft unter Berücksichtigung betrieblicher Notwendigkeiten und objektiver Gegebenheiten zu verwirklichen [sucht]".[719] Dies setzte voraus, dass erstens die Interessen der Arbeitnehmer mit den angenommenen wirtschaftlichen Notwendigkeiten und Gegebenheiten in Einklang standen und sich zweitens auf dieser Grundlage eine Verständigung mit der Gegenseite erzielen ließ. Während ersteres als sicher angenommen wurde, bestanden wohl Zweifel, ob Einsicht in die Notwendigkeit auch das unternehmerische Handeln leite. Die Arbeitskammer beließ es nämlich nicht bei der Darlegung von Sachverhalten, sondern appellierte „nachdrücklichst" an das „soziale Gewissen" der Arbeitgeber.[720]

Die gleichen Gründe, die zum Streik geführt hatten, ließen jedoch erwarten, dass die Mahnung an das soziale Gewissen ebenso wirkungslos bleiben werde wie die Berufung auf wirtschaftliche Sachzwänge: „Zu den tiefsten Ursachen der kürzlichen Spannungen dürfte auch gehören, daß die Wortführer der Metallbetriebe oft gleichzeitig die prononcierten Vertreter von außersaarländischen Kapitalinteressen sind. Das erschwert weitgehend eine innerbetriebliche und überbetriebliche Verständigung der Sozialpartner und läßt es oft nicht zu jener inneren Betriebsharmonie kommen, wie sie geboten erscheint, und wie sie in fortschrittlichen Betrieben und Ländern heute immer mehr verwirklicht wird."[721]

Die Arbeitskammer strebte eine Sozialpartnerschaft an, die sich auf die Modernisierung und Rationalisierung der betrieblichen Abläufe und der industriellen Beziehungen gründete. Damit verfolgte sie ähnliche Ziele wie die westdeutschen Gewerkschaften. Vergleichbare Bestrebungen auf internationaler Ebene fanden ihren Ausdruck in der Europäischen Produktivitäts-Zentrale (EPZ), die 1953 auf Anregung der US-Regierung und der OEEC eingerichtet wurde, um im Rahmen des Marshall-Plans Maßnahmen zur Erhöhung der Arbeitsproduktivität nach amerikanischem Vorbild zu fördern. Dazu zählten neben der Anwendung moderner Managementmethoden in Absatz und Vermarktung vor allem eine verbesserte Zusammenarbeit von Arbeitgebern und Arbeitnehmern und die Berücksichtigung der „Human Relations". An der EPZ und den in den OEEC-Mitgliedsstaaten gebildeten Produktivitäts-Zentralen auf nationaler Ebene waren die Gewerkschaften beteiligt. Im Saarland richtete die Landesregierung ebenfalls eine Produktivitäts-Zentrale ein, zu der die Arbeitskammer „hinzugezogen" wurde.[722]

In der mit Frankreich verbundenen Saarwirtschaft fehlte für eine Sozialpartnerschaft der Mitspieler auf der Unternehmerseite. Darauf wies „Die Arbeitskammer" im Zusammenhang mit dem Lohnkonflikt in der Metallindustrie hin; wobei der Hinweis, wie das obige Zitat belegt, gemessen an ihren Verlautbarungen zu anderen strittigen Fragen, vergleichsweise deutlich ausfiel.

Abb. 32: Im Anschluss an den Metallarbeiterstreik kam es am 24. Februar 1955 zu einem umstrittenen Polizeieinsatz vor dem Landtag in Saarbrücken: berittene Polizei und Demonstranten an der Alten Brücke, im Hintergrund das Finanzamt (Foto: Landesarchiv Saarbrücken, Presse Photo Actuelle, Erich Oettinger).

3.6.3 Weitere Streitpunkte: Röchlingwerke, Wirtschaftsunion, Warndtfrage, Telefonüberwachung

Solange die Grundlagen des Saarstaates und die Regierungspolitik nicht in Frage gestellt wurden, bot die Kammerzeitschrift Raum auch für kritische Äußerungen. Das zeigt die Behandlung der Eigentumsregelung für die Völklinger Hütte und der Strukturschwächen der saarländischen Wirtschaft. Am Beispiel von Warndtfrage und Telefonüberwachung werden hingegen die Beschränkungen der Berichterstattung sichtbar.

Röchlingsche Eisen- und Stahlwerke

Die Völklinger Hütte stand seit Kriegsende unter französischer Treuhandverwaltung („Sequesterverwaltung"). Mit der Verurteilung des vormaligen Unternehmensleiters Hermann Röchling und zweier weiterer Familienmitglieder wegen Kriegsverbrechen gingen die Unternehmensanteile der Verurteilten von insgesamt zehn Prozent an den französischen Staat über. Unter Berufung auf Reparationsansprüche, die von deutscher Seite bestritten wurden, bemühte sich die französische Regierung ihren Eigentumsanteil zu erhöhen. Die Familie Röchling erkannte die französischen Forderungen ebenfalls nicht an und traf, möglicherweise um eine Entscheidung auf politischer Ebene herbeizuführen, Vorbereitungen zum Verkauf ihrer verbliebenen Beteiligung. Auf Grund des wirtschaftlichen Gewichts der Röchlingschen Eisen- und Stahlwerke besaßen die Eigentumsverhältnisse in diesem Unternehmen eine erhebliche wirtschafts-, arbeits- und sozialpolitische Bedeutung für das Saarland.

Als Ende 1954 Kaufabsichten des französischen Konzerns Schneider-Creusot bekannt wurden, erhob die saarländische Landesregierung Einspruch bei der französischen Regierung und forderte, die Anliegen der saarländischen Wirtschaft und der Arbeiterschaft zu berücksichtigen. Darin wurde sie von der Arbeitskammer, den Gewerkschaften und im Grundsatz auch von den nicht zugelassenen Oppositionsparteien unterstützt. Während die CVP sich in der Eigentumsfrage nur dahingehend festlegte, dass sie eine französische Vormachtstellung vermeiden wollte, forderten Einheitsgewerkschaft und SPS – mit unterschiedlicher Zielrichtung – die Verstaatlichung der Völklinger Hütte. Die Arbeitskammer hingegen sah Wirtschafts- und Arbeitnehmerinteressen am ehesten durch eine Rückgabe an die Familie Röchling gewährleistet, womit sie sich in Einklang mit der illegalen Opposition befand. Die Begründung lautete, dass ein ansässiges Familienunternehmen eher Rücksicht auf einheimische Bedürfnisse nehme als eine Gesellschaft mit Sitz im Ausland; als Beweis wurde die Betriebspolitik der Familie Röchling im Vergleich zu derjenigen der französischen Treuhandverwaltung angeführt.[723]

In diesem Zusammenhang erfuhr Hermann Röchling eine besondere Wertschätzung, was der vorherrschenden Sichtweise entsprochen haben dürfte. Seine führende Stellung in der nationalsozialistischen Kriegswirtschaft und beim Einsatz von Zwangsarbeitern wurde ebenso ausgeblendet wie der nicht gerade arbeitnehmerfreundliche Versuch, 1924 über die Aussperrung der Belegschaft eine Herabsetzung der Kohlepreise und günstige Kredite der Reichsregierung zu erzwingen. Unter Bezugnahme auf das Angebot von Pensionären der Völklinger Hütte, Röchlings Haftstrafe zu übernehmen, schrieb die Zeitschrift der Arbeitskammer: „Diese eine Tatsache demonstriert geradezu, daß zwischen Leitung und Belegschaft ein echtes und persönliches Vertrauensverhältnis bestand, das höheren Wert besitzt als ein gesetzliches Recht der Mitsprache."[724]

Für eine Einrichtung, die sich für Mitbestimmungsrechte der Arbeitnehmer einsetzte, war dies eine bemerkenswerte Aussage. Gleichzeitig leitete die Arbeitskammer aus dem Vertrauensverhältnis „ein unbestreitbares Recht [der Belegschaft ab], in dieser einschneidenden Frage des Besitzwechsels nicht nur gehört zu werden, sondern auch mitzubestimmen".[725]

Abb. 33: Die Eigentumsverhältnisse der Völklinger Hütte und die Rolle der Familie Röchling bildeten einen wesentlichen politischen Streitpunkt im teilautonomen Saarstaat (Foto: Landesarchiv Saarbrücken, Fotograf: Julius C. Schmidt).

Strukturschwächen der saarländischen Wirtschaft

Der Investitionsrückstand der saarländischen Wirtschaft, der den unzureichenden Finanzierungsmöglichkeiten auf dem eingeschränkten heimischen Kapitalmarkt geschuldet war, erwies sich ab 1953 immer deutlicher als strukturelle Schwäche. Als wesentliche Ursachen der geringen Kapitalausstattung galten die französische Kontrolle über das Kreditwesen und die für das Saarland nachteilige Verteilung der Hilfsgelder aus dem Marshall-Plan.[726]

In der Bestandsaufnahme stimmten die politischen Lager überein, nicht jedoch in den Schlussfolgerungen. Während die Landesregierung und die Anhänger der Autonomie die in den Verhandlungen mit der französischen Seite erzielten Verbesserungen hervorhoben, sah die Opposition den Grund des Übels in der Bindung an Frankreich und erwartete eine Lösung von der Vereinigung mit der Bundesrepublik. Die Kammerzeitschrift sprach zwar die Ursachen der wirtschaftlichen Schwierigkeiten an, klammerte den politischen Meinungsstreit, der sich daran entzündete, aber aus. Während der erneuten Verhandlungen über die wirtschaftliche Zusammenarbeit zwischen dem Saarland und Frankreich im Frühjahr 1955 schrieb sie ganz im Sinne der Landesregierung: „Die neuen Wirtschaftsverträge werden […] aller Voraussicht nach […] eine den saarländischen Wünschen entsprechende Regelung bringen […]."[727] Ob der Vertrag vom 3. Mai 1955 diese Erwartungen erfüllte, wurde nicht mitgeteilt.

Warndtkohle

Bei den Verhandlungen zwischen den Regierungen Frankreichs und des Saarlandes Anfang 1950 über den Betrieb der Saargruben scheiterte eine Einigung über die Warndtkohle dem Vernehmen nach an Zeitmangel und an den gegensätzlichen Standpunkten zur Abgrenzung des Abbaugebietes und zur Besteuerung der Kohlegewinnung. Sowohl der IV Bergbau als auch christliche Gewerkschafter warfen der Landesregierung eine zu nachgiebige Haltung gegenüber der französischen Seite vor.[728]

In Verbindung mit dem zweiten französisch-saarländischen Bergwerksabkommen vom Mai 1953 kam es in Hinsicht auf die Warndtkohlefelder dann zu einer Vereinbarung, die in einem Zusatzprotokoll festgehalten wurde. Sie sah vor, dass eine paritätisch durch die Regierungen beider Länder besetzte Schiedskommission mit einem von den Vertragsparteien gemeinsam bestimmten Vorsitzenden die Grenzen des Abbaugebietes und die Höhe der Pachtzahlungen festlegte. Der größte Teil des Warndtvorkommens sollte den Saarbergwerken vorbehalten bleiben. Um Raubbau zu verhindern, verpflichtete sich die französische Regierung, dafür zu sorgen, dass der Betrieb in den verpachteten Kohlefeldern „den besten bergbaulichen Regeln"

Abb. 34: Ministerpräsident Johannes Hoffmann („Joho") als „Kohlendieb" auf einem Aufkleber zur Abstimmung über das Saarstatut am 23. Oktober 1955

entspricht. Außerdem wurde den lothringischen Bergwerken auferlegt, im Warndt soweit möglich nur saarländische Arbeiter und Angestellte zu beschäftigen.[729] Damit waren zwar Richtlinien vorgegeben, die endgültige Regelung blieb aber der noch zu bildenden Schiedskommission überlassen. Auf Bedenken stießen auch einige Bestimmungen, die eine Auslegung zuungunsten des Saarlandes zuließen.[730]

Die Zeitschrift der Arbeitskammer zeichnete die Geschichte der Kohlegewinnung im Warndt durch lothringische Bergwerke nach und unterstrich die wirtschaftliche Bedeutung dieser Kohlelagerstätten für das Saarland. Sie erläuterte die Vereinbarung vom Mai 1953 und betonte, dass „die Saarregierung mit dem Hinweis auf diese unzumutbaren Verluste an Vermögen und Steuern sowie auf die nachteilhaften Rückwirkungen auf den saarländischen Arbeitsmarkt [durch den Abbau der Warndtkohle von Lothringen aus, Verf.] auf eine klare Regelung der Warndtfrage gedrängt"[731] habe. Ohne es auszusprechen, unterstützte die Arbeitskammer diesen Standpunkt, den im Übrigen auch die Opposition vertrat. Die Bezugnahme auf die Landesregierung kann als Absicherung der eigenen Auffassung und als Anspruch verstanden werden, dem das Ergebnis der Verhandlungen zu genügen habe. Die umstrittene Frage, ob das Ziel mit dem Abkommen erreicht wurde, blieb hingegen unbeantwortet. Die Einwände, die gegen den Vertrag vorgebracht wurden, fanden in der Kammerzeitschrift keine Erwähnung.

Tatsächlich blieb das Zusatzprotokoll wirkungslos. Während sich die Einrichtung der Schiedskommission hinzog, setzte die lothringische Bergwerksgesellschaft den Abbau der Warndtkohle in verstärktem Umfang fort. Die Warndtfrage bildete weiter einen Streitpunkt zwischen Regierung und Opposition und bestimmte die politische Auseinandersetzung im Saarstaat. Die Kammerzeitschrift griff das Thema erst wieder im Zusammenhang mit den Verhandlungen über die Rückgliederung an die Bundesrepublik auf.[732]

Abb. 35: Der Streit um den Abbau der Warndtkohle durch lothringische Bergwerke beschäftigte auch die Karikaturisten des „Tintenfisch"
(Der Tintenfisch Jg. 6, Heft 6, März 1953).

Telefonüberwachung

Eine Auseinandersetzung zwischen Gewerkschaften und Regierung in der Endzeit des Saarstaates, bei dem sich die Gewerkschaften über Parteigrenzen hinweg gegen die Missachtung demokratischer Rechte verwahrten, fand weder in der Kammerzeitschrift noch bei Präsidium oder Kammerversammlung Beachtung. Nachdem die Verletzung des in der Verfassung niedergelegten Post- und Fernmeldegeheimnisses wiederholt Anlass zu

Beschwerden geboten hatte, drangen im April 1955 Beauftragte des französischen Kontrolldienstes in das Saarbrücken Fernsprechamt ein, um eine Überwachung von Fernsprechanschlüssen einzurichten.

Der Vorsteher des Fernsprechamtes, der dies unter Berufung auf die Rechtslage zu verhindern versuchte, wurde kurz darauf seines Amtes enthoben. Daraufhin forderten die Verbände der Einheitsgewerkschaft, der Christlichen Gewerkschaften und des Beamtenbundes gemeinsam die Rücknahme der Maßregelung und die „Herstellung verfassungs- und gesetzmäßiger Zustände". Andernfalls kündigten sie „geeignete Maßnahmen" an. Dazu kam es nicht, denn am 30. April gab die Regierung bekannt, dass die Postüberwachung mit Inkrafttreten der neuen saarländisch-französischen Abkommen eingestellt werde.[733]

3.7 Urlaubsreisen für Arbeitnehmer: Das Ferienwerk der Arbeitskammer

Das Ferienwerk entstand auf Vorschlag des Vorsitzenden des Gesamtverbandes der Christlichen Gewerkschaften, Hans Ruffing. Aus Kreisen der Gewerkschaften wurde anfangs zu bedenken gegeben, dass die Veranstaltung von Urlaubsreisen keine Aufgabe der Kammer sei. Auch bestanden Vorbehalte gegen einen organisierten Massentourismus, wie er aus der NS-Zeit noch in Erinnerung war. Der große Zuspruch, den das Ferienwerk fand, entkräftete die Einwände.[734] Die Gestaltung der Reisen als Familienurlaub in Privatunterkünften, wobei am Urlaubsort zwar gemeinsame Veranstaltungen angeboten wurden, aber nur die Hin- und Rückfahrt aus Kostengründen in größeren Gruppen stattfand, dürfte bald zu der Erkenntnis geführt haben, dass Vergleiche mit „Kraft durch Freude" der Grundlage entbehrten.

Außer Erholung und Entspannung sollten die Reisen „dem schaffenden Menschen die Schönheiten sowie die geographischen und kulturellen Besonderheiten seiner Heimat und anderer Länder erschließen, seinen Gesichts- und Bildungskreis erweitern und einen Gedankenaustausch mit den Bewohnern anderer Länder ermöglichen und somit nicht zuletzt zu einer gegenseitigen Verständigung der Völker beitragen".[735] Die Übernahme dieser Aufgabe durch die Arbeitskammer wurde damit gerechtfertigt, dass ein Arbeiter die Kosten für eine individuelle mehrwöchige Ferienreise mit Familie nicht aufbringen könne und die Arbeitskammer als einzige Institution im Saarland über die Voraussetzungen verfüge, um „kostensparend Urlaubsreisen zu veranstalten, gute Ferienorte zu tragbaren Bedingungen auszuwählen und eine wohltuende Ferienatmosphäre in entsprechend gleichgesinntem Kreise zu schaffen [...]".[736] Besonderen Wert legte das Ferienwerk darauf, Familien einen gemeinsamen Urlaub zu ermöglichen. Damit Eltern sich gleichzeitig vom Familienalltag erholen konnten, wurden Urlaubsorte ausgewählt, die Kindergartenplätze anboten.[737]

Anfangs war nicht beabsichtigt, dass die Arbeitskammer selbst als Reiseveranstalter auftritt. Erst als die ansässigen Reisebüros die Anforderungen insbesondere an die preisliche Gestaltung der Reisen nicht erfüllen konnten, übernahm das Ferienwerk die Organisation in Zusammenarbeit mit den Fremdenverkehrsverbänden der Urlaubsorte. Weiter entfernte Ziele wurden mit der Bahn, näher gelegene zunehmend mit Bussen angefahren. Der Vertrieb erfolgte über die Sparkassen und Genossenschaftsbanken und über Betriebsräte und Gewerkschaften. Durch den Erwerb von Sparmarken ließen sich die Reisekosten schrittweise aufbringen. Die Grundpreise beinhalteten eine Unterbringung in Privatzimmern, gegen Aufpreis konnten komfortablere Fremdenzimmer in Privathäusern oder ein Aufenthalt in Gasthöfen oder Hotels gebucht werden. Während die „Feriensparer" die eigentlichen Reisekosten trugen, ging die Unterhaltung des Ferienwerks einschließlich der Werbung zu Lasten der Arbeitskammer. Manche Betriebe ermöglichten ihren Belegschaftsangehörigen einen Urlaub mit dem Ferienwerk, indem sie die Kosten übernahmen.[738]

Die ersten Reisen im Sommer 1953 führten in den Schwarzwald, nach Oberbayern, aber auch schon an die französische Mittelmeer- und Atlantikküste. Es folgte ein Winterprogramm mit Angeboten im Schwarzwald, in Oberbayern, in den Vogesen und den französischen Alpen. Im Sommer 1954 kamen Ziele in Österreich und Italien hinzu. Ab 1955 bot das Ferienwerk Urlaub in saarländischen Ferienorten an, unter anderem, um das einheimische Fremdenverkehrsgewerbe zu fördern. Im Jahr zuvor hatten bereits Wochenendfahrten durch das Saarland stattgefunden. Der kulturellen Bildung dienten Studienreisen nach Paris und Fahrten zu den Bregenzer Festspielen. Auf Grund der zügigen Ausweitung des Angebotes traf 1954 die Suche nach geeigneten Reiseleitern auf Schwierigkeiten. Nachdem sich Teilnehmer beschwert hatten, wurde beschlossen, die Reiseleiter im nächsten Jahr sorgfältiger auszuwählen und besser auf ihre Aufgaben vorzubereiten, indem ihnen das Ferienwerk Unterlagen über die Reiseziele zur Verfügung stellte. Bevorzugt wurden Studenten verpflichtet, denen die Arbeitskammer damit die Finanzierung ihres Studiums erleichterte.[739]

Schon im Sommer 1953 nahmen über 5.600 Personen an den Reisen teil. Bis 1955 stieg die Zahl auf 16.500, und bis Ende 1956 hatten insgesamt circa 55.000 Arbeitnehmer und Familienangehörige ihren Urlaub mit dem Ferienwerk verbracht. Nicht nur die starke Nachfrage, auch die Zusammensetzung der Kundschaft bestätigte den Grundgedanken des Ferienwerks. Der Anteil der Arbeiter lag 1953 bis 1955 zwischen 42 und 47 Prozent, über die Hälfte der Teilnehmer reiste mit Familie, ein Fünftel bis ein Viertel der Anmeldungen entfiel auf Familien mit Kindern. Erwartungsgemäß wurden längere, weitere und teurere Urlaubsfahrten, zum Beispiel nach Frankreich, eher von Angestellten und Einzelreisenden unternommen, während Arbeiter und Familien preiswerte und kürzere Reisen oder näher gelegene Ziele bevorzugten. Die Zunahme der Familien im Jahre 1955 dürfte sich daher aus der Erweiterung des Angebotes im Saarland, in Süddeutschland und Österreich erklären.[740]

Abb. 36: Das Angebot des Ferienwerks im Sommer 1956 schloss bereits Reiseziele am Mittelmeer ein (Die Arbeitskammer, 4. Jg., Heft 3, März 1956).

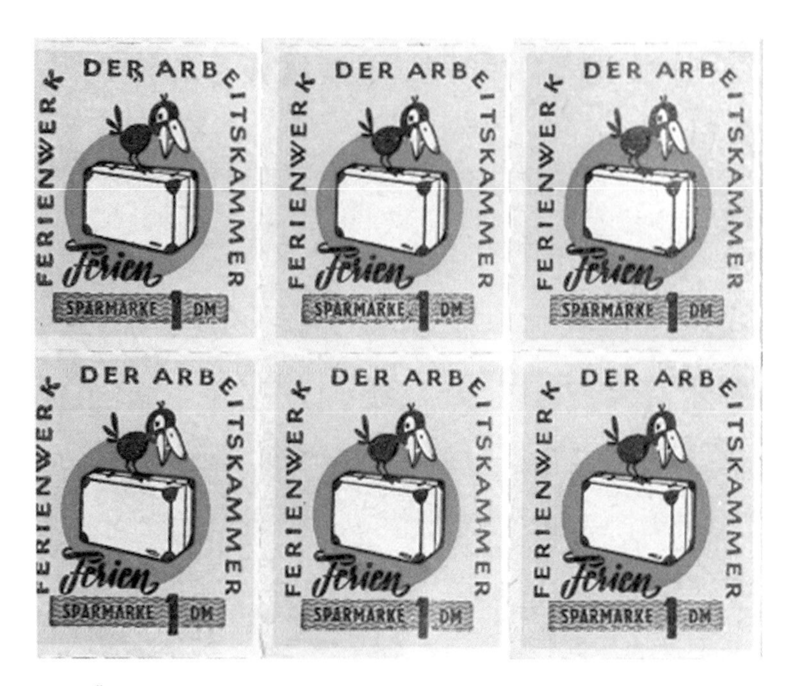

Abb. 37: Über den Erwerb von Sparmarken konnten die Reisekosten schrittweise aufgebracht werden (Dokumentationszentrum der Arbeitskammer).

3.8 Außenbeziehungen: Arbeiterkammer Wien, Internationales Arbeitsamt, Deutscher Gewerkschaftsbund

Die österreichischen Arbeiter- und Angestelltenkammern galten nicht nur für das Arbeitskammergesetz, sondern auch beim Aufbau der Arbeitskammer als richtungweisend. Auf Einladung der Arbeiterkammer Wien erkundigten sich Präsident Wacker, Geschäftsführer Welter und die Mitglieder der Kammerversammlung Brack, Cullmann und Gier im März 1953 bei einem einwöchigen Besuch über die dortigen Einrichtungen: „Der positive Wert der persönlichen Unterrichtung an Ort und Stelle wurde von der Kammerversammlung, vor allem im Hinblick auf die Erfahrungsnutzung für den Aufbau der eigenen Kammer, allgemein anerkannt."[741]

Anlässlich eines Gegenbesuchs des Präsidenten der Wiener Arbeiterkammer im Saarland 1955 schrieb die Zeitschrift der Arbeitskammer: „Die fruchtbaren und guten Erfahrungen, die gerade die Arbeiterkammern in Wien und im gesamten Österreich sammeln konnten, galt es auch für unsere saarländischen Verhältnisse nutzbar zu machen."[742]

Eine weitere Informationsreise nach Österreich unternahm Präsident Wacker mit Mitarbeitern im September 1955, um mit Unterstützung österreichischer Gewerkschafter in Kärnten Ziele für das Ferienwerk auszusuchen. Wacker hielt Reisen nach Österreich für besonders empfehlenswert, da saarländische Gewerkschafter dort die Erfolge sehen könnten, „die durch eine zielbewußte Zusammenarbeit zwischen Gewerkschaften und Arbeiterkammern für die Arbeitnehmerschaft erreicht wurden".[743] Die Gründung des Ferienwerks folgte ebenfalls dem österreichischen Vorbild.[744]

Über die Arbeiterkammern bestanden auch enge Beziehungen zu den österreichischen Gewerkschaften. Hingegen gibt es keine Anzeichen für Verbindungen zu den Arbeitnehmerkammern in Luxemburg und Bremen.[745] Mit dem Internationalen Bund Freier Gewerkschaften und dem Internationalen Bund der Christlichen Gewerkschaften unterhielt die Arbeitskammer einen Informationsaustausch. Angesichts der Bindung des Saarlandes an Frankreich erstaunt, dass es offenbar keinen unmittelbaren Kontakt zu französischen Gewerkschaften gab.

Im Juni 1952 besuchte eine Abordnung der Arbeitskammer den DGB-Bundesvorstand in Düsseldorf und das Wirtschaftswissenschaftliche Institut des DGB (WWI) in Köln. Dabei wurde deutlich, dass der DGB „im Hinblick auf die bei der unübersichtlichen politischen Gliederung im Bundesgebiet bestehenden verwaltungstechnischen Schwierigkeiten"[746] Wirtschaftskammern mit paritätisch besetzten Ausschüssen beziehungsweise Beiräten an Stelle der Industrie- und Handelskammern der Einrichtung von Arbeitskammern vorzog. Beide Seiten stimmten aber überein, dass den Gewerkschaften als privatrechtlicher Vertretung der Arbeitnehmer eine öffentlich-rechtliche Einrichtung zur Seite gestellt werden solle.

Weitere Gesprächsthemen bildeten Schulung, Bildung und – im Hinblick auf die bevorstehende Verabschiedung des Betriebsverfassungsgesetzes in der Bundesrepublik – das Mitbestimmungsrecht. Das WWI erklärte sich bereit, Referenten der Arbeitskammer einzuarbeiten, Dozenten ins Saarland zu entsenden, „geeignete Leute" in seine Kurse aufzunehmen und eine Verbindung der Kammer zu einschlägigen Forschungsinstituten in der Bundesrepublik zu vermitteln.[747] Inwiefern die vereinbarte Zusammenarbeit zustande kam, lässt sich nicht überprüfen.

Nachdem sich Präsident Wacker schon in seiner Antrittsrede für eine Zusammenarbeit mit dem Internationalen Arbeitsamt (IAA) ausgesprochen hatte, beantragte die Arbeitskammer bei der Landesregierung, ihr einen Sitz in der Vertretung des Saarlandes bei der Internationalen Arbeitsorganisation (IAO) in Genf zu überlassen.[748] Das Saarland war zwar nicht Mitglied der IAO, konnte aber mit einer dreiköpfigen Abordnung an den Tagungen teilnehmen.[749] Für die Beteiligung an internationalen Konferenzen stellte die Arbeitskammer 500.000 Francs in den Haushalt ein.[750] Bei der 37. Internationalen Arbeitskonferenz 1954 gehörte ein Vertreter der Arbeitskammer der Abordnung des Saarlandes an, wobei die Berichterstattung offen lässt, in welcher Funktion. Wahrscheinlich stellte die Kammer einen der Berater, die die Delegation aus zwei Regierungs- und je einem Arbeitgeber- und Arbeitnehmervertreter begleiteten.[751] Über eine Teilnahme an den Arbeitskonferenzen der beiden folgenden Jahre ist nichts bekannt. Die Kammerzeitschrift berichtete regelmäßig über die Tagungen des IAA wie auch des Internationalen Bundes Freier Gewerkschaften.

3.9 Frauenbild und Frauenpolitik

Auf den Vorschlag des Verwaltungsausschusses, „zur Wahrnehmung der Interessen der weiblichen Beschäftigten an der Saar eine Sachbearbeiterin für Frauenfragen einzustellen",[752] beschloss das Präsidium, zuerst die zuständige Sachbearbeiterin im Arbeitsministerium zu hören. Das Ergebnis ist nicht überliefert. Der Organisationsplan, den das Präsidium am 20. November 1952 verabschiedete, sah jedoch eine Abteilung für Frauenfragen vor. In der gleichen Sitzung wurde Jakob Roschel (CG) zum Vorsitzenden des Frauenausschusses ernannt – der Kammerversammlung gehörten ausschließlich männliche Mitglieder an.[753] In ihrer Beratung des Haushaltsplans sprach sich die Kammerversammlung am 5. Dezember auf Vorschlag von Alfred Becker (EG) dafür aus, das Frauenreferat statt mit einer Sachbearbeiterin mit einer Referentin zu besetzen und die Stelle entsprechend höher zu vergüten. Der Vertreter des Arbeitsministeriums erklärte seine Zustimmung.[754] Doch nach zwei Vorstellungsgesprächen nahm das Präsidium „von einer Stellenbesetzung vorerst Abstand", da nach seiner Ansicht keine Bewerberin die Voraussetzungen erfüllte. Die Einrichtung eines Frauenreferates wurde in der ersten Wahlperiode nicht weiter verfolgt.[755]

Zwischen 1951 und 1955 stieg die Zahl erwerbstätiger Frauen im Saarland um 42 Prozent, ihr Anteil an den Erwerbstätigen von 19,7 auf 23,4 Prozent.[756] Die Kammerzeitschrift erläuterte den gesetzlichen Mutterschutz, wies auf die erste Landesausstellung „Die Welt der Frau" hin und verglich die Entwicklung der Frauenerwerbstätigkeit in der Bundesrepublik und im Saarland. In einem eher grundsätzlichen Beitrag von Angelika Franz hieß es ganz im Sinne des konservativen „Zeitgeistes":

> „Für die Persönlichkeitsentfaltung der Frau ist es von entscheidender Bedeutung, daß sie die Mütterlichkeit nicht verkümmern läßt. Daher sollte bei der Wahl des Berufes für jedes Mädchen entscheidend sein, ob der Arbeitsplatz die Betätigung dieser Kräfte ermöglicht. Danach müßten die eigentlich fraulichen dienenden Berufe immer den Vorzug haben."[757]

Gleichwohl ließ sich nicht übersehen, dass die Berufstätigkeit von Frauen, ungeachtet des überlieferten Weltbildes, zunahm und sich die Arbeitskammer den damit verbundenen

Herausforderungen stellen musste. Dieselbe Verfasserin stellte daher auch Überlegungen an, wie zumutbare Arbeitsplätze für Frauen beschaffen sein müssten und erhob die Forderung nach gleichem Lohn für gleiche Arbeit.[758] Eine andere Autorin, Angelika Lave, wies auf die Doppelbelastung durch Beruf und Haushalt hin und setzte sich unter anderem für eine den Arbeitszeiten angepasste Kinderbetreuung ein. Um die Frauenarbeit als „Wirtschaftsfaktor" zu nutzen, müssten die Ausbildungsmöglichkeiten verbessert werden und qualifizierte Frauen Zugang zu ihrer Ausbildung entsprechenden Arbeitsplätzen erhalten.[759]

Ende 1956 berichtete „Die Arbeitskammer" über „Eine Schulungswoche für Frauen in Kirkel". Offensichtlich handelte es sich um die erste derartige Veranstaltung. Eine Teilnehmerin schilderte, wie außergewöhnlich eine solche Schulung empfunden wurde und welche Hindernisse die Interessentinnen überwinden mussten:

> „Ich wußte zunächst nicht, ob ich ja oder nein sagen sollte, als ich zur Teilnahme [...] eingeladen wurde. Da war die gewohnte Arbeit im Betrieb, und da war vor allen Dingen zu Hause die Familie, Mann und Kind, die sich für diese Zeit selbst überlassen sein sollten. Aber schließlich und nach einigem Überlegen und vor allem, nachdem der ‚Herr des Hauses' keinerlei Einwände dagegen erhoben hatte, sagte ich doch ja. Verlockend war ja schon, daß man zusätzlich 8–10 Tage ‚bezahlten Urlaub', freie Unterkunft und Verpflegung und oben drein auch noch ein Taschengeld in Aussicht hatte!"

Neben anerkennenden Worten für Schulungsheim, Freizeitgestaltung und Verköstigung, vermittelt der Bericht eine Vorstellung von der Arbeitswelt der Teilnehmerinnen und verdeutlicht die Wirkung, die von den Kursen ausging: „ ... wir mußten feststellen, daß in sehr vielen Betrieben die Praxis noch ganz anders aussieht, als es die theoretischen Bestimmungen und Vorschriften wollen. Und was uns besonders hinsichtlich der schaffenden Frau über ihre arbeitsrechtliche und sozialrechtliche Stellung innerhalb des Betriebes da gesagt wurde, das haben wir Kursusteilnehmerinnen ganz besonders aufmerksam in uns aufgenommen. Das Problem ‚Gleiche Arbeit, gleicher Lohn' spielte in diesen Vorträgen, besonders aber in anschließenden Aussprachen eine ganz besondere Rolle. In dieser Hinsicht werden wir an unseren Arbeitsstätten manche ‚Revolution' hervorrufen; denn wir wissen ja nun einiges und können den Männern gegenüber auftrumpfen."[760]

Abb. 38: Teilnehmerinnen einer Schulung der Arbeitskammer in Kirkel
(Foto: Dokumentationszentrum der Arbeitskammer)

3.10 Auf der Suche nach geeigneten Räumlichkeiten: Über Umwege zum eigenen Verwaltungsgebäude

Angesichts der Schwierigkeiten, geeignete Räume zu beschaffen, gelangte schon das vorläufige Präsidium zu der Auffassung, „daß die Raumfrage endgültig und zweckmäßig nur durch den Bau eines eigenen Verwaltungsgebäudes gelöst werden kann"; der Geschäftsführer erhielt den Auftrag, „die Möglichkeit für den

Ankauf eines geeigneten Baugrundstückes zu überprüfen".[761] Der Erwerb eines Grundstücks wurde aber zurückgestellt, wohl auch, da der Bau des Schulungsheims in Kirkel die finanziellen Mittel in Anspruch nahm. Während ein eigenes Verwaltungsgebäude weiter als Ziel galt, wurden wiederholt Mietlösungen in Betracht gezogen, da Unsicherheit bestand, ob die Räume in der französischen Botschaft in der Alleestraße auf längere Sicht zur Verfügung stehen würden.

Zu einem Angebot der Volksfürsorge, einen Teil ihres Neubaus an der Ecke Dudweiler Straße/Richard-Wagner-Straße an die Arbeitskammer zu vermieten, fasste das Präsidium keinen Beschluss, weil zuerst die Kammerversammlung über ein eigenes Gebäude entscheiden sollte. Nachdem die Kammer weitere Räume in der Botschaft erhalten hatte, erschien die Suche nach einer neuen Unterkunft nicht mehr dringlich.[762] Auch als sich durch einen Neubau der Firma Großklos in der Sophienstraße im Juni 1954 erneut die Möglichkeit zur Anmietung von Büroräumen bot, wurde noch kein unmittelbarer Handlungsbedarf gesehen. Präsident Wacker nahm zwar Verhandlungen auf, verzichtete aber auf einen Vertragsabschluss, weil Arbeitsminister Kirn die geforderte Miete für zu hoch befand. Kirn sicherte zu, dass die Arbeitskammer die bisher benutzten Räume behalten oder Ersatzräume beziehen könne.

Im Übrigen war vorgesehen, dass sie in das in Bau befindliche „Haus der Arbeit", das spätere Gesundheitsamt, einzieht. Dort sollten alle arbeitspolitischen Behörden räumlich zusammengefasst und auch Arbeitsamt, Landesversicherungsamt, Arbeits- und Landesarbeitsgericht und das arbeitsmedizinische Institut untergebracht werden. Eine entsprechende Verpflichtung war die Arbeitskammer bereits eingegangen. Dessen ungeachtet wurden die Neubaupläne weiter verfolgt. Gleichzeitig mit der Absage an Großklos empfahl das Präsidium der Geschäftsführung, „baldmöglichst ein Grundstück ausfindig zu machen, das für den Neubau eines Verwaltungsgebäudes geeignet ist, da nur so auf die Dauer eine befriedigende Lösung der Raumfrage gefunden werden könne".[763]

Abb. 39: Bis Ende 1954 befand sich die Geschäftsstelle der Arbeitskammer in der französischen Botschaft. Das Gebäude in der Alleestraße (heute Franz-Josef-Röder-Straße) wurde 1937 für das Reichsfinanzamt errichtet. Nach dem Zweiten Weltkrieg war es Sitz zunächst der französischen Militärregierung, dann der Botschaft Frankreichs. Nach Fertigstellung des neuen Botschaftsgebäudes in der Saaruferstraße wurde es vom Innen- und vom Arbeitsministerium bezogen
(Foto: Landesarchiv Saarbrücken, Nachlass Hartmann, Fotograf: Paul Hartmann).

Wenige Monate später musste die Arbeitskammer ihre Geschäftsstelle in der Alleestraße wegen des Umzugs von Arbeits- und Innenministerium aufgeben. Die Verhandlungen mit der Firma Großklos wurden wieder aufgenommen und, nachdem diese ihre Mietforderung von 270.000 auf 250.000 Franken herabgesetzt hatte, ein Mietvertrag über vorerst drei Jahre abgeschlossen. Ende 1954 zog die Arbeitskammer in die Sophienstraße um. Gleichzeitig mit der Bestätigung des Mietvertrages entschied sich das Präsidium, von der Kreissparkasse ein Grundstück für einen Neubau in der Saaruferstraße 18, neben dem „Totohaus", zu erwerben. Im Februar 1955 gab die Kammerversammlung ihre Einwilligung, im Januar des darauf folgenden Jahres wurden die Abbrucharbeiten für das noch bebaute Grundstück vergeben.[764] Anschließend stellte sich heraus, dass die Stadt einen Teil des Geländes zur Anlage von Parkplätzen beanspruchte. Da auch die Suche nach einem Ersatzgrundstück scheiterte, waren im Haushalt Mittel für ein Neubauvorhaben festgelegt, das sich in absehbarer Zeit nicht verwirklichen ließ. Das Angebot zum Erwerb des bisher zur Miete genutzten Bürohauses in der Sophienstraße zuzüglich eines benachbarten Trümmergrundstückes kam daher äußerst gelegen. Im Oktober 1957 beschloss die Kammerversammlung einstimmig den Kauf.[765]

Abb. 40: Das „Haus der Arbeit" sollte alle arbeitspolitischen Behörden und auch die Arbeitskammer aufnehmen: „Das [...] Gebäude soll eines der markantesten, modernsten und eigenwilligsten Verwaltungsgebäude der Landeshauptstadt werden. Die Repräsentation der saarländischen Arbeit ist ihm als besondere architektonische Aufgabe gestellt. Es ist symbolhaft, daß es in unmittelbarer Nähe des industriellen und verkehrspolitischen Zentrums der Landeshauptstadt zu stehen kommt" (Die Arbeitskammer, 2. Jg., Heft 6, Juni 1954, S. 15). In dem Hochhaus an der Kreuzung Malstatter Straße/Hohenzollernstraße war später das Gesundheitsamt untergebracht (Foto: Stadtarchiv Saarbrücken).

3.11 Bücherei

Schon die Arbeitskammer des Saargebietes unterhielt eine Bücherei für die Angehörigen der Berufsorganisationen. Auch die neue Arbeitskammer richtete eine Bibliothek ein. Präsidium und Verwaltungsausschuss waren sich einig, dass sie ausgebaut werden solle und lehnten deshalb den Vorschlag der Geschäftsführung ab, die Mittel im Nachtragshaushalt 1952 zu kürzen.[766] Für den Haushalt 1954 wurde „im Hinblick auf die Bedeutung, die einer gut ausgestatteten Bücherei zukommt"[767], sogar eine Erhöhung der Haushaltsansatzes von 600.000 auf 1,6 Millionen Franken beschlossen. Aus der Bücherei ging das heutige Dokumentationszentrum der Arbeitskammer hervor.

3.12 Zwischen Saarabstimmung und Rückgliederung

3.12.1 Die Arbeitskammer zur Rückgliederung

Bis auf einen kurzen Text in der Rubrik „Zeitspiegel" fand die bevorstehende Saarabstimmung in der Kammerzeitschrift keine Beachtung. Demzufolge entschied sich am Saarstatut, „ob die Nationalidee in Europa noch weiterhin lebensfähig, oder ob die Idee eines vereinigten Europas stärker ist". Die Andeutung einer Stellungnahme lässt sich der Bemerkung entnehmen, dass die „Ansätze in Richtung auf eine neue Staatenbildung in größerem wirtschaftlichen und politischen Rahmen" noch nicht so weit gediehen seien, „wie es ihre Befürworter sich wünschten".[768]

Weitaus deutlicher äußerte sich „Die Arbeitskammer" nach der Abstimmung. In mehreren Beiträgen setzte sich Redakteur Anton Hoffmann für eine politische und wirtschaftliche Vereinigung mit der Bundesrepublik ein und warnte davor, Forderungen der französischen Regierung nach wirtschaftlichen Sonderregelungen zu erfüllen, mit denen die Abhängigkeit des Saarlandes festgeschrieben werde. Damit befand sich die Arbeitskammer in Einklang mit der neu gebildeten Landesregierung. Unmittelbar nach der Abstimmung bot sie Landtag und Regierung ihre

Abb. 41: Tagung der Landesregierung im Schulungsheim der Arbeitskammer in Kirkel, Juni 1956. Am vorderen Tisch vor dem Fenster Ministerpräsident Dr. Hubert Ney, rechts neben Ney Arbeitsminister Kurt Conrad, links stehend Heinrich Wacker
(Foto: Landesarchiv Saarbrücken, Nachlass Barbian, Fotograf: Walter Barbian)

Mitarbeit bei den Aufgaben an, die sich mit der Rückgliederung und den deutsch-französischen Wirtschaftsverträgen stellten.[769]

Das halbautonome Saarland erschien im Nachhinein als „Interregnum einseitiger besatzungsrechtlicher Konstruktion"[770], als „vorübergehende Episode, niemals aber eine Sache des saarländischen Herzens, sondern nur kühler französischer Zweckmäßigkeit".[771] Zugleich wurde betont, dass sich das Abstimmungsergebnis weder gegen die europäische Einigung noch gegen Frankreich richte. Im Gegenteil schaffe erst eine Regelung, die dem Willen der Saarländer Rechnung trage, die Voraussetzungen für eine deutsch-französische Annäherung und für europäische Lösungen.[772]

Mit Moselkanalisierung und Warndtkohle nahm sich die Kammerzeitschrift zweier Fragen an, die bei den deutsch-französischen Saarverhandlungen im Mittelpunkt der Aufmerksamkeit standen. Der von Frankreich für den Verzicht auf seinen wirtschaftlichen Einfluss an der Saar geforderte Ausbau der Mosel als Schifffahrtsweg weckte auf saarländischer Seite Ängste vor Nachteilen gegenüber der lothringischen Eisen- und Stahlindustrie, was die Forderung nach einem Ausgleich durch die Verbesserung der Verkehrsanbindungen nach Süddeutschland aufkommen ließ. Der Abbau saarländischer Kohlevorkommen im Grenzgebiet durch lothringische Bergwerke hatte maßgeblich zur Entstehung der gewerkschaftlichen Opposition beigetragen.[773] Nachdem die Bundesregierung im Saarabkommen von 1956 als Gegenleistung für die Rückgliederung des Saarlandes und einen Neubeginn in den deutsch-französischen Beziehungen den französischen Wünschen hinsichtlich Moselkanalisierung und Warndtkohle weit entgegengekommen war, schrieb „Die Arbeitskammer":

> „Die Saarländer wissen, daß sie zugunsten der ‚hohen Politik' ein sehr schweres Opfer gebracht haben. [...] Forderung und Hoffnung zugleich jedoch bleibt für die Saar, daß die Bundesrepublik dieses schwere Opfer der Saar, das sie für ihre Heimkehr und um Deutschlands und der deutsch-französischen Zusammenarbeit willen gebracht hat, würdigt und die Nachteile mildert, die das Abkommen im Gefolge hat."[774]

In den folgenden Ausgaben beschäftigte sich die Kammerzeitschrift ausführlich mit den zu erwartenden wirtschaftlichen, sozialen und arbeitsrechtlichen Auswirkungen der Rückgliederung. Dabei unterstrich sie die saarländischen Forderungen nach Hilfe des Bundes bei der wirtschaftlichen Umstellung und nach Wahrung des sozialen Besitzstandes. Inwieweit die Erwartung bestand, bei der anstehenden rechtlichen Angleichung an die Bundesrepublik die im Saarland vorteilhafteren Regelungen der Sozialversicherung und die großzügigeren staatlichen Sozialleistungen erhalten zu können, und inwieweit dies verlangt wurde, um dem Anspruch nach einem Ausgleich für die abzusehenden Verschlechterungen Nachdruck zu verleihen, muss offen bleiben.[775]

In einem Vergleich des saarländischen mit dem bundesdeutschen Betriebsverfassungsgesetz stellte der Arbeitsrechtsreferent der Arbeitskammer aus seiner Sicht die Vor- und Nachteile beider Gesetze gegenüber. Seine Schlussfolgerung lautete: „Wenn nun in absehbarer Zeit das saarländische BVG durch das Bundes-BVG ersetzt wird, so wird der Forderung nach einem fortschrittlichen Betriebsverfassungsgesetz nicht Rechnung getragen. Es können dann lediglich einige Verbesserungen [...] eintreten [...]."[776]

Die Stellungnahme, die sich in ihrer Deutlichkeit von früheren Beiträgen unterscheidet, zeigt, wie der politische Umschwung die offene Meinungsäußerung beflügelte. Wenig Aufmerksamkeit widmete die Arbeitskammer dagegen der bevorstehenden Übernahme der Montanmitbestimmung, was angesichts des Gewichts der Montanindustrie und der zurückliegenden Auseinandersetzungen um den Bergbau, bei denen es nicht zuletzt um Mitspracherechte ging, überrascht.

Abb. 42: Die „Warndtfrage" bestimmte auch noch die Kommunalwahlen am 13. Mai 1956: Transparent der DPS in der Reichsstraße in Saarbrücken
(Foto: Landesarchiv Saarbrücken, Presse Photo Actuelle, Erich Oettinger).

3.12.2 Neuwahlen zur Arbeitskammer

Schon vor der Abstimmung über das Saarstatut geriet das saarländische Gewerkschaftsgefüge in Bewegung. Am 6. Mai 1955, unmittelbar nach Inkrafttreten des Pariser Saarvertrags und noch vor der vereinbarten Zulassung der oppositionellen Parteien und Verbände, bildete sich der „alte" verbotene IV Bergbau neu. Die offizielle Bergbaugewerkschaft zerfiel in kurzer Zeit, da immer mehr Ortsgruppen übertraten. Als die Einheitsgewerkschaft auf ihrer dritten Landeskonferenz am 19. Juni den Aufnahmeantrag des regimekritischen Verbandes ablehnte, vergab sie die letzte Möglichkeit, vor der Abstimmung einen innergewerkschaftlichen Ausgleich zu finden. Am 19. Oktober 1955 bildete sich der DGB Saar als Dachorganisation der Gewerkschaftsopposition. Kurz nach der Abstimmung schlossen sich die ersten Einzelverbände dem neuen Dachverband an. Die Einheitsgewerkschaft löste sich Anfang 1956 zugunsten des DGB Saar auf.[777]

Im Februar 1956 beantragte die frühere Fraktion der Einheitsgewerkschaft, nun Fraktion des DGB, die Einberufung einer außerordentlichen Kammerversammlung, um unter anderem über die anstehenden Wahlen zur Arbeitskammer und eine Umbesetzung des Präsidiums zu entscheiden. Da die Wahlperiode inzwischen abgelaufen war, sah sich der Vorstand außer Stande, eine Versammlung einzuberufen. Erst nachdem der Landtag durch eine Gesetzesänderung die Mandatsdauer bis zur Neuwahl verlängert hatte, war der Weg dafür frei.[778] Auf der Kammerversammlung am 23. April 1956 sprach sich die christliche Fraktion für einen baldigen Wahltermin aus, die Fraktion des DGB gab keine Stellungnahme ab, ein Beschluss wurde nicht gefasst. Schließlich setzte eine Kammerversammlung am 2. Oktober die Wahlen auf das Wochenende 10. und 11. November fest.

Zuvor hatte sich der Arbeitsminister für eine Neuwahl zum „baldmöglichen Zeitpunkt" ausgesprochen. Das Schreiben wurde schon Anfang Februar abgeschickt, von Generalsekretär Himber jedoch erst Ende August der Kammerversammlung vorgelegt. Die Hintergründe für die Verzögerung sind unklar. Das

Arbeitsministerium war zunächst von einer Mandatsverlängerung bis 30. Juni ausgegangen, bei der Gesetzesänderung wurde aber kein Datum festgelegt. Möglicherweise erschienen die Wahlen daher nicht mehr dringlich. Außerdem stand im August der Erlass einer neuen Wahlordnung kurz bevor. Die Christlichen Gewerkschaften warfen Arbeitsminister Conrad (SPD) vor, die Wahlen hinausgezögert zu haben, um dem DGB Zeit zu geben, „sich zu formieren".[779]

Bei den Neuwahlen im November 1956 waren die Wahlberechtigten im Unterschied zur ersten Kammerwahl nicht mehr an einen bestimmten Stimmbezirk und Wahlkreis gebunden, sondern konnten in jedem Stimmbezirk abstimmen.[780] Nach einer weiteren Gesetzesänderung stand das bis dahin den Gewerkschaften vorbehaltene Vorschlagsrecht jetzt allen wahlberechtigten Arbeitnehmern zu, wobei Vorschläge von mindestens 100 Wahlberechtigten unterzeichnet sein mussten. Außerdem wurde die Beschränkung der Wählbarkeit auf Saarländer aufgehoben.[781]

Der Wahlkampf war von Anfeindungen zwischen Christlichen und DGB-Gewerkschaften gekennzeichnet, die ein Licht auf den Stil des politischen Meinungsstreits im damaligen Saarland werfen. Während der DGB Saar als Dachorganisation einen vergleichsweise sachlichen Wahlkampf führte, seine sozialpolitischen Forderungen in den Vordergrund stellte und mit dem Rückhalt des „großen deutschen Gewerkschaftsbundes"[782] warb, warf der IV Bergbau den „christlichen Gewerkschaftsseparatisten" vor, den „sozialen und nationalen Befreiungskampf an der Saar" sabotiert und „die Geschäfte Frankreichs" unterstützt zu haben.[783] Die Christlichen Gewerkschaften kehrten den Vorwurf um und erinnerten an Armbanduhren, die Angestellte des IV Bergbau und Wecker, die ihre Frauen in der Nachkriegszeit von der französischen Militärverwaltung entgegengenommen hätten.[784]

Beide Seiten verschwiegen, dass die Saarfrage sowohl das eigene als auch das gegnerische Lager spaltete, wenngleich die Widersprüche in der Einheitsgewerkschaft stärker ausgeprägt waren. Die unterlassene Auseinandersetzung mit der Vergangenheit der eigenen Organisation richtete sich als Polemik gegen den politischen Gegner. Für Peter Gier, den Präsidenten des GCS, ging es bei den Arbeitskammerwahlen „nicht um eine Machtprobe mit dem Deutschen Gewerkschaftsbund, sondern darum, antichristliche Bestrebungen zu verhindern"; das Schulungsheim der Arbeitskammer in Kirkel dürfe keine „rote Ordensburg" werden.[785] Auf dem Höhepunkt des Kalten Krieges konnte offenbar nicht darauf verzichtet werden, den Kommunismusvorwurf, mit dem schon die Regierung Hoffmann oppositionelle Gewerkschafter belegt hatte, auch im Wahlkampf um die Arbeitskammer in Dienst zu nehmen.

Gegenüber 1952 sank die Wahlbeteiligung 1956 von etwa 33 auf ungefähr 26 Prozent, was die Kammerzeitschrift auf verschiedene Ursachen zurückführte. Zum einen hätten die Suezkrise, der Aufstand in Ungarn und die durch die weltpolitischen Spannungen ausgelöste Kriegsangst die Arbeitskammerwahlen überschattet, zum anderen sei nach Saarabstimmung, Landtags- und Kommunalwahl eine „Wahlmüdigkeit" eingetreten, was sich auch bei den Wahlen zur Industrie- und Handelskammer in einer verringerten Wahlbeteiligung ausgewirkt habe. Außerdem sei die Arbeitskammer auf Grund finanzieller und personeller Beschränkungen nicht in der Lage gewesen, eingehend für die Wahl zu werben und die Wählerlisten auf den neuesten Stand zu bringen.[786] Immerhin sank der Anteil der ungültigen Stimmen von 4,66 auf 1,64 Prozent der abgegebenen Wahlzettel, was darauf hindeutet, dass die Arbeitskammer und nach dem Ende der Ausgrenzung der oppositionellen Gewerkschafter auch die Kandidatenlisten an Zustimmung gewonnen hatten.

Die Christlichen Gewerkschaften konnten ihren Stimmenanteil von 36,6 auf 42,58 Prozent steigern und stellten nun 13 statt elf Kammermitglieder. Der DGB-Saar bildete mit 49,11 Prozent und 16 Abgeordneten zwar weiter die stärkste Fraktion, verlor gegenüber dem Ergebnis der Einheitsgewerkschaft von 1952 aber etwa 14 Prozent der Stimmen und drei Mandate. Mit sechs Prozent gelang der Deutschen Angestellten-Gewerkschaft der

Einzug in die Kammerversammlung, wo sie nun mit einem Abgeordneten vertreten war. Demgegenüber erhielt der Zentralverband der Sozialrentner und Körperbeschädigten des Saarlandes, der 2,3 Prozent erzielte, keinen Sitz. Für DGB und Christliche Gewerkschaften gehörte erstmalig auch je eine Frau der Kammerversammlung an. In beiden Fraktionen fand ein weitgehender personeller Austausch statt. Nur je vier Kammermitglieder wurden zum zweiten Mal gewählt.

Möglicherweise haben die Streitigkeiten innerhalb der Einheitsgewerkschaft zu der geringeren Wahlbeteiligung und den Gewinnen der Christlichen Gewerkschaften beigetragen. Denn nach dem Verbot des IV Bergbau blieben zahlreiche Mitglieder unorganisiert, während andere der Christlichen Bergarbeitergewerkschaft beitraten. Der DGB warf der katholischen Kirche vor, durch Hirtenbriefe der Bischöfe von Speyer und Trier und über das kirchliche Vereinswesen die Wahl beeinflusst zu haben. Katholische Mitglieder des DGB seien einem „rechten Gewissenskonflikt" ausgesetzt worden.[787]

Durch die Verschiebung des Wahltermins fiel der Beginn der zweiten Wahlperiode mit dem Beitritt des Saarlandes zur Bundesrepublik am 1. Januar 1957 zusammen. Heinrich Wacker schied Ende 1956 als Präsident der Arbeitskammer aus. Zu seinem Nachfolger wurde Norbert Engel gewählt, der schon die Einheitsgewerkschaft in der ersten Kammerversammlung vertreten hatte. Nach Gründung des DGB Saar im Oktober 1955 wurde Engel dessen Geschäftsführer. Er hatte dem oppositionellen Flügel der SPS angehört und war seit den Wahlen am 18. Dezember 1955 Landtagsabgeordneter der SPD. Die erforderliche Zweidrittelmehrheit erhielt Engel erst im zweiten Wahlgang, nachdem die Abstimmung auf die folgende Versammlung vertagt worden war.

In der Zwischenzeit trafen DGB und Christliche Gewerkschaften eine Vereinbarung, durch die Peter Gier zufolge „die Position der Christlichen Gewerkschaften innerhalb der Kammer" erhalten blieb. Sie beinhaltete, dass Geschäftsführer Himber, Referent Ruffing und Redakteur Hoffmann in ihren Ämtern bestätigt wurden. Als Gegenleistung gestand die CG-Fraktion dem DGB die Stelle eines stellvertretenden Geschäftsführers zu, obwohl es dessen nach ihrer Ansicht nicht bedurfte.[788] Erster Vizepräsident blieb Peter Gier, seit Oktober 1955 Vorsitzender des Dachverbandes der Christlichen Gewerkschaften und zweiter Vorsitzender der Gewerkschaft Christlicher Saarbergleute. Zweiter Vizepräsident wurde Robert Bach, Mitglied des Bezirksvorstandes der IG Bergbau.[789]

Abb. 43: Heinrich Wacker mit Beschäftigten der Arbeitskammer im Schulungsheim Kirkel, 1956 (Foto: Dokumentationszentrum der Arbeitskammer)

3.13 Rückblick auf die erste Wahlperiode

In der Kammerzeitschrift vom Oktober 1956 gab Redakteur Hoffmann als Schwerpunkte der bisherigen Tätigkeit der Arbeitskammer Pressearbeit, Schulungswesen und Ferienwerk an, daneben erwähnte er die Beratung der Berufsverbände und die Erstellung von Gutachten. Als wichtigste Ergebnisse nannte Hoffmann:

- eine Übersicht über die Entwicklung der Löhne im Saarland von 1934 bis 1954, die den Gewerkschaften als Handhabe für ihre Lohnpolitik diente,
- ein Vergleich des saarländischen mit dem bundesdeutschen Betriebsverfassungsrecht,
- eine Studie über „Das Arbeitszeitproblem in der modernen Wirtschaft“ und
- die Herausgabe des saarländischen Betriebsverfassungs- und Kündigungsschutzgesetzes.[790]

Das „Saar-Echo“, die Zeitschrift des DGB Saar, hob anlässlich der bevorstehenden Neuwahlen Ferienwerk und Schulungen anerkennend hervor. Demgegenüber seien „die Beratung der Regierung und die öffentliche Meinungsbildung auch in den entscheidenden volkswirtschaftlichen Fragen der Saar, in der Frage der Wirtschaftsverträge mit Frankreich, des Saarstatuts und des neuen Saarvertrags, schließlich der Eingliederung der Saar in die Bundesrepublik“ in den Hintergrund getreten, was aber nicht der Arbeitskammer anzulasten sei, sondern den politischen Verhältnissen. Zu den weiteren Aussichten heißt es: „Gerade bei der zukünftigen Aufgabe der Erhaltung der sozialen Errungenschaften an der Saar darf auch eine so wichtige Institution wie die Arbeitskammer nicht stillschweigen. [...] Keine gesellschaftliche Einrichtung kann auf die Dauer bestehen, wenn sie den Ereignissen nachläuft, statt die Ereignisse mit zu entscheiden [...].“[791]

Anknüpfend an diese insgesamt geteilte Bilanz sollen einige Überlegungen zur Stellung der Arbeitskammer im teilautonomen Saarstaat und zu den Ursachen ihres geringen Einflusses die Darstellung abrunden.

Von der verfassungsrechtlichen Verankerung über das Arbeitskammergesetz bis zur Rückgliederung änderten sich sowohl die Erwartungen an die Arbeitskammer als auch die Bedeutung, die ihr im gesellschaftlichen und politischen Gefüge des Saarlandes zuerkannt wurde. Nach der Gründung entfaltete sich zudem im Zusammenspiel mit den äußeren Bedingungen eine solchen Einrichtungen innewohnende Eigengesetzlichkeit.

Die Verfassungsbestimmung zur Arbeitskammer bildete einen Bestandteil des noch nicht näher umrissenen Entwurfs einer staatlichen Neuordnung. Die Schaffung einer öffentlich-rechtlichen Körperschaft wurde von der Absicht geleitet, die Vertretung von Arbeitnehmerinteressen und – im größeren Zusammenhang des Kammerwesens – die Zusammenarbeit und Konfliktregulierung zwischen den Sozialparteien auf einer Ebene zwischen Berufsorganisationen und Staat zu institutionalisieren. Innerhalb dieses ordnungspolitischen Rahmens sollte auch die Wirtschaftsplanung beziehungsweise Wirtschaftslenkung gestaltet werden.

Der entscheidende Anstoß zur Umsetzung des Verfassungsauftrags ging, soweit es sich überprüfen lässt, von den Christlichen Gewerkschaften aus, in deren von berufsständischen Vorstellungen geprägtem Gesellschaftsbild das Kammerwesen einen herausragenden Platz einnahm. Demgegenüber war der SPS und der sozialdemokratischen Mehrheit in der Einheitsgewerkschaft vorrangig an einem für die Arbeitnehmer vorteilhaften Betriebsrätegesetz und wie den Gewerkschaften im Bundesgebiet an der paritätischen Zusammensetzung insbesondere der Industrie- und Handelskammer gelegen. Als deutlich wurde, dass sich letzteres zumindest kurzfristig nicht erreichen ließ, setzte sich auch die Einheitsgewerkschaft für die Errichtung einer Arbeitskammer ein.

Die Landesregierung erhoffte sich von der Arbeitskammer eine verstärkte Einbindung der Arbeitnehmerschaft und die Abwehr einer noch immer gefürchteten kommunistischen Beeinflussung, wobei dies für beide Regierungsparteien galt. Die Durchsetzung der Beitragsregelung gegen den Einspruch der Arbeitgeber unterstreicht die Bedeutung, die der Arbeitskammer in diesem Zusammenhang beigemessen wurde. In dem Maße, wie die Saarfrage das politische Geschehen bestimmte, trat dieser ursprüngliche Beweggrund zurück.

Als Ergebnis dürfte die Arbeitskammer den ihr anfangs zugeschriebenen Stellenwert verloren haben, was ihre geringe Berücksichtigung durch Landesregierung und Landtag erklären könnte. Denn zu einer Befriedung der Gegensätze, die sich an der wirtschaftlichen und politischen Bindung an Frankreich festmachten, konnte sie keinen Beitrag leisten. Zum einen handelte es sich um politische Angelegenheiten, die sich laut Gesetz ihrer Zuständigkeit entzogen, zum anderen spaltete die nationale Frage auch die Gewerkschaften, was die Wirkungsmöglichkeiten der Arbeitskammer begrenzte. Die Vorgänge um die Durchführungsverordnung vermitteln den Eindruck, dass die Regierungsparteien nun vor allem darauf bedacht waren, die Kammer unter Kontrolle zu halten.

Auch das Interesse der Gewerkschaften an der Arbeitskammer hat, wie es scheint, bald nachgelassen. Dazu trug sicher bei, dass die Neuordnungspläne mit Wirtschaftslenkung und Wirtschaftsräten keine Verwirklichung fanden und die Arbeitskammer die ihr darin zugedachte Aufgabe nicht übernehmen konnte. Entscheidend dürfte aber auch hier die Saarfrage gewesen sein, die insbesondere die Einheitsgewerkschaft in ihrer Handlungsfähigkeit einschränkte. Die Widersprüche innerhalb der Gewerkschaften wie auch zwischen ihnen verhinderten ein einheitliches und gezieltes Vorgehen und eine entsprechende Nutzung der Arbeits-

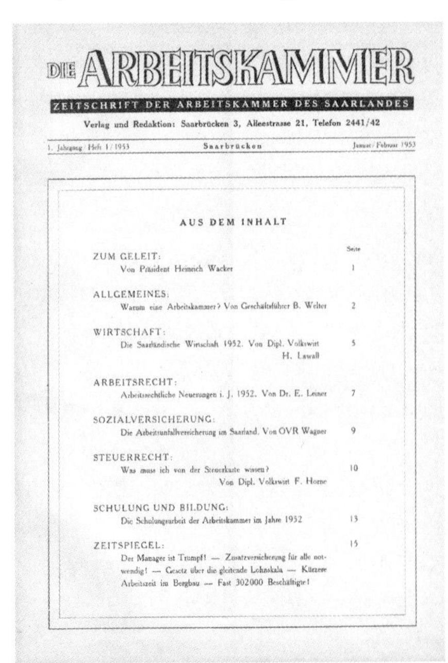

DIE ARBEITSKAMMER

ZEITSCHRIFT DER ARBEITSKAMMER DES SAARLANDES

Verlag und Redaktion: Saarbrücken 3, Alleestrasse 21, Telefon 2441/42

1. Jahrgang / Heft 1/1953 — Saarbrücken — Januar/Februar 1953

AUS DEM INHALT

Abb. 44: Ab 1953 erschien „Die Arbeitskammer", Vorläuferin des heutigen „arbeitnehmer" (Dokumentationszentrum der Arbeitskammer).

kammer. Mit einem Ausgleich zwischen den verschiedenen Strömungen und der im Gesetz vorgesehenen Koordination war die Arbeitskammer überfordert, da die Uneinigkeit der Gewerkschaften auf sie selbst zurückwirkte und die Fachebene ihre eigenen Ziele verfolgte.

Die Fachausschüsse stellten ihre Tätigkeit nach wenigen Sitzungen ein; jedenfalls sind keine weiteren Arbeitsergebnisse überliefert. Ein Zusammenhang mit dem Streit um den IV Bergbau, der sich zur gleichen Zeit verschärfte, lässt sich nicht beweisen, ist aber vorstellbar. Die Referate der Arbeitskammer führten die fachliche Arbeit ohne Rückkopplung an die Gewerkschaften fort. Das wurde in den Kammerversammlungen zwar des Öfteren bemängelt, Abhilfe blieb aber aus. Stattdessen entsteht der Eindruck, dass die Gewerkschaften vor allem bestrebt waren, ihre Stellung mittels Personalpolitik zu sichern. Den „Vorteil einer Vertretung, die den Zufällen der Politik nicht unterworfen ist"[792], wie ihn das Arbeitskammergesetz nach Einschätzung von Francis Roy bot, konnten sie erst unter den veränderten politischen Bedingungen nach der Rückgliederung nutzen.

Neben der Ansammlung wirtschafts-, arbeits- und sozialpolitischen Sachverstands und der Herausgabe der Kammerzeitschrift als Publikumszeitschrift mit Schwerpunkt auf diesen Gebieten trieb die Arbeitskammer den Ausbau des Schulungswesens und des Ferienwerks voran. Damit erschloss sie sich Tätigkeitsfelder außerhalb ihres unmittelbaren gesetzlichen Auftrags. Während sich die Wirkung der Publikationstätigkeit schwer einschätzen lässt, hat das Ferienwerk sicher zur Bekanntheit und zum Ansehen der Arbeitskammer in weiten Kreisen der saarländischen Bevölkerung beigetragen. Die Schulungen dürften der Arbeitskammer zu Anerkennung bei Betriebsräten und Gewerkschaftern verholfen haben.

Präsidium und Geschäftsführung nutzten den begrenzten Handlungsspielraum, um die organisatorischen Grundlagen der Kammer zu schaffen und sie bei den Gewerkschaften und in der Arbeitnehmerschaft zu verankern. Strittige Fragen wurden möglichst umgangen und Auseinandersetzungen vermieden. Inwieweit dies auf Übereinstimmung mit den politischen Grundlinien des Saarstaates beruhte, einer allgemeinen Anpassungsbereitschaft geschuldet war oder als bewusste Ausschöpfung der gegebenen Möglichkeiten zu verstehen ist, lässt sich schwer feststellen und dürfte für die verschiedenen Akteure auch unterschiedlich zu beantworten sein.

Im Zusammenhang mit der Rückgliederung des Saarlandes scheint die Arbeitskammer durch die Bereitstellung wirtschaftlichen Fachwissens an Aufmerksamkeit und Wertschätzung gewonnen zu haben. Sowohl die Landesregierung als auch die Gewerkschaften griffen auf ihre Untersuchungen zur wirtschaftlichen Lage und zu den mit der Umstellung der saarländischen Wirtschaft verbundenen Herausforderungen zurück.[793] Die Voraussetzungen wurden in den Jahren zuvor durch das Wirtschaftsreferat gelegt; auch erschienen wirtschaftspolitische Beiträge von Anfang an in der Kammerzeitschrift. Praktische Bedeutung gewannen die Ergebnisse dieser Arbeit aber erst, nachdem die politischen Hindernisse für ihre Umsetzung entfallen waren.

Abb. 45: Nach der Rückgliederung des Saarlandes an die Bundesrepublik baute die Arbeitskammer ihr Angebot an Urlaubsreisen weiter aus. Die Arbeitskammer unterhielt zwei Feriendörfer und bot zeitweise auch Flugreisen an. 1998 wurden die touristischen Aktivitäten eingestellt. Die Aufnahme zeigt Arbeitskammerpräsident Norbert Engel in den siebziger Jahren an einem Messestand von „arka-Reisen"
(Foto: Dokumentationszentrum der Arbeitskammer).

4. Die weitere Entwicklung des Arbeitskammergesetzes

Seit der Rückgliederung des Saarlandes an die Bundesrepublik 1957 haben Wahlrecht, Aufgabenbestimmung und Organisation der Arbeitskammer durch Änderungen und Neufassungen des Arbeitskammergesetzes einen Wandel erfahren. Nachdem die Verfassungskommission das ausschließliche Vorschlagsrecht der Gewerkschaften zur Arbeitskammerwahl wegen der Verletzung der negativen Koalitionsfreiheit für verfassungswidrig befunden hatte, sprach schon im Juli 1956 eine Gesetzesänderung jedem wahlberechtigten Arbeitnehmer das Vorschlagsrecht zu.[794] In der Neufassung des Arbeitskammergesetzes von 1960 wurde die Zahl der erforderlichen Unterschriften für einen Wahlvorschlag von 100 auf 150 angehoben. Die Kammerversammlung, im Gesetz anfangs als „Arbeitskammer" bezeichnet, heißt seitdem Vertreterversammlung, was sie als Organ begrifflich von der Einrichtung als solcher unterscheidet.[795]

Weiterreichende Änderungen enthielt das neue Arbeitskammergesetz von 1967.[796] Es ergänzte den Aufgabenbereich um die Wahrnehmung der kulturellen Interessen der Arbeitnehmer und ersetzte die Auflistung einzelner Tätigkeitsfelder durch eine allgemeinere Aufgabenbeschreibung: „Die Arbeitskammer des Saarlandes hat durch Vorschläge, Gutachten und Berichte die Regierung des Saarlandes, Behörden, Körperschaften und Anstalten des öffentlichen Rechts und selbständige Vereinigungen von Arbeitnehmern mit sozial- oder berufspolitischer Zwecksetzung zu unterstützen sowie zu beraten und dabei das Allgemeinwohl zu berücksichtigen" (§ 1 Abs. 2).

Neu aufgenommen wurde die Befugnis, „mit Zustimmung der Aufsichtsbehörde" Einrichtungen zur „Förderung der wirtschaftlichen, sozialen und kulturellen Interessen der Arbeitnehmer" zu „gründen, unterhalten und unterstützen". Damit erhielten Ferienwerk, Schulungswesen und die Beteiligung an Technischer Abendschule und Kaufmännischem Berufsbildungswerk eine eindeutige gesetzliche Grundlage. Die Befragung der Arbeitskammer vor Einbringung von Gesetzen ist jetzt verbindlich festgelegt. Die Vertreterversammlung wurde von 30 auf 41 Mitglieder erweitert, die Amtsdauer von vier auf fünf Jahre verlängert. Die Wahl erfolgt nicht mehr unmittelbar, sondern durch den Landtag, was damit begründet wurde, dass es im Saarland seit dem Beitritt zur Bundesrepublik keine vollständige Arbeitnehmerkartei mehr gibt.[797] Vorschlagslisten, die nicht von Gewerkschaften eingereicht werden, mussten durch Unterschriften die Unterstützung von mindestens 3.000 Arbeitnehmern nachweisen, das heißt zwanzig Mal so viel wie vorher. Für die Akademie der Arbeit sah das Gesetz eine gemeinsame Trägerschaft durch Landesregierung und Arbeitskammer vor.

Die nächste und bis heute letzte größere Änderung erfolgte 1992.[798] Das nunmehr dritte Gesetz nahm die Wahrnehmung der allgemeinen ökologischen Arbeitnehmerinteressen unter die Aufgaben der Arbeitskammer auf. Nachdem die Gesetzesnovelle 1967 die Aufgabenstellung allgemeiner gefasst hatte, werden hier wieder Gegenstandsbereiche im Einzelnen aufgeführt. Gleichzeitig erhielt die Arbeitskammer einen größeren Handlungsspielraum. Neben der Unterbreitung von Vorschlägen, Gutachten und Berichten und der Gründung, Unterhaltung und Unterstützung von Einrichtungen zum Vorteil der Arbeitnehmerschaft kann sie nun auch selbst „Maßnahmen zur Förderung der beruflichen, der politischen und der allgemeinen Bildung, der Beschäftigung, der Kultur, der Gesundheit, des Verbraucherschutzes, der Gleichberechtigung von Frauen und Männern, der Integration von Ausländern und Ausländerinnen, der grenzüberschreitenden Zusammenarbeit mit den Nachbarregionen (Saar-Lor-Lux) und der Armutsvermeidung initiieren und durchführen" (§ 2 Abs. 4). Durch die Berechtigung, zur Erstellung des Jahresberichts „bei den Arbeitnehmern und Arbeitnehmerinnen Umfragen durchzuführen und Daten in anonymisierter Form zu erheben" (§2 Abs. 5), ist die Kammer nicht mehr auf die Auswertung vorliegender Daten und auf Auskünfte des Statistischen Amtes angewiesen.

Die Wahlperiode wurde um ein weiteres Jahr auf sechs Jahre verlängert. Die Vorschlagslisten sollen Männer und Frauen „ausgewogen" berücksichtigen. Listen, die nicht von Gewerkschaften eingereicht werden, benötigen nur noch 1.200 Unterschriften. Des Weiteren fand eine Umgestaltung der Leitungsebene statt. Bis dahin vertrat das Präsidium die Kammer gerichtlich und außergerichtlich, leitete die Verwaltung und besorgte die Geschäftsführung. An die Stelle dieser Häufung von Zuständigkeiten trat eine Aufgabenteilung. Das neue Gesetz übertrug die „laufenden Geschäfte der Verwaltung" (§ 14 Abs. 2) einer hauptamtlichen Geschäftsführung, was der Regelung bei den Bremer Arbeitnehmerkammern und den Industrie- und Handelskammern entspricht. Die Außenvertretung nehmen Vorstandsvorsitzender und Hauptgeschäftsführer gemeinsam wahr.[799]

Auf die Erweiterung der Handlungsmöglichkeiten als Ergebnis der Gesetzesänderungen wurde schon hingewiesen. Bei der Aufgabenbestimmung lassen sich zwei Entwicklungen feststellen: Zum einen dehnte sich der Gegenstandsbereich von der Arbeits-, Sozial-, Wirtschafts- und Bildungspolitik auf kulturelle, ökologische und Fragen der Gleichberechtigung und Integration aus. Damit trug die Gesetzgebung dem gesellschaftlichen Wandel Rechnung. Zum anderen fand ein Wechsel von rechtlichen und Regulierungsfragen zu einer Arbeitnehmerpolitik im weiteren Sinne und in den Grenzbereich zwischen institutionalisierter Politik und Zivilgesellschaft statt.

Die Verschiebung der Schwerpunkte lässt sich auch an der Kammerzeitschrift ablesen. Während in den ersten Jahrgängen das Arbeits- und Sozialrecht und die wirtschaftliche Lage großen

Raum einnahmen, widmet sich die Berichterstattung inzwischen umfassend den Lebens- und Arbeitsumständen von Arbeitnehmern und den gesellschaftlichen Auswirkungen der Arbeits-, Sozial-, Wirtschafts- und Bildungspolitik. Dazu trug sicher die Verlagerung arbeits- und sozialrechtlicher Gesetzgebungszuständigkeiten von der Landes- auf die Bundesebene bei. Entscheidend dürfte indessen die Ausweitung des Blickwinkels als Folge einer allgemeinen Erweiterung des Politikverständnisses sein. Die Fortschreibung des Gesetzes vollzog den Wandel bei Aufgaben und Tätigkeit der Arbeitskammer nach und schuf den rechtlichen Rahmen für ihre weitere Entwicklung.

Anmerkungen

Die Veröffentlichung entstand in Zusammenhang mit der Erschließung und Auswertung von Nachlässen im Dokumentationszentrum der Arbeitskammer des Saarlandes. Eine gekürzte Fassung von Teil II ist in „Saarbrücker Hefte. Die saarländische Zeitschrift für Kultur und Gesellschaft" Nr. 109, Sommer 2013, erschienen.

Um die Lesbarkeit zu erleichtern, wird auf die zusätzliche Nennung der weiblichen Form verzichtet. Frauen sind in diesem Fall vom Sinn her inbegriffen.

Anmerkungen zur Einleitung und zu Teil I

1 LA SB, Best. Min. f. Arbeit und Soziales 25.
2 Zit. n. Teuteberg, S. 101.
3 Vgl. ebd., S. 94–114.
4 Vgl. Kluth, S. 2; Zeise, S. 68; Fischer, S. 7 f.
5 Teuteberg, S. 327.
6 Vgl. ebd., S. 320–335.
7 Bedeutung und Organisation der Arbeitskammern, S. 41.
8 Vgl. Teuteberg, S. 470; Fischer, S. 14 f.; Zeise, S. 74.
9 Vgl. Teuteberg, S. 355–362; Lilla, S. 11–17.
10 Vgl. Meyers Großes Konversations-Lexikon, Bd. 7, Leipzig 1907, S. 792, <http://www.zeno.org/nid/20006679730>, abgerufen am 21.3.2017.
11 Vgl. Teuteberg, S. 353–355.
12 Vgl. ebd., S. 469 f.
13 Bundesgesetzblatt des Norddeutschen Bundes Band 1869, Nr. 26, S. 245 ff. Die Aufhebung des Koalitionsverbotes galt gleichermaßen für Arbeitnehmer und Arbeitgeber. Die Gewerbeordnung für den Norddeutschen Bund vom 21. Juni 1869

wurde 1871 als Reichsgewerbeordnung übernommen. Vgl. Kittner, S. 178–195, S. 234 f., S. 294–300, zum Vereinsrecht S. 271–288; Boll: Arbeitskämpfe, S. 241 f.

14 Vgl. Entwurf eines Arbeitskammergesetzes. Begründung, Verhandlungen des Reichstages Bd. 250.1909, S. 5867; Meyers Konversations-Lexikon, 1888, 1. Bd., 4. Aufl. Leipzig und Wien 1885–1892, Eintrag: Arbeitsämter, <https://commons.wikimedia.org/w/index.php?title=Category:MKL_-_Complete_pages:_Book_1&filefrom=Meyers+b1+s0700#/media/File:Meyers_b1_s0756.jpg>, abgerufen am 21.3.2017.

15 Vgl. Teuteberg, S. 466 f.

16 Der sozialdemokratische Antrag fand keine Mehrheit, wurde in einer späteren Fassung aber 1905 auf Antrag des Abgeordneten Karl Trimborn (Zentrum) der Regierung „zur Berücksichtigung überwiesen". Entwurf eines Arbeitskammergesetzes. Begründung, Verhandlungen des Reichstages Bd. 250.1909, S. 5867; vgl. Bedeutung und Organisation der Arbeitskammern, S. 49–54. Der damals verwendete Begriff Arbeitsamt ist nicht bedeutungsgleich mit dem heute gebräuchlichen.

17 Theodor Leipart: Gewerkschaften und Reichswirtschaftsrat. In: Die Arbeit, Heft 4 1924, S. 193–200, Zitat S. 196.

18 Zit. n. Hitze, S. 823.

19 Vgl. Ullmann, S. 138–147; Karl Ditt/Dagmar Kift: Der Bergarbeiterstreik von 1889: Ein Testfall für die sozialpolitische Reformfähigkeit des Kaiserreichs. In: dies., S. 9–32; Jürgen Reulecke: Bürgerliche Sozialreformer und der Bergarbeiterstreik des Jahres 1889. In: Ditt/Kift, S. 113–128; Hitze: Die Arbeiter-Sozialpolitik, a.a.O.

20 Vgl. Teuteberg, S. 388–410.

21 Ebd., S. 386.

22 Bedeutung und Organisation der Arbeitskammern, S. 3. Das Zitat in der Anfrage bezieht sich auf den Erlass Wilhelms II. Schon Ende 1893 hatte die Zentrumsfraktion beantragt, der Reichstag möge die Regierung um Vorlage eines Gesetzentwurfs ersuchen. Nachdem der Antrag nicht zur Verhandlung gekommen war, richtete sie die Anfrage an die Regierung.

23 Ebenda.

24 Jürgen Reulecke: Die Anfänge der organisierten Sozialreform in Deutschland. In: vom Bruch, S. 21–59, hier, S. 51.

25 Vgl. Rüdiger vom Bruch: Einführung. In: Ders., S. 7–19.

26 Bedeutung und Organisation der Arbeitskammern, S. 4.

27 Ebenda.

28 Ebenda.

29 Vgl. Entwurf eines Arbeitskammergesetzes. Begründung, Verhandlungen des Reichstages Bd. 250.1909, S. 5867 f. Der Wortführer des Zentrums, Prof. Franz Hitze, vertrat in einem Vortrag in der Generalversammlung des Verbandes „Arbeiterwohl" am 13.10.1898 ausdrücklich eine paritätische Zusammensetzung mit einem „vom Staate berufenen neutralen" Vorsitzenden. Bedeutung und Organisation der Arbeitskammern, S. 5–22, Zitat S. 7.

30 Vgl. Teuteberg, S. 476; Entwurf eines Arbeitskammergesetzes. Begründung, Verhandlungen des Reichstages Bd. 250.1909, S. 5868.

31 Vgl. Teuteberg, S. 432–453.

32 Es handelte sich um Hessen (1900–03), Württemberg (1901), Baden (1902), Bremen (1902), Hamburg (1902) und Reuß jüngere Linie (1903). Vgl. Harms/Jay, S. II. Die Reichsregierung nennt in ihrer Begründung zum Entwurf eines Arbeitskammergesetzes zusätzlich Bayern. Vgl. Verhandlungen des Reichstages Bd. 250.1909, S. 5869.

33 § 2 Entwurf eines Arbeitskammergesetzes. Verhandlungen des Reichstages Bd. 250.1909, S. 5863.

34 § 3, Absatz 4 Entwurf eines Arbeitskammergesetzes, ebenda.

35 Entwurf eines Arbeitskammergesetzes. Begründung, Verhandlungen des Reichstages Bd. 250.1909, S. 5867–5877, Zitat S. 5872; vgl. Teuteberg, S. 476 f.

36 Vgl. Teuteberg, S. 478. Nach der Verfassung des Deutschen Reiches vom 16. April 1871 beschloss die Ländervertretung, der Bundesrat, über die dem Reichstag vorzulegenden Gesetzesentwürfe (Art. 7 Abs. 1, Satz 1). Zur Verabschiedung eines Reichsgesetzes war eine Mehrheit in beiden Kammern erforderlich (Art. 5 Abs. 1). Der 6. Gewerkschaftskongress in Hamburg vom 22. bis 27.6.1908 lehnte den Regierungsentwurf wegen des eingeschränkten Arbeitsfeldes der Kammern und wegen des faktischen Ausschlusses der Arbeiterinnen vom passiven und zum Teil auch vom aktiven Wahlrecht ab. Vgl. Handbuch der deutschen Gewerkschaftskongresse, S. 24 f. Zur Kritik aus sozialdemokratischer Sicht, die sich vor allem gegen das Wahlverfahren richtete, vgl. Gustav Hoch: Der Arbeitskammer-Gesetzentwurf. In: Die Neue Zeit, Jg. 26. 1907–1908, 1. Bd. (1908), Heft 22, S. 759–766.

37 Vgl. Teuteberg, S. 479 f.

38 Entwurf eines Arbeitskammergesetzes. Begründung, Verhandlungen des Reichstages Bd. 273.1911, S. 11.

39 Vgl. Teuteberg, S. 481.

40 Ebd., S. 482 f.; vgl. Hitze, S. 835.

41 Vgl. Die Arbeitskammer, Heft 10, Oktober 1956, S. 8 f.

42 § 13 Gesetz über den vaterländischen Hilfsdienst vom 5. Dezember 1916. 100(0) Schlüsseldokumente zur deutschen Geschichte im 20. Jahrhundert, <http://www.1000dokumente.de/index.html?c=dokument_de&dokument=0001_hil&object=translation&st=&l=de>, abgerufen am 1.7.2016. Zur eingeschränkten Wirksamkeit der Arbeiterausschüsse vgl. Gabel, S. 260 f.

43 Die Aufnahme der Arbeiter der staatlichen Werkstätten und Fabriken in die Arbeitskammern hatte bereits die Reichstagskommission 1910 gefordert. Vgl. Soziale Praxis Nr. 2, 11.10.1917, S. 28. Den gemeinsamen Gesetzentwurf unterbreiteten die Freien, Christlichen und Hirsch-Dunckerschen Gewerkschaften und die Angestelltenverbände im Dezember 1917 dem Reichswirtschaftsamt und dem Reichstag. Vgl. Soziale Praxis, Nr. 10, 6.12.1917, S. 138 f.; Quellen zur Geschichte der deutschen Gewerkschaftsbewegung, Band 1, Dokument 46: Sitzung der Konferenz der Verbandsvorstände am 22.-24.11.1917, S. 392–406, hier S. 403 f.

44 Vgl. Soziale Praxis, Nr. 31, 2.5.1918, S. 465–471.

45 Die Einschränkungen gingen auf die Überarbeitung des Entwurfs des Reichswirtschaftsamtes durch die übrigen beteiligten Ministerien zurück. Dabei gelang

es den Interessenverbänden der Industrie, Änderungen zum Nachteil der Gewerkschaften durchzusetzen. Vgl. Bieber, S. 390–402.

46 Vgl. Soziale Praxis Nr. 27, 11.10.1917, S. 28; ebd., Nr. 10, 6.12.1917, S. 139; ebd. Nr. 31, 2.5.1918, S. 467 f.; Teuteberg, S. 477 f.

47 Soziale Praxis Nr. 31, 2.5.1918, S. 467 f. Zitat S. 467.

48 Ebd., S. 467 f. Vgl. die Begründung der Reichsregierung für die fachliche Gliederung in: Entwurf eines Arbeitskammergesetzes. Begründung, Verhandlungen des Reichstages Bd. 250.1909, S. 5872 f. Vgl. die Stellungnahme des Kriegsausschusses der deutschen Industrie – eines Zusammenschlusses des Zentralverbandes deutscher Industrieller und des Bundes der Industriellen nach: Soziale Praxis, Nr. 38, 20.6.1918, S. 581.

49 Soziale Praxis, Nr. 42, 18.7.1918, S. 648. Vgl. Bieber, S. 395–397.

50 Vgl. Soziale Praxis, Nr. 10, 6.12.1917, S. 139 und Nr. 31, 2.5.1918, S. 471; Bieber, S. 402; Teuteberg, S. 497.

51 Außerdem schlug der Ausschuss die „Errichtung besonderer Arbeitnehmerabteilungen zur Wahrnehmung besonderer Arbeitnehmerinteressen" vor. Vgl. Soziale Praxis, Nr. 40, 4.7.1918, S. 614 f.

52 Nachdem der Ausschuss eine Einigung erreicht hatte, war noch keineswegs sicher, dass das Plenum den Entwurf annehmen würde, da die Zusammensetzung des Ausschusses, in den die Parteien mehrheitlich Gewerkschaftsvertreter entsandt hatten, nicht der Vertretung der Interessengruppen im Reichstag insgesamt entsprach. Vgl. Soziale Praxis, Nr. 42, 18.7.1918; Bieber, S. 399.

53 Vgl. Carl Legiens Kommentar im „Vorwärts": „Läßt die preußische Regierung an verhältnismäßig nebensächlichen Fragen den Gesetzentwurf über die Arbeitskammern zum dritten Male scheitern, so mag sie es tun. Die Arbeiterschaft hat in den gewerkschaftlichen Organisationen zwar nicht eine öffentlich-rechtliche, aber eine ihren wirtschaftlichen Interessen dienende Vertretung. Die Ablehnung eines den Ansprüchen der Arbeitnehmer genügenden Gesetzes seitens der Regierung kann nur dazu beitragen, diese wirtschaftlichen Organisationen zu stärken und erneut den Beweis zu liefern, daß das Arbeitskammergesetz um zwei Jahrzehnte zu spät dem Reichstage vorgelegt worden ist". Zit. n. Soziale Praxis, Nr. 42, 18.7.1918, S. 648.

54 Vgl. Peters, S. 32. In Hinsicht auf den Gesetzentwurf von 1918 vgl. Bieber, S. 398 f.

55 Fischer, S. 7.

56 Vgl. Teuteberg, S. 472.

57 Vgl. Benoit, S. 16 f.; Soziale Praxis, Nr. 37, 13.6.1918, S. 571.

58 Vgl. Teuteberg, S. 472 f.; Harms: Arbeitskammern und Kaufmannskammern, S. 6–17; Potthoff, S. 12 f.; von Wiese, S. 152–154, 173–175, 177.

59 Zum Standpunkt der Gesellschaft für soziale Reform vgl. Soziale Praxis, 26. Jg., Nr. 2, 11.10.1917, S. 26 f; Vorschläge zur Gestaltung der Arbeitskammern in Deutschland, S. 6 f; Umbreit: Arbeits- oder Arbeiterkammern? a.a.O., S. 283 f. Zu den Deutschen Gewerkvereinen vgl. Gleichauf, S. 282 f.; Potthoff, S. 14 (Anmerkung); Umbreit: Arbeits- oder Arbeiterkammern? a.a.O., S. 283. Zu den Christlichen Gewerkschaften vgl. Kulemann, S. 191; Umbreit: Die Gegnerischen Gewerkschaften, S. 57; Teuteberg, S. 474; Heinrich Imbusch: Arbeitsverhältnis und

Arbeiter-Organisationen im Deutschen Bergbau, Essen 1908, S. 624. Beim 5. Gewerkschaftskongress der Freien Gewerkschaften in Köln vom 22. bis 27.5.1905 stimmten 151 Delegierte, die 771.663 Mitglieder vertraten, für Arbeiterkammern (Antrag Otto Hue) und 48 Delegierte mit 379.431 Stimmen für Arbeitskammern (Antrag Paul Umbreit). Vgl. Handbuch der deutschen Gewerkschaftskongresse, S. 23. Die SPD setzte sich 1877 für paritätisch besetzte Gewerbekammern, 1884 kurze Zeit für reine Arbeiterkammern, ausgehend von ihrem Gesetzentwurf zum Arbeiterschutz von 1885 aber ständig für paritätische Arbeitskammern ein. Vgl. Kulemann, S. 75. Im Erfurter Programm von 1891 forderte sie „zum Schutze der Arbeiterklasse" unter anderem „Überwachung aller gewerblichen Betriebe, Erforschung und Regelung der Arbeitsverhältnisse in Stadt und Land durch ein Reichsarbeitsamt, Bezirksarbeitsämter und Arbeitskammern". Das Erfurter Programm. Sein Werden und seine Kritik, Offenbach 1947, S. 131. Nachdem die Freien Gewerkschaften sich mehrheitlich für Arbeiterkammern entschieden hatten, beauftragte der Parteitag in Jena am 20.9.1905 ohne Aussprache die Fraktion, ebenfalls für Arbeiterkammern einzutreten. Vgl. Protokoll über die Verhandlungen der Sozialdemokratischen Partei Deutschlands. Abgehalten zu Jena vom 17. bis 23. September 1905, Berlin 1905, S. 242 f. Nach Teuteberg hielt die SPD, gemeint ist wohl die Parteiführung beziehungsweise die Reichstagsfraktion, jedoch „zunächst an den gemischten Arbeitskammern fest. Erst später, im Reichstagswahlaufruf 1911, vollzog sie einen endgültigen Frontwechsel und schloss sich den Freien Gewerkschaften an." Teuteberg, S. 474.

60 Vgl. ebd., S. 474 f.

61 Vgl. ebd., S. 468 f. Heinz Potthoff, liberaler Reichstagsabgeordneter, Arbeitsrechtler und Mitglied der Gesellschaft für Soziale Reform, bemerkte 1905, da weder die Regierung noch die Mehrheit des Reichstages reine Arbeiterkammern wollten, stelle sich nur die Frage: „Will man die paritätischen Arbeitskammern, die man haben kann, oder nicht?" Da reine Arbeiterkammern von den Sozialdemokraten beherrscht würden, fänden ihre Gutachten und Anträge keine Beachtung. Potthoff, S. 14.

62 Umbreit: Arbeits- oder Arbeiterkammern? a.a.O., S. 281.

63 Ebd., S. 287.

64 Ebd., S. 289.

65 Teuteberg, S. 474.

66 Vgl. Handbuch der deutschen Gewerkschaftskongresse, S. 22–24.

67 Vgl. Meyers Großes Konversations-Lexikon, Bd. 1, Leipzig 1905, S. 686 f., <http://www.zeno.org/nid/20006246478>, abgerufen am 1.3.2017; Joseph P. Goldberg, William T. Moye: The First 100 Years of the Bureau of Labor Statistics. Bulletin No. 2235, Washington, DC, U.S. Government Printing Office, 1985. Die Jahresberichte des Arbeitsstatistischen Büros in Massachusetts gingen über Datensammlungen hinaus und umfassten u.a. Studien zu den Arbeitsbedingungen in ausgewählten Wirtschaftszweigen und Gegenden, zur Lage bestimmter Arbeitergruppen, zu den Wohnverhältnissen und zum Gesundheitszustand insbesondere von Frauen und Kindern. Vgl. Harvard University Library Open Collections Program: Massachusetts Bureau of Statistics of Labor, <http://ocp.hul.harvard.edu/ww/mbsl.html#pubs>, abgerufen am 19.2.2016.

68 § 5 Statut des k.k. Arbeitsstatistischen Amtes im Handelsministerium, zit. n. Bedeutung und Organisation der Arbeitskammern, S. 61.

69 Vgl. Bedeutung und Organisation der Arbeitskammern, S. 54–58. Zum Arbeitsbeirat des Arbeitsstatistischen Amtes in Österreich vgl. ebd., S. 60–63. Zur Reichskommission für Arbeiterstatistik vgl. Meyers Großes Konversations-Lexikon, Bd. 16, Leipzig 1908, S. 739, <http://www.zeno.org/nid/20007333013>, abgerufen am 21.3.2017.

70 Bedeutung und Organisation der Arbeitskammern, S. 31. Vgl. Histoire – Service public fédéral Emploi, Travail et Concertation sociale, <http://www.emploi.belgique.be/defaultTab.aspx?id=245>, abgerufen am 9.9.2016. Nachfolgeorganisation der Industrie- und Arbeitsräte ist der durch Gesetz vom 29.5.1952 eingerichtete Conseil national du travail (CNT). Vgl. <http://www.cnt-nar.be/Qui-sommes-nous.htm>, abgerufen am 25.3.2013.

71 Vgl. Bedeutung und Organisation der Arbeitskammern, S. 32.

72 Ebd., S. 38. Vgl. Entwurf eines Arbeitskammergesetzes. Begründung, Verhandlungen des Reichstages Bd. 250.1909, S. 5870 f.

73 Bedeutung und Organisation der Arbeitskammern, S. 36 f. Zitat S. 36. Vgl. Entwurf eines Arbeitskammergesetzes. Begründung, Verhandlungen des Reichstages Bd. 250.1909, S. 5870.

74 Vgl. Bedeutung und Organisation der Arbeitskammern, S. 39.

75 Ebd., S. 41. Nach dem Verbot des „palingtrekken (Aalziehen)", einer tierquälerischen Volksbelustigung, durch die Behörden kam es im Juli 1886 zu gewaltsamen Protesten der Bewohner eines Armenviertels, die vom Militär niedergeworfen wurden. Dabei kamen 26 Personen ums Leben. Die Vermutung einer sozialistischen Verschwörung wurde durch die anschließenden Ermittlungen widerlegt. Vorangegangen waren ähnliche Vorkommnisse anlässlich des Verbots des Septemberkarnevals zehn Jahre zuvor. Vgl. Blood in the streets, Amsterdam 1886, <http://dawlishchronicles.com/blood-in-the-streets-amsterdam-1886/>, abgerufen am 7.7.2016; Harms/Jay, S. 7.

76 Vgl. Harms: Die holländischen Arbeitskammern, S. 73; Bliegen, a.a.O.

77 Das belgische Gesetz bestimmte demgegenüber lediglich, dass jede Sektion aus ihrer Mitte einen Vorsitzenden wählt. Vgl. Bedeutung und Organisation der Arbeitskammern, S. 40. In der Regel stellten die Arbeitgeber den Vorsitzenden, die Arbeitnehmer den Schriftführer. Vgl. Entwurf eines Arbeitskammergesetzes. Begründung, Verhandlungen des Reichstages Bd. 250.1909, S. 5869.

78 „Unseres Wissens wird die volle Gleichberechtigung der Frau in diesen Fällen von keinem der ähnlichen Gesetze in den andern Staaten ausdrücklich bestimmt." Bedeutung und Organisation der Arbeitskammern, S. 46. Zehn beziehungsweise elf Jahre später verliehen auch die belgische Gesetzesnovelle von 1907 und das französische Gesetz über die beratenden Arbeitsräte von 1908 Frauen das aktive und passive Wahlrecht. Vgl. Entwurf eines Arbeitskammergesetzes. Begründung, Verhandlungen des Reichstages Bd. 250.1909, S. 5869 f.

79 Die Sozialdemokraten forderten, dass die Arbeitskammern bindende Schiedssprüche fällen können und als „auskunftgebende Körperschaft" nur aus Arbeitern bestehen sollten. Bliegen, a.a.O., S. 371.

80 Vgl. Harms, Die holländischen Arbeitskammern, S. 130 f., Zitat S. 130. Vgl. Entwurf eines Arbeitskammergesetzes. Begründung, Verhandlungen des Reichstages Bd. 250.1909, S. 5871.

81 Vgl. Bliegen, a.a.O., S. 370.

82 Art. 1 Dekret betr. die Errichtung von Arbeitsräten in Frankreich. Vom 17. Sept. 1900, zit. n. Bedeutung und Organisation der Arbeitskammern, S. 58.

83 Vgl. Bedeutung und Organisation der Arbeitskammern, S. 58–60; Harms/Jay, S. 73–86; Adolf Braun: Raoul Jay: Die Arbeitsräte in Frankreich [Rezension]. In: Die Neue Zeit 23.1904–1905, 1. Bd., Heft 5, S. 158 f. Zur Politik Millerands und zum Scheitern der Arbeitsräte siehe: Michel Cointepas: Les Circulaires Millerand de 1900 (Extraits des cahiers du Chatefp n° 5, mai 2001), <http://travail-emploi.gouv.fr/IMG/pdf/Les_circulaires_Millerand_de_1900.pdf>, abgerufen am 21.6.2016. Ein Gesetz vom 17. Juli 1908 sah beratende Arbeitsräte (Conseils consultatifs du travail) mit paritätischer Zusammensetzung vor, um auf Anforderung der Regierung Gutachten zu erstatten und Erhebungen vorzunehmen. Die Mitglieder sollten jetzt in unmittelbaren Wahlen bestimmt werden. Vgl. Entwurf eines Arbeitskammergesetzes. Begründung, Verhandlungen des Reichstages Bd. 250.1909, S. 5870.

84 Zu Entwicklung und Merkmalen der Arbeitsbörsen siehe Schöttler und Trempé. Neuere Beiträge aus verschiedenen Blickwinkeln enthält: Cahiers d'histoire. Revue d'histoire critique, 116–117/2011: Retour sur les Bourses du travail. Zur Vorgeschichte der Arbeitsbörsen vgl. Schöttler, Kapitel I; Héritier, a.a.O., S. 645–650, 687 f.; Nicolas Gallois: Pour la liberté du travail: retour sur les origines des Bourses du travail. In: Cahiers d'histoire, 116–117/2011, S. 27–42, <http://chrhc.revues.org/2358>, abgerufen am 22.6.2017.

85 Zit. n. Héritier, a.a.O., S. 687. Vgl. Schöttler, S. 61 f. und die Erklärung Mesureurs als Sprecher des Pariser Stadtrates anlässlich der Eröffnung der Arbeitsbörse am 3.2.1887, ebd., S. 2.

86 Zur Wirksamkeit der Arbeitsvermittlung schreibt Schöttler, es sei den Arbeitsbörsen zu keinem Zeitpunkt gelungen, „den im engeren Sinne proletarischen Arbeitsmarkt auch nur annähernd abzudecken" (S. 100). Er weist gleichzeitig darauf hin, dass „die Vermittlungszahlen der Bourses du Travail ihrem Anteil am gesamten Arbeitsmarkt nach zwar beschränkt, aber gleichwohl nicht völlig unerheblich [waren]" (S. 107 f.). Zu berücksichtigen ist weiterhin, dass sich die Arbeitsvermittlung der Arbeitsbörsen wesentlich von den privaten und zum Teil auch von den städtischen Arbeitsnachweisen unterschied:
- Sie erfolgte unentgeltlich und nach der Reihenfolge der Bewerber.
- Erhoben und weitergegeben wurden ausschließlich Angaben, die in Zusammenhang mit der auszuführenden Arbeit standen. Das heißt, die Arbeitsbörsen zogen keine Erkundigungen über Lebenswandel oder politische Einstellung der Arbeitsuchenden ein.
- Als Vermittlungsstelle trat die jeweilige Gewerkschaft auf. Dadurch mussten die Unternehmer die Gewerkschaften als Interessenvertretung anerkennen und diese konnten den beanspruchten Tariflohn fordern. Vgl. Schöttler, S. 105 f.

Die „einseitig proletarische Tendenz" der Arbeitsvermittlung durch die Arbeitsbörsen bedeutete einerseits eine grundsätzliche Neuerung, andererseits fand sie ihre Grenzen „in der vorgegebenen [...] Struktur des Arbeitsmarktes und in den gesellschaftlichen Machtverhältnissen [...]". Ebd., S. 107.

87 Ebd., S. 10. Neben der Arbeitsvermittlung umfasste das Tätigkeitsfeld ein berufsbezogenes und allgemeines Bildungsangebot (Kurse, Vorträge, Bücherei), die Unterstützung der Gewerkschaften (Propaganda, Unterstützung bei Streiks) und die Unterhaltung von Hilfs- und Selbsthilfeeinrichtungen für Arbeiter (Hilfskassen, Hilfe für Wanderarbeiter und Arbeiter, die wegen gewerkschaftlicher oder politischer Betätigung auf „schwarzen Listen" standen, Rechtsberatung, Konsumvereine) – wobei nicht alle Börsen die gesamte Bandbreite abdeckten und unterschiedliche Schwerpunkte bestanden. Im Einzelnen siehe ebd., S. 96–123 und die Tabelle auf S. 180 f. Mit ihren Angeboten zur beruflichen Bildung antworteten die Arbeitsbörsen auf die Entwertung handwerklicher Fertigkeiten und die Arbeitslosigkeit als Folge des raschen und tiefgreifenden Strukturwandels im letzten Viertel des 19. Jahrhunderts. Vgl. Trempé, S. 7 f.

88 Zum Generalsekretär der FBdT wurde der Anarcho-Syndikalist Fernand Pelloutier gewählt. Mit der Propagierung des Generalstreiks als Mittel zur Befreiung der Arbeiterschaft sowie der Ablehnung von Staat und Politik vertrat die FBdT Leitgedanken, die kennzeichnend für die französische Gewerkschaftsbewegung (und die politische Strömung des Syndikalismus) wurden und Eingang fanden in die Charta von Amiens der CGT von 1906. Vgl. La Bourse du Travail de Paris, <www.boursedutravail-paris.fr/histoire>, abgerufen am 17.9.2015; Willard: La France Ouvrière, S. 294 f.; Helge Döhring: Syndikalismus: Der Begriff im Kontext der Entwicklung des Syndikalismus in Deutschland und der „Internationalen Arbeiter-Assoziation" (IAA), <www.syndikalismusforschung.info/sybegriff.htm>, abgerufen am 28.6.2017. Zum „Apolitismus" der Arbeitsbörsen vgl. Schöttler, S. 148–156, zum Generalstreik siehe Willard: La France Ouvrière, S. 293 f. Zur Charta von Amiens vgl. Naef, S. 75–82; La Charte d'Amiens (1906). Présentation par Gilles Morin, <https://web.archive.org/web/20030816093537/http://biosoc.univ-paris1.fr:80/histoire/textimage/texte13.htm>, abgerufen am 12.7.2017. Der erste, 1886 gegründete, gewerkschaftliche Dachverband „Fédération nationale des syndicats" (FNS) blieb weitgehend ohne Einfluss. Vgl. Schöttler, S. 10; Louis, S. 253–256; Willard: La France Ouvrière, S. 279. Zu Pelloutier und seinem Wirken in der FBdT: Jacques Julliard: Fernand Pelloutier et les origines du syndicalisme d'action directe. In: Le Mouvement social. Bulletin trimestriel de l'Institut francais d'histoire sociale et du Centre d'Histoire du Syndicalisme de l'Université de Paris, Avril-Juin 1971, Numéro 75, S. 3–32, <http://gallica.bnf.fr/ark:/12148/bpt6k5619229p/texteBrut>, abgerufen am 11.7.2017.

89 Vgl. David Rappe: Les Bourses du travail, une expression de l'autonomie ouvrière. In: Cahiers d'histoire, 116–117/2011, S. 43–55, <http://chrhc.revues.org/2360>, abgerufen am 22.6.2017.

90 Schöttler, S. 13. Näher dazu siehe ebd., S. 13–19, S. 157–162. Während Schöttler den „Doppelcharakter" der Arbeitsbörsen hervorhebt und auf ihre Widersprüche und Grenzen hinweist, unterstreicht Rappe ihren Modellcharakter als Ausdruck gewerkschaftlicher Autonomie. Vgl. Rappe, a.a.O.

91 „Republikaner" bezeichnet als Sammelbegriff die Strömung, die, nachdem die Wiederherstellung der Monarchie gescheitert war, ab 1879 die französische Politik bestimmte. Gemäßigte und radikale Republikaner schlossen sich zu wechselnden Gruppierungen zusammen. Zur Entwicklung des Parteiensystems in Frankreich siehe Raymond Huard: La naissance du parti politique en France, Paris 1996. Einen Überblick bietet Joachim Schild: Parteien, Parteiensystem und politische Konfliktlinien im Wandel. In: Christadler/Uterwedde (Hrsg.), S. 326–347. Zur Politik der Republikaner gegenüber der Arbeiterschaft vgl. Schöttler, S. 47–56; zur politischen Entwicklung zwischen 1880 und 1895 siehe auch Willard: La France Ouvrière, S. 275–277.

92 Im Vergleich zu Deutschland waren in Frankreich die Zentralverbände schwächer ausgeprägt. Vgl. Boll, S. 124, 166 f.; Louis, S. 237 f. Zur Entwicklung der „lokalistischen" bzw. syndikalistischen Gewerkschaftsbewegung in Deutschland – auch im Vergleich zu Frankreich – siehe: Hans Manfred Bock: Anarchosyndikalismus in Deutschland. Eine Zwischenbilanz. In: IWK – Internationale wissenschaftliche Korrespondenz zur Geschichte der deutschen Arbeiterbewegung, 25. Jg., Heft 3, September 1989, <www.anarchismus.at/texte-anarchosyndikalismus/die-historische-faud/7639-hans-manfred-bock-anarchosyndikalismus-in-deutschland-eine-zwischenbilanz?tmpl=component&print=1&page=>, abgerufen am 5.7.2017.

93 Vgl. Schöttler, S. 25–32.

94 Da die Arbeitsbörsen von den Gemeinden eingerichtet wurden, hingen ihre Wirkungsmöglichkeiten stark von den örtlichen Umständen und Mehrheitsverhältnissen ab. Zum Beispiel genoss die Börse in Saint-Etienne die Unterstützung sozialistischer Bürgermeister. Vgl. La Bourse du Travail de Saint-Etienne, <www.forez-info.com>, abgerufen am 22.9.2015. Zu unterschiedlichen „Gründungsmodi" vgl. Schöttler, S. 84–90.

95 Das „Gesetz über die Bildung von Berufsverbänden" (Loi relative à la création des syndicats professionnels) vom 21.3.1884 – auch als „Gewerkschaftsgesetz" und nach Pierre Waldeck-Rousseau, der es als Innenminister auf den Weg brachte, als „Loi Waldeck-Rousseau" bezeichnet – hob das bestehende Koalitionsverbot auf. Die Gründung von Berufsvereinigungen von Arbeitnehmern und Arbeitgebern wurde ausdrücklich erlaubt und bedurfte keiner Genehmigung. Indem das Gesetz die Tätigkeit der Berufsvereinigungen auf die „Beschäftigung mit und Verteidigung von wirtschaftlichen, industriellen, kaufmännischen und landwirtschaftlichen Interessen" begrenzte, bot es eine Handhabe, Bestrebungen zu verfolgen, die als politisch angesehen wurden, wobei die allgemein gefasste Bestimmung den Behörden einen weiten Ermessensspielraum eröffnete. Satzungen und die Namen der Funktionsträger mussten im Bürgermeisteramt hinterlegt werden. Die Prozessfähigkeit und das Recht, Grundstücke und Gebäude zu besitzen, wurden zwar den Berufsvereinen selbst, nicht aber ihren Vereinigungen zuerkannt. Das Verbot des Immobilienbesitzes für Gewerkschaftsverbände dürfte zur Anziehungskraft der Arbeitsbörsen beigetragen haben, da deren Gebäude von den Gemeinden gestellt wurden. Vgl. Schöttler, S. 50–54. Zur Stellung von Interessengruppen vor dem Hintergrund der historischen Entwicklung des

politischen Systems Frankreichs vgl. Yves Mény: Interessengruppen in Frankreich: von Pluralismus keine Spur. In: Christadler/ Uterwedde (Hrsg.), S. 348–362.

96 Vgl. Schöttler, S. 57–60.

97 Vgl. ebd., S. 62–64.

98 Zum Streit um die Pariser Arbeitsbörse vgl. ebd., S. 57–76. Die Strömungen innerhalb der Arbeitsbörse beschreibt Héritier, a.a.O., S. 688 f. Ein Überblick über die politischen Gruppierungen der Arbeiterbewegung findet sich in: Willard: La France Ouvrière, S. 295–305; vgl. ders.: Geschichte der französischen Arbeiterbewegung, Kapitel 5. Zu den auch in den folgenden Jahren anhaltenden Konflikten um die Pariser Arbeitsbörse vgl. Louis, S. 246 f. Die Ablehnung des Gesetzes von 1884 richtete sich v.a. gegen die Verpflichtung zur Bekanntgabe der Satzung und der Vorstandsmitglieder beim Bürgermeisteramt beziehungsweise in Paris bei der Präfektur. Zu den behördlichen Unterdrückungsmaßnahmen gegen andere politisch missliebige Arbeitsbörsen vgl. Schöttler, S. 138–145.

99 Vgl. Schöttler, S. 78 f.

100 Vgl. ebd., S. 76; Willard: La France Ouvrière, S. 294 f.

101 Vgl. La Bourse du Travail de Paris, <www.boursedutravail-paris.fr/histoire>, abgerufen am 17.9.2015; David Hamelin: Aux sources de l'histoire syndicale francaise, retour sur les Bourses du travail. In: Cahiers d'histoire, 116–117/2011, S. 13–24, <http://chrhc.revues.org/2355>, abgerufen am 22.6.2017; Benjamin Jung: Le rêve d'un placement ouvrier au service de la lutte des classes: les Bourses du travail, entre posture revendicative et œuvre de substitution (1886–1904). Ebd., S. 57–68, <http://chrhc.revues.org/2362>, abgerufen am 22.6.2017. Zum Verhältnis zwischen FBdT und CGT und zur Stellung der Arbeitsbörsen innerhalb der CGT nach der Vereinigung beider Organisationen vgl. Naef, S. 39 f.; Trempé, S. 12 f.; Willard: La France Ouvrière, S. 336 f. Im Unterschied zu den Arbeitsbörsen waren die Ortsverbände der CGT (Unions Locales) rechtlich selbstständig und unterstanden nicht der Aufsicht der Gemeinden. Sofern eine Einigung mit der Gemeinde zustande kam, betrieben sie die Arbeitsbörsen weiter, waren dann aber nur rechenschaftspflichtig über die Verwendung der Zuschüsse. Vgl. Trempé, S. 105 f. Zur weiteren Entwicklung bis in die zwanziger Jahre siehe Rappe, a.a.O.

102 Fernand Pelloutier (1867–1901), Sekretär der FBdT, sah in den Arbeitsbörsen „Zellen der künftigen föderativen Gesellschaft". Fernand Pelloutier: Histoire des Bourses du Travail, 4. Auflage, Paris 1971, S. 261, zit. n. Schöttler, S. 135. Zum Verständnis der Arbeitsbörsen als „Entwurf einer künftigen nachrevolutionären Gesellschaft" und gleichzeitig „Werkzeug gegenwärtiger Kämpfe und Forderungen" vgl. Rappe, a.a.O. Zum Einfluss der Vorstellungen Pelloutiers und des Konzepts der Arbeitsbörsen auf die Entwicklung des Syndikalismus in Deutschland vgl. Helge Döhring: Syndikalismus: Der Begriff im Kontext der Entwicklung des Syndikalismus in Deutschland und der „Internationalen Arbeiter-Assoziation" (IAA), <www.syndikalismusforschung.info/sybegriff.htm>, abgerufen am 28.6.2017; Hans Manfred Bock: Anarchosyndikalismus in Deutschland (siehe oben Anm. 92).

103 Vgl. Benjamin Jung: Le rêve d'un placement ouvrier au service de la lutte des classes : les Bourses du travail, entre posture revendicative et œuvre de subs-

titution (1886–1904). In: Cahiers d'histoire, 116–117/2011, S. 57–68, <http://chrhc.revues.org/2362>, abgerufen am 22.6.2017; La Bourse du Travail de Paris, <www.boursedutravail-paris.fr/histoire>, abgerufen am 17.9.2015. Zur Räumung der Arbeitsbörse durch den Ordnungsdienst der CGT am 24. Juni 2009 siehe: Comment la CGT a délogé des sans-papiers. In: Le Monde, 25.6.2006, <http://www.lemonde.fr/societe/article/2009/06/25/installation-de-sans-papiers-devant-la-bourse-du-travail-a-paris_1211071_3224.html>, abgerufen am 6.7.2017.

104 Zit. n. Pinardi/Schiavi, S. 9 f.

105 Vgl. ebd., S. 10.

106 Vgl. ebd., S. 37; Olberg, a.a.O., S. 238.

107 Vgl. Paolo Tedeschi: Notes sur le rôle économique et social des entrepreneurs et des travailleurs de la sidérurgie italienne au XXe siècle. In: Barthel, Charles; Kharaba, Ivan; Mioche, Philippe (Hrsg.): Les mutations de la sidérurgie mondiale du XXe siècle à nos jours, Bruxelles 2014, S. 435–461.

108 Vgl. Pinardi/Schiavi, S. 14–16. Es bleibt unklar, ob es sich bei den Volkssekretariaten und den „munizipalen Arbeitsämtern", über die Olberg als „‚Konkurrenzunternehmen' der Klerikalen" (S. 239) zu den Arbeitskammern berichtet, um dieselben Einrichtungen handelte. Die Arbeitsämter sollten ähnliche Aufgaben wie die Arbeitskammern übernehmen, jedoch mit Beteiligung der Unternehmer und ohne Einbeziehung der Gewerkschaften. Die zeitlichen Angaben deuten darauf hin, dass zwei unterschiedliche Ansätze gemeint sind. Denn während Pinardi/Schiavi das 1896 aufgestellte Statut des Mailänder Volkssekretariats erwähnen und von einer „Tätigkeit von nur kurzer Dauer" sprechen, die „heute" – gemeint ist 1904 – „fast vollständig aufgehört hat" (S. 16), bezeichnet Olberg 1901/02 die städtischen Arbeitsämter als „neue Institution" (S. 239).

109 Vgl. Pinardi/Schiavi, S. 21; Olberg, a.a.O., S. 238.

110 Programm der Arbeitskammer von Rom, zit. n. Pinardi/Schiavi, S. 57; vgl. ebd., S. 32.

111 Zu den Tätigkeitsfeldern der Arbeitskammern siehe ebd., S. 35–37.

112 Vgl. ebd., S. 52 f. und Olberg, a.a.O., S. 240.

113 Vgl. Breve storia del sindicato italiano, <http://www.cgil-nuoro.it>, abgerufen am 4.3.2016; Camere del Lavoro Metropolitana di Milano, <http://www.cgil.milano.it>, abgerufen am 4.3.2016; Jürgen Seifert: Zur Situation der italienischen Gewerkschaften. In: Gewerkschaftliche Monatshefte, 9. Jg., 09/1958, S. 544–549, <library.fes.de/gmh/main/pdf-files/gmh/1958/1958-09-a-544.pdf>, abgerufen am 18.5.2017.

114 Vgl. Pinardi/Schiavi, S. 59 f. und Jean Sigg: Die Genfer Arbeitskammer. Ein Beitrag zur Frage des Arbeitsnachweises. In: Die Neue Zeit, Jg. 21. 1902–1903, 2. Bd. (1903), Heft 32, S. 177–185. Bei Pinardi/Schiavi wird der Verfasser irrtümlich als Jean Lipp angegeben (S. 59, Fußnote 1).

115 Pelizzoni, a.a.O., S. 274.

116 Vgl. Pinardi/Schiavi, S. 61; Gewerkschaftsbund des Kantons Zürich: Chronologie des Zürcher Gewerkschaftsbundes in Stichworten, <www.gbkz.ch/der-gbkz/infos-und-kontakt/geschichte>, abgerufen am 7.3.2016; Schweizerisches Sozialarchiv, Archivfindmittel: Arbeiterunion Zürich, Gewerkschaftskartell Zürich,

GBZ, <www.sozialarchiv.ch>, abgerufen am 7.3.2016. Zur Rechtsberatung der Arbeitskammer siehe Pelizzoni, a.a.O., S. 274 f. Die aus der Arbeitskammer hervorgegangene Rechtsberatungsstelle des Gewerkschaftsbundes Zürich, des früheren Gewerkschaftskartells, bestand bis zur Einstellung der Unterstützung durch den Kanton Ende des Jahres 2000. Vgl. Gewerkschaftsbund des Kantons Zürich, a.a.O., S. 4.

117 Abkommen zwischen den Arbeitgeber- und Gewerkschaftsverbänden vom 15. November 1918 (Stinnes-Legien-Abkommen), Punkt 1, zit. n. Feldman/Steinisch, S. 135.

118 113 § 1 Satzung der Zentralarbeitsgemeinschaft der industriellen und gewerblichen Arbeitgeber und Arbeitnehmer Deutschlands vom 12. Dezember 1919, zit. ebd., S. 137.

119 Preller, S. 53; vgl. Winkler: Weimar, S. 45 f. und ausführlich Feldman/Steinisch, S. 15–26.

120 Lothar Albertin: Faktoren eines Arrangements zwischen industriellem und politischem System in der Weimarer Republik 1918–1928. In: Mommsen/Petzina/Weisbrod, 2. Bd., S. 658–674, hier S. 660.

121 Da die Christlichen Gewerkschaften die Zentralarbeitsgemeinschaft nicht verließen, bestand sie auch nach Auflösung des gemeinsamen Büros am 31. März 1924 dem Namen nach weiter. Vgl. Naphtali, S. 134; Feldman/Steinisch, S. 121–127.

122 Preller, S. 53.

123 Bericht der Generalkommission auf dem Gewerkschaftskongress in Nürnberg 1919, zit. n. Leipart, a.a.O., S. 197.

124 Im Streit über die Bewilligung der Kriegskredite durch die SPD-Fraktion gründete die oppositionelle Minderheit im April 1917 die Unabhängige Sozialdemokratische Partei Deutschlands (USPD oder USP). Die SPD nannte sich daraufhin MSPD (Mehrheitssozialdemokraten).

125 Vgl. u.a. Ralf Hoffrogge: Das Ende einer Revolution, <http://www.bdwi.de/suchen/2380904.html>, abgerufen am 21.11.2016; Winkler: Weimar, S. 69–76; ders.: Von der Revolution zur Stabilisierung, 1. und 2. Kapitel. Eine knappe und auf das Wesentliche beschränkter Darstellung auch in Informationen zur politischen Bildung 261: Weimarer Republik, Überarbeitete Neuauflage 2011, S. 11–18.

126 Akten der Reichskanzlei. Weimarer Republik Nr. 18 Kabinettssitzung vom 20. März 1919. Der Zentralrat der deutschen sozialistischen Republik wurde im Dezember vom Ersten Allgemeinen Kongress der Arbeiter und Soldatenräte eingerichtet, um den Rat der Volksbeauftragten, der bis zur Wahl der Nationalversammlung und Bildung einer durch diese legitimierten Regierung die gesetzgebende und vollziehende Gewalt ausübte, zu beaufsichtigen. Dem Zentralrat gehörten nur Vertreter der MSPD an. Die USP boykottierte die Wahl, weil ihrer Forderung nach einem Entscheidungsrecht des Zentralrates über Verordnungen des Rates der Volksbeauftragten nicht entsprochen wurde. Vgl. Winkler: Weimar, S. 50–52. Zu den Vorstellungen über ein Rätesystem vgl. Hoffrogge: Vom Sozialismus zur Wirtschaftsdemokratie? a.a.O., S. 96 f.; Dieter Schneider; Rudolf

Kuda: Arbeiterräte in der Novemberrevolution. Ideen, Wirkungen, Dokumente, Frankfurt am Main 1968.

127 Zit. n. Preller, S. 240. Vgl. Akten der Reichskanzlei. Weimarer Republik Nr. 18 Kabinettssitzung vom 20. März 1919; Winkler: Weimar, S. 75. Der erste Regierungsentwurf für einen Verfassungstext vom 21.2.1919 enthielt noch keinen Hinweis auf die Räte. Ebenfalls am 4. März legte die Reichsregierung der Nationalversammlung ein Rahmengesetz zur Sozialisierung und ein Gesetz zur Sozialisierung des Kohlenbergbaus vor und kündigte die Sozialisierung des Kalibergbaus an. Die Vergesellschaftung der beiden wichtigsten Bergbauzweige stand unter den Forderungen der Streikenden im mitteldeutschen Industriegebiet an hervorgehobener Stelle. Vgl. Preller, S. 239 f.; Winkler: Von der Revolution zur Stabilisierung, S. 159–175.

128 Vgl. Akten der Reichskanzlei. Weimarer Republik Nr. 34 Kabinettssitzung vom 4. April 1919, Anm. 2. Zur Entstehung von Art. 165 vgl. Akten der Reichskanzlei. Weimarer Republik Nr. 18 Kabinettssitzung vom 20. März 1919, Nr. 23 Kabinettssitzung vom 26. März 1919, Nr. 34 Kabinettssitzung vom 4. April 1919. Die Weimarer Verfassung wurde am 31.7.1919 beschlossen und trat am 14.8.1919 in Kraft.

129 Zur Entstehung des Betriebsrätegesetzes vom 4. Februar 1920 vgl. Preller, S. 249–251. Zur Einordnung des Gesetzes in die längerfristige Entwicklung der Verrechtlichung der industriellen Arbeitsbeziehungen siehe Werner Plumpe: Betriebliche Mitbestimmung in der Weimarer Republik. Fallstudien zum Ruhrbergbau und zur Chemischen Industrie, München 1999, S. 37–58. Eine kritische Beurteilung aus zeitgenössischer Sicht findet sich bei Karl Korsch: Arbeitsrecht für Betriebsräte (1922), Frankfurt am Main 1968. Zu den Auswirkungen des Betriebsrätegesetzes auf die Gewerkschaften und auf die Beziehungen zwischen Arbeitern und Unternehmern bis Mitte der zwanziger Jahre vgl. Brigl-Matthiaß.

130 Vgl. Peters, S. 33. Reichsarbeitsminister Bauer bemerkte in der Kabinettssitzung am 4.4.1919 bei der Vorlage des Entwurfs für den späteren Art. 165, „daß der Gedanke, dem Reichsarbeiterrat oder dem Reichswirtschaftsrat ein Vetorecht zu geben, auch außerhalb der Unabhängigen [d.h. der USP, Verf.] nicht überall unbedingt abgelehnt werde, sondern daß Freunde dieses Gedankens in allen drei Mehrheitsfraktionen zu finden seien". Akten der Reichskanzlei. Weimarer Republik Nr. 34, Kabinettssitzung vom 4. April 1919.

131 Reichswirtschaftsminister Robert Schmidt (SPD) im Reichstag. Nationalversammlung, 80. Sitzung, 15. August 1919, Verhandlungen des Reichstages, Bd. 329. 1919/20, S. 2492. Zu ihren Beweggründen schrieb die Reichsregierung rückblickend: „Die Regierung wie auch die gesetzgebenden Körperschaften empfanden in jener politisch erregten Zeit ein starkes Bedürfnis nach einer mehr wirtschaftlich eingestellten Beratung." Begründung zu dem Entwurf eines Gesetzes über den Reichswirtschaftsrat und zu dem Entwurf eines Gesetzes zur Ausführung des Gesetzes über den Reichswirtschaftsrat vom 14. Juli 1928, Verhandlungen des Reichstages Bd. 430.1928, S. 11.

Die Erwartungen von Unternehmerseite an den Reichswirtschaftsrat brachte Albert Vögler, Generaldirektor der Deutsch-Luxemburgischen Bergwerks- und Hütten AG, Präsidiumsmitglied des RDI und Abgeordneter der DVP, zum Ausdruck: „Ich persönlich verspreche mir von einer solchen Zusammenarbeit ein ganz anderes Gefühl der Zusammengehörigkeit aller Klassen, aller Stände, aller Berufe unseres Volkes. Wenn wir bei der Wirtschaft die Politik ausschalten, dann werden wir – davon bin ich überzeugt – recht bald zu der Einsicht kommen, daß es eben doch nicht richtig ist, wenn jeder nur den eigenen Weg geht, daß wir alle [...] zusammenarbeiten müssen, wenn wir das große Ziel, den Wiederaufbau der Wirtschaft, vollenden wollen." Nationalversammlung, 80. Sitzung, 15. August 1919, Verhandlungen des Reichstages, Bd. 329. 1919/20, S. 2492. Zur Entstehung des Vorläufigen Reichswirtschaftsrates vgl. Lilla, S. 20–28; Mannschatz, a.a.O., S. 141; Glum, S. 11.

132 Vgl. Verordnung über den vorläufigen Reichswirtschaftsrat. Vom 4. Mai 1920. In: Reichs-Gesetzblatt, Jg. 1920, S. 858–869.

133 Das Reichsgericht sprach dem Vorläufigen Reichswirtschaftsrat zwar auch dieses Recht zu, es ist aber unklar, ob beziehungsweise wie sich das Urteil auswirkte. Vgl. Lilla, S. 32.

134 Zur Verselbständigung der drei Abteilungen (Arbeitgeber, Arbeitnehmer und Sonstige) gegenüber den Gruppen vgl. Lilla, S. 35. Die Vollversammlung trat seit Juni 1923 nicht mehr zusammen. Ihre geringe Bedeutung wird auf die hohe Mitgliederzahl zurückgeführt. Nach der Geschäftsordnung leitete der Vorstand die Gutachten der Ausschüsse an die Reichsregierung weiter. Vgl. Tatarin-Tarnheyden, S. 98; Hauschild, S. 3 f. Eine Vereinbarung zwischen Reichsregierung und Vorstand des Vorläufigen Reichswirtschaftsrates vom Dezember 1923 über Sparmaßnahmen legte u.a. fest, dass die Vollversammlung künftig nur nach Absprache mit der Reichsregierung einberufen wurde, Ausschüsse in der Regel ausschließlich über von der Regierung angeforderte Gutachten verhandeln sollten und die Beratung eigener Anstöße der mit dem zuständigen Reichsministerium abgestimmten Genehmigung des Vorstandes bedurfte. Dadurch wurde sowohl die Verlagerung der Arbeit in die Ausschüsse als auch die Beschränkung auf von der Regierung in Auftrag gegebene Gutachten festgeschrieben. Vgl. Begründung zu dem Entwurf eines Gesetzes über den Reichswirtschaftsrat und zu dem Entwurf eines Gesetzes zur Ausführung des Gesetzes über den Reichswirtschaftsrat vom 14. Juli 1928, Verhandlungen des Reichstages Bd. 430.1928, S. 12.

135 Preller, S. 252.

136 Vgl. Tatarin-Tarnheyden, S. 109. Theodor Leipart, der Vorsitzende des ADGB, sah die Idee eines „Wirtschaftsparlamentarismus [...] ungefähr im Vorläufigen Reichswirtschaftsrat zum Teil verwirklicht". Leipart, a.a.O., S. 196. Fritz Tarnow, Mitglied des ADGB-Vorstandes und des Vorläufigen Reichswirtschaftsrates, schrieb 1951 im Hinblick auf den vom DGB geforderten Bundeswirtschaftsrat: „Zahlreiche Vorarbeiten und Anregungen dazu werden in den Protokollen und Berichten des vorläufigen RWR zu finden sein; insbesondere gilt das auch für die innere Gestaltung und die funktionellen Einrichtungen einer solchen Körperschaft." Tarnow, a.a.O., S. 568. Eine Aufstellung der Gremien, an deren Besetzung der Vorläufige Reichswirtschaftsrat beteiligt war, findet sich bei Lilla, S. 37 f.

137 Vgl. Glum, S. 36, 52 f.; Begründung zu dem Entwurf eines Gesetzes über den Reichswirtschaftsrat vom 14. Juli 1928, Verhandlungen des Reichstages Bd. 430.1928, S. 14.

138 Vgl. Hauschild, S. 639.

139 Vgl. Dirk Stegmann: Deutsche Zoll- und Handelspolitik 1924/5–1929 unter besonderer Berücksichtigung agrarischer und industrieller Interessen. In: Mommsen/Petzina/Weisbrod, 2. Band, S. 499–513, hier S. 503.

140 Vgl. Peter Wulf: Regierung, Parteien und Wirtschaftsverbände und die Sozialisierung des Kohlenbergbaus 1920–1921. In: Mommsen/Petzina/Weisbrod, 2. Band, S. 647–657; Lothar Albertin: Faktoren eines Arrangements zwischen industriellem und politischem System in der Weimarer Republik 1918–1928. In: Mommsen/Petzina/Weisbrod, 2. Band, S. 658–674.

141 Vgl. Preller, S. 252.

142 Art. 11 Abs. 2 Verordnung über den vorläufigen Reichswirtschaftsrat. Vom 4. Mai 1920. In: Reichs-Gesetzblatt, Jg. 1920, S. 868.

143 Tatarin-Tarnheyden, S. 98. Vgl. Begründung zu dem Entwurf eines Gesetzes über den Reichswirtschaftsrat vom 14. Juli 1928, Verhandlungen des Reichstages Bd. 430.1928, S. 12 f; Hauschild, S. 635–640; Mannschatz, a.a.O.; Quellen zur Geschichte der deutschen Gewerkschaftsbewegung, Band 3.2, Dokument 226: Stellungnahme des ADGB-Sekretärs Arons zur weiteren Arbeit des Reichswirtschaftsrates vom 18.9.1929, S. 1308 f. Die Tätigkeit des Vorläufigen Reichswirtschaftsrates ist dargestellt bei Hauschild und in der Begründung der Reichsregierung zum Gesetzentwurf über den Reichswirtschaftsrat. Eine Übersicht über die behandelten Gegenstände gibt auch die Einleitung und Übersicht zum Bestand R 401 im Bundesarchiv. Die Beratungsgegenstände der Vollversammlung führt Lilla, S. 33 f. auf.

144 Quellen zur Geschichte der deutschen Gewerkschaftsbewegung, Band 3.2, Dokument 225: Besprechung zwischen dem ADGB-Vorsitzenden, Theodor Leipart, und dem Direktor des VRWiR, Hauschild, über die weitere Arbeit im Vorläufigen Reichswirtschaftsrat vom 16.9.1929, S. 1304–1307, Zitat S. 1304.

145 Vgl. Begründung zu dem Entwurf eines Gesetzes über den Reichswirtschaftsrat vom 14. Juli 1928, Verhandlungen des Reichstages Bd. 430.1928, S. 11–27, hier S. 13 f.; Leitsätze für die Bildung des endgültigen Reichswirtschaftsrats, aufgestellt vom Verfassungsausschuss des vorläufigen Reichswirtschaftsrats, ebd., S. 28–30; Bericht des Verfassungs-Ausschusses über den Entwurf eines Gesetzes über den Reichswirtschaftsrat und den Entwurf eines Gesetzes zur Ausführung des Gesetzes über den Reichswirtschaftsrat, ebd. S. 31–47, hier S. 47; Hauschild, S. 496–510. Zur unterschiedlichen Interpretation von Art. 165 Abs. 1 siehe ebd., S. 496 f.

Die Arbeitgebervertreter erhoben keinen Einwand gegen die Bildung von Bezirksarbeiterräten und wehrten sich auch nicht gegen paritätisch besetzte Bezirkswirtschaftsräte, „aber die mit öffentlich-rechtlichen Funktionen ausgestatteten Kammern halbstaatlichen Charakters sollten nicht angetastet werden und auch weiterhin ausschließlich von der Unternehmerschaft beherrscht werden. Die Forderung der Gewerkschaften, diese Kammern paritätisch zu gestalten und dann vielleicht, mit einer Erweiterung ihrer Aufgaben, zu den

verfassungsmäßigen Bezirkswirtschaftsräten auszubauen, wurde entschieden abgelehnt." Tarnow, a.a.O., S. 564; vgl. Quellen zur Geschichte der deutschen Gewerkschaftsbewegung, Band 2, Dokument 23: Sitzung des Bundesausschusses am 15.–18.12.1920, S. 243–261, hier S. 252 f.
Nachdem der Verfassungsausschuss des Vorläufigen Reichswirtschaftsrates als Kompromiss die Schaffung paritätischer Bezirkswirtschaftsräte vorgeschlagen hatte, die von den Kammern der Wirtschaft und von den für jeden Kammerbezirk einzurichtenden Arbeitnehmervertretungen gebildet werden sollten, sahen die Arbeitgeber die Angelegenheit als nicht mehr dringlich an. Demgegenüber bestanden die Arbeitnehmervertreter im Verfassungsausschuss auf der Einrichtung der Bezirkswirtschaftsräte, da sie „in Ermangelung einer paritätischen Ausgestaltung des bestehenden Kammersystems und seiner amtlichen Berufsvertretungen, insbesondere aber in Ermangelung jeglichen Einflusses bei den Handelskammern, in den Bezirkswirtschaftsräten die einzige Möglichkeit zu einer gleichberechtigten Beteiligung an der Wirtschaftsberatung und Wirtschaftsbeeinflussung" sahen. Hauschild, S. 507 f. Vgl. Quellen zur Geschichte der deutschen Gewerkschaftsbewegung, Band 3.1, Dokument 81: Sitzung des Bundesausschusses am 8./9.12.1925, S. 569–586; Band 3.2, Dokument 129: Stellungnahme des ADGB zum Stand der Beratungen des Gesetzentwurfs über den endgültigen Reichswirtschaftsrat vom 27.11.1926, S. 812–817; Leipart, a.a.O., S. 200.

146 Vgl. Begründung zu dem Entwurf eines Gesetzes über den Reichswirtschaftsrat vom 14. Juli 1928, Verhandlungen des Reichstages Bd. 430.1928, S. 11–13; Tatarin-Tarnheyden, S. 99 f.; Lilla, S. 98–116.

147 Die Berufung nichtständiger Mitglieder sollte die Verringerung der Gesamtmitgliederzahl ausgleichen und eine möglichst umfassende „Berücksichtigung der verschiedenartigen Interessen unserer Wirtschaft" gewährleisten. Begründung zu dem Entwurf eines Gesetzes über den Reichswirtschaftsrat vom 14. Juli 1928, Verhandlungen des Reichstages Bd. 430.1928, S. 15.

148 Die Abteilung III umfasste Vertreter von Gebietskörperschaften, Banken/Versicherungen/Berufsgenossenschaften, Genossenschaften, Beamtenschaft, freien Berufen, Presse- und Verlagswesen sowie Sachverständige und Förderer der Wirtschaft, die von Reichsrat beziehungsweise Reichsregierung ernannt wurden. Vgl. Entwurf eines Gesetzes zur Ausführung des Gesetzes über den Reichswirtschaftsrat § 2, Verhandlungen des Reichstages Bd. 430.1928, S. 3 f.

149 Vgl. Entwurf eines Gesetzes zur Ausführung des Gesetzes über den Reichswirtschaftsrat § 2, Verhandlungen des Reichstages Bd. 430.1928, S. 3 und Begründung zu dem Entwurf eines Gesetzes über den Reichswirtschaftsrat vom 14. Juli 1928, ebenda, S. 17; Tatarin-Tarnheyden, S. 101.

150 Tatarin-Tarnheyden (S. 101 f.) sah in der Beschränkung des Benennungsrechtes auf die drei großen Gewerkschaftsverbände einen Verstoß gegen Art. 165 der Verfassung.

151 Die Einrichtung von Ermittlungsausschüssen musste „auf Verlangen oder mit Zustimmung der Reichsregierung" erfolgen. Entwurf eines Gesetzes zur Ausführung des Gesetzes über den Reichswirtschaftsrat § 36, Verhandlungen des Reichstages Bd. 430.1928, S. 8.

152 Es bestand keine Rechtsgarantie, die Vorlegungspflicht war in der Gemeinsamen Geschäftsordnung der Reichsministerien enthalten. Vgl. Tatarin-Tarnheyden, S. 105.

153 Vgl. Begründung zu dem Entwurf eines Gesetzes über den Reichswirtschaftsrat vom 14. Juli 1928, Verhandlungen des Reichstages Bd. 430.1928, S. 20.

154 Ebd., S. 14.

155 Ebenda.

156 Curtius war seit Amtsantritt des Kabinetts Luther II (Zentrum, DDP, DVP, BVP) im Januar 1926 Wirtschaftsminister. Die Ausarbeitung der Gesetzentwürfe erfolgte während der Regierungszeit des vorausgehenden ersten Kabinetts von Reichskanzler Hans Luther aus Zentrum, DVP, DNVP und BVP, das ab Januar 1925 amtierte. Wirtschaftsminister war bis Oktober 1925 Albert Neuhaus (DNVP).

157 Abgeordneter Häuse, Christlich-Nationale Arbeitsgemeinschaft, Reichstag. 199. Sitzung, 14.7.1930, Verhandlungen des Reichstages Bd. 428.1928, S. 6357. Das Abstimmungsergebnis lautete: Ja: 234, Nein: 162, Enthaltungen: 2; SPD, Zentrum und DDP: alle „Ja"; DNV, KP, BVP, NSDAP, Deutsche Bauernpartei, Deutsch-Hannoversche Partei, Volksrechtpartei: alle „Nein"; DVP: 29 Ja, 9 Nein; Wirtschaftspartei: 20 Nein, eine Enthaltung; Christlich-Nationale Arbeitsgemeinschaft: 8 Ja, 8 Nein, eine Enthaltung; „Bei keiner Partei": 1 Ja, 1 Nein. Vgl. ebd., S. 6328, 6357 f., 6361–6366. Zur Notwendigkeit einer verfassungsändernden Mehrheit vgl. Begründung zu dem Entwurf eines Gesetzes ..., Verhandlungen des Reichstages Bd. 430.1928, S. 13 f.

158 Vgl. Gesetz über den vorläufigen Reichswirtschaftsrat. Vom 5. April 1933. In: Reichsgesetzblatt Teil 1, 1933 Nr. 32, S 165; Bundesarchiv: Vorläufiger Reichswirtschaftsrat, R 401, 1920–1934, bearbeitet von Karola Wagner, Koblenz 2010. Vgl. Lilla, S. 120–126.

159 Die Sozialisierungsforderung, die vor allem von den Bergleuten erhoben wurde, veranlasste den Rat der Volksbeauftragten im November 1918, eine Sozialisierungskommission einzusetzen. Deren Bericht lag der Reichsregierung Mitte Februar 1919 vor und enthielt ein Mehrheits- und ein Minderheitsgutachten. Beide schlugen vor, die Leitung des Bergbaus den privaten Eigentümern zu entziehen und einem „Gemeinwirtschaftskörper" zu übertragen. Während das Mehrheitsgutachten eine sofortige Überführung in Gemeineigentum befürwortete, wollte die Minderheit den Bergbau „vorläufig" in Privateigentum belassen. Demgegenüber ließen die Entwürfe für ein Kohlenwirtschafts- und ein Kaliwirtschaftsgesetz, welche die Reichsregierung am 23. März beziehungsweise 24. April der Nationalversammlung vorlegte, das Privateigentum im Bergbau unangetastet und fassten die beiden bereits weitgehend in Kartellen organisierten Wirtschaftszweige in Zwangssyndikaten zusammen. Die Mehrheitsverhältnisse im Reichskohlen- und Reichskalirat sicherten der Unternehmerseite die uneingeschränkte Entscheidungsfreiheit. Den Bericht der Sozialisierungskommission stellte die Regierung Scheidemann der Nationalversammlung erst nach Verabschiedung der Gesetze zu. Dieses Vorgehen führte zum Rücktritt der Kommissionsmitglieder. Vgl. Naphtali, S. 42–48, 50–61; Preller, S. 239, 241; Winkler: Weimar, S. 46 f., 61, 73, 84–86; ders.: Von der Revolution zur Stabilisierung, S. 191–198. Nach dem Kapp-Lüttwitz-Putsch wurde in Einlösung der

Vereinbarung vom 20. März 1920 zwischen Reichsregierung, Gewerkschaften und Parteien eine zweite Sozialisierungskommission eingesetzt.

160 Nationalversammlung, 16. Sitzung, 27. Februar 1919, Verhandlungen des Reichstages, Reichstagsprotokolle, 1919/20.1, S. 349.

161 Ebenda. Gegenstand der Aussprache war die weitere Gültigkeit von Verordnungen des Rats der Volksbeauftragten.

162 Verordnung über die Errichtung von Arbeitskammern im Bergbau. Vom 8. Februar 1919. In: Reichsgesetzblatt 1919, S. 202–215.

163 Vgl. Bericht des Hauptvorstandes des Gewerkvereins christlicher Bergarbeiter Deutschlands über die Jahre 1921/25, S. 89–94; Geschäftsbericht des Hauptvorstandes des Gewerkvereins christlicher Bergarbeiter Deutschlands über die Jahre 1928/29, S. 50 f.

164 Vgl. Bericht des Hauptvorstandes des Gewerkvereins christlicher Bergarbeiter Deutschlands über die Jahre 1921/25, S. 89–94.

165 Ebd., S. 92 f. Da die französische Bergwerksverwaltung im Saargebiet die gleiche Regelung treffen wollte, erkundigte sich die Handwerkskammer über den Gewerkverein bei der Arbeitskammer im Ruhrgebiet. Vgl. ebd., S. 93.

166 Vgl. Gesetz über Aufhebung der Verordnung über die Errichtung von Arbeitskammern im Bergbau. Vom 13. September 1935. In: Reichsgesetzblatt 1933 I, S. 621.

167 Friedrich Ebert begründete die Forderung nach Arbeitnehmerkammern damit, dass „nur in Arbeiterkammern die Wünsche der Arbeiter klar zum Ausdruck kommen können. Bei paritätischen Kammern würden die Gutachten immer nur ein Kompromiß sein, wobei auf der einen und der anderen Seite nachgegeben werden muß und so die wirklichen Verhältnisse nicht zum Ausdruck gebracht werden können." Zit. n. Benoit, a.a.O., S. 15.

168 Vgl. Benoit, S. 12 f.

169 § 85 der im Mai 1920 verabschiedeten Landesverfassung, der Aufgaben und Befugnisse der Kammern festlegt, stimmt z.T. wörtlich mit dem Antrag Friedrich Eberts vom 24.4.1901 überein. Vgl. Benoit, a.a.O., S. 12 f. Die Angestelltenkammer entsprach einem Wunsch der Angestelltenverbände. Vgl. ebd., S. 27.

170 § 1 Arbeiterkammergesetz. Vom 17. Juli 1921. Das zeitgleich verabschiedete Angestelltenkammergesetz enthält die gleiche Bestimmung. Die Befugnisse gelten für alle Bremer Kammern. Vgl. § 85 Verfassung der freien [!] Hansestadt Bremen vom 18. Mai 1920.

171 Nach den Wahlen 1920 bildeten DDP und DVP den Senat, den sie zuvor gemeinsam mit der SPD gestellt hatten, alleine. Zwischen 1925 und 1928 regierten sie gemeinsam mit der DNVP, 1928 bis 1933 wieder mit der SPD. Vgl. <http://www.gonschior.de/weimar/Bremen/Ueberblick_Reg.html>, abgerufen am 12.4.2016. Zur Arbeit der Kammern siehe Benoit, S. 40–53.

172 Vgl. Bauche/Eiber/Wamser/Weinke, S. 99 f.

173 Nach Parteizugehörigkeit, d.h. über Parteilisten und parteizugehörige Listen der Berufsverbände gewählte Mitglieder, entfielen von den 400 Mandaten auf SPD 239, USP 37, KP 25, DDP 31 und DVP zehn Mandate. Der Gewerkschaftsbund und die Listen der freien Berufe gewannen 14 beziehungsweise 44 Sitze. Zum Gewerkschaftsbund fehlen nähere Angaben. Wahrscheinlich handelte sich um

einen Zusammenschluss von Angestelltenverbänden, worauf auch die Berufsangaben der Mandatsträger hindeuten. Mit jeweils einem Abgeordneten waren außerdem Seeleute, „Im Reichs- und Staatsdienst tätige Beamte, Angestellte und sonstige Beschäftigte", die Hamburger Musikerverbindung von 1831 und der Verband der deutschen Versicherungsbeamten E.V. in der Vollversammlung vertreten. Da die Kommunisten aus dem Arbeiterrat austraten, wurden ihre Mandate auf die übrigen Fraktionen verteilt. Vgl. Jahres-Bericht 1919/20, S. 5, 88 f., 98; Bauche/Eiber/Wamser/Weinke, S. 138. Altona und Wandsbek gehörten bis zu ihrer Eingliederung nach Hamburg durch das Groß-Hamburg-Gesetz von 1937 zur preußischen Provinz Schleswig-Holstein. Bemühungen um eine Gebietsneuordnung reichten bis in den Ersten Weltkrieg zurück. Der Arbeiterrat nannte sich von der Neubildung im März 1919 an Arbeiterrat Groß-Hamburg.

174 Vgl. Jahres-Bericht 1919/20, S. 10 f. Der erste und zweite Vorsitzende gehörten der SPD an, DDP, DVP und USP stellten jeweils ein weiteres Präsidiumsmitglied.

175 Art. 66 Verfassung der Freien und Hansestadt Hamburg vom 7. Januar 1921.

176 Im Bremer Arbeiter- und im Angestelltenkammergesetz von 1921 heißt es jeweils in § 1 Abs. 3: „Die Erörterung von politischen Fragen ist nicht Aufgabe der Kammern." Die Bestimmung galt auch für die übrigen Bremer Kammern. Vgl. Benoit, a.a.O., S. 30/32.

177 Vgl. Jahres-Bericht 1919/20, S. 71–74.

178 Vgl. ebd., S. 9. In den Richtlinien wurden neben dem „Recht der Begutachtung wie der gesetzgeberischen Initiative" in wirtschaftlichen Fragen auch Kontrollrechte gegenüber der Verwaltung gefordert. Begründung zu den Richtlinien, ebd., S. 91; vgl. Bauche/Eiber/Wamser/Weinke, S. 107–109.

Nach Art. 66 der Hamburger Verfassung bestimmte die Gesetzgebung, „welche sonstigen öffentlich-rechtlichen Vertretungskörperschaften beruflicher oder wirtschaftlicher Natur zu bilden und mit welchen Befugnissen sie ausgestattet sind". Ein Antrag des Ersten und Zweiten Vorsitzenden des Arbeiterrates und anderer SPD-Abgeordneter in der Bürgerschaft vom 29.10.1919, Stellung und Aufgabenbereich des Arbeiterrates gesetzlich festzulegen, stieß auf Widerspruch bei den bürgerlichen Parteien, die der Reichsgesetzgebung nicht vorgreifen wollten. Die Sozialdemokraten zogen daraufhin ihren Antrag zurück und schlossen sich einem Vorschlag der DDP an, worin der Senat ersucht wurde, bei der Reichsregierung für die baldige Vorlage eines Gesetzentwurfs über die in der Reichsverfassung vorgesehenen Arbeiter- und Wirtschaftsräte einzutreten. Vgl. Jahres-Bericht 1919/20, S. 75, 82. Gleichlautende Anträge von Abgeordneten von DDP und SPD vom September 1924 kamen nicht zur Verhandlung. Sofern es in absehbarer Zeit zu keiner reichsgesetzlichen Regelung komme, regte der DDP-Abgeordnete Schaper an, eine Arbeiter- und Angestelltenkammer einzurichten. Die SPD-Abgeordneten beantragten, in diesem Fall „eine paritätische Zusammensetzung der Handels-, Gewerbe- und Detaillistenkammern herbeizuführen". Jahres-Bericht 1923/24, S. 14.

179 Vgl. Jahres-Bericht 1920/21, S. 10 f.

180 Nach Art. 69 der Weimarer Verfassung bedurfte die Einbringung von Gesetzesvorlagen der Reichsregierung der Zustimmung des Reichsrates. Dadurch waren die Länder in die Reichsgesetzgebung eingebunden. In seinen Gutachten

gab der Arbeiterrat Empfehlungen für die Stellungnahmen Hamburgs zur wirtschafts- und sozialpolitischen Reichsgesetzgebung.

181 Jahres-Bericht 1923/24, S. 8.

182 Jahrbuch des Arbeiterrates Groß-Hamburg 1932, S. 18.

183 Die Tätigkeit des Arbeiterrats Groß-Hamburg ist in den Jahresberichten beziehungsweise Jahrbüchern dargestellt. Demnach konnte er verschiedentlich Maßnahmen zur Verbesserung der Lage der Arbeiterschaft erreichen; Beispiele im Jahres-Bericht für 1920/21. Inwieweit der Hamburger Senat die Anregungen des Arbeiterrats zur Reichsgesetzgebung aufgriff, ist den Jahresberichten nicht zu entnehmen.

184 Jahres-Bericht 1923/24, S. 15.

185 Zit. n. Benoit, a.a.O., S. 49. Der Arbeiterrat ordnete seine Tätigkeit, trotz weiterreichendem Anspruch, selbst als die einer Arbeitnehmerkammer ein. Vgl. Jahres-Bericht 1923/24, S. 15.

186 Die Auflösung erfolgte durch Gesetz vom 19.4.1933. Vgl. Staatsarchiv der Freien und Hansestadt Hamburg: Kommentierte Beständeübersicht, 122–3 Arbeiterrat Groß-Hamburg, <http://www.hamburg.de/kulturbehoerde/bestaendeuebersicht/>, abgerufen am 24.8.2016.

187 Zit. n. Benoit, a.a.O., S. 37. Zu den Gesetzesvorhaben vgl. ebd., S. 36–40. In Braunschweig und Thüringen regierten im fraglichen Zeitraum Koalitionen von SPD und USPD, in Sachsen SPD, DDP und USPD, in Oldenburg SPD, DDP und Zentrum. In Bremen stellten während der Verfassungsdebatte SPD, DDP und DVP die Vorläufige Regierung, das Gesetz über die Arbeitnehmerkammer entstand in der Amtszeit einer DDP-DVP-Koalition. Den Senat der Freien Stadt Danzig bildete ein Mitte-Rechts-Bündnis aus Zentrum, DNVP, DPWV (Wirtschaftliche Vereinigung) und Parteilosen, in Württemberg regierten zum Zeitpunkt der Anfrage an den Bremer Senat im Juni 1924 DNVP und Zentrum. Daher trifft die Behauptung, dass Länder, „die unter sozialistischem Einfluß standen", die Gründung von Arbeitskammern betrieben hätten, nur zum Teil zu. Arbeitskammer und Arbeitnehmer. In: Die Arbeitskammer, Heft 10, Okt. 1956, S. 8 f.

188 In Bremen wurden die Arbeitnehmerkammern anfangs aus dem Staatshaushalt unterhalten. Falls die dort eingestellte Summe nicht ausreichte, konnten die Kammern die Berufsvereinigungen „nach dem Verhältnis der Anzahl ihrer Mitglieder zur Zahlung von Beiträgen heranziehen". § 23 Arbeitskammergesetz. Vom 17. Juli 1921. Eine Gesetzesänderung vom 22. Juni 1923 legte die Finanzierung durch Arbeitnehmerbeiträge fest, die von den Arbeitgebern eingezogen wurden. Vgl. Benoit, S. 42 f.

189 Zit. n. Benoit, a.a.O., S. 38.

190 Vgl. ebenda. Die Geltung der konkurrierenden Gesetzgebung wurde aus Art. 7 Satz 13 in Verbindung mit Art. 12 Satz 1 der Reichsverfassung abgeleitet. Ersterer ordnete „die Einrichtung beruflicher Vertretungen für das Reichsgebiet" der Reichsgesetzgebung zu, letzterer bestimmte: „Solange und soweit das Reich von seinem Gesetzgebungsrecht keinen Gebrauch macht, behalten die Länder das Recht der Gesetzgebung."

191 Akten der Reichskanzlei. Weimarer Republik Nr. 119 Besprechung im Reichsjustizministerium, 14. April 1923. Vgl. Tatarin-Tarnheyden (S. 111) mit dem Hinweis,

dass das Reich bei der Errichtung der Arbeitskammern im Bergbau von seiner ausschließlichen Zuständigkeit Gebrauch gemacht habe.

192 Akten der Reichskanzlei. Weimarer Republik Nr. 119, Besprechung im Reichsjustizministerium, 14. April 1923.

193 Die Minderheitsregierung von Reichskanzler Wilhelm Cuno setzte sich aus Parteilosen und Mitgliedern von DDP, DVP, Zentrum und BVP zusammen. Cuno, parteilos, galt als „Mann der Wirtschaft". Vgl. Akten der Reichskanzlei. Weimarer Republik: Das Kabinett Cuno, Einleitung. Die ab 21.3.1923 amtierende sächsische Regierung von Ministerpräsident Erich Zeigner stützte sich zuerst nur auf die SPD. Am 12. Oktober nahm Zeigner zwei Mitglieder der KPD in sein Kabinett auf. Als Kommunisten und linke Sozialdemokraten Kampfverbände aufstellten und die sächsische Regierung der Aufforderung der Reichsregierung zur Auflösung der Kampfeinheiten und Entlassung der kommunistischen Minister nicht nachkam, ließ letztere Ende Oktober Sachsen von der Reichswehr besetzen. Reichspräsident Ebert enthob die Landesregierung über eine Notverordnung des Amtes. Das Arbeitskammergesetz wurde schon von der zweiten Regierung des Sozialdemokraten Wilhelm Buck (Dezember 1920 bis Dezember 1922) aus SPD, DDP und USPD vorbereitet. Vgl. Winkler: Weimar, S. 224–228; <http://www.gonschior.de/weimar/Sachsen/Ueberblick_Reg.html>, abgerufen am 2.6.2016.

194 Vgl. Benoit, S. 40. Laut dem Jahresbericht des Arbeiterrates Groß-Hamburg für 1923/24 gab es „nur in Hamburg, Bremen und Oldenburg Arbeiter- und Angestelltenkammern". Jahres-Bericht 1923/24, S. 15. Das Gesetz für den Landesteil Oldenburg des Freistaates Oldenburg, betreffend die Errichtung einer Arbeitnehmerkammer, wurde zwar vom oldenburgischen Landtag im Frühjahr 1923 verabschiedet, aber nicht verkündet, da das Reichswirtschaftsministerium Einspruch erhob. Nachdem Verhandlungen zu keiner Einigung geführt hatten, beschlossen Reichs- und Staatsregierung, die Entscheidung einem Schiedsgericht zu übertragen. Der Landtag stimmte diesem Vorgehen im Dezember 1923 zu. Ein Ergebnis ließ sich nicht ermitteln. Vgl. Niedersächsisches Staatsarchiv, Standort Oldenburg, Bestand 39, Nr. 17295. Im Gesetzblatt für den Freistaat Oldenburg, Landesteil Oldenburg, ist kein entsprechendes Gesetz aufgeführt. Auch fand sich kein sonstiger Beleg für eine Arbeitnehmerkammer in Oldenburg. Die Erwähnung im Jahresbericht des Arbeiterrates Groß-Hamburg bezieht sich möglicherweise auf die Verabschiedung des Gesetzes 1923.

195 Entschließung des Bundesausschusses des ADGB vom 17.3.1925, zit. n. Quellen zur Geschichte der deutschen Gewerkschaftsbewegung, Band 3.1, Dokument 35: Sitzung des Bundesausschusses am 17.3.1925, S. 304–311, hier S. 308.

196 Ebenda. Anlass der Entschließung waren die Vorhaben zur Gründung von Arbeitnehmerkammern in Oldenburg und Sachsen und der Anspruch der Bremer Arbeiterkammer, „die Aufgaben der Gewerkschaften übernehmen zu können, weshalb der Ortsausschuß Bremen es auch ablehnt, den Anschluß an den Bezirksausschuß des ADGB in Hamburg zu vollziehen", wie Theodor Leipart im Bericht des Bundesvorstandes erläuterte (Ebd., S. 305). Der Bundesausschuss bekräftigte die Forderung des ADGB-Kongresses 1922 in Leipzig nach „paritätische[r] Teilnahme der Arbeiterschaft in allen Organen der Wirtschaft" (Ebd., S. 308), die der ADGB aus Artikel 165 der Reichsverfassung ableitete. Die

Entschließung wurde gegen zwei Stimmen angenommen. In der vorangehenden Aussprache hatte der Vorsitzende des Deutschen Metallarbeiterbandes Robert Dißmann zu bedenken gegeben, dass mit paritätischen Wirtschaftskammern „lediglich eine neue Form von Arbeitsgemeinschaft aufgezogen" werde und die Gewerkschaften in Österreich „mit den besonderen Arbeiter- und Angestelltenkammern wesentlich günstigere Erfolge erzielt" hätten (Ebd., S. 306). Außerdem werde „die Tätigkeit der Bremer Arbeiterkammer [...] von den dortigen Arbeitern anerkannt" (Ebd., S. 308).

In Bezug auf die österreichischen Arbeitnehmerkammern heißt es in der Zeitschrift des ADGB „Die Arbeit" aus dem Jahre 1927, es handele sich um eine Lösung, „die zwar von der bei uns im allgemeinen angestrebten Form paritätischer Wirtschaftskammern abweicht, aber den Vorteil tatsächlicher Existenz aufweist". Ihr ausgedehnter „Arbeitskreis" rechtfertige „die Existenz der Kammern neben den Selbsthilfeorganisationen der Arbeiterschaft". Hervorgehoben wird die Gleichstellung mit den Unternehmerkammern, die „Vorlagepflicht der Staatsämter und Landesregierungen bei wichtigen Vollzugsanweisungen (!) und Gesetzentwürfen" und die „Auskunftspflichten aller wichtigen Instanzen, Behörden, Unternehmerkammern usw. den Arbeiterkammern gegenüber". Reventlow, a.a.O., S. 352. Das Ausrufezeichen ist im Zitat enthalten.

197 Glum (S. 10, Anm. 2) nennt neben dem französischen Conseil National Economique, den er als „technischen Sachverständigenbeirat" dem deutschen Reichswirtschaftsrat als der Regierung gegenüber selbstständigem Staatsorgan gegenüberstellt, Vorhaben in Japan, der Tschechoslowakei, Polen, Spanien, Italien, der Türkei, Mexiko, Griechenland, Österreich, Rumänien, Portugal und England sowie den ständigen Wirtschaftsrat beim Völkerbund. Zu erwähnen wäre auch die Internationale Arbeitsorganisation, die drittelparitätisch besetzt war.

198 Memorandum der Volksversammlung am 26.8.1872 im Wiener Colosseum, zit. n. Adler, S. 8. Es handelt es sich um das Memorandum des Sozialdemokraten Heinrich Oberwinder, das Sterling (S. 5) erwähnt. Vgl. Klenner, 1. Bd., S. 129 f. Der Reichsrat bildete bis 1918 das Parlament der österreichischen (cisleithanischen) Reichshälfte. Der ungarische Teil der Doppelmonarchie besaß ab 1867 ein eigenes Parlament. Der Reichsrat bestand aus Herrenhaus und Abgeordnetenhaus. An der Gesetzgebung waren beide Kammern beteiligt.

199 Vgl. Adler, S. 9–11. Die Sozialdemokratische Arbeiterpartei wurde auf dem Hainfelder Parteitag zur Jahreswende 1888/89 gegründet.

200 Zit. ebd., S. 21 f. Vgl. die Resolution des Hainfelder Parteitages in: Klenner, 1. Bd., S. 132 f.

201 Siehe oben Kapitel 3.1. Vgl. Bedeutung und Organisation der Arbeitskammern, S. 60–63; Peters, S. 17; Arbeitskammer und Arbeitnehmer. In: Die Arbeitskammer, Heft 10, Okt. 1956, S. 8 f.

202 Vgl. Sterling, S. 6; <https://wien.arbeiterkammer.at/ueberuns/akundoegbgeschichte/index.html>, abgerufen am 29.4.2016. Vgl. die Resolution der Reichskonferenz der Freien Gewerkschaften Österreichs vom 23. bis 25.11.1917 in Wien mit der Forderung nach Errichtung von Arbeiterkammern in: Klenner, 1. Bd., S. 434 f.

203 Vgl. Sterling, S. 7, 11. An der ersten Regierung von Staatskanzler Karl Renner (SDAP, 30.10.1918 bis 15.3.1919) war neben Sozialdemokraten (SDAP) und Christlichsozialen (CSP) auch die Großdeutsche Volkspartei (GDVP) beteiligt. Die beiden folgenden Regierungen (15.3.1919 bis 7.7.1920), während deren Amtszeit das Gesetz über die Arbeiterkammern entstand, stellten SDAP und CSP. Nach dem Bruch der großen Koalition und dem Ausscheiden der SDAP aus der Regierung am 22.10.1920 regierte die CSP mit Unterstützung oder in einer Koalition mit der GDVP. Die Sozialdemokraten blieben bis zum Ende der Ersten Republik in der Opposition.

204 Weissel, Erwin: Die Ohnmacht des Sieges, Wien 1976, S. 187, zit. n. Sterling, S. 9.

205 In den provisorischen Regierungen Österreichs nach dem Ersten und Zweiten Weltkrieg (1918–1920 und 1945) wurden die Minister als Staatssekretäre, die Staatssekretäre im heutigen Verständnis als Unterstaatssekretäre bezeichnet.

206 Ferdinand Hanusch: Die Entwicklung der sozialpolitischen Gesetzgebung in Österreich. In: Arbeiterwille. Organ des arbeitenden Volkes für Steiermark und Kärnten, 32. Jg., Nr. 45, 15.2.1921. Die Meinungen über die Arbeitskammern waren nicht nur zwischen SDAP und Freien Gewerkschaften, sondern auch innerhalb der Gewerkschaften geteilt. Vgl. Sterling, S. 19.

207 Vgl. ebd., S. 12, 16 f.

208 Ebd., S. 28. Zur den Vorstellungen von CSP und Christlichen Gewerkschaften vgl. ebd., S. 26–29.

209 Vgl. ebd., S. 9 f.

210 Vgl. Gesetz vom 26. Februar 1920 über die Errichtung von Kammern für Arbeiter und Angestellte (Arbeiterkammern). In: Staatsgesetzblatt für die Republik Österreich, Jg. 1920, 36. Stück, S. 171–176. Abweichend vom Regierungsentwurf verlieh der vorbereitende Ausschuss der Nationalversammlung, nachdem CSP und GDVP ihre anfängliche Ablehnung aufgegeben hatten, auch nicht heimatberechtigten Arbeitern und Angestellten das Wahlrecht zur Arbeitskammer. Vgl. Sterling, S. 25 f., 39 f., 45, 48.

211 Sterling (S. 43–45) weist darauf hin, dass die Kammern für Handel, Gewerbe und Industrie durch die Kammerämter einen größeren Wirkungskreis besaßen als die Arbeitskammern, denen keine vergleichbare Einrichtung zur Verfügung stand. Vgl. Gesetz vom 25. Februar 1920 über Kammern für Handel, Gewerbe und Industrie, Staatsgesetzblatt für die Republik Österreich, Jg. 1920, 35. Stück, S. 160–167.

212 Die zweite Wahlperiode wurde bis 1933 verlängert. Nach Einsetzung von Verwaltungskommissionen im selben Jahr durch die Regierung Dollfuß fanden bis zur Wiederherstellung der Kammern nach dem Zweiten Weltkrieg keine Wahlen mehr statt. Zu Wahlbestimmungen und Wahlergebnissen vgl. Sterling S. 98–119. Zum Verhältnis zwischen Freien Gewerkschaften und Arbeiterkammern siehe auch Reventlow, a.a.O., S. 353.

213 Jahoda, Marie; Lazarsfeld, Paul Felix; Zeisel, Hans: Die Arbeitslosen von Marienthal. Ein soziographischer Versuch über die Wirkungen langandauernder Arbeitslosigkeit, Neuauflage Frankfurt am Main 1994 [erstmals Leipzig 1933].

214 Vgl. <https://wien.arbeiterkammer.at/ueberuns/akundoegbgeschichte/index.html>, abgerufen am 29.4.2016; Arbeiterkammer Linz, Referentenmaterial: His-

torische Entwicklung der Arbeiterkammern in Österreich (AKL-Dokumentation 1/83), unveröffentlichtes Typoskript, Linz 1983.

215 Vgl. <https://wien.arbeiterkammer.at/ueberuns/akundoegbgeschichte/index.html>; abgerufen am 3.5.2017.

216 Vgl. Scuto, S. 32; Dillmann, S. 18.

217 Vgl. Scuto, S. 30–32, 36, 76 f. Die Partei der Rechten (Rechtspartei) wurde 1914 gegründet und war Vorläuferin der Christlich-sozialen Partei. Von 1919/20 bis 1925 verfügte sie über die absolute Mehrheit im Abgeordnetenhaus. Vom 5.1.1920 bis 15.4.1921 regierte sie gemeinsam mit den Liberalen, anschließend bis 1925 alleine.

218 Der Abgeordnete Nicolas Jacoby, Mitglied der Partei der Rechten und Eisenbahngewerkschafter, der den Gesetzentwurf einbrachte, begründete die Entscheidung für Arbeitnehmerkammern mit dem Vorhandensein der Handelskammer und der beabsichtigten Gründung einer Handwerks- und einer Landwirtschaftskammer. Da diese Kammern die Interessen der Arbeitgeber vertreten würden, sei die Gründung von Arbeitnehmerkammern „un fait de justice élémentaire [ein Fall grundlegender Gerechtigkeit]". Zit. n. Dillmann, S. 19. Scuto führt die Entscheidung darauf zurück, dass sich die erstarkte Gewerkschaftsbewegung Erfolg am ehesten von eigenständigem Vorgehen versprach. Vgl. Scuto, S. 46.

219 Vgl. ebd., S. 48–50, 55.

220 Vgl. ebd., S. 44, zur Parlamentsdebatte S. 50–58. Der Staatsrat (Conseil d'Etat) ist der Regierung zugeordnet und nimmt u.a. Stellung zu Gesetzentwürfen und Abänderungsanträgen im Gesetzgebungsverfahren. Vor dem Ersten Weltkrieg betrug der Anteil ausländischer Arbeiter in der Eisen- und Stahlindustrie 60 Prozent. Die Beschränkung des Wahlrechts auf Arbeiter luxemburgischer Staatsangehörigkeit trug der Furcht der einheimischen Arbeiter vor Konkurrenz auf dem Arbeitsmarkt in der Wirtschaftskrise nach Kriegsende Rechnung. Der Staatsrat führte an, dass für ausländische wie einheimische Arbeiter dieselben Arbeitsbedingungen gelten. Dagegen wandten die Mitglieder des Sonderausschusses ein, dass die Arbeiter ausländischer Herkunft schon die Vorteile der Gesetzgebung genössen; im Übrigen müsse ihnen der Staatsrat, wenn er seiner eigenen Begründung folge, auch das politische Wahlrecht zubilligen. Die Wahlrechtsbeschränkung wurde erst 1993 aufgehoben.

221 Vgl. Dillmann, S. 29. Die Partei der Rechten misstraute den Gewerkschaften, hielt im Sinne der katholischen Soziallehre eine Vertretung der Arbeiter aber für notwendig. Von einer Arbeiterkammer erhoffte sie sich ein Gegengewicht zu den Gewerkschaften. Vgl. ebd., S. 62 f. Bis zur Wiederherstellung der in Folge des Märzstreiks 1921 aufgelösten Betriebsräte im Jahre 1925 verfügte die Arbeiterschaft über keine gesetzlich anerkannte Vertretung.

222 Vgl. Dillmann, S. 23–30.

223 Vgl. Scuto, S. 64. Zum Verhältnis der Gewerkschaften zu den Berufskammern und insbesondere zur Arbeiterkammer vgl. Dillmann, S. 24, 58–66. In der Rechtspartei bestätigte der Ausbruch der sozialen und politischen Gegensätze während des Märzstreiks die Überzeugung von der Notwendigkeit vermittelnder Einrichtungen. Zum Märzstreik 1921 und seinen Folgen vgl. Scuto, S. 37–41.

224 Vgl. Dillmann, S. 23–47. Zur Auseinandersetzung über eine Berufskammer für den öffentlichen Dienst vgl. ebd., S. 40, 44 f.; Scuto, S. 60.

225 Vgl. Scuto, S. 65–69. In den folgenden Wahlen konnten die Christlichen Gewerkschaften ihren Anteil auf ein Drittel der Mandate ausweiten und zeitweise waren auch kommunistische und nationalistische Gewerkschaften vertreten, doch verfügten die Freien Gewerkschaften bis zum Zweiten Weltkrieg über die absolute Mehrheit in der Arbeiterkammer. Vgl. Dillmann, S. 71–78.

226 Unter dem Eindruck der Volksfront und der Streikbewegung in Frankreich setzten die Bergarbeiter mit einer Streikdrohung den ersten Tarifvertrag im Bergbau, Lohnerhöhungen und einen Mindestlohn durch. Mit der Einrichtung des Nationalen Arbeitsrates, der sich paritätisch aus Abgesandten von Unternehmerschaft und Gewerkschaften zusammensetzte und unter Leitung eines Regierungsvertreters tagte, wurden die Gewerkschaften 1936 offiziell als Vertreter der Arbeiterschaft anerkannt. Ein Gesetz sicherte gleichzeitig die Vereinigungsfreiheit und schaffte den Art. 310 des Strafgesetzbuches ab, der es erlaubt hatte, Streiks als Angriff auf die „Freiheit der Arbeit" zu ahnden. Des Weiteren wurden Arbeits- und Sozialgerichte eingesetzt. Freie und Christliche Gewerkschaften näherten sich Anfang der dreißiger Jahre wieder an, was seinen Ausdruck in der gemeinsamen gewerkschaftlichen Lohnkommission fand. Vgl. Scuto, S. 69, 72–80; ders.: La Naissance de la protection sociale au Luxemburg (Le contexte économique et social, les acteurs et les enjeux politiques). In: Bulletin luxembourgeois des questions sociales 2001, Vol. 10: 100 ans de Sécurité sociale au Luxembourg, S. 39–59; Gesetz vom 11. Mai 1936, betr. die Aufhebung des Art. 310 des Strafgesetzbuches. In: Memorial des Großherzogtums Luxemburg Nr. 39, S. 463; Gesetz vom 11. Mai 1936, betr. die Gewährleistung der Vereinigungsfreiheit, ebd., S. 463 f.

227 Vgl. Scuto, S. 91. Als einziger Präsident einer Berufskammer widersetzte sich Barthélemy Barbel für die Arbeiterkammer dem Druck der Nationalsozialisten, das Manifest „Heim ins Reich" der „Volksdeutschen Bewegung" von Damian Kratzenberg für eine Angliederung Luxemburgs an NS-Deutschland zu unterzeichnen. Vgl. ebd., S. 69.

228 Zum Heidelberger Programm siehe: Das Görlitzer Programm von 1921 und das Heidelberger Programm von 1925, BSB München, <http://www.1000dokumente.de/index.html?c=dokument_de&dokument=0004_spd&object=translation&st=HEIDELBERGER%20PROGRAMM&l=de>, abgerufen am 21.3.2017. Der ADGB beauftragte 1928 eine Kommission, der u.a. Fritz Baade, Rudolf Hilferding, Fritz Naphtali, Erik Nölting und Hugo Sinzheimer angehörten, mit der Ausarbeitung eines wirtschaftspolitischen Grundsatzprogramms. Das Ergebnis veröffentlichte Fritz Naphtali unter dem Titel: „Wirtschaftsdemokratie. Ihr Wesen, Weg und Ziel". Die Wirtschaftsdemokratie wurde als Weg zur schrittweisen „Verwirklichung des Sozialismus" (Naphtali, S. 183) verstanden. Sie umfasste eine Wirtschaftslenkung über die Organe wirtschaftlicher Selbstverwaltung und staatlicher Wirtschaftspolitik, die Verbreitung nichtkapitalistischer Unternehmensformen (öffentliche Betriebe, Genossenschaften, gewerkschaftliche Eigenbetriebe), den Ausbau des Sozialstaates, die Demokratisierung des Arbeitsverhältnisses über das Arbeitsrecht und die Demokratisierung des Bildungswesens

durch Beseitigung des Bildungsmonopols. Das wirtschaftspolitische Grundsatzprogramm des ADGB wurde auf dem Hamburger Gewerkschaftskongress 1928 verabschiedet. Vgl. Borsdorf, a.a.O., S. 265–275; Hoffrogge: Vom Sozialismus zur Wirtschaftsdemokratie? a.a.O., S. 97–99; Thum, S. 30–55.

229 Naphtali, S. 163. „Solange eine überbetriebliche Wirtschaftsführung, die von den Gewerkschaften beeinflußt wird, nicht besteht, bleiben die wirtschaftlichen Aufgaben der Betriebsräte [...] rein privatwirtschaftlicher Natur und können demnach nicht eingeordnet werden in das Streben der Arbeiterschaft nach einer vom Betriebe unabhängigen Führung der Volkswirtschaft." Ebenda; vgl. S. 153. Mit den Selbstverwaltungskörperschaften sind die Leitungsorgane der in Syndikaten organisierten Wirtschaftszweige, d.h. Reichskohlen- und Reichskalirat, sowie der (Vorläufige) Reichswirtschaftsrat gemeint. Vgl. ebd., S. 45–61, 133–137.

230 Naphtali, S. 61.

231 Demirovic, S. 8. Zur Haltung der Gewerkschaften gegenüber den Betriebsräten in der Weimarer Republik vgl. Winkler: Weimar, S. 83; Preller, S. 251. Zu den Vorstellungen des DGB über eine Demokratisierung der Wirtschaft nach dem Zweiten Weltkrieg vgl. Gewerkschaften und Wirtschaftspolitik, a.a.O., S. 43–55. Die Forderung nach einem Bundeswirtschaftsrat sowie regionalen Wirtschafts- und Sozialräten ist auch in den Vorschlägen des DGB zur gesamtwirtschaftlichen Mitbestimmung von Anfang 1971 enthalten. Die paritätisch besetzten Wirtschafts- und Sozialräte sollten im Wesentlichen die Aufgaben der Industrie- und Handels- und der Handwerkskammern übernehmen. Vgl. Grundsatzreferat des Ersten Vorsitzenden Otto Brenner. In: Industriegewerkschaft Metall für die Bundesrepublik Deutschland (Hrsg.): Zehnter ordentlicher Gewerkschaftstag der Industriegewerkschaft Metall für die Bundesrepublik Deutschland in Wiesbaden, 27.9.–2.10.1971, Band I: Protokolle, Frankfurt am Main 1972. Zu den Plänen für einen Bundeswirtschaftsrat vgl. Lilla, S. 133.

232 In der Weimarer Republik gab es keine mit dem bundesdeutschen Mitbestimmungsgesetz vergleichbare Regelung. Das Gesetz über die Entsendung von Betriebsratsmitgliedern in den Aufsichtsrat vom 15. Februar 1922, das § 70 des Betriebsrätegesetzes näher bestimmte, sah lediglich „ein oder zwei" Betriebsratsmitglieder mit Sitz und Stimme im Aufsichtsrat vor. Das Programm der Wirtschaftsdemokratie sprach sich zwar für eine „gesetzliche Vertretung der Gewerkschaften in der Geschäftsleitung monopolartiger Unternehmensorganisationen" (Naphtali, S. 185) aus, enthielt sonst aber keine Aussagen, die sich ausdrücklich auf die Unternehmensebene beziehen. Vgl. Naphtali, S. 162–164, 184–186. Zur Entstehung der Montanmitbestimmung und zum Standpunkt der Gewerkschaften in der Mitbestimmungsfrage unmittelbar nach dem Zweiten Weltkrieg siehe Müller, S. 68–76, 113–145; vgl. Borsdorf, a.a.O., S. 275–278.

Anmerkungen zu Teil II

Zur Überschrift: Als „Werkzeug zum sozialen Frieden" befürwortete Bartholomäus Kossmann, Zentrumspolitiker und als saarländisches Mitglied der Regierungskommission für die Arbeitspolitik zuständig, die Einrichtung einer Arbeitskammer für das Saargebiet (Sitzungsprotokolle, 7.11.1924). Siehe Kapitel 2.3.

233 Vgl. Peters, S. 35 f; Wagner a.a.O., S. 85; Ute Schmidt: Die Arbeitskammer des Saarlandes. Geschichte, Struktur und politische Funktion. Magisterarbeit, Saarbrücken 1991, S. 23.

234 Versailler Vertrag vom 28. Juni 1919. Die Bestimmungen zum Saargebiet sind in Teil III, Abschnitt IV, Art. 45 bis 50 niedergelegt, ergänzt durch eine Anlage, die laut Art. 50 als „untrennbarer Bestandteil" des Vertrags gilt. Zitat aus § 1 der Anlage.

235 Bericht über die Regierungskommission des Saarbeckens für den Völkerbundsrat von Demetrios Caclamanos. In: Das Saargebiet, S. 65–70, Zitat S. 66.

236 Die französische Delegation hatte in den Friedensverhandlungen die Abtretung des Industriegebietes an der Saar verlangt, was von Großbritannien und den USA zurückgewiesen wurde. Die Regierung durch den Völkerbund stellte einen Kompromiss dar. Zur Ablehnung von deutscher Seite vgl. die Stellungnahmen der Reichsregierung in: Das Saargebiet unter der Herrschaft des Waffenstillstandsabkommens und des Vertrags von Versailles. Zum französischen Einfluss auf die erste Regierungskommission siehe Hirsch, Helmut, S. 18 f.; vgl. die Ausführungen des kanadischen Mitglieds Waugh von 1923 über die Politik der ersten Regierungskommission und seine Kommissionskollegen in: Pack, S. 17 f., Anm. 2. Das Verfahren zur Ernennung der Regierungskommission durch den Völkerbundsrat und die Bestimmungen zur Nationalität und Amtszeit der Mitglieder sind in § 17 der Anlage zum Versailler Vertrag festgelegt. Nach § 19 fällt die Kommission, hier Regierungsausschuss genannt, ihre Entscheidungen mit Stimmenmehrheit. Die Mitglieder waren demnach gleichberechtigt. Der Vorsitzende wird als „ausführende Stelle des Ausschusses" bezeichnet (§ 18). Die Ressortabgrenzung unter den Mitgliedern wurde in einer Verordnung vom 12.4.1920 (Amtsblatt der Regierungskommission 1920, S. 2) festgelegt und beim Wechsel des Vorsitzes von Victor Rault zu George W. Stephens am 1.4.1926 geändert (Amtsblatt der Regierungskommission 1926, S. 62). Zur inneren Organisation der Regierungskommission und zur Stellung Raults, u.a. bei der Abfassung der Berichte an den Völkerbundsrat, vgl. Katsch, S. 66–75.

237 § 23 der Anlage zu Art. 50 Versailler Vertrag. Die Rechte der Arbeiter sind in § 12 garantiert.

238 Vgl. Zenner, S. 120 f. Das Gesetz über den Vaterländischen Hilfsdienst wurde von der Reichsregierung am 23.12.1918 durch Verordnung außer Kraft gesetzt. Der Termin lag zwar nach dem Stichtag 1.11.1918, das Gesetz verlor aber bereits dadurch seine Geltung, dass es „mit Rücksicht auf den Kriegszustand" beschlossen worden war (§ 23 der Anlage zum Versailler Vertrag). Die Schlichtungsausschüsse nach der im Saargebiet weiter geltenden Regelung des Hilfsdienstgesetzes waren nur für Einzelstreitigkeiten zuständig. Zum Teil wurde in

Tarifverträgen eine Ausweitung auf Gesamtstreitigkeiten vereinbart. Im Unterschied zur Weimarer Republik konnten sie keine verbindlichen Entscheidungen treffen. Außerdem waren nur die Arbeiter- und Angestelltenausschüsse beziehungsweise der Arbeitgeber berechtigt, den Schlichtungsausschuss anzurufen, nicht aber Gewerkschaft oder Arbeitgeberverband. Vgl. Borck, S. 63–65.

239 Vgl. ebd., S. 66. In der Hütten- und Metallindustrie, der Glasindustrie und den Westdeutschen Kalk- und Zementwerken sicherte ein Tarifabkommen den Fortbestand der Arbeiterausschüsse. Vgl. Gabel, S. 272–275. Während die Weimarer Verfassung das Koalitionsrecht allen Arbeitnehmern zusprach, galt im Saargebiet weiter die Reichsgewerbeordnung von 1869, die ein Koalitionsrecht nur für gewerbliche Arbeitnehmer und Arbeitgeber enthielt.

240 Vgl. Roy, S. 124–128.

241 Vgl. Denkschrift der Arbeitnehmer-Organisationen über die Sozialpolitik im Saargebiet an den Hohen Rat des Völkerbundes Genf, Saarbrücken 1925.

242 Rault sinngemäß bei der Sitzung der Regierungskommission am 5.1.1921, vgl. Zenner, S. 62.

243 Zenner, S. 62 f.

244 Vgl. ebd., S. 61.

245 Vgl. die Aufstellung der Denkschriften und Eingaben ebd., S. 347–376.

246 Die Anlage zum Versailler Vertrag verlangte bei der Änderung von Gesetzen und Verordnungen in § 23 die Anhörung „der gewählten Vertreter der Bevölkerung", überließ der Regierungskommission aber die „Form der Einholung dieser Äußerung". § 28 bestimmte: „Das Wahlrecht darf für keine anderen als für die örtlichen Vertretungen ausgeübt werden." Die Regierungskommission sah § 23 zunächst dadurch als erfüllt an, dass sie den Stadtrat von Saarbrücken und die Kreistage anhörte. Sie behielt sich vor, „später die Bildung einer beratenden Volksvertretung zu erwägen, deren Zusammensetzung und Befugnisse sie festsetzen würde". Antwort der Regierungskommission vom 31.7.1920 auf die gemeinsame Eingabe aller Parteien zur Schaffung eines saarländischen Parlaments vom 19.7.1920, zit. n. Das Saargebiet, S. 247 f. In seinem Bericht an den Völkerbundsrat vom 25.10.1920 begründete Kommissionspräsident Rault seine Ablehnung der von „bestimmten Parteien" geforderten sofortigen Einberufung eines saarländischen Parlaments mit der „Geisteshaltung (l'état d'esprit) eines Teils der Bevölkerung und dem erklärten Willen einiger ihrer Wortführer, keine Zusammenarbeit mit der Regierung zuzulassen". S.D.N., J.O., Nov.-Déc. 1920, S. 69. Er deutete an, dass grundsätzlich die Bereitschaft zur Schaffung einer Volksvertretung bestehe, die Regierungskommission aber den Zeitpunkt für ungünstig halte. Vgl. ebenda. Zur Bildung des Landesrates trug bei, dass Kreistage und Stadtrat die Mitarbeit schließlich verweigerten. Vgl. Zenner, S. 66. Katsch beschreibt, wie der Landesrat seine Befugnisse im stillschweigenden Einvernehmen mit der Regierungskommission allmählich ausweitete, wobei diese gleichzeitig an ihrer Rechtsauffassung einer ausschließlich beratenden Funktion festhielt. Vgl. Katsch, S. 131–157.

247 Verordnung betr. die Errichtung 1. eines Landesrats, 2. eines Studienausschusses vom 24.3.1922. In: Amtsblatt der Regierungskommission 1922.

248 Vgl. Mallmann, a.a.O., S. 106; Schwarz, S. 88, 96; Zenner, S. 74 f.

249 Die Umbesetzung fand ihren Abschluss mit dem Ausscheiden des früheren belgischen Militärattachés in Paris, Jacques Lambert, 1928. Aufstellung der Mitglieder der Regierungskommission mit ihren Amtszeiten in Zenner, S. 420–423. Zur Berufung Koßmanns siehe Groten, Curt: Die Kontrolle des Völkerbundes über die Tätigkeit der Regierungskommission des Saargebietes, Diss. Bonn, Saarbrücken 1929, S. 30 f. Zur Ressortverteilung ab 1.4.1926 siehe Katsch, S. 68.

250 Ab 20.4.1925 gehörte das Arbeitsamt, das bis dahin dem Präsidenten der Regierungskommission unterstand, zum Dienstbereich Koßmanns. Vgl. Amtsblatt der Regierungskommission 1925, S. 86. In der Sitzung der Regierungskommission am 16.9.1925 erwähnte Rault im Zusammenhang mit der Arbeitskammer, dass er die Abteilung für Arbeit an Koßmann übertragen und ihm seine Unterstützung für dieses Vorhaben versprochen habe. Vgl. Sitzungsprotokolle, 16.9.25.

251 Vgl. Internationales Arbeitsamt, S. 13.

252 Vgl. Deuxième rapport périodique de la commission de Gouvernement du Bassin de la Sarre, Date du 1er Mai 1920. In: S.D.N., J.O., Juin 1920, S. 191–204, hier S. 198 f. Fontaine vertrat gleichzeitig Frankreich beim IAA. Vgl. Zenner, S. 427. Zu Fuhrmann vgl. Der Saar-Bergknappe Nr. 2, 8.1.1921.

253 Vgl. Zenner, S. 66, 349.

254 Rault führte aus, die Regierungskommission sei bestrebt, für das Wohl der produktiven Stände zu sorgen und erwäge „einen Entwurf, der demnächst Gesetz werden solle, wonach für das Saargebiet eine Arbeitskammer ins Leben gerufen werden solle. Diese Arbeitskammer solle nach demokratischen Grundsätzen aus Arbeitern und Arbeitgebern zusammengesetzt sein; sie solle über alle Arbeitsfragen entscheiden, insbesondere darüber, welche deutschen Gesetze im Saargebiet eingeführt werden sollten, zum Wohle der erwerbstätigen Bevölkerung". Saarbrücker Zeitung, 12.12.1921. Vgl. Borck, S. 66.

255 Vgl. S.D.N., C 395 M 185 1923 I, S. 7.

256 Vgl. Zenner, S. 122. Die Internationale Arbeitskonferenz war die jährliche Hauptversammlung der Internationalen Arbeitsorganisation.

257 Vgl. Gottschalk, S. 65; Zenner, S.122 f.; S.D.N., J.O., Mai 1924, S. 811.

258 Vgl. Sitzungsprotokolle, 30.6.1924; Berichte an die Regierungskommission, 9.4.1924, o. Nr. (C 338/30). Zu den Vorbehalten des Auswärtigen Amtes gegen eine IAO-Mitgliedschaft des Saargebietes siehe Zenner, S.123. Gottschalk zufolge vertraten Freie und Christliche Gewerkschaften unterschiedliche Vorstellungen über die vorrangigen Aufgaben der Arbeitskammer. Während die Christlichen Gewerkschaften den Schwerpunkt auf die Arbeitsbedingungen im Saargebiet gelegt hätten, z.B. die Ermittlung von Kriterien für die Festlegung von Mindestlöhnen oder die Einrichtung einer Lohn- und Gehaltsstatistik, hätten die Freien Gewerkschaften den Auftrag der Arbeitskammer vor allem in der Vertretung der saarländischen Interessen bei der IAO gesehen. Vgl. Gottschalk, S. 66.

259 Sitzungsprotokolle, 9.4.1924. In der Debatte des Völkerbundsrates im Juli und Dezember 1923 über das Vorgehen der Regierungskommission während des Bergarbeiterstreiks verlangten die Vertreter Großbritanniens und Schwedens die Rücknahme der Streikpostenverordnung. Vgl. Zenner, S. 77. Die gesetzliche Festlegung von Achtstundentag und 48-Stunden-Woche gehörte zu den immer wiederkehrenden Forderungen der Gewerkschaften. Auch für die IAO stellte der

Achtstundentag als eine der Hauptforderungen der Arbeiterbewegung ein zentrales Anliegen dar. Folglich war bereits beim Besuch von IAA-Direktor Thomas im Saargebiet 1920 darüber gesprochen worden. Vgl. Deuxième rapport périodique de la commission de Gouvernement du Bassin de la Sarre, Date du 1er Mai 1920. In: S.D.N., J.O., Juin 1920, S. 191–204, hier S. 199.

260 Berichte an die Regierungskommission, 30.6.1924, Nr. 3 (C 338/32). Vgl. Begründung zum Entwurf einer Verordnung betreffend die Errichtung einer Arbeitskammer des Saargebietes, NL.BeckerR 200. Die ebenfalls paritätisch besetzten Arbeitskammern im deutschen Bergbau werden in den Unterlagen der Regierungskommission nicht erwähnt.

261 Berichte an die Regierungskommission, 30.6.1924, Nr. 3 (C 338/32).

262 Berichte an die Regierungskommission, 9.4.1924, o. Nr. (C 338/30). In seinem Schreiben an Thomas berichtete Rault auf dessen Anfrage hin über seine Unterredung mit den Freien Gewerkschaften vom 29.3.1924, in der diese sich für die Einrichtung einer Arbeitskammer aussprachen. Das Schreiben ist nicht datiert.

263 Sitzungsprotokolle, 30.6.1924. Jacques Lambert war zuständig für Öffentliche Arbeiten, Eisenbahn-, Post-, Telegrafen- und Telefonwesen. Vgl. Zenner, S. 423.

264 Sitzungsprotokolle, 30.6.1924.

265 Berichte an die Regierungskommission, 30.6.1924, Nr. 3 (C 338/32). Zeitweise hatte die Regierungskommission offenbar eine drittelparitätische Zusammensetzung der Arbeitskammer erwogen. Darauf deutet Raults Darstellung im Bericht an den Völkerbundsrat für das erste Dritteljahr 1924 hin, wo es heißt, die Regierungskommission habe sich gegenüber den Gewerkschaften bereit erklärt, eine Arbeitskammer zu schaffen, die Vertreter der Arbeitgeber, der Arbeitnehmer und der Regierung umfasse. Dix-septième rapport de la commission de Gouvernement (1er Janvier – 31 Mars 1924). In: S.D.N., J.O., Août 1924, S. 1049.

266 Berichte an die Regierungskommission, 15.7.1924, Nr. 3 (C 338/33).

267 In der Begründung des Entwurfs für den Landesrat heißt es: „Durch dieses Verfahren [d.h. die Ernennung aus drei Vorschlägen] werden einerseits die Wünsche der Organisationen hinsichtlich der von ihnen als geeignet angesehenen Personen als Mitglieder der Kammer berücksichtigt und andererseits ein besonderes Wahlverfahren mit der immerhin damit verbundenen Gefährdung des sozialen Friedens vermieden." NL.BeckerR 200.

268 Berichte an die Regierungskommission, 15.7. 1924, Nr. 3 (C 338/33).

269 Ebenda.

270 Verordnungsentwurf betr. die Errichtung einer Arbeitskammer im Saargebiet. S.D.N., C 306 A 8_1924.

271 Mit dem Ausschluss der Mitglieder von Landesrat und Studienausschuss folgte der Verordnungsentwurf dem Beispiel Luxemburgs, wo Parlamentsabgeordnete und Staatsräte nicht der Arbeitskammer angehören konnten. Vgl. Berichte an die Regierungskommission, 15.7.1924, Nr. 3 (C 338/33).

272 S.D.N., C 306 A 8_1924.

273 Ebenda.

274 Ebenda.

275 Arbeitskammer für das Saargebiet, Anlage: Auszug aus den von Arbeitgebern und Arbeitnehmern abgegebenen Gutachten, S. 2. NL.BeckerR 200. Die fran-

zösisch-saarländische Handelskammer vertrat die französischen Wirtschaftsinteressen im Saargebiet. Sie ist zu unterscheiden von der Handelskammer zu Saarbrücken, aus der die heutige Industrie- und Handelskammer hervorging.

276 S.D.N., C 306 A 8_1924. Das Urteil über die bestehenden Arbeitskammern wird in den Stellungnahmen nicht begründet.

277 Vgl. Rapport à la Commission de Gouvernement, au sujet de la creátion d'une Chambre du Travail, darin Gegenüberstellung der Standpunkte von Freien und Christlichen Gewerkschaften. S.D.N., C 338/35 (Deutschsprachige Fassung: Begründung zum Entwurf ein Verordnung betreffend die Errichtung einer Arbeitskammer für das Saargebiet, Anlage: Übersicht über die Vorschläge der Gewerkschaften zu den einzelnen Bestimmungen des Entwurfes, NL.BeckerR 200); Stellungnahme des Verbandes der Saarbergleute. S.D.N., C 306 A 8_1924; Sonderdruck aus der „Kaufmannspost" Nr. 10, vom 1. Oktober 1924, Monatsschrift des D.H.V., für die Mitglieder des Saargebiets. NL.BeckerR 200. Die Stellungnahmen von Freien und Christlichen Gewerkschaften stimmten weitgehend überein. Die Gewerkschaften bemängelten weder das Verbot politischer Erörterungen noch das Recht der Regierungskommission, die Arbeitskammer aufzulösen. Erst der Landesrat forderte die Streichung dieser Bestimmungen.

278 Sitzungsprotokolle, 7.11.1924.

279 Ebenda.

280 Ebenda.

281 Ebenda.

282 In ihrer Begründung des Verordnungsentwurfs wies die Regierungskommission darauf hin, dass das Saarstatut für die Schaffung einer Organisation wie der Arbeitskammer die Anhörung des Landesrates nicht vorschreibe, sie „bei der Wichtigkeit der Frage und dem Interesse, das der Völkerbund der Verwirklichung seiner [...] Grundsätze im Saargebiet entgegenbringt", jedoch „entscheidenden Wert" darauf lege, „die Auffassung nicht nur der Interessentenkreise, sondern auch der gesamten Bevölkerung zu erfahren". NL.BeckerR 200.

283 Auf Grundlage dieser Beschlüsse erstellte Koßmanns Abteilung für Arbeit die Endfassung der Verordnung, welche die Regierungskommission am 18.9.1925 bei Enthaltung Lamberts verabschiedete. Vgl. Sitzungsprotokolle, 18.9.1925.

284 Vgl. Latz, S. 145 f. Für die Burbacher Hütte als unselbstständige Unternehmenseinheit des ARBED-Konzerns und die Halbergerhütte als Gusseisenhersteller galten besondere Bedingungen.

285 Vgl. ebd., S. 147–149; Kesternich, Hubert: Kohle, Stahl und Klassenkampf 1918–1935 in Völklingen und Umgebung, Saarbrücken 2010, S. 54–69. Nur zehn Prozent der Kredite wurden für die Völklinger Hütte verwendet, der überwiegende Teil für die Konsolidierung des Familienkonzerns und v.a. der Röchling-Bank. Vgl. Latz, S. 148 f.

286 Vgl. Verordnung Nr. 462 betr. Arbeitszeit in gewerblichen Betrieben vom 8.11.1924. In: Amtsblatt der Regierungskommission 1924, S. 441. Kommissionspräsident Rault bemerkte in der Sitzung am 7.11.1924, dass die Verordnung «a été provoqué par les tentatives faites par un maître de forges au mois de septembre, pour prolonger la journée de travail, ce qui a amené une vive

réaction ouvrière et a été de nature à causer des troubles». Sitzungsprotokolle, 7.11.1924.

287 Vgl. Borck, S. 111 f., Angaben für 1925.

288 Vgl. Sitzungsprotokolle, 7.11.1924.

289 Vgl. Rault in der Kommissionssitzung am 7.11.1924 (Sitzungsprotokolle, 7.11.1924); Bericht der Regierungskommission an den Völkerbundsrat vom 22.1.1925. In: S.D.N., J.O., März 1925, S. 307.

290 Auf der Sitzung des Völkerbundsrates im Juni 1924 hatte der britische Vertreter Lord Cecil nachgefragt, weshalb die Streikpostenverordnung noch nicht zurückgezogen worden sei, nachdem der Völkerbundsrat bereits am 7.7.1923 in einer Resolution indirekt die Aufhebung der während des Streiks ergriffenen Ausnahmeregelungen gefordert hatte. Vgl. S.D.N., J.O. 1924, Annexe 1135; vgl. Zenner, S. 77.

291 Landesrat, Band 4/1925, S. 4 (161).

292 Ebd., S. 3 f. (160 f.).

293 Ebd., S. 4 f. (161 f.).

294 Ebd., S. 14 f. (171 f.) Der Hinweis auf den „neuen Kurs in Frankreich" bezieht sich auf den Wechsel in der französischen Deutschlandpolitik Ende 1923. In den Verträgen des MICUM-Abkommens einigte sich die französisch-belgische Kontrollkommission für Fabriken und Bergwerke im Ruhrgebiet (MICUM) mit Vertretern der Ruhrindustrie in Abstimmung mit der Reichsregierung zwischen November 1923 und September 1924 über die im Rahmen der Reparationen zu liefernde Ruhrkohle. Mit dem Dawes-Plan vom 16.8.1924 wurden die Reparationszahlungen geregelt und das Ende der Ruhrbesetzung vereinbart. Die Abkehr Frankreichs von der unnachgiebigen Deutschlandpolitik begann zwar schon unter der Regierung von Raymond Poincaré, der sie zuvor vorangetrieben hatte, wurde aber durch die Wahlen im Juni 1924, die eine Regierung linker Parteien an die Regierung brachte, endgültig vollzogen. In die Regierungszeit von Premierminister Edouard Herriot (Juni 1924–April 1925) fällt auch die Einrichtung des Conseil national économique durch Verordnung vom 16.1.1925, der mit seinen auf die Abgabe von Gutachten begrenzten Befugnissen und der paritätischen Besetzung durch Arbeitgeber- und Arbeitnehmerorganisationen starke Ähnlichkeit mit der Arbeitskammer im Saargebiet aufweist. Vgl. <http://www.lecese.fr>, abgerufen am 25.3.2013.

295 Landesrat, Band 4/1925, S. 15 (172).

296 Ebd., S. 16 f. (173 f.), Hervorhebungen im Original. Gleichzeitig mit ihrer Zustimmung zu dem von der zuständigen Kommission des Landesrates überarbeiteten Verordnungsentwurf legte die sozialdemokratische Fraktion eine Liste arbeits- und sozialpolitischer Forderungen vor, zu denen sie die Regierungskommission aufrief, Gutachten der Arbeitskammer einzuholen. Vgl. ebd., S. 17 f. (174 f.).

297 Landesrat, Band 4/1925, S. 18 f. (175 f.). Zur Politik der Kommunistischen Partei im Landesrat vgl. Zenner, S. 190–202. Albert Thomas (1878–1932), französischer sozialistischer Politiker, war während des Ersten Weltkrieges zeitweise Rüstungsminister.

298 Ebd., S. 22 (179). Bei Beginn der Verhandlungen in den zuständigen Kommissionen des Landesrates lehnte von Vopelius im Namen der DSV die Einrichtung

einer Arbeitskammer noch ab, da sie „eine Schmälerung der Aufgaben des Landesrates" bedeute. Landesrat des Saargebietes: Protokoll über die Sitzung der 3. und 7. Kommission am 13. Januar 1925, Bestand NL.BeckerR 200.

299 Vgl. Verordnung betr. die Errichtung einer Arbeitskammer im Saargebiet. In: Amtsblatt der Regierungskommission 1924, S. 242 f. Der Entwurf findet sich in S.D.N., C 306 A 8_1924. Es fehlen jedoch die Artikel 8 und 9. Zusammenfassung mit den beiden Artikeln in Gottschalk, S. 68 f., Gegenüberstellung des Verordnungsentwurfs, der Stellungnahmen von Landesrat und Studienausschuss und der Endfassung von Koßmanns Abteilung für Arbeit mit Anmerkungen in: Berichte an die Regierungskommission, 16.9.1925, Nr. 5 (C 338/40). Abweichend von der endgültigen Verordnung sah Koßmanns Fassung vor, dass die Arbeitskammer öffentlich tagt (Art. 9). Der Studienausschuss schlug des Weiteren vor, für die Angestellten eine vergleichbare Vertretung zu schaffen, entweder über eine mit der Arbeitskammer verbundene Angestelltenkammer oder durch Einbeziehung in die Arbeitskammer selbst. Der Verordnungsentwurf des Landesrates wurde im Januar und Februar 1925 von den zuständigen Kommissionen erstellt und vom Plenum am 16.3.1925 gegen die Stimmen der kommunistischen Abgeordneten verabschiedet. Protokolle der Kommissionssitzungen und deutschsprachige Fassung des Verordnungsentwurfs des Landesrates in NL.BeckerR 200.

300 Art. 11 Verordnungsentwurf betr. die Errichtung einer Arbeitskammer im Saargebiet. S.D.N., C 306 A 8_1924.

301 Vgl. § 3 der Geschäftsordnung vom 19.5.1926 (Amtsblatt der Regierungskommission 1926, S. 110).

302 Borck, S. 70. Dessen ungeachtet urteilte die Internationale Arbeitsorganisation: „Da sie [die Arbeitskammer, Verf.] ausreichende Befugnisse hat, darf man von ihrer Arbeit wertvolle Ergebnisse erwarten." Internationale Rundschau der Arbeit, 4. Jg. 1926, 2. Bd., S. 637.

303 Vgl. Jahresbericht 1926, S. 129 f. Die Arbeitgeberverbände waren wie folgt vertreten: Verein zur Wahrung der gemeinsamen wirtschaftlichen Interessen im Saargebiet, Arbeitgeberverband der Saarindustrie, Schutzverein für die Schwerindustrie im Saargebiet, Arbeitgeberverband für das Baugewerbe, Handwerkskammer, Arbeitgebergemeinschaft des Saarhandels. Außerdem finden sich unter den Mitgliedern der Arbeitskammer Vertreter folgender Unternehmen: Burbacher Hütte, Dillinger Hütte, Homburger Eisenwerk, Bauunternehmung H. Sohnius AG. Mitglieder der Arbeitskammer ohne Stellvertreter in der zweiten Mandatsperiode 1928–30 nach: Amtsblatt der Regierungskommission 1928, S. 584 f.

304 Verordnung betr. die Errichtung einer Arbeitskammer im Saargebiet. In: Amtsblatt der Regierungskommission 1925, S. 242 f.; vgl. Borck, S. 70.

305 Art. 10 Verordnung betr. die Errichtung einer Arbeitskammer im Saargebiet. In: Amtsblatt der Regierungskommission 1925, S. 243.

306 Vgl. die entsprechenden Jahresberichte.

307 Art. 84–86 Verfassung der freien Hansestadt Bremen vom 11. Mai 1920.

308 Vgl. Art. 41 Gesetz vom 4. April 1924, betreffend die Errichtung von wählbaren Berufskammern. In: Memorial des Großherzogtums Luxemburg 1924, S. 275 f.

309 § 2 Abs. 1 Satz h Gesetz vom 26. Februar 1920 über die Errichtung von Kammern für Arbeiter und Angestellte. In: Staatsgesetzblatt für die Republik Österreich

Jg. 1920, S. 171 f. Genannt werden Einrichtungen zur Arbeitsvermittlung und Bekämpfung der Arbeitslosigkeit sowie auf den Gebieten der Sozial- und Bildungspolitik.

310 Zum Vorläufigen Reichswirtschaftsrat siehe Teil I, Kapitel 4.3.

311 § 25 Gesetz vom 26. Februar 1920 über die Errichtung von Kammern für Arbeiter und Angestellte. In: Staatsgesetzblatt für die Republik Österreich Jg. 1920, S. 175.

312 Vgl. Art. 44 Gesetz vom 4. April 1924, betreffend die Errichtung von wählbaren Berufskammern. In: Memorial des Großherzogtums Luxemburg 1924, S. 277.

313 Bericht des Hauptvorstandes des Gewerkvereins, S. 301; vgl. Saarbrücker Landes-Zeitung, 4.10.1925.

314 Volksstimme. Organ der Sozialdemokratischen Partei für das Saargebiet, 8.10.1925. Wilhelm Kimmritz, der Verfasser des Beitrags, war Vorsitzender des saarländischen Gesamtverbandes der Freien Gewerkschaften und 1922–26 Bezirkssekretär des ADGB in Saarbrücken.

315 Ebenda. In der Stellungnahme der Freien Gewerkschaften zum ersten Verordnungsentwurf, die Koßmann in seinem Bericht für die Beratung der Regierungskommission am 7.11.1924 wiedergab, findet sich von diesen Forderungen lediglich die nach Öffentlichkeit der Sitzungen. Das Schlichtungswesen ist im späteren Vorschlag des Landesrates enthalten. Dort erscheint auch erstmals die Wendung von den gemeinsamen Interessen der Unternehmer und Arbeiter, die im Entwurf der Regierung noch fehlt.

316 Saarbrücker Zeitung, 26.10.1925.

317 Zur ersten Tagung der Arbeitskammer. Gedämpfte Hoffnungen. In: Saarbrücker Zeitung, 2.3.1926. Beitrag von Dr. Hoffmann [Saarbrücker Zeitung: Hofmann], Syndikus des Arbeitgeberverbandes der Saarindustrie e.V. und stellvertretendes Mitglied der Arbeitskammer.

318 Niederschrift über die vierte Vollsitzung der Handelskammer am 21. Oktober 1925, zit. n. Saarwirtschaftszeitung Nr. 45, 30. Jg., 5.11.1925, S. 794.

319 Vgl. Bekanntmachung betr. die Benennung der Mitglieder der Arbeitskammer und deren Stellvertreter. In: Amtsblatt der Regierungskommission 1928, S. 584 f. Die Mitglieder der ersten Sitzungsperiode wurden nicht im Amtsblatt bekannt gegeben.

320 Jahrbuch der christlichen Gewerkschaften 1929, S. 239.

321 Borck, S. 71.

322 Die Unterlagen der Arbeitskammer befanden sich unter den Akten, welche die Regierungskommission bei der Rückgliederung des Saargebietes 1935 in Saarbrücken zurückließ. Sie wurden am 23./24. Juni 1937 von einem Beauftragten des damaligen Staatsarchivs Speyer besichtigt, aus Raummangel aber nicht übernommen. Der weitere Verbleib ist unbekannt. Vgl. Michael Sander: Die Saar in internationalen Archiven. In: Archive ohne Grenzen. Erschließung und Zugang im europäischen und internationalen Kontext. 83. Deutscher Archivtag in Saarbrücken, Fulda 2014, S. 39–50, hier S. 41. In den Akten des Generalsekretariats der Regierungskommission im Völkerbundsarchiv in Genf befindet sich neben der erwähnten Akte über die Vollversammlung der Arbeitskammer am 3. Mai 1929 mit Bericht und Niederschrift des Staatskommissars bei der Ar-

beitskammer sowie Anlagen eine weitere Akte, die den Verordnungsentwurf der Regierungskommission zur Errichtung einer Arbeitskammer im Saargebiet, die Stellungnahmen verschiedener Verbände zu dem Entwurf und die „Empfehlung betreffend die Benützung der Freizeit der Arbeitnehmer" der Internationalen Arbeitskonferenz von 1924 enthält. Archives de la Société des Nations, Fonds extérieures: Commission de Gouvernement de la Sarre (S.D.N.): C 306 A8_1929; C 306 A 8_1924.

323 Vgl. Sitzungsprotokolle, 19.12.1928.

324 Der Staatskommissar bei der Arbeitskammer: Bericht über die Vollversammlung der Arbeitskammer vom 3. Mai 1929, S. 2. S.D.N., C 306 A 8_1929.

325 Der ASKO als genossenschaftlicher Großbetrieb erklärte sich mit dem Vorschlag der Arbeitskammer einverstanden. Das Verkaufsverbot an Sonn- und Feiertagen trug der Befürchtung der Handwerkskammer Rechnung, dass bei einem Nachtbackverbot Bäcker aus Elsass-Lothringen das Saargebiet früh morgens mit Backwaren beliefern könnten. Vgl. Niederschrift der Vollsitzung der Arbeitskammer am 3. Mai 1929, S. 4 f. SDN: C 306 A 8_1929.

326 Ebd., S. 7.

327 Sitzungsprotokolle, 25.7.1929.

328 Sitzungsprotokolle, 2.11.1932. Vgl. Sitzungsprotokolle, 16.10.1931 und Vierteljahresberichte der Regierungskommission an den Völkerbund. In: Amtsblatt der Regierungskommission 1932, S. 81, 583.

329 Vgl. Niederschrift der Vollsitzung der Arbeitskammer am 3. Mai 1929, S. 7 f. SDN: C 306 A 8_1929; Sitzungsprotokolle, 2.1.1929, 5.2.1930 und 21.10.1931; Berichte an die Regierungskommission, 31.10. 1928, Nr. 6 (C 338/75), 5.2.1930 (C 338/92), 21.10.1931, Nr. 19 (C 338/117).

330 Vgl. Linsenmaier, S. 4 f.

331 Vgl. Niederschrift der Vollsitzung der Arbeitskammer am 3. Mai 1929, S. 10. SDN: C 306 A 8_1929; Berichte an die Regierungskommission, 7.12.1927, Nr. 5 (C 338/62), Jahresbericht 1928, S. 159; Jahresbericht 1930, S. 167; Tagung der Arbeitskammer. In: Saarbrücker Zeitung, 20.7.1928.

332 Tagung der Arbeitskammer. In: Saarbrücker Zeitung, 20.7.1928.

333 Vollsitzung der Arbeitskammer. In: Saarbrücker Zeitung, 6.6.1930. Zum Gutachten der Arbeitskammer vgl. Berichte an die Regierungskommission, 20.8.1930, Nr. 37 (C 338/101).

334 Berichte an die Regierungskommission, 11.5. 1929, Nr. 6 (C 338/83).

335 Ebenda.

336 Ebenda.

337 Ebenda.

338 Vgl. Sitzungsprotokolle, 11.5.1929.

339 Jahresbericht 1931, S. 192. Vgl. Niederschrift der Vollsitzung der Arbeitskammer am 3. Mai 1929, S. 11. SDN: C 306 A 8_1929; Schwarz, S. 120; Jahresbericht 1926, S. 131; Jahresbericht 1928, S. 159; Vollsitzung der saarländischen Arbeitskammer: Schaffung einer Arbeitszentralstelle. Anträge der Arbeitnehmer gegen Erwerbsnot, Doppelverdiener, für Sozialverbesserung. In: Volksstimme, 14.3.1931.

340 Verordnung über Erwerbslosenfürsorge. Vom 13. November 1918. In: Reichs-Gesetzblatt 1918, S. 1305–1308.

341 Sitzung der Arbeitskammer für das Saargebiet. In: Saarbrücker Landes-Zeitung, 4.11.1927.

342 Sitzungsprotokolle, 15.10.1930; vgl. Berichte an die Regierungskommission, 15.10.1930, Nr. 13 (C 338/102).

343 Vgl. S.D.N., J.O., Nov.-Déc. 1920, S. 76.

344 Sitzungsprotokolle, 5.10.1927. Die Arbeitskammer gab einstimmig ein Gesamtgutachten und mit den Stimmen der Arbeitnehmer gegen die der Arbeitgeber zusätzlich ein erweitertes Gutachten ab. Übereinstimmung bestand darin, „daß bei der Gewährung von Erwerbslosenunterstützung nicht von der Voraussetzung der Bedürftigkeit abgegangen werden könne. Es wurde jedoch einer ‚liberalen' Bedürftigkeitsprüfung das Wort geredet. Nicht vereinbar mit dem Prinzip der Fürsorge ist der Beitragszwang, der deshalb abgelehnt wurde." Die Arbeitnehmer forderten, dass trotz Übernahme der deutschen Regelung an der dreitägigen Karenzzeit festgehalten werde und die Krankenversicherung mindestens unter Zugrundelegung der gesetzlichen Musslohngrenze zu erfolgen habe. Aus der Arbeitskammer. In: Saarbrücker Zeitung, 18.3.1927. Die Verordnung legte eine Wartezeit von sieben Tagen als Regel fest, sah aber Ausnahmen vor (§ 12). Zur Krankenversicherung wurde lediglich bestimmt, dass die zuständige Gemeinde die Erwerbslosen versichern müsse (§ 21 Abs. 1). Verordnung über Erwerbslosenfürsorge. In: Amtsblatt der Regierungskommission 1930, S. 544–549.

345 Sitzungsprotokolle, 5.10.1927.

346 Koßmann in: Berichte an die Regierungskommission, 24.10.1928, Nr. 2 (C 338/75).

347 Sitzungsprotokolle, 9.7.1929. Der Landesrat hatte die Regierungskommission aufgefordert, den Verordnungsentwurf zur Erwerbslosenunterstützung zurückzuziehen und „dem Landesrat bald einen solchen betr. Erwerbslosenversicherung, der den Bestimmungen der Erwerbslosenversicherung im Reich anzugleichen ist, vorzulegen". Die Abgeordneten beriefen sich auf eine Besprechung von Gewerkschaftsvertretern mit der Abteilung Sozialversicherung der Regierungskommission, in der zugesagt worden sei, „daß gemäß der inzwischen erfolgten Regelung im Reiche auch im Saargebiet die Arbeitslosenversicherung zur Einführung käme". III. und V. Kommission des Landesrates, Protokoll der Sitzung vom 4.1.1929, NL.BeckerR 239.

348 Sitzungsprotokolle, 3.4.1933. Die Sitzungsprotokolle beinhalten keinen Hinweis, dass Koßmann sich bei einer früheren Gelegenheit für die Einrichtung einer Arbeitslosenversicherung ausgesprochen hätte, wie es seine Bemerkung nahelegt.

349 Vgl. Verordnung über Erwerbslosenfürsorge. In: Amtsblatt der Regierungskommission 1930, S. 544–549; Jahresbericht 1930, S. 161; Fabry, S. 391.

350 Die Verordnung der Volksbeauftragten vom 13.11.1918 zur Erwerbslosenfürsorge war, da sie nach dem Stichtag 11. November erlassen wurde, zwar für das Saargebiet nicht bindend, fand durch Beschluss der Regierungskommission vom 28.7.1920 aber auch hier Anwendung. Vgl. S.D.N., J. O., Nov./Déc. 1920, S. 76; Jahresbericht 1925, S. 109; Berichte an die Regierungskommission, 24.10.1928,

Nr. 2 (C 338/75); Zentrumsfraktion des Landesrates, 15.2.1923, J. Nr. A. 23. NL.BeckerR 239.

351 Jahresbericht 1925, S. 107. Vgl. Verordnung über die Organisation des Arbeitsnachweiswesens. In: Amtsblatt der Regierungskommission 1930, S. 549–554.

352 Vgl. Verordnung über Erwerbslosenfürsorge. In: Amtsblatt der Regierungskommission 1930, S. 544–549. Auch die Kurzarbeiterunterstützung wurde neu geregelt. Vgl. Jahresbericht 1930, S. 161. Der Vorsitzende des Arbeitsnachweises wurde von der Gemeinde nach Anhörung des mit je drei Arbeitgeber- und Arbeitnehmervertretern besetzten Ausschusses beziehungsweise eines von diesem eingerichteten Unterausschusses des öffentlichen Arbeitsnachweises ernannt. Kam keine Einigung zustande, ernannte die Regierungskommission den Vorsitzenden. §§ 7 f. Verordnung über die Organisation des Arbeitsnachweiswesens. In: Amtsblatt 1930, S. 550.

353 Verordnung betr. die Beschäftigung Erwerbsloser. In: Amtsblatt der Regierungskommission 1928, S. 742 f., ersetzt durch Verordnung betr. die Beschäftigung Erwerbsloser. In: Amtsblatt der Regierungskommission 1930, S. 72. Die produktive Erwerbslosenfürsorge ging auf Koßmann zurück, der meinte, dass die Arbeitslosen dadurch „ermutigt" würden, sich eine Stelle zu suchen. Vgl. Sitzungsprotokolle, 5.3.1930. Die Arbeitnehmervertreter in der Arbeitskammer erhoben anfangs Einwände, da „zu einer gewissen Zwangsarbeit gegriffen werden kann". Aus der Arbeitskammer. In: Saarbrücker Zeitung, 18.3.1927. Während der Krise verlangten sie die Förderung der Maßnahmen. Vgl. Vollsitzung der Arbeitskammer. In: Saarbrücker Zeitung, 6.6.1930.

354 Verordnung betreffend Neuregelung der Erwerbslosenfürsorge. In: Amtsblatt der Regierungskommission 1933, S. 266–272; vgl. Vierteljahres-Bericht für die Zeit vom 1. Juli bis 30. September 1933. In: Amtsblatt der Regierungskommission 1933, S. 486; Jahresbericht 1933, S. 196; Bürgermeistereiverband für das Saargebiet an die Regierungskommission des Saargebietes: Betr.: Erwerbslosenfürsorge, Saarbrücken, 26.11.1931. NL.BeckerR 239.
Die Bildung einer einheitlichen Mitgliedsklasse für die Erwerbslosen verfolgte zusätzlich den Zweck, die erwerbstätigen Mitglieder der Krankenkasse vom Risiko für die versicherten Erwerbslosen zu entlasten, was insbesondere wegen der Aufnahme der Wohlfahrtserwerbslosen für notwendig gehalten wurde. Vgl. die Ausführungen der Regierungsvertreter bei der Sitzung der Arbeitskammerkommission für die Arbeiterfürsorge am 20. April 1933 und die Begründung zum Verordnungsentwurf betreffend Erwerbslosenfürsorge, 12.4.1933. NL.BeckerR 327. Gegen die Verlängerung der erforderlichen versicherungspflichtigen Beschäftigungsdauer wandte die Stadt Saarbrücken ein, dass „die Gemeinden viele Erwerbslose, die nach den bisherigen Vorschriften Erwerbslosenunterstützung erhalten hätten, künftig aus Mitteln der Armenfürsorge betreuen müssen", was sowohl der beabsichtigten und von den Gemeinden geforderten Entlastung als auch der einheitlichen Behandlung aller Erwerbslosen zuwider laufe. Die Stadt forderte außerdem die Einbeziehung der unterstützungsbedürftigen Selbstständigen, die in Saarbrücken 1.200 von insgesamt 4.000 Wohlfahrtserwerbslosen stellten. Vgl. Bericht der Stadt Saarbrücken zum Entwurf einer Verordnung über die Neuregelung der Erwerbslosenfürsorge, 20.4.1933, NL.BeckerR 239;

Entgegnung des Arbeitsamtes und der Abteilung des Inneren der Regierungskommission. In: Protokoll der Sitzung der 3., 5. und 7. Kommission des Landesrates am 5.5.1933, ebenda.
Nachdem sich bei der Durchführung der Verordnung Mängel herausgestellt hatten, legte Koßmanns Abteilung Anfang 1934 den Entwurf für eine Abänderungsverordnung vor. Insbesondere hatte sich als nachteilhaft erwiesen, dass Unterstützungsempfänger, die eine vorübergehende Beschäftigung aufnahmen, ihren Anspruch auf Erwerbslosenunterstützung verloren, weshalb „niemand das Risiko eines dauernden Ausscheidens durch eine kurzfristige Arbeit eingehen wollte". Der Zeitraum für eine vorübergehende Beschäftigung, nach welcher der Anspruch auf Unterstützung erlosch, sollte daher verlängert werden. Weitere Änderungen betrafen die Beseitigung unbilliger Härten für Erwerbslose. Auf Bedenken von Kommissionsmitglied Morize hin, dass der Entwurf die bereits erzielten Einsparungen zunichtemache, beschloss die Regierungskommission am 16.8.1934, die Vorlage an die zuständige Kommission zu übersenden. Die Verordnung kam offenbar nicht zustande. Vgl. Verordnungsentwurf zur Abänderung der Verordnung betreffend Neuregelung der Erwerbslosenfürsorge vom 16. Juni 1933 mit Begründung. NL.BeckerR 239; Bericht der 3. und 7. Kommission des Landesrates über die Beratung des Verordnungsentwurfs betreffend Abänderung der Verordnung betreffend Neuregelung der Erwerbslosenfürsorge vom 16. Juni 1933, 11.5. 1934, ebenda; Sitzungsprotokolle, 16.8.1934.

355 Niederschrift der Vollsitzung der Arbeitskammer am 3. Mai 1929, S. 11. SDN: C 306 A 8_1929.

356 Ebd., S. 12.

357 Ebd., S. 13; vgl. S.D.N., J.O., Sept. 1929, S. 1333.

358 Jahresbericht 1933, S. 175, 178. Die von der Regierungskommission verwendete Arbeitslosenziffer gibt die Zahl der Arbeitslosen auf hundert Beschäftigte an, während die heute gebräuchliche Arbeitslosenquote den Prozentsatz der Arbeitslosen an den Erwerbspersonen, d.h. der Erwerbstätigen zuzüglich der Arbeitslosen, benennt. Arbeitslosigkeit und Kurzarbeit nahmen im Bergbau stärker zu als in den übrigen Wirtschaftszweigen. Vgl. Pack, S. 34–39.

359 Die Wünsche beziehungsweise Anträge der Arbeitnehmer betrafen im Einzelnen: Erhöhung der Unterstützungsleistungen (1930, 1933), Wiederherstellung der früheren Karenzzeit und Verlängerung der Unterstützungsdauer (1932), Heraufsetzung der Ausschlusssätze für die Bedürftigkeitsprüfung, Vergütung der Pflichtarbeit, einheitliche Sozialversicherung der Erwerbslosen (1931), Zusammenfassung der Empfänger von Erwerbslosen- und Wohlfahrtsunterstützung, Gewährung einer Weihnachtshilfe (1933). Vgl. die entsprechenden Jahresberichte; Vollsitzung der Arbeitskammer. In: Saarbrücker Zeitung, 16.11.1933. Zur Pflichtarbeit siehe im Folgenden Anm. 361.

360 Vgl. Sitzungsprotokolle, 20.8.30

361 Zur Pflichtarbeit vgl. §§ 9 Abs. 3, 14 Verordnung betreffend Neuregelung der Erwerbslosenfürsorge. In: Amtsblatt der Regierungskommission 1933, S. 267 f.; Art. 5 Verordnung zur Durchführung der Verordnung betreffend Neuregelung der Erwerbslosenfürsorge, ebd., S. 285. Die zulässigen Arbeiten wurden in einer Verfügung des Arbeitsamtes aufgeführt. Vgl. Bericht der 3. und 7. Kommission

des Landesrates über die Beratung des Verordnungsentwurfs betreffend Abänderung der Verordnung betreffend Neuregelung der Erwerbslosenfürsorge vom 16. Juni 1933, 11.5.1934. NL.BeckerR 239. Gegen die Forderung nach Beseitigung beziehungsweise Vergütung der Pflichtarbeit bestanden offenbar Bedenken bei den Arbeitgebervertretern in der Arbeitskammer, denn der Antrag wurde gegen Einspruch der Arbeitnehmer, die größten Wert auf sofortige Verabschiedung legten, an die entsprechende Kommission verwiesen. Vgl. Volksstimme, 14.3.1931; Vollsitzung der saarländischen Arbeitskammer. In: Saarbrücker Zeitung, 13.3.1931.

362 Vgl. Jahresbericht 1933, S. 169. 1933 stiegen die Zuschüsse und die Zahl der beschäftigten Arbeitslosen wieder an, ohne jedoch den Stand der Jahre 1929–31 zu erreichen. Übersicht über Ausgaben, beschäftigte Erwerbslose und Maßnahmen der produktiven Erwerbslosenfürsorge ebd., S. 178.

363 Vgl. Rodgers/Lee/Swepston/Van Daele, S. 195 f.

364 Vierteljahres-Bericht für die Zeit vom 1. Juli bis 30. September 1931. In: Amtsblatt der Regierungskommission 1931, S. 443. Eine Finanzierung von Arbeitsbeschaffungsmaßnahmen über Anleihen war unter den besonderen Bedingungen des Saargebietes nicht möglich: „Die Regierungskommission, die nicht befähigt war, wie jede andere Regierung Anordnungen auf längere Dauer zu treffen, konnte nicht auf Anleihen zurückgreifen und war daher gezwungen, ihre außerordentlichen Ausgaben und die Ausgaben für Neuanlagen mit Hilfe der ordentlichen etatsmäßigen Einnahmen zu finanzieren." Ebenda. Als Folge der Krisenlasten verfügte die Regierungskommission im Frühjahr 1934 nur noch über „bescheidene Rücklagen". Vierteljahres-Bericht für die Zeit vom 1. Januar bis 31. März 1934. In: Amtsblatt 1934, S. 183.

365 Als Folge der Heidelberger Abrede von 1927 hatte das Saargebiet bereits 1930 eine deutsche Regelung übernommen, wonach Angestellte mit Erreichen des 60. statt des 65. Lebensjahres Ruhegeld beziehen konnten, sofern sie seit mindestens einem Jahr ununterbrochen arbeitslos waren. Vgl. Verordnung betr. Änderungen des Versicherungsgesetzes für Angestellte. In: Amtsblatt der Regierungskommission 1930, S. 171 f.; vgl. S.D.N., J.O., Mai 1930, S. 485. Zur Förderung des Wohnungsbaus siehe: Rapport spécial de la Commission de gouvernement du Territoire de la Sarre au sujet des mesures prises entre 1920 et 1930 concernant la crise du logement. In: S.D.N., J.O., Juillet 1930, S. 833–837.

366 Vgl. Vierteljahres-Bericht für die Zeit vom 1. Juli bis 30. September 1931. In: Amtsblatt der Regierungskommission 1931, S. 444, 446.

367 Um die Bautätigkeit zu fördern und die Wohnungslage zu verbessern, ließ die Regierungskommission Kleinwohnungen in Saarbrücken bauen, vergab günstige Baudarlehen (1931/32), bezuschusste Kredite für Bauwillige (1931) und für Instandsetzungsarbeiten. Die Maßnahmen wurden zum Teil aus dem Pensionsfonds aufgebracht. Auf Grund sinkender Einnahmen des Fonds aus Zinsen, Mieten usw. einerseits und steigenden Ausgaben für Pensionslasten andererseits standen im Rechnungsjahr 1932, auf dem Höhepunkt der Krise, keine Mittel mehr zur Verfügung, so dass die Regierung weder Darlehen bewilligen noch selbst Aufträge für Wohnbauten vergeben konnte. Vgl. Vierteljahres-Bericht für die Zeit vom 1. April bis 30. Juni 1932. In: Amtsblatt der Regierungskommissi-

on 1932, S. 354. Die Zuschüsse für Instandsetzungsarbeiten liefen Mitte 1934 aus, was nach Ansicht der Regierungskommission zum erneuten Ansteigen der Erwerbslosenziffer beitrug. Vgl. Vierteljahres-Bericht für die Zeit vom 1. Juli bis 30. September 1934. In: Amtsblatt 1934, S. 500, für die Zeit vom 1. April bis 30. Juni 1934, ebd., S. 352.

Für Arbeitsbeschaffungsmaßnahmen konnte die Regierung den Gemeinden Zuschüsse gewähren. Vgl. § 22 Abs. 2 Verordnung über Erwerbslosenfürsorge, 20.8.1930. In: Amtsblatt 1930, S. 547. Ab 1933 erhielten außerdem Erwerbslose im Alter von 18 bis 25 Jahren, die an einem freiwilligen Arbeitsdienst teilnahmen, einen Zuschuss von 25% zur Erwerbslosenunterstützung. Vgl. § 22 Verordnung betreffend Neuregelung der Erwerbslosenfürsorge, 16.6.1933. In: Amtsblatt 1933, S. 269. Die Einrichtung des freiwilligen Arbeitsdienstes war den Gemeinden überlassen. Anfang 1934 bestand eine freiwillige Jugendarbeit an zehn Stellen im Saargebiet. Vgl. Bericht der 3. und 7. Kommission des Landesrates über die Beratung des Verordnungsentwurfs betreffend Abänderung der Verordnung betreffend Neuregelung der Erwerbslosenfürsorge vom 16. Juni 1933, 11.5.1934. NL.BeckerR 239.

Zur Kürzung der Gehälter und Pensionen im öffentlichen Dienst siehe Vierteljahres-Bericht für die Zeit vom 1. April bis 30. Juni 1931. In: Amtsblatt 1931, S. 332, für die Zeit vom 1. Januar bis 31. März 1932. In: Amtsblatt 1932, S. 201. Zur Steuersenkung 1930 siehe S.D.N., J.O., Mai 1930, S. 475–477.

368 Vgl. Schreiben von Kommissionspräsident Wilton vom 4.12.1928 an den Generalsekretär des Völkerbundsrates. In: S.D.N., J.O., Janvier 1929, S. 179–182.

369 Bassin de la Sarre: Emprunt de la Commission de gouvernement: Rapport du Comité financier. In: S.D.N., J.O., Nov. 1929, S. 1477; vgl. Sitzungsprotokolle, 24.8.1929.

370 Vgl. S.D.N., J.O., Février 1929, S. 333, Mars 1930, S. 274 ; Sept. 1930, S. 1087. Zum Antrag der Städte und Gemeinden an die Regierungskommission auf Ermächtigung zur Aufnahme der Anleihe vgl. S.D.N., J.O., Sept. 1929, S. 1332.

371 Siehe die entsprechenden Jahresberichte der Regierungskommission.

372 Vgl. Sitzungsprotokolle, 25.2. und 25.11.1931.

373 Vollsitzung der saarländischen Arbeitskammer. In: Saarbrücker Zeitung, 13.3.1931. Vgl. Vollsitzung der saarländischen Arbeitskammer: Schaffung einer Arbeitszentralstelle. Anträge der Arbeitnehmer gegen Erwerbsnot, Doppelverdiener, für Sozialverbesserung. In: Volksstimme, 14.3.1931.

374 Das saarländische Parlament der Arbeit! In: Saarbrücker Landes-Zeitung, 23.2.1933. Schon auf der Sitzung am 5. Juni 1930 hatte Arbeitnehmervertreter Klimke vom Deutschen Metallarbeiterverband (DMV) einen Antrag auf „Verkürzung der Überarbeit und allgemeine Einführung des Achtstundentages" eingebracht, „um auch auf diesem Wege eine Entspannung auf dem Arbeitsmarkt zu erzielen. Korten erklärte namens der Industrie, daß eine Einschränkung der Über- und Sonntagsarbeit im Interesse der Arbeitgeber läge und von diesen selbst angestrebt werde. Eine schematische Durchführung des Achtstundentages sei aber nicht möglich. Der Antrag wurde dieserhalb […] in die Kommission verwiesen". Vollsitzung der Arbeitskammer. In: Saarbrücker Zeitung, 6.6.1930.

375 Niederschrift betreffend die Sitzung des Vorstandes der Arbeitskammer mit den Vertretern der Arbeitgeber- und Arbeitnehmerorganisationen am 25. April 1933. NL.BeckerR 327. Am 15.11.1933 sprachen sich die Arbeitnehmervertreter in der Arbeitskammersitzung für die Einführung der 40-Stundenwoche aus: „Sekretär Dobisch [...] sieht die Arbeitszeitverkürzung nicht als einzigstes [!] Mittel an, um die Not der Zeit zu lindern. Es müsse aber ein ernster Versuch in dieser Richtung gemacht werden. [...] Bezirksleiter Pick weist auf die schwierige Frage des Lohnausgleichs hin und bittet ähnliche Wege zu gehen wie sie in der deutschen Montanindustrie geplant sind. Bergrat Teßmar weist darauf hin, daß verschiedene Werke im Saargebiet schon 40 Stunden und weniger schaffen. Mehreinstellung von Leuten sei dadurch nicht ermöglicht worden, ließe sich auch schematisch nicht machen. Durch organisatorische Maßnahmen sei aber bei Vopelius-Wentzel in St. Ingbert und bei den Röchlingwerken die Mehreinstellung ermöglicht worden. Der Lohn bei der 40-Stundenwoche sei zu gering und berge die Gefahr der Verringerung der Kaufkraft." Vollsitzung der Arbeitskammer. In: Saarbrücker Zeitung, 16.11.1933. Der Antrag wurde an die zuständige Kommission überwiesen.

376 Vgl. Sitzungsprotokolle, 22.12., 27.12., 29.12.1930, 14.1.1931. Auf Vorschlag der Regierungskommission wurde eine Lohnkürzung um fünf Prozent vereinbart, während über die Kurzarbeit weiter verhandelt werden sollte. Vgl. Sitzungsprotokolle, 29.12.1930.

377 Die Währungs- und Zollunion mit Frankreich setzte wirtschaftspolitischen Maßnahmen der Regierungskommission zusätzlich Grenzen. Zu den Auswirkungen der französischen Importzölle auf die Lebensmittelpreise im Saargebiet vgl. Fabry, S. 366–373.

378 Da die Tagesordnung von der Regierungskommission aufgestellt wurde, kann es nicht der Arbeitskammer angelastet werden, wenn die Beratung mancher Gegenstände ohne Ergebnis blieb. Z.B. wurde die Regelung des Arbeiterausschusswesens 1928 nicht abgeschlossen und sollte laut Jahresbericht der Abteilung Arbeit im folgenden Jahr fortgesetzt werden. Vgl. Jahresbericht 1928, S. 159. Sie erscheint dann aber nicht mehr auf der Tagesordnung.

379 Zum Verhältnis zwischen den Sozialparteien in der Arbeitskammer schrieb die „Saarbrücker Landes-Zeitung" anlässlich der Sitzung am 3.11.1927: „Es darf betont werden, daß die Verhandlungen von einem durchaus sachlichen Ton und sich gegenseitig verstehenwollendem Geiste getragen waren, was natürlich nur geeignet ist, die Arbeit der Kammer zu fördern." Sitzung der Arbeitskammer für das Saargebiet. In: Saarbrücker Landes-Zeitung, 4.11.1927. In der Eröffnungssitzung der Arbeitskammer am 2.3.1926 verzichtete die Arbeitgeberseite auf die in der Verordnung vorgesehene Bestimmung des Vorsitzenden für das erste Halbjahr der Sitzungsperiode durch das Los und überließ den Vorsitz den Arbeitnehmern, „um damit bereits ihren Willen zur Mitarbeit zum Ausdruck zu bringen". Die Eröffnung der Arbeitskammer. In: Saarbrücker Zeitung, 3.3.1926. Ein Bericht über die Sitzung im Dezember 1926 zeigt, dass gleichwohl Meinungsverschiedenheiten bestanden. So fanden die Wünsche der Arbeitnehmer zur Lohn- und Preispolitik und zur Einstellung ausländischer Arbeitskräfte in der Grube Frankenholz nicht die Zustimmung der Arbeitgebervertreter. Aus der Arbeitskammer

des Saargebiets. In: Saarbrücker Landes-Zeitung, 11.12.1926. Offenbar beeinflusste auch die Konjunkturlage das Arbeitsklima innerhalb der Arbeitskammer. Über die Tagung am 9.12.1926 schrieb die „Saarbrücker Zeitung": „Das Bewußtsein, am Beginn einer Wirtschaftskrise [...] zu stehen, schuf die Atmosphäre, unter der die gestrige Sitzung stand. Dem aufmerksamen Beobachter ist es nicht entgangen, daß es bei den Auseinandersetzungen um die Existenzsicherung der Wirtschaftsgruppen untereinander geht. Es ist verständlich, daß in Notlagen, in denen um das Dasein gekämpft wird, mancherlei notwendige Rücksicht auf den Mitmenschen und den Partner unbeachtet bleibt. [...] Im Interesse der gesamten Saarbevölkerung wäre zu wünschen, daß die Hauptträger der Wirtschaft – Arbeitgeber und Arbeitnehmer – den Gesichtspunkt nicht aus dem Auge verlieren, daß gerade sie in wirtschaftlichen Notzeiten zusammenarbeiten müssen, wenn diese schnellstens überwunden werden sollen." Vollversammlung der Arbeitskammer. In: Saarbrücker Zeitung, 10.12.1926. Die sachliche Zusammenarbeit hob hingegen die Saarbrücker Landes-Zeitung anlässlich der Sitzung am 21.2.1933 hervor: „ [...] eine Tagung, von der man sagen kann, daß sie schwere wirtschaftspolitische Probleme resolut und sachlich in Arbeit genommen hat. Bei der verzweifelten Lage der Saarwirtschaft dürfte die Arbeitskammer jetzt noch mehr als in der Vergangenheit berufen sein, als gemeinsame Vertretung von Unternehmer und Arbeiterschaft an der Lösung der Krise für das Saargebiet tatkräftig mitzuarbeiten." Das saarländische Parlament der Arbeit! In: Saarbrücker Landes-Zeitung, 23.2.1933.

380 Vgl. Arbeitskammer des Saargebietes. In: Saarbrücker Zeitung, 27.7.1927; Sitzung der Arbeitskammer für das Saargebiet. In: Saarbrücker Landes-Zeitung, 4.11.1927. Zur Regelung des Tarifrechts siehe Kap. 5.3.

381 Vgl. Niederschrift betreffend die Sitzung der Arbeitskammerkommission für die Arbeiterfürsorge am 20. April 1933. NL.BeckerR 239.

382 Vgl. Sitzungsprotokolle, 16.2. und 24.2.1927; Berichte an die Regierungskommission, 24.2.1927 (C 338/54); Vollversammlung der Arbeitskammer. In: Saarbrücker Zeitung, 10.12.1926; Aus der Arbeitskammer des Saargebiets. In: Saarbrücker Landes-Zeitung, 11.12.1926.

383 Vgl. Vollsitzung der Arbeitskammer. In: Saarbrücker Zeitung, 16.11.1933.

384 Vgl. Schwarz, S. 120.

385 In einem Kommentar der „Saarbrücker Zeitung" zur Tagung der Arbeitskammer am 8.10.1926 heißt es, es falle auf, dass der überwiegende Teil der Arbeitgeber-Kammermitglieder überhaupt nichts sage. Aus der Arbeitskammer des Saargebiets. In: Saarbrücker Zeitung, 9.10.1926.

386 Ebenda.

387 Ebenda.

388 Aus der Arbeitskammer. In: Saarbrücker Zeitung, 18.3.1927.

389 Ebenda.

390 Die verfügbaren Quellen, in diesem Fall die Presseberichterstattung und die Unterlagen der Regierungskommission, enthalten keine Anzeichen, dass sich der „Abstimmungskampf" innerhalb der Arbeitskammer ausgewirkt hätte.

391 Vollsitzung der Arbeitskammer. In: Saarbrücker Zeitung, 16.11.1933. „Die Verhandlungen waren im übrigen durchaus sachlich, nur ganz am Schluß schien es

in Anwesenheit der Vertreter der Bergverwaltung zu einer politischen Auseinandersetzung zu kommen." Ebenda. Demnach scheint die bevorstehende Saarabstimmung zwar nicht das Verhältnis zwischen den saarländischen Mitgliedern, wohl aber die Auseinandersetzung mit der Bergwerksverwaltung beeinflusst zu haben.

392 Jahresbericht 1933, S. 196. Das Schrifttum der Gewerkschaften verringerte sich von 280 auf vier Bücher. Das Vorgehen wurde offenbar von Koßmanns Abteilung veranlasst. In den Sitzungen der Regierungskommission wurde es nicht angesprochen. Auch findet sich in der Presseberichterstattung kein Hinweis, dass sich die Vollversammlung der Arbeitskammer damit beschäftigt hätte. Vgl. Vollsitzung der Arbeitskammer. In: Saarbrücker Zeitung, 16.11.1933; Vollsitzung der Arbeitskammer. In: Saarbrücker Zeitung, 23.2.1934.

393 Vgl. Berichte an die Regierungskommission, 12.6.1928 (C 338/69). Die Auslegung des Rechts, Wünsche zu äußern, wurde bei der Arbeitskammersitzung am 17.3.1927 angesprochen, als der Vertreter der Bergwerksdirektion sich gegen eine Aussprache über die Anträge von Gewerkschaftsseite wandte, da nur über Gegenstände verhandelt werden dürfe, die von der Regierungskommission auf die Tagesordnung gesetzt worden seien. „Dieser Einwand überraschte um so mehr, als es der bisherigen Gepflogenheit der Arbeitskammer durchaus entsprochen hatte, aus ihrer Mitte heraus Anträge zu stellen und über die Anträge zu verhandeln und abzustimmen. Gegen dieses Verfahren ist von der Regierungskommission niemals Einspruch erhoben worden. Nach längerer Aussprache wurde demgemäß auch in die Aussprache über die [...] Anträge eingetreten." Aus der Arbeitskammer. In: Saarbrücker Zeitung, 18.3.1927.

394 Das Gutachten wurde bei Enthaltung der Vertreter der Bergwerksverwaltung verabschiedet. Vgl. Vollsitzung der Arbeitskammer. In: Saarbrücker Zeitung, 16.11.1933. Die Behandlung des Achtstundentages in der Sitzung der Regierungskommission am 20.8.1930 fand offenbar vor dem Hintergrund der Anwendung der Konvention von Washington im Saargebiet statt. In der Konvention hatte die Allgemeine Konferenz der Internationalen Arbeitsorganisation 1919 gefordert, dass „die Arbeitszeit der in allen öffentlichen oder privaten gewerblichen Betrieben oder ihren Nebenbetrieben beschäftigten Personen .... acht Stunden täglich und achtundvierzig Stunden wöchentlich nicht überschreiten [darf]." Bartholomäus Koßmann erklärte, das Saargebiet wende die Konvention „im Prinzip" an, während sich die Nachbarländer nicht daran hielten. Doch gebe es entsprechende Ansätze. Ein Verordnungsentwurf wurde vertagt, bis das Deutsche Reich der Konvention beigetreten sei. Sitzungsprotokolle, 20.8.1930. Art. 2 Konvention von Washington, zit. n. Henseler, Hermann: Das Internationale Arbeitsamt. Darstellung und Betrachtung vom Standpunkt der christlichen Gewerkschaften, Duisburg 1930, S. 75. Vgl. Internationale Arbeitskonferenz und Washingtoner Abkommen. In: Saarbrücker Zeitung, 2.6.1926: Auf der 8. IAK berichtete der deutsche Regierungsvertreter von einem Gesetzentwurf über Arbeitsschutz und Arbeitszeit und merkte an: „Der Vollzug der Ratifikation des Achtstundentagabkommens werde von der gleichzeitigen Ratifikation durch die anderen Hauptindustriestaaten abhängig sein." Das deutsche Arbeitszeitnotgesetz vom Mai 1927 legte zwar die „regelmäßige tägliche Arbeitszeit" auf acht

Stunden fest, erlaubte aber weiterhin bei Lohnausgleich auch längere Arbeitszeiten. Deutsches Historisches Museum: Lebendiges virtuelles Museum online, <www.dhm.de/lemo>.

395 Die Folgen der Ausklammerung des Handels aus der Gewerbeaufsicht beschrieb Emil Münnich, Gewerkschaftssekretär des Deutschnationalen Handlungsgehilfenverbands und Arbeitnehmervertreter in der Arbeitskammer: „Die Bekämpfung von Mißständen sei gegenwärtig nur unter Zuhilfenahme der Polizei durch Anzeigen möglich. Dieser Weg werde natürlich nur in den seltensten Fällen beschritten, da der die Polizei anrufende Angestellte oder Lehrling mit seiner Entlassung rechnen müsse." Handelsvertreter Dr. Keuth entgegnete, der Handel bemühe sich selbst um die Beseitigung von Missständen, werde aber bereits „ungemein vielen Kontrollen unterzogen". Arbeitgebervertreter Teßmar sprach sich hingegen für das Gutachten aus: „Alle gesetzlichen Bestimmungen seien unsinnig, wenn es keine Möglichkeit der Exekutive gebe. Die Industrie arbeite mit der Gewerbeaufsicht sehr gut zusammen." Vollsitzung der Arbeitskammer. In: Saarbrücker Zeitung, 6.6.1930.

396 Vgl. Berichte an die Regierungskommission, 25.7.1927, Nr. 12 (C 338/59); Sitzungsprotokolle, 25.7.1927; Sitzung der Arbeitskammer für das Saargebiet. In: Saarbrücker Landes-Zeitung, 4.11.1927; Jahresbericht 1927, S. 137.

397 Tagung der Arbeitskammer. In: Saarbrücker Zeitung, 20.7.1928; vgl. Vollsitzung der Arbeitskammer. In: Saarbrücker Zeitung, 6.6.1930: „In einer ganzen Fülle von Fragen wurde Einstimmigkeit erzielt, und zwar auch in solchen Fällen, in denen der Beratungsgegenstand von der Regierungskommission selbst auf die Tagesordnung gesetzt worden war. Doch trotzdem habe die Regierungskommission sich nicht an die Gutachten der Kammer gehalten. Noch mehr gilt [!] dies für diejenigen Fragen, die von der Kammer selbst als Wünsche und Anregungen vorgebracht würden. Es müsse damit aufhören, daß die Arbeitskammer von der Regierungskommission als Luft betrachtet werde." Am 12.3.1931 forderte die Arbeitskammer auf Antrag der Arbeitnehmer die Regierungskommission auf, „die bereits von der Arbeitskammer früher verabschiedeten Angelegenheiten (wie Schaffung eines Tarifrechtes, Einführung des Arbeitsgerichtsgesetzes, Einführung des Nachtbackverbotes, gesetzliche Regelung des Urlaubs für Jugendliche) endlich durch Erlaß entsprechender Verordnungen gesetzlich zu regeln". Vollsitzung der saarländischen Arbeitskammer. In: Saarbrücker Zeitung, 13.3.1931. Über die Sitzung am 15.11.1933 berichtete die Saarbrücker Zeitung: „Der letzte Antrag verlangt Erweiterung der Rechte der Arbeitskammer. Die Kammermitglieder Schwarz und Teßmar verweisen auf die Errichtungsurkunde, die der Kammer weitgehende Aufgaben zuweise. Leider sei aber die Kammer nicht in der Lage, eine eigene Initiative zu entwickeln, viele einstimmige Gutachten lägen noch unerledigt da. Es wird beschlossen, in diesem Sinne bei der Regierungskommission vorstellig zu werden, um die Arbeitsfähigkeit der Kammer zu steigern und erledigten Anträgen mehr Beachtung zu sichern." Vollsitzung der Arbeitskammer. In: Saarbrücker Zeitung, 16.11.1933.

398 Bericht B. Koßmann. In: Berichte an die Regierungskommission, 24.10.1928, Nr. 2 (C 338/75).

399 Vgl. Bericht B. Koßmann und Gutachten der Arbeitskammer. In: Berichte an die Regierungskommission, 24.10.1928, Nr. 2 (C 338/75), Verordnung über Erwerbslosenfürsorge, undatiert [offenbar Verordnungsentwurf der Regierungskommission]. NL.BeckerR 239; Verordnung über Erwerbslosenfürsorge vom 9.7.1929. In: Amtsblatt der Regierungskommission 1930, S. 544–549, Ausführungsbestimmungen zur Verordnung über Erwerbslosenfürsorge vom 31.7.1931. In: Amtsblatt 1931, S. 338 f; Vgl. III. und VII. Kommission des Landesrates, Protokoll der Sitzung am 18.12.1928. NL.BeckerR 239.

400 Die Kommission für Arbeiterfürsorge, die das Gutachten abgab, bat jedoch darum, die Wartezeit für den Bezug von Kurzarbeiterfürsorge und die Höhe der Unterstützung neu zu regeln. Vgl. Niederschrift betreffend die Sitzung der Arbeitskammerkommission für die Arbeiterfürsorge am 20. April 1933; 3., 5. und 7. Kommission des Landesrates, Protokoll der Sitzung am 20. April 1933. NL.BeckerR 239.

401 Vgl. § 8 Abs. 2 und § 18 Abs. 2 Verordnung über die Organisation des Arbeitsnachweiswesens vom 20.8.1930. In: Amtsblatt der Regierungskommission 1930, S. 549–554; vgl. Berichte an die Regierungskommission, 21.11.1928, Nr. 5 (C 338/75). „Der insbesondere von den freien Gewerkschaften geforderte Meldezwang und in seiner Konsequenz auch Benutzungszwang der öffentlichen Arbeitsnachweise" wurde bereits in der Sitzung der Arbeitskammer am 9.12.1926 mehrheitlich abgelehnt. Vollversammlung der Arbeitskammer. In: Saarbrücker Zeitung, 10.12.1926.

402 Aus dem Gutachten der Arbeitskammer übernahm die Regierungskommission die Bestimmung, dass auch Beauftragte (Arbeitgeber, Berufsvertretung und Gewerkschaften) die Ausstellung der zur Aufnahme einer Berufstätigkeit im Saargebiet erforderlichen Legitimationskarte für den betreffenden Arbeitnehmer beantragen können (§ 2 Abs. 1). Das Antragsrecht für Beauftragte entsprach nach Koßmann den arbeitsmarktpolitischen Zielen der Regierungskommission, da abgelehnte Antragsteller nun gar nicht erst in das Saargebiet einreisten. Auf einen Vorschlag der Arbeitskammer ging außerdem zurück, dass beim jederzeit möglichen Entzug der Legitimationskarte durch das Arbeitsamt die gesetzliche Kündigungsfrist eingehalten werden musste (§ 4 Abs. 2). Vgl. Berichte an die Regierungskommission, 10.6.1931, Nr. 9 (C 338/112); Verordnung betr. die Arbeitszentralstelle für das Saargebiet vom 27.1.1932. In: Amtsblatt der Regierungskommission 1932, S. 46 f; Ausführungsbestimmungen zur Verordnung betr. die Arbeitszentralstelle für das Saargebiet vom 27.1.1932, ebd., S. 47 f; Vollsitzung der saarländischen Arbeitskammer. In: Saarbrücker Zeitung, 13.3.1931; Vollsitzung der saarländischen Arbeitskammer: Schaffung einer Arbeitszentralstelle. Anträge der Arbeitnehmer gegen Erwerbsnot, Doppelverdiener, für Sozialverbesserung. In: Volksstimme, 14.3.1931.

403 Arbeitskammer des Saargebietes. In: Saarbrücker Zeitung, 27.7.1927. Der Vertreter des Handels, Dr. Keuth, merkte an: „Selbstverständlich denke niemand daran, in Saarbrücken mit der heutigen Gepflogenheit, die Lebensmittelgeschäfte um 7 Uhr und die übrigen Geschäfte 6.30 Uhr zu schließen, zu brechen. Aber man sei dagegen, dies gesetzlich zu regeln. Die beteiligten Geschäftsinhaber

müßten die Möglichkeit haben, selbst über die ihnen zweckmäßig erscheinende Stunde zu bestimmen." Ebenda.

404 Vgl. Berichte an die Regierungskommission, 25.7.1927, Nr. 13 (C 338/68); Arbeitskammer des Saargebietes. In: Saarbrücker Zeitung, 27.7.1927; Verordnung betr. Abänderung der Gewerbeordnung (Ladenschlußzeit) vom 17.10.1928. In: Amtsblatt der Regierungskommission 1928, S. 849. Vgl. Aus dem Saargebiet. Zur Neuregelung des Ladenschlusses. In: Saarbrücker Zeitung, 20.7.1928.

405 Berichte an die Regierungskommission, 24.2.1927 (C 338/54); Vollversammlung der Arbeitskammer. In: Saarbrücker Zeitung, 10.12.1926; § 15 Verordnung betreffend Berufsschulen. In: Amtsblatt der Regierungskommission 1928, S. 717.

406 Vgl. Arbeitskammer des Saargebietes. In: Saarbrücker Zeitung, 27.7.1927; Sitzung der Arbeitskammer für das Saargebiet. In: Saarbrücker Landes-Zeitung, 4.11.1927; Begründung des Verordnungsentwurfes betreffend gesetzliche Regelung des Tarifrechtes im Saargebiet, 18.7.1934. NL.BeckerR 184. In der Aussprache über die Denkschrift der Regierungskommission zum Tarifrecht während der Vollversammlung der Arbeitskammer am 8.10.1926 wurde beanstandet, dass die Denkschrift keine Aussage zum Schlichtungsrecht enthalte. Die Arbeitskammer ersuchte die Regierung „bald möglichst eine weitere ergänzende Vorlage [...] zu machen, um ein Ganzes schaffen zu können." Aus der Arbeitskammer des Saargebiets. In: Saarbrücker Zeitung, 9.10.1926.

407 Begründung des Verordnungsentwurfes betreffend gesetzliche Regelung des Tarifrechtes im Saargebiet, 18.7.1934. NL.BeckerR 184.

408 Vgl. Jahresbericht 1931, S. 192; Jahresbericht 1932, S. 194; Jahresbericht 1933, S. 196. Bei der Tagung der Arbeitskammer am 15.11.1933 forderten die Arbeitnehmervertreter Pick (CMV) und Dobisch (ADGB) „Freiheit für gewerkschaftliche Arbeit und Sicherung des Koalitionsrechtes, ferner Sicherung der sozialen Kassen, Tarifrecht und besseren Kündigungsschutz für die Arbeiter". Bergrat Teßmar entgegnete, „daß sich an der Saar der tarifliche Gedanke durchgesetzt habe ohne Zwang". „Die Arbeitnehmervertreter verwiesen demgegenüber auf das Handwerk, das keine Tarifverträge habe; viele Kleingewerbe hielten die bestehenden Verträge nicht ein." Vollsitzung der Arbeitskammer. In: Saarbrücker Zeitung, 16.11.1933. Am 21.2.1934 nahm die Arbeitskammer einstimmig, bei Enthaltung der Vertreter der Bergwerksverwaltung, das Gutachten zur gesetzlichen Regelung des Tarifrechts ihrer Kommission für die Angelegenheiten des Arbeitsrechts an. Vgl. Vollsitzung der Arbeitskammer. In: Saarbrücker Zeitung, 23.2.1934; vgl. Begründung des Verordnungsentwurfes betreffend gesetzliche Regelung des Tarifrechtes im Saargebiet, 18.7.1934. NL.BeckerR 184.

409 Sitzungsprotokolle, 25.7.1934.

410 Vgl. ebenda und Sitzungsprotokolle, 2.8.1934.

411 Vgl. § 8 Abs. 1, § 15 Verordnung betreffend gesetzliche Regelung des Tarifrechts im Saargebiet vom 2.11.1934. In: Amtsblatt der Regierungskommission 1934, S. 472–474; §§ 2f. Verordnung über Tarifverträge, Arbeiter- und Angestelltenausschüsse und Schlichtung von Arbeitsstreitigkeiten. Vom 23. Dezember 1918. In: Reichsgesetzblatt Nr. 6605. Die Verordnung entsprach wie schon der Entwurf aus Koßmanns Abteilung bis auf geringe Änderungen dem Gutachten der Arbeitskammer. Vgl. Begründung des Verordnungsentwurfes betreffend ge-

setzliche Regelung des Tarifrechtes im Saargebiet, 18.7.1934. NL.BeckerR 184; Auszug aus der Niederschrift der Sitzung der Kommission für Arbeitsrecht der Arbeitskammer des Saargebietes vom 6.8.1934, ebenda.

412 Sie verpflichtete die Tarifparteien, alle Löhne und Gehälter zum 1.1.1932 auf den Stand vom 10.1.1927 zurückzuführen. Vgl. Reichsgesetzblatt Nr. 79 vom 9.12.1931, S. 726.

413 Vgl. Zenner, S. 129–131; Fabry, S. 345, 353–365, 385. Vorausgegangen war die Frankfurter Abrede von 1922. Sie beinhaltete eine Einigung über die Beteiligung des Deutschen Reiches an den Renten- und Pensionszahlungen der Unfall- und Invalidenversicherung und der Kriegsbeschädigtenversorgung. Außerdem wurden bestimmte deutsche Sozial- und Fürsorgegesetze im Saargebiet übernommen. Der Bergbau war ausgenommen. Die sozialpolitische Lage blieb uneinheitlich. Zum Teil galten deutsche Regelungen, zum Teil gab es eigene Bestimmungen für das Saargebiet. Parteien und Gewerkschaften forderten „deshalb immer klarer und einmütiger die restlose Angleichung an die deutsche Versicherungsgesetzgebung und die Wiederangliederung an die deutschen Versicherungsträger." Zenner, S. 120. Dieses Ziel wurde mit der Heidelberger Abrede 1927 im Wesentlichen erreicht. Als Folge der Angleichung war das Saargebiet 1931 auch von den Rentenkürzungen der Regierung Brüning betroffen, wobei Parteien und Gewerkschaften bewirkten, dass die Reichsregierung für das Saargebiet die höheren Sätze noch etwas länger zahlte. Die Benachteiligung der saarländischen Leistungsempfänger bis zur Heidelberger Abrede zeigt die Gegenüberstellung zwischen den Leistungen der Sozialversicherung im Saargebiet und im Deutschen Reich aus dem Jahre 1925 in: Bericht des Hauptvorstandes des Gewerkvereins christlicher Bergarbeiter, a.a.O., S. 297–299.

414 Vgl. Borck, S. 65 f. Allgemeinverbindlichkeit und Unabdingbarkeit wurden i.d.R. durch Tarifvereinbarungen abgesichert. „Immerhin können und werden hie und da tarifliche Vereinbarungen auf dem Wege des Rechtsverzichts außer Kraft gesetzt." Ebd., S. 66. Borck zufolge trat die Forderung nach einer obligatorischen Schlichtung in dem Maße zurück, wie die Schlichtungsausschüsse erfolgreich vermittelten. Vgl. ebd., S. 64. Andererseits forderten die Arbeitnehmervertreter in der Arbeitskammer 1927 von der Regierungskommission „Maßnahmen zu ergreifen, durch welche das dauernde Umgehen und Ablehnen von Schiedssprüchen des amtlichen Schlichtungsausschusses unmöglich gemacht wird. Die Schaffung einer Stelle zur Verbindlichkeitserklärung von gefällten Schiedssprüchen ist umgehend vorzunehmen." Aus der Arbeitskammer. In: Saarbrücker Zeitung, 18.3.1927. Die Arbeitskammer bat die Regierung um einen Verordnungsentwurf zum Schlichtungswesen. Bereits im Jahr zuvor hatten die Christlichen Gewerkschaften die Unternehmer aufgefordert, sich an die Schiedssprüche des Schlichtungsausschusses zu halten. Vgl. Aus der Arbeitskammer des Saargebiets. In: Saarbrücker Zeitung, 9.10.1926. Laut Zenner wurden die Forderungen nach Angleichung an das Arbeitsrecht der Weimarer Republik zwar weiter erhoben, spielten ab der zweiten Hälfte der zwanziger Jahre aber „keine entscheidende Rolle mehr. Man war durch die laufenden Verbesserungen im Zusammenhang mit einer günstigen wirtschaftlichen Entwicklung doch weitgehend befriedigt."

Zenner, S. 131. In der Weltwirtschaftskrise traten Erwerbslosenhilfe und Arbeitsbeschaffungsprogramme in den Vordergrund.

415 Siehe oben Kapitel 3.2.2.

416 Die Abteilung für das Unterrichtswesen von Kommissionsmitglied Dr. Franz Vezensky hatte einen Verordnungsentwurf ausgearbeitet, der die Berufsschulpflicht für alle Jugendlichen unter 18 Jahren vorsah. Bis dahin war der Berufsschulunterricht freiwillig, wobei bereits in zahlreichen Gemeinden Berufsschulen bestanden. Das für Wirtschaft und Finanzen zuständige Kommissionsmitglied Jean Morize befürchtete zusätzliche Kosten vor allem durch die Ausdehnung des Haushaltsunterrichts auf die bisher noch wenig erfassten Mädchen. Demgegenüber unterstrich Koßmann die Notwendigkeit dieses Unterrichts für die Töchter von Arbeiterfamilien, die sonst oft keine Möglichkeit hätten, sich die diesbezüglichen Kenntnisse anzueignen. Die Haushaltsführung sei außerdem von großer Bedeutung für die Lösung der Lohnfragen. Als Ergebnis blieb es bei der Berufsschulpflicht, die Regierung behielt sich aber die Entscheidung über die Einrichtung neuer Berufsschulen und damit über die Entwicklung der Ausgaben vor. In Gemeinden, in denen Haushaltsschulen bestanden, wurde der Haushaltsunterricht 1931 für ein Jahr verpflichtend eingerichtet.
Beim Religionsunterricht folgten die bestehenden freiwilligen Berufsschulen im ehemals preußischen und im früher bayerischen Teil des Saargebietes den Bestimmungen in diesen beiden Ländern. In Preußen sah der offizielle Lehrplan keine Religionsstunden vor, doch wurde Religionsunterricht erteilt, wenn die Religionsgemeinschaften dies beantragten und die Kosten übernahmen. Demgegenüber bildete der Religionsunterricht in Bayern einen Bestandteil des Lehrprogramms. Als Folge wurde im früher preußischen Teil des Saargebietes nur in zwei Gemeinden Religionsunterricht angeboten. Wie erwähnt, hatten sich in der Arbeitskammer die Christlichen Gewerkschaften für, die Freien Gewerkschaften gegen eine Verpflichtung zur Teilnahme am Religionsunterricht ausgesprochen. Koßmann vertrat die Ansicht, dass der Religionsunterricht obligatorisch sein solle. Vezensky wandte ein, dass nach der geltenden Rechtslage Kinder ab 14 Jahren über ihre Religionszugehörigkeit entscheiden konnten, so dass bei einer Aufnahme des Religionsunterrichts als Pflichtfach die Möglichkeit zur Befreiung vom Unterricht geboten werden müsse. Der Verordnungsentwurf seiner Abteilung sah vor, dass Religionsunterricht angeboten werden solle, falls Schüler und Eltern dies wünschten. Die Kommission verständigte sich darauf, wie in Preußen den anerkannten Religionsgemeinschaften das Recht zu verleihen, auf eigene Kosten „lebenskundlichen" Unterricht zu erteilen. Falls sie von ihrem Recht Gebrauch machten, zählte der Unterricht als ordentliches Lehrfach. Zugleich bestand die Möglichkeit zur Befreiung auf Antrag der Erziehungsberechtigten. Vgl. Sitzungsprotokolle, 16.2.1927; Verordnung betreffend Berufsschulen. In: Amtsblatt der Regierungskommission 1928, S. 715–718; Vierteljahres-Bericht für die Zeit vom 1. Januar bis 31. März 1931. In: Amtsblatt 1931, S. 160.

417 Sitzungsprotokolle, 16.2.1927.

418 Vgl. Sitzungsprotokolle, 25.7.1934.

419 Auf die starke Arbeitsbelastung wies schon der damalige Kommissionspräsident Rault in seinem Brief an den Völkerbundsrat vom 16.6.1924 hin. Vgl. S.D.N., J.O., Juillet 1924, S. 994.

420 Jahresbericht 1926, S. 131.

421 Sitzungsprotokolle, 7.2.1934. In einer Zeit abgegrenzter sozialer Milieus, in der die Betonung der Gegensätze und die Mobilisierung der eigenen Anhängerschaft die politischen und sozialen Auseinandersetzungen bestimmten, bot die Arbeitskammer einen „neutralen" Raum, in dem Arbeitgeber und Gewerkschaften mit dem Ziel eines nach außen vertretbaren Ergebnisses verhandeln konnten und auch unvereinbare Standpunkte zumindest als formell gleichwertig galten. Zu den Formen der politischen und sozialen Auseinandersetzung im Saargebiet siehe Linsmayer, insbes. S. 164 ff.

422 Im Amtsblatt des Reichskommissars für die Rückgliederung des Saarlandes findet sich kein Beleg für eine Auflösung der Arbeitskammer. Vermutlich erfolgte die Abschaffung, indem die Kammer nicht mehr einberufen wurde.

Anmerkungen zu Teil III

Das Zitat in der Überschrift ist einer Stellungnahme des Arbeitsministeriums der ersten CVP-Alleinregierung (April 1951 – Dezember 1952) entnommen (LA Sb, MifAS 25, Die Arbeitskammer, Typoskript ohne Datum). Siehe Kapitel 2.2.

423 Vgl. Kluth, a.a.O. Zum Standort der Arbeitskammern in der Sozialordnung und ihrem Verhältnis zu Gewerkschaften und Staatsorganen vgl. Galperin, a.a.O., S. 120.

424 Die Verfassung der Freien Hansestadt Bremen vom 18.5.1920 führte die Berufskammern als „Staatsanstalten zur Förderung des Handels, der Gewerbe, der Landwirtschaft sowie zur Vertretung der Angestellten und Arbeiter" auf. Die Verfassung vom 21.10.1947 nennt nur die Wirtschaftskammer.

425 Die Partei wurde im Oktober 1945 oder Januar 1946 – die Überlieferung ist nicht eindeutig – als Sozialdemokratische Partei, Bezirk Saar, gegründet. Ab 14.6.1947 nannte sie sich Sozialdemokratische Partei Saar, verwendete aber auch die Bezeichnung Sozialdemokratische Partei des Saarlandes, z.B. im Titel des „Bericht über den zweiten ordentlichen Parteitag der Sozialdemokratischen Partei des Saarlandes am 15. Juni 1947". Vgl. Schmidt, 1. Bd., S. 199.

426 Vgl. die Erklärung von Außenminister Bidault vom 17.1.1946 in der Nationalversammlung und die Note an die Außenminister der Alliierten vom 12.2.1946 (Freymond, S. 45; Hudemann/Heinen, S. 254–256). Zu den Hintergründen siehe Freymond und Kerkhoff. Die französischen Vorstellungen fanden sich wieder in der Stellungnahme Bidaults auf der Moskauer Außenministerkonferenz vom 10.4.1947. Vgl. Hudemann/Heinen, S. 281.

427 Vgl. Freymond, S. 55. Großbritannien und USA betrieben in der zweiten Jahreshälfte den Zusammenschluss ihrer Besatzungszonen und kamen den französischen Vorstellungen entgegen. Gleichzeitig trieb Frankreich die wirtschaftliche Angliederung des Saarlandes voran. Als Wendepunkt gilt die Moskauer

Außenministerkonferenz vom 10.3. bis 24.4.1947: „Bis zur Moskauer Außenministerkonferenz hielt Frankreich am Grundsatz einer Vier-Mächte-Regelung fest, danach bereitete es zielstrebig eine gesonderte Übereinkunft mit den USA und dem Vereinigten Königreich vor." Kerkhoff, a.a.O., S. 55, Anm. 167. Die gesonderte Übereinkunft kam mit dem Wirtschaftsabkommen zur Saar zustande, das die drei westlichen Militärregierungen am 20.2.1948 in Berlin unterzeichneten. Es regelte u.a. die Eingliederung der Saarkohle in das französische Wirtschaftssystem, den Handel zwischen dem Saarland und der Bizone (amerikanische und britische Besatzungszone) und den Reparationsausgleich für die Ausgliederung des Saarlandes aus dem Gebiet, das dem Kontrollrat unterstand. „Es erkannte die politische Loslösung des Saarlands von der französischen Besatzungszone und dessen ökonomische Eingliederung in die Französische Republik an; beides hatte sich im Laufe der letzten Jahre ohnehin herausgebildet. [...] Der endgültige politische Status des Saarlands blieb allerdings ungeklärt. Großbritannien und die Vereinigten Staaten weigerten sich konsequent, einem Friedensvertrag vorzugreifen." Ebd., S. 80. Den letzten Anstoß für die Einigung unter den Westalliierten gab das Scheitern der Londoner Außenministerkonferenz im Dezember 1947. Daraufhin kam es zum Zusammenschluss der westlichen Besatzungszonen. Vgl. ebd., S. 72, 41 ff. Im Wirtschaftsabkommen zur Saar stimmten Großbritannien und die Vereinigten Staaten am 20.2.1948 in Berlin dem Wirtschafts- und Währungsanschluss des Saarlandes an Frankreich und der politischen Trennung von Deutschland zu, allerdings unter dem Vorbehalt einer endgültigen friedensvertraglichen Regelung.

428 In der britischen Zone wurden lediglich Organisationsstatute geschaffen, da Großbritannien die Verabschiedung einer gesamtdeutschen Verfassung abwarten wollte. Zur Entstehung der Länderverfassungen vgl. Grupp, S. 9–33.

429 Gründung im Herbst 1945 als Demokratische Partei Saar, Zulassung am 26.10.1946 als Demokratische Vereinigung des Saarlandes, am 28.2.1947 Umbenennung in Demokratische Partei des Saarlandes. Vgl. Schmidt, 1. Bd., S. 256.

430 Vgl. Stöber, S. XIV, 88 f. Levy war auch Vorstandsmitglied des Mouvement pour le Rattachement de la Sarre à la France (MRS), einer überparteilichen Vereinigung, die sich für die Angliederung an Frankreich einsetzte. Vgl. Schmidt, 1. Bd., S. 149–157. Zur Rolle Levys in der Verfassungskommission vgl. Stöber, S. XIV.

431 In den Entwürfen zur zweiten und dritten Lesung wurde noch ausdrücklich die Verstaatlichung der Schlüsselunternehmungen gefordert, im Verfassungstext heißt es dann, dass sie „nicht Gegenstand privaten Eigentums sein [dürfen]" und „im Interesse der Volksgemeinschaft geführt werden [müssen]" (Art. 52). Die Kommissionsmitglieder Hoppe (KP) und Zimmer (SPS) hatten sich in der Unterkommission dafür eingesetzt, Bergbau, Eisen-, Stahl- und Hüttenindustrie, das schienengebundene Verkehrsgewerbe und die privaten Großbanken in öffentlichen Besitz zu überführen. Auf die Frage von Dr. Singer (CVP), was mit den Betrieben der Schwerindustrie geschehe, die in ausländischem Besitz seien, bemerkte Frau Braun (SPS): „Das wird zum großen Teil von den Ansichten und Absichten der französischen Regierung abhängen." Zit. n. Stöber, 172. Der Bergbau wurde mit der Gründung der Régie des Mines am 1.1.1948 einem französischen Staatsunternehmen unterstellt. Die Hüttenwerke in Neunkirchen und

Völklingen standen unter französischer Treuhandverwaltung; Dillinger Hütte und Halbergerhütte befanden sich ganz beziehungsweise mehrheitlich in französischem, die Burbacher Hütte in belgischem und luxemburgischem Besitz. Zum Stellenwert des wirtschaftlichen Anschlusses an Frankreich für die Gestaltung der Wirtschafts- und Sozialordnung vgl. Brosig, S. 138–145. Der bevorstehende Wirtschaftsanschluss beeinflusste die Bestimmungen zur Lohnfortzahlung und führte dazu, dass auf Betreiben Levys Abstand genommen wurde von der ursprünglichen Absicht, Banken und Versicherungen zu verstaatlichen. Vgl. Stöber, S. 178–180.

432 Der Vorsitzende der Verwaltungskommission, Erwin Müller, beauftragte Franz Schlehofer, einen Beamten des höheren Dienstes, zur Vorbereitung der Arbeit der Verfassungskommission „die bereits bestehenden Länderverfassungen in den Besatzungszonen zu besorgen". Franz Schlehofer: Neuanfang in der Stunde Null – Die Saarverfassung von 1947, Gedanken eines Zeitzeugen. In: 50 Jahre Saarland – 50 Jahre Saarverfassung. Malstatter Beiträge. Schriftenreihe der Union-Stiftung III/1999, Saarbrücken 1999, S. 9–22, Zitat S. 9. Der Unterkommission für Wirtschafts- und Sozialfragen (Unterkommission III) gehörten drei Vertreter der CVP (Arend, Dr. Müller, Ruffing), zwei SPS-Politiker (Kirn und Zimmer) und je ein Abgeordneter von KP (Hoppe) und DP (Dr. Werle, zugleich Vorsitzender der Unterkommission) an. Vgl. Stöber, S. 129. Die Verfassungskommission erstellte in erster Lesung den so genannten „Roten Entwurf". Er wurde in zweiter Lesung zum „Grünen Entwurf" überarbeitet. In dritter Lesung verabschiedete die Verfassungskommission den Verfassungstext, der dem ersten gewählten Parlament, der gesetzgebenden Versammlung, als Beratungsgrundlage diente. Zum Ablauf siehe Stöber, S. XIII–XX.

433 Sander, a.a.O., S. 247.

434 Art. 6 der Verordnung Nr. 107 des französischen Oberkommandierenden in Deutschland über die Wahl einer saarländischen gesetzgebenden Versammlung vom 25. August 1947 bestimmte, dass die Verfassung „der Einverständniserklärung des Commandant en Chef Francais en Allemagne [unterliegt]". Zit. n. Stöber, S. 8. Der Oberbefehlshaber gab seine Zustimmung erst, nachdem die gesetzgebende Versammlung mit der Verabschiedung der Justizkonvention und der Steuer- und Haushaltssatzung französischen Wünschen entgegengekommen war. Vgl. Stöber, S. XX. Zur Entstehung der Verfassung, zur französischen Einflussnahme und zum Spielraum der saarländischen Abgeordneten vgl. ebd., S. XIIII–XX und S. 9–12 sowie Sander, a.a.O. Zur Erörterung über den Fortbestand der saarländischen Verfassung nach der Rückgliederung 1957 siehe Brosig, S. 215–217, 230 f.

435 Vgl. Wagner, a.a.O., S. 84.

436 Johannes Hoffmann (CVP), zit. n. Stöber, S. 111.

437 Vgl. ebd., S. 111 f.

438 Dr. Braun (SPS), zit. n. Stöber, S. 124.

439 Vgl. Stöber, S. 124–127.

440 Vgl. Schmidt, 2. Bd., S. 142. Als einzige deutsche Landesverfassung sah die bayerische eine zweite Kammer vor. Der bayerische Senat wurde in Folge eines Volksentscheids durch Gesetz vom 20. Februar 1998 zum 1. Januar 2000 abgeschafft.

Vgl. Storch, S. 17; Lilla, S. 131–133; Bayerische Verfassung vom 2. Dez. 1946, Art. 34–42; Gesetz zur Abschaffung des Bayerischen Senates. Vom 20. Februar 1998. In: Bayerisches Gesetz- und Verordnungsblatt Nr. 5/1998, S. 42.

441 Im Vorentwurf und in Entwurf I der rheinland-pfälzischen Verfassung war von einer „paritätischen" Besetzung der Industrie- und Handelskammern die Rede. In der zweiten Lesung ersetzte der Verfassungsausschuss der Beratenden Landesversammlung am 18.4.1947 die „paritätische" durch eine „gleichberechtigte" Vertretung. Näheres sollte ein Gesetz regeln, über das keine Einigkeit erzielt werden konnte. Die Industrie- und Handelskammern blieben reine Unternehmervertretungen. Nachdem der Bundestag das „Gesetz zur vorläufigen Regelung des Rechts der Industrie- und Handelskammern" vom 18.12.1956 verabschiedet hatte, das keine Beteiligung von Arbeitnehmern an den Industrie- und Handelskammern enthielt, erübrigte sich die landesgesetzliche Regelung. Vgl. Storch, S. 54–59; Klaas, S. 420 f. Zur Entstehung des Abschnitts über die Wirtschafts- und Sozialordnung der rheinland-pfälzischen Verfassung vgl. ebd., S. 64–66, 175 f.

442 Art. 59 Abs. 1; vgl. Stöber, S. 44.

443 Die rheinland-pfälzische Verfassung sah kein Anhörungsrecht für die Wirtschaftsgemeinschaften vor. Es stand dort der Hauptwirtschaftskammer zu, die in der saarländischen Verfassung nicht vorkommt. Vgl. im Folgenden Kapitel 1.5, 2.1, 2.3.

444 Zur Hauptwirtschaftskammer in Rheinland-Pfalz, die bis 1962 bestand, siehe Storch. Eine Wirtschaftskammer gab es bis 1996 ebenfalls in Bremen. Vgl. Dieter Klink: Die paritätisch besetzte Wirtschaftskammer in Bremen. In: Gewerkschaftliche Monatshefte, 17. Jg. 1966, Heft 9, S. 545–550; Will, Martin: Selbstverwaltung der Wirtschaft, Tübingen 2010. Über die rheinland-pfälzische Hauptwirtschaftskammer, die Wirtschaftskammer Bremen und ähnliche nicht verwirklichte Vorhaben in anderen Bundesländern siehe auch Kirche, a.a.O.

445 Laut Niederschrift der Verfassungskommission erfolgte die Streichung der Gutachterfunktion ohne Aussprache. Vgl. Stöber, S. 324. Ein Recht zur Gesetzesinitiative, das die rheinland-pfälzische Verfassung der Hauptwirtschaftskammer zuspricht, war schon im ersten Entwurf der Unterkommission III für die Wirtschaftsgemeinschaften nicht vorgesehen. Vgl. Archiv Landtag, Verfassungskommission I, Unterkommission III: Art. 23 f. Wirtschafts- und Sozialordnung [Entwurf zur Sitzung am 23.7.1947 mit handschriftlichen Änderungen].

446 Neu (CVP), zit. n. Stöber 177. Zu den wirtschaftspolitischen Grundsätzen der CVP vgl. Grupp, S. 37, und Wirtschaftsminister Dr. Franz Singer auf dem Parteitag 1948 in: Wille und Weg der CVP. Zusammenfassung der auf dem Landesparteitag gehaltenen Referate, hrsg. v. Generalsekretariat der CVP des Saarlandes, o.O., o.J. [1949], S. 17–22. Für die SPS Dr. Braun, zit. bei Stöber, S. 172; für die KP Karl Hoppe in: Archiv Landtag, Verfassungskommission I, Bericht zur Sitzung der Unterkommission III am 29.7.1947.

447 Vgl. Archiv Landtag, Verfassungskommission I, Bericht zur Sitzung der Unterkommission III, 29.7.1947.

448 Ebd., 31.7.1947. Vgl. Dr. Werle, ebd., 29.7.1947.

449 Vgl. ebd., 29.7.1947.

450 Ebd., 31.7.1947.
451 Ebenda.
452 Was unter Gemeineigentum zu verstehen sei, wurde in der zweiten Lesung der Verfassungskommission bestimmt. Vgl. die verschiedenen Entwürfe und die Endfassung von Art. 52 in: Stöber, S. 39 f.
453 Den Stellenwert der Bestimmung erläuterte der CVP-Abgeordnete Dr. Singer in der abschließenden Debatte der gesetzgebenden Versammlung am 7.11.1947: „Durch diesen Artikel soll zum Ausdruck gebracht werden, daß gewisse Wirtschaftszweige oder Großunternehmen [...] durch ihre Wirtschaftsmacht und Kapitalkraft nicht zu einer solch überragenden Bedeutung gelangen können, daß sie praktisch einen Staat im Staate darstellen [...] Die in Artikel 52 angeführten Wirtschaftszweige, die nach dem Verfassungsentwurf nicht in Privatbesitz bleiben können, befinden sich zur Zeit ja auch nicht in Privatbesitz. Bezüglich des Hinweises auf Verkehrs- und Transportwesen sind in der Hauptsache nur solche Unternehmungen [...] gemeint, die sich bereits im Besitz des Staates oder der öffentlichen Hand befinden." Zit. n. Stöber, S. 449.
454 Zit. n. Stöber, S. 278; vgl. ebd., S. 177 und Archiv Landtag, Verfassungskommission I, Bericht zur Sitzung der Unterkommission III, 29.7.1947.
455 Zit. n. Stöber, S. 279. Obwohl Levy seine Einwände wiederholt vorbrachte, konnte er sich nicht durchsetzen, da die CVP die Vorstellungen der SPS in diesem Fall mittrug.
456 Der erste Entwurf der Unterkommission III hatte den Wirtschaftsgemeinschaften lediglich das Recht zugesprochen, „für diejenigen Wirtschaftszweige, bei denen durch die Kriegsfolgen die Konkurrenzwirtschaft die Bedarfsdeckung noch nicht durchzuführen vermag, eine im allgemeinen Interesse liegende Wirtschaftsplanung der Regierung vorzuschlagen". Archiv Landtag, Verfassungskommission I, Entwurf der Unterkommission III für die Sitzung am 28.7.1947.
457 Zit. n. Stöber, S. 177. Vgl. ebenfalls Zimmer: „Wir wollen vor allem zum Ausdruck bringen, daß die Planwirtschaftszentrale zur Durchführung einer Wirtschaftslenkung sich der Wirtschaftsgemeinschaft bedienen muß." Ebd., S. 191.
458 Vgl. Dr. Braun, zit. n. Stöber, S. 179.
459 Louis Arend, CVP-Vertreter, MRS-Mitglied und Präsident der Handwerkskammer Saar, erklärte, dass „die Wirtschaft" mit dieser Regelung einverstanden sei. Stöber, S. 279; vgl. Freymond, S. 311, Anm. 37.
460 Vgl. Stöber, S. 339 f.; zit. ebenda.
461 Zit. ebd., S. 450.
462 Zit. ebenda.
463 Zit. ebd., S. 456 f.
464 Zit. ebd., S. 462.
465 Zit. ebd., S. 461.
466 Zit. ebd., S. 465.
467 Demokratische Handelskammern. In: Die Arbeit, 1. Jg., Nr. 3, Sept. 1946, S. 3.
468 Wirtschaftsdemokratie und Verfassung. In: Die Arbeit, 2. Jg., Nr. 10, Okt. 1947, S. 1.
469 Resolution der Einheitsgewerkschaft zum 1. Mai 1949. In: Die Arbeit, 4. Jg., Nr. 8, 5.5.1949, S. 3. In der Entschließung des Ersten Kongresses der Einheits-

gewerkschaft am 19./20.11.1949 in Sulzbach heißt es: „Die neu zu schaffende Arbeitskammer soll nach dem Wunsch der E.G. offiziell den Namen Arbeitskammer und nicht Arbeiterkammer erhalten." Die Arbeit, 4. Jg., Nr. 22, S. 2; Tagung der Fabrikarbeiter. In: Die Arbeit, 4. Jg., Nr. 7, 20.4.1949, S. 3 f., hier S. 4. Zum IV der Fabrikarbeiter im Saarland siehe: Die Fabrikarbeiter. In: Die Arbeit, 1. Jg., Nr. 2, August 1946, S. 6; Industrieverband der Fabrikarbeiter. In: Die Arbeit, 1. Jg., Nr. 5, November 1946, S. 6. Auf christlicher Seite setzte sich die sozialpolitische Arbeitstagung der CVP in einer Entschließung für den Vierten Landesparteitag im Dezember 1949 für die Schaffung von Arbeitskammern ein. CVP-Rundschau, 3. Jg., Nr. 1, 1. Januar 1950, S. 5. In der Entschließung der Christlichen Gewerkschaften zum 1. Mai 1950 heißt es: „Nach Bildung einer Arbeitskammer ist ein Wirtschaftsrat als begutachtende Körperschaft einzurichten." Wichtige Entschließung! In: Gewerkschaftliche Rundschau, 3. Jg., Nr. 5, S. 2.

470 Vgl. Die Realpolitik der Gewerkschaft. In: Die Arbeit, 4. Jg., Nr. 3, 20.2.1949, S. 2; Kampf um sozialen Fortschritt. Die Tagung der Industriegewerkschaft Nahrung und Genuß. In: Die Arbeit, 4. Jg., Nr. 9, 20.5.1949, S. 2. Zum Wirtschaftsrat siehe Die Arbeit, 4. Jg., Nr. 7, 20.4.1949, S. 4. Der Erste Kongress der Einheitsgewerkschaft am 19./20.11.1949 in Sulzbach forderte neben Arbeitskammer und Landeswirtschaftsrat auch die „Zusammensetzung der Körperschaften der gesamten Wirtschaft auf paritätischer Grundlage" und die Stärkung der Stellung der Gewerkschaften bei der Handelskammer: „Die bisherige Zahl von zwei Gewerkschaftsvertretern ist ungenügend." Die Arbeit, 4. Jg., Nr. 22, 1.12.1949, S. 2.

471 LA Sb, StK 1050. Das Schreiben stellt den ersten Hinweis auf die Arbeitskammer in den überlieferten Akten des Ministeriums für Arbeit und Wohlfahrt dar. Der Erste Kongress der Einheitsgewerkschaft am 19./20.11.1949 nannte in seiner Entschließung zwar „die neu zu schaffende Arbeitskammer" und den „geplanten Landeswirtschaftsrat des Saarlandes, der als oberste Wirtschaftsinstanz bis zum Frühjahr geschaffen werden soll" (Die Arbeit, 4. Jg., Nr. 22, 1.12.1949, S. 2). Dabei wird jedoch nicht deutlich, ob es sich um eine Forderung der Gewerkschaft oder bereits um ein Vorhaben des Arbeitsministeriums handelte.

472 Vgl. Bericht über die Erste ordentliche Generalversammlung der Gewerkschaft Christlicher Saarbergleute am 17. und 18. Juni 1950 in Saarbrücken, o.O., o.J. [Saarbrücken 1950], S. 69. Ruffing sprach von einer Aufforderung der „Regierung", die seines Wissens an Kirn ergangen sei.

473 Die Arbeit, 4. Jg., Nr. 12, 20.6.1950, S. 2. Das Schreiben der CGS an Ministerpräsident Hoffmann wurde von der Präsidialkanzlei zunächst dem Wirtschaftsministerium zugestellt, das es mit Hinweis auf die Zuständigkeit des Arbeitsministeriums zurückschickte. LA Sb, StK 1050.

474 Auf die Eingabe vom 10. Mai 1950 bezieht sich der Saarländische Industriellen-Verband in einem Schreiben an Ministerpräsident Hoffmann vom 2.2.1951. LA Sb, StK 1050.

475 Auch das Begleitschreiben, mit dem der Direktor der Präsidialkanzlei, Franz Schlehofer, die Eingabe an Kirn weiterleitete, vermittelt nicht den Eindruck, als habe innerhalb der Landesregierung von entsprechenden Plänen des Arbeitsministers Kenntnis bestanden. LA Sb, StK 1050, Der Direktor der Präsidialkanzlei

Tgb. Nr. K 12/50, 14.7.1950. Die Christlichen Gewerkschaften erhoben selbst den Anspruch, „die Initiatoren der Gesetzgebung für die Arbeitskammer" gewesen zu sein. Wahlaufruf der CGS, von Peter Gier. In: Gewerkschaftliche Rundschau, 9. Jg., Nr. 11, 5.11.1956, S. 3. „Das Gesetz über die Arbeitskammer wurde von den Christlichen Gewerkschaften beantragt, und zwar mit Schreiben vom 10. Mai 1950, nachdem die Begründung hierzu auf unseren Kundgebungen am 1. Mai gegeben war." Selbständigkeit und Unabhängigkeit der Christlichen Gewerkschaften / In Erwiderung sozialistischer Angriffe. In: Gewerkschaftliche Rundschau, 4. Jg., Nr. 6, Juni 1951, S. 2. Zur Entschließung der Christlichen Gewerkschaften zum 1. Mai 1950 siehe oben Anm. 469.

476 Vgl. Begründung zu dem Gesetz über die Errichtung einer Arbeitskammer für das Saarland, Archiv Landtag, Landtag des Saarlandes, Drucksache Abt. II, Nr. 647, 27.1.1951, Anhang.

477 Vgl. Schmidt, 3. Band, S. 374. Nach dem Rücktritt der Regierung Hoffmann am 24.10.1955 in Folge der Abstimmung über das Saarstatut wurde Welsch Ministerpräsident der Übergangsregierung. Vgl. ebenda, S. 373–375.

478 Begründung zu dem Gesetz über die Errichtung einer Arbeitskammer für das Saarland, Archiv Landtag, Landtag des Saarlandes, Drucksache Abt. II, Nr. 647, 27.1.1951, Anhang.

479 Vgl. LA Sb, MifAS 25, Typoskript des Arbeitsministeriums ohne Titel und Datum. Der wahrscheinlich unvollständig überlieferte Text ist aus dem Zusammenhang auf 1950 oder Anfang 1951 zu datieren und stimmt teils wörtlich überein mit den Ausführungen des Referenten im Arbeitsministerium, H.O. Becker, in: Die Arbeit, 6. Jg., Nr. 3, Februar 1951, S. 1 f. (Der saarländische Arbeitskammer-Entwurf). Vgl. Begründung zu dem Gesetz über die Errichtung einer Arbeitskammer für das Saarland, Archiv Landtag, Landtag des Saarlandes, Drucksache Abt. II, Nr. 647, 27.1.1951, Anhang.

480 Archiv Landtag, Landtag des Saarlandes, Drucksache Abt. II, Nr. 647, 27.1.1951, Gesetz über die Errichtung einer Arbeitskammer für das Saarland.

481 Vgl. Der saarländische Arbeitskammer-Entwurf. In: Die Arbeit, 6. Jg., Nr. 3, Februar 1951, S. 1 f.

482 Vgl. Hans Galperin: Stellung und Bedeutung der Arbeitnehmerkammern in der Sozialordnung, Typoskript, Archiv AK, Arbeitnehmerkammern allgemein.

483 LA Sb, MifAS 25,Typoskript des Arbeitsministeriums ohne Titel und Datum.

484 Im Gesetzentwurf hieß es: „Wahlvorschläge können nur von den anerkannten Berufsorganisationen der Arbeitnehmer [...] aufgestellt werden." Auf Antrag der CVP änderte der Sozialpolitische Ausschuss den Wortlaut in: „nur von anerkannten tariffähigen Berufsorganisationen der Arbeitnehmer". Tatsächlich sah das Gesetz über die Berufsorganisationen der Arbeitgeber und Arbeitnehmer eine Anerkennung der Tariffähigkeit, nicht aber der Berufsorganisationen als solcher vor. Vgl. § 5 Gesetz über die Berufsorganisationen der Arbeitgeber und Arbeitnehmer. Vom 30. Juni 1949. In: Amtsblatt des Saarlandes 1949, S. 744.

485 LA Sb, MifAS 25, Die Arbeitskammer, Typoskript ohne Datum.

486 Ebenda.

487 Ebenda.

488 Ebenda.

489 Ebenda.

490 Vgl. Der saarländische Arbeitskammer-Entwurf. In: Die Arbeit, 6. Jg., Nr. 3, Febr. 1951, S. 2; Die Arbeitskammer wird gewählt. In: Die Arbeit, 7. Jg., Nr. 3, Febr. 1952; Arbeitskammer und Arbeitnehmer. In: Die Arbeitskammer, Heft 10, Okt. 1956, S. 8. Laut Wagner fiel die Entscheidung für eine Arbeitnehmerkammer „auf Grund der Erfahrungen der zwanziger Jahre". Die Meinungsbildung in der paritätisch besetzen Kammer habe deren Arbeit „gelähmt", das „besondere Sachwissen der Unternehmer" sei in der Industrie- und Handelskammer verwaltet worden und nur in geringem Maße der Arbeitskammer zugutegekommen. Außerdem sei bereits in der Verfassungskommission eine paritätische Besetzung von Industrie- und Handels-, Handwerks- sowie Landwirtschaftskammer auf Ablehnung gestoßen. Wagner, a.a.O., S. 83, 85. Abgesehen davon, dass sich in den zugänglichen Quellen kein Hinweis auf Überlegungen dieser Art findet – auch Wagner führt keine Belege an – treffen sie allenfalls in Teilen zu. In der überwiegenden Zahl der Verordnungsentwürfe, die die Regierungskommission der Arbeitskammer vorlegte, gab diese eine gemeinsame Stellungnahme von Arbeitgebern und Arbeitnehmern ab (vgl. Teil II, Kapitel 5.2). Auswirkungen einer Zurückhaltung unternehmerischen Sachverstandes auf die Kammerarbeit lassen sich nicht feststellen. Die Niederschriften der Verfassungskommission erlauben keine Rückschlüsse auf eine ablehnende Haltung gegenüber einer paritätischen Zusammensetzung der Wirtschaftskammern.

491 Vgl. Herrmann, S. 484 f. und die dort zitierte Äußerung des Conseiller Juridique im Hohen Kommissariat (S. 484, Anm. 230).

492 Archiv Landtag, Landtag des Saarlandes, Drucksache Abt. II, Nr. 647, 25.1.1951, Gesetz über die Errichtung einer Arbeitskammer für das Saarland mit Berichtigung und Begründung, beides vom 27.1.1951.

493 Archiv Landtag, Landtag des Saarlandes, Ausschuss für Sozialpolitik (119), Ausschuss für Wirtschaft, Verkehr, Ernährung und Landwirtschaft (55), Niederschrift über die Sitzung am 16.5.1951. Zur Begründung vgl. Abg. Ruffing (CVP) in der dritten Lesung. Landtag des Saarlandes, 1. Wahlperiode, 106. Sitzung am 30. Juni 1951. Das Arbeitsministerium hielt den Ausschluss politischer Erörterungen für „selbstverständlich" und die Abgrenzung von der Wahrnehmung der besonderen Interessen durch die Berufsorganisationen für „nicht unbedingt erforderlich", sah jedoch keinen Anlass zu „grundsätzlichen Bedenken". LA Sb, MifAS 25, Stellungnahme zu den Abänderungsvorschlägen des Ausschusses für Sozialpolitik des Landtages vom 16.5.1951 betreffend das Arbeitskammergesetz.

494 Vgl. Archiv Landtag, Landtag des Saarlandes, Ausschuss für Sozialpolitik (126), Niederschrift über die Sitzung am 14.6.1951.

495 Vgl. Archiv Landtag, Landtag des Saarlandes, Ausschuss für Sozialpolitik (119), Ausschuss für Wirtschaft, Verkehr, Ernährung und Landwirtschaft (55), Niederschrift über die Sitzung am 16.5.1951; Ausschuss für Sozialpolitik (130), Niederschrift über die Sitzung am 25.6.1951. Vgl. LA Sb, StK 1050, Schreiben der Arbeitsgemeinschaft der Arbeitgeberorganisationen an den saarländischen Landtag vom 2.2.1951.

496 Vgl. Archiv Landtag, Landtag des Saarlandes, Ausschuss für Sozialpolitik (119), Ausschuss für Wirtschaft, Verkehr, Ernährung und Landwirtschaft (55), Niederschrift über die Sitzung am 16.5.1951; Ausschuss für Sozialpolitik (120), Niederschrift über die Sitzung am 23.5.1951 und Ausschuss für Sozialpolitik (122), Niederschrift über die Sitzung am 31.5.1951. Der CVP-Abgeordnete Ruffing führte in der abschließenden Landtagsdebatte als Begründung an, dass „sonst gleiche Forderungen auch von anderen gleichartigen Körperschaften geltend gemacht werden könnten". Landtag des Saarlandes, 1. Wahlperiode, 106. Sitzung am 30. Juni 1951. Von der SPS ist keine Äußerung überliefert.

497 Archiv Landtag, Landtag des Saarlandes, Ausschuss für Sozialpolitik (119), Ausschuss für Wirtschaft, Verkehr, Ernährung und Landwirtschaft (55), Niederschrift über die Sitzung am 16.5.1951.

498 Vgl. Archiv Landtag, Landtag des Saarlandes, Ausschuss für Sozialpolitik (120), Niederschrift über die Sitzung am 23.5.1951.

499 Archiv Landtag, Landtag des Saarlandes, Ausschuss für Sozialpolitik (119), Niederschrift über die Sitzung am 16.5.1951; Landtag des Saarlandes, Drucksache Abt. II Nr. 726, 2.6.1951: Entwurf zur Zweiten Lesung.

500 Archiv Landtag, Drucksache Abt. II, Nr. 647, 27.1.1951, Begründung zu dem Gesetz über die Errichtung einer Arbeitskammer für das Saarland, Anhang. Auch die Einheitsgewerkschaft vertrat demnach die Ansicht, dass die Beamten nicht in die Arbeitskammer einbezogen werden sollten.

501 Vgl. Archiv Landtag, Landtag des Saarlandes, Ausschuss für Sozialpolitik (126), Niederschrift über die Sitzung am 14.6.1951; LA Sb, MifAS 25, Stellungnahme der GCS zu dem Entwurf eines Gesetzes über die Errichtung einer Arbeitskammer, 14.6.1951.

502 Hans Ruffing: 1947–1954 Erster Vorsitzender der GCS; Karl Germann: ab 1952 Vorstandsmitglied der GCS, 1955 Vorsitzender des Gesamtverbands CGS; Ludwig Habelitz: 1947 Erster Vorsitzender der Christlichen Metallarbeitergewerkschaft. Vgl. Schmidt, 1. Bd., S. 468 f.

503 Vgl. LA Sb, MifAS 25, Stellungnahme zu den Abänderungsvorschlägen des Ausschusses für Sozialpolitik des Landtages vom 16.5.1951 betreffend das Arbeitskammergesetz.

504 Vgl. Archiv Landtag, Landtag des Saarlandes, Ausschuss für Sozialpolitik (120), Niederschrift über die Sitzung am 23.5.1951; Ausschuss für Sozialpolitik (122), Niederschrift über die Sitzung am 31.5.1951.

505 Vgl. LA Sb, MifAS 25, Stellungnahme zu den Abänderungsvorschlägen des Ausschusses für Sozialpolitik des Landtages vom 16.5.1951 betreffend das Arbeitskammergesetz; Archiv Landtag, Landtag des Saarlandes, Ausschuss für Sozialpolitik (122), Niederschrift über die Sitzung am 31.5.1951.

506 Vgl. LA Sb, MifAS 25, Stellungnahme zu den Abänderungsvorschlägen des Ausschusses für Sozialpolitik des Landtages vom 16.5.1951 betreffend das Arbeitskammergesetz; Archiv Landtag, Landtag des Saarlandes, Ausschuss für Sozialpolitik (120), Niederschrift über die Sitzung am 23.5.1951; LA Sb, MifAS 25, Landtag des Saarlandes, Ausschuss für Sozialpolitik (130), Niederschrift über die Sitzung am 25.6.1951.

507 Vgl. Archiv Landtag, Landtag des Saarlandes, Drucksache Abt. II, Nr. 647, 27.1.1951, Anhang, Begründung zu dem Gesetz über die Errichtung einer Arbeitskammer für das Saarland; LA Sb, StK 1050, Arbeitsgemeinschaft der Arbeitgeberorganisationen des Saarlandes an den saarländischen Landtag, 2.2.1951; Saarländischer Industriellen-Verband an Ministerpräsident Hoffmann, 2.2.1951.

508 Archiv Landtag, Landtag des Saarlandes: Ausschuss für Sozialpolitik (122), Niederschrift über die Sitzung am 31.5.1951.

509 Vgl. Gesetz über die Zusammensetzung der Beiräte der Industrie- und Handelskammer des Saarlandes und der Handwerkskammer für das Saarland sowie über die Anhörung der Kammern und Spitzenverbände der Berufsorganisationen vom 11. Juli 1951. In: Amtsblatt des Saarlandes 1951, S. 916.

510 Archiv Landtag, Landtag des Saarlandes, Ausschuss für Sozialpolitik (119), Ausschuss für Wirtschaft, Verkehr, Ernährung und Landwirtschaft (55), Niederschrift über die Sitzung am 16.5.1951.

511 Archiv Landtag, Landtag des Saarlandes, Ausschuss für Sozialpolitik (126), Niederschrift über die Sitzung am 14.6.1951.

512 LA Sb, MifAS 25, Eingabe der Arbeitsgemeinschaft der Arbeitgeberorganisationen des Saarlandes an den Präsidenten des saarländischen Landtags, 17.6.1951; Industrie- und Handelskammer des Saarlandes an den Präsidenten des Saarländischen Landtages, 16.6.1951.

513 Vgl. Archiv Landtag, Landtag des Saarlandes, Ausschuss für Sozialpolitik (130), Niederschrift über die Sitzung am 25.6.1951.

514 Archiv Landtag, Landtag des Saarlandes, Drucksache Abt. II, Nr. 647, 27.1.1951, Gesetz über die Errichtung einer Arbeitskammer für das Saarland, § 16 Abs. 2.

515 Vgl. Archiv Landtag, Landtag des Saarlandes, Ausschuss für Sozialpolitik (119), Ausschuss für Wirtschaft, Verkehr, Ernährung und Landwirtschaft (55), Niederschrift über die Sitzung am 16.5.1951; LA Sb, MifAS 25, Eingabe der Arbeitsgemeinschaft der Arbeitgeberorganisationen des Saarlandes an den Präsidenten des saarländischen Landtags, 17.6.1951; LA Sb, MifAS 25, Landtag des Saarlandes, Ausschuss für Sozialpolitik (130), Niederschrift über die Sitzung am 25.6.1951.

516 Vgl. Verordnung über die Erhebung von Beiträgen für die Arbeitskammer des Saarlandes vom 18. März 1952. In: Amtsblatt des Saarlandes 1952, S. 328–330.

517 LA Sb, MifAS 25, Die Arbeitskammer, Typoskript ohne Datum.

518 Zur Furcht der Landesregierung vor einer kommunistischen Beeinflussung der Arbeiterschaft dürften die spontanen Streiks im Bergbau im Juli und Herbst 1951 beigetragen haben, bei denen dem kommunistischen Betriebsratsvorsitzenden der Grube König, Alois Körner, eine koordinierende Rolle zugeschrieben wurde. Die Streiks mussten die Landesregierung und das Hohe Kommissariat in besonderem Maße beunruhigen, da sie von Kommunisten und Anhängern der prodeutschen DPS gemeinsam getragen wurden und die Streikenden den Aufforderungen von Vertretern der Einheitsgewerkschaft zur Beendigung der Arbeitsniederlegung keine Folge leisteten. Vgl. Herrmann, S. 386 f.

519 Landtag des Saarlandes, 1. Wahlperiode, 106. Sitzung am 30. Juni 1951.

520 Richard Radziewsky, Betriebschef der Burbacher Hütte, war Gründungsmitglied und Landtagsabgeordneter der DPS, die er nach deren Wechsel in die Opposition verließ. Vgl. Schmidt, 1. Bd., S. 258, 272.

521 Landtag des Saarlandes, 1. Wahlperiode, 106. Sitzung am 30. Juni 1951.

522 Ebenda.

523 Zit. n. Gewerkschaftliche Rundschau, 4. Jg., Nr. 9, Sept. 1951, S. 4.

524 B. Welter: Warum eine Arbeitskammer. In: Die Arbeitskammer, 1. Jg., Heft 1, Jan./Febr. 1953, S. 3.

525 Archiv Landtag, Landtag des Saarlandes, Drucksache Abt. II, Nr. 647, 27.1.1951, Gesetz über die Errichtung einer Arbeitskammer für das Saarland (Gesetzentwurf); Gesetz vom 26. Februar 1920 über die Errichtung von Kammern für Arbeiter und Angestellte (Arbeiterkammern), Staatsgesetzblatt für die Republik Österreich, Jg. 1920, 36. Stück, S. 171–176. Das Gesetz vom 26. Februar 1920 über die Errichtung von Kammern für Arbeiter und Angestellte (Arbeiterkammern) galt bis zur Neufassung 1954.

526 Die Bestimmung wurde bei der Neufassung des saarländischen Arbeitskammergesetzes 1967 gestrichen. Im Bremer Arbeitnehmerkammergesetz von 2000 kommt sie ebenfalls nicht mehr vor.

527 Der Vergleich bezieht sich auf die Gesetze, die während der Entstehung des saarländischen Arbeitskammergesetzes in Kraft waren. Dabei handelt es sich für Bremen um Arbeiterkammergesetz und Angestelltenkammergesetz, beide vom 17. Juli 1921 in Verbindung mit § 85 Verfassung der freien Hansestadt Bremen vom 18. Mai 1920, für Luxemburg um das Gesetz vom 4. April 1924, betreffend die Errichtung von wählbaren Berufskammern. In: Memorial des Großherzogtums Luxemburg No. 21, S. 257–278. Eine Gesetzesänderung in Bremen im Jahre 1950 betraf die Regelung der Mitgliedschaft und die Wahl der Fachausschüsse. Aufgabenbestimmung und Rechte der Kammern waren nicht betroffen. Vgl. Teil I, Kap. 4.7.1 und 5.

528 Vgl. 105. Bundesgesetz vom 19. Mai 1954 über die Kammern für Arbeiter und Angestellte und den Österreichischen Arbeiterkammertag (Arbeiterkammergesetz – AKG). In: Bundesgesetzblatt für die Republik Österreich 1954, 24. Stück, S. 521–529; Gesetz Nr. 846 über die Arbeitskammer des Saarlandes vom 5. Juli 1967. In: Amtsblatt des Saarlandes 1967, S. 635–637.

529 Vgl. Peters, S. 44–68.

530 In Bremen war die Pflichtmitgliedschaft zwischen 1949 und 1956 aufgehoben. Vgl. Benoit, S. 60 f., 66 f.; Peters, S. 39 f.

531 Laut Storch bedeutet die Sollbestimmung, hier bezogen auf die rheinland-pfälzische Hauptwirtschaftskammer, „daß es im pflichtgemäßen Ermessen der Träger der Gesetzgebung lag, ob Gutachten bei der Hauptwirtschaftskammer eingeholt wurden". Storch, S. 4. Er verweist auf die Auffassung des Vorsitzenden des (vorbereitenden) Verfassungsausschusses für Rheinland-Pfalz, des Staatsrechtlers und CDU-Politikers Adolf Süsterhenn, wonach „pflichtgemäßes Ermessen keineswegs identisch mit freiem Belieben" (ebenda) sei, woraus Süsterhenn den Schluss zog: „Die Begutachtung von Gesetzentwürfen wirtschafts- und sozialpolitischen Inhalts durch die Hauptwirtschaftskammer sollte die Regel sein." Zit. ebenda.

532 § 1 Arbeiterkammergesetz vom 17. Juli 1921. In: Gesetzesblatt der Freien Hansestadt Bremen 1921, Nr. 45.

533 Vgl. Ahlborn, a.a.O., S. 9. Die angeführten Fälle, in denen eine Berufskammer vom Recht der Gesetzesinitiative Gebrauch machte, beziehen sich auf die Handelskammer.

534 In Bremen schuf das Gesetz über die Arbeitnehmerkammer von 1998 die Möglichkeit, dass der Senat durch Gesetz oder Rechtsverordnung der Kammer staatliche Aufgaben überträgt (§2 Abs. 6, in der aktuellen Fassung Abs. 4). Eine vergleichbare Regelung war in den ursprünglichen Gesetzen nicht enthalten.

535 Das ausschließliche Wahlvorschlagsrecht wurde in der Neufassung des Arbeitskammergesetzes 1960 gestrichen. Seitdem können alle wahlberechtigten Arbeitnehmer/innen Wahlvorschläge einreichen. Eine Mindestzahl von Unterschriften ist erforderlich. In Bremen hingegen sind seit einer Gesetzesänderung 1964 nur noch Gewerkschaften und selbstständige Arbeitnehmervereinigungen vorschlagsberechtigt. Vgl. § 9 Gesetz über die Arbeitnehmerkammer im Lande Bremen. Vom 28. März 2000 (Brem.GBl. S. 83), zuletzt geändert am 20. Juni 2006 (Brem.GBl. S. 291); Peters, S. 73.

536 Art. 28 Gesetz vom 4. April 1924, betreffend die Errichtung von wählbaren Berufskammern. Die Bestimmung gilt für alle Berufskammern. Für Österreich vgl. § 22 Gesetz vom 26. Februar 1920 über die Errichtung von Kammern für Arbeiter und Angestellte (Arbeiterkammern). Nach der Neufassung von 1954 setzt die Auflösung der Vollversammlung einer Arbeitskammer die Feststellung des Vorstandes des Arbeitskammertages voraus, „daß der gesetzliche Zustand nicht wieder hergestellt werden kann". § 21 Abs. 2 Bundesgesetz vom 19. Mai 1954 über die Kammern für Arbeiter und Angestellte und den Österreichischen Arbeiterkammertag (Arbeiterkammergesetz – AKG). Vgl. zu Luxemburg Scuto, S. 44–60, zu Österreich Sterling, S. 40–49.

537 Vgl. Benoit, S. 40–53. Vgl. Teil I, Kapitel 4.7.1.

538 Zur Kritik an der Erweiterung des gesetzlich vorgesehenen Tätigkeitsbereichs in der Anfangszeit der Arbeitskammer vgl. Die Arbeitskammer, Heft 4, Mai 1953, S. 54.

539 Vgl. Wagner, a.a.O., S. 88; Aufgaben und Bedeutung der Arbeitskammer des Saarlandes. Von Josef Becker. In: Die Arbeitskammer, Heft 10, Okt. 1956, S. 7.

540 LA Sb, StK 1050, Schreiben von Hans Ruffing, Vorsitzender der GCS an Ministerpräsident Johannes Hoffmann vom 27.9.1951.

541 Das Arbeitskammergesetz von 1951 spricht von „Vorstand", in den Niederschriften sowohl der Kammerversammlung als auch des Vorstandes selbst wird während der ersten Wahlperiode die Bezeichnung „Präsidium" verwendet. Dieser Begriff findet sich auch in der Durchführungsverordnung vom 30.4.1953. In der Geschäftsordnung vom 11.5.1956 heißt es wieder „Vorstand".

542 Erste Sitzung der Arbeitskammer-Kommission. In: Arbeit und Wohlfahrt, Jg. 2, Nr. 12, 20.12.1951, S. 225 f.

543 Präsident Heinrich Wacker scheidet von uns. Ein Leben im Dienste der schaffenden Menschen. In: Die Arbeitskammer, Heft 11/12, Nov./Dez. 1956, Umschlagrückseite innen.

544 Vgl. ebenda; Mallmann/Paul, S. 184; Schmidt, 1. Bd., S. 201, 204–207; Rudolf Strumm: Auferstanden…! Der Neuanfang der Sozialdemokratischen Partei an der Saar 1945/46, Saarbrücken 2006, S. 175.

545 Das von Johannes Hoffmann (CVP), Georg Schulte (SPS) und Heinrich Wacker (EG) unterzeichnete Telegramm ist abgedruckt bei Schmidt, 2. Bd., S. 119. Beim ersten Parteitag der SPS am 30. Juni 1946 begründete Heinrich Wacker sein Eintreten für den wirtschaftlichen Anschluss an Frankreich damit, „daß das Wohl und Wehe der Menschen im Saargebiet von dem Anschluß abhängt". Bericht über den ordentlichen Parteitag der Sozialdemokratischen Partei des Saargebietes. Abgehalten nach der Wiederzulassung der politischen Parteien am 30. Juni 1946 im Stadttheater in Saarbrücken, hrsg. vom Bezirksvorstand der Sozialdemokratischen Partei des Saargebietes, Saarbrücken 1946, S. 24. Auf dem Parteitag der SPS in Sulzbach 1949 führte Wacker aus: „Es gelte sich dafür einzusetzen, die Autonomie des Saarlandes zu verwirklichen und endlich eine Wirtschafts- und Gesellschaftsordnung zu schaffen, die allen Schaffenden Gleichberechtigung sichert. Auf die Wirtschaftslage zu sprechen kommend, forderte Wacker, daß endlich ermöglicht wird, daß das Saarland Einfluß auf den Export gewinnt. Um eine Vollbeschäftigung der saarländischen Arbeiterschaft aufrecht erhalten zu können, sei es notwendig, daß 25 Prozent der saarländischen Produktionskapazität exportiert würden. Der Absatzmarkt in Frankreich würde dazu nicht ausreichen. Er stimmte hier dem Genossen Conrad zu, wenn dieser verlange, daß endlich das Wirtschaftsgespräch mit dem Osten [gemeint ist Westdeutschland, Verf.] in Gang komme. Um die saarländische Industrie auf dem Weltmarkt konkurrenzfähig zu halten, sei erforderlich, sie weitgehend zu modernisieren und zu mechanisieren. Man müsse verlangen, daß das Saarland entsprechend seiner Produktionskapazität an der Marshallhilfe beteiligt würde." Wacker befürchtete, dass „das saarländische Volk nicht mehr mit uns geht" und bedauerte, „daß sich an der Saar bereits wieder reaktionäre Kräfte bemerkbar machten". Volksstimme, Nr. 116, 41. Jg., 4.10.1949. Vgl. Schmidt, 2. Bd., S. 215, 315.

546 Vgl. Archiv AK, Niederschrift über die 4. Sitzung des Kammerpräsidiums am 28. Januar 1952.

547 Vgl. Archiv AK, Niederschrift über die 2. Sitzung des Kammerpräsidiums am 3. Dezember 1952. Vgl. Verordnung über die Erhebung von Beiträgen für die Arbeitskammer des Saarlandes. In: Die Arbeitskammer, Heft 3, April 1953, S. 4 f.

548 Vgl. Archiv AK, Niederschrift über die 3. Sitzung des Kammerpräsidiums am 8. Januar 1952.

549 Archiv AK, NL.KleinJ 4, Warum wurde die „Neue Zeit" erneut verboten? Die Herren Wacker und Hector Hand in Hand! [Flugblatt] Des Weiteren wurde bemängelt, dass das Arbeitskammergesetz kaum bekannt sei und die Arbeitskammer mit ihrer ausschließlich beratenden Aufgabe ohnehin nichts ausrichten könne. Vgl. Neue Zeit, Jg. 7, Nr. 15 vom 2.2.1952.

550 Vgl. Rückblick auf die Arbeitskammerwahlen. In: Die Arbeit, 7. Jg., Nr. 4, März 1952, S. 5.

551 Nachdem Heinrich Wacker das Amt des Präsidenten der Arbeitskammer übernommen hatte, kandidierte er beim Zweiten Landeskongress der

Einheitsgewerkschaft nicht mehr für den Vorsitz. Sein Nachfolger wurde Paul Kutsch. Vgl. Schmidt, 2. Bd., S. 382. Peter Gier, Leiter der Lohn- und Tarifabteilung der Gewerkschaft Christlicher Saarbergleute und Vorstandsmitglied des Gesamtverbandes der Christlichen Gewerkschaften des Saarlandes, stand in Opposition zu den Pariser Konventionen und zur Regierung von Johannes Hoffmann. Er schloss sich später der CDU an und wurde nach der Abstimmung 1955 zum Ersten Vorsitzenden der GCS gewählt. Vgl. Schmidt, 1. Bd., S. 482.

552 Vgl. Archiv AK, Niederschrift über die 2. Sitzung der Kammerversammlung am 9. Juni 1952.

553 Vgl. Archiv AK, Niederschrift über die 6. Sitzung des Kammerpräsidiums am 28. April 1952.

554 Vgl. Archiv AK, Niederschrift über die 10. Sitzung des Präsidiums der Arbeitskammer am 10. Juli 1952; vgl. Die Arbeitskammer, Heft 1, Jan./Febr. 1953, S. 13.

555 Vgl. Archiv AK, Niederschrift über die 11. Sitzung des Präsidiums der Arbeitskammer am 16. Juli 1952.

556 Im ASKO-Verwaltungsgebäude befand sich die Geschäftsstelle der Arbeitskammerkommission und tagte das Präsidium.

557 Archiv AK, Niederschrift über die 6. Kammerversammlung am 14. April 1953.

558 Archiv AK, Niederschrift über die 23. Sitzung des Präsidiums der Arbeitskammer am 21. April 1953.

559 Vgl. Archiv AK, Ordner 1. WP Kammerversammlung: Allgemeines, Hefter: Entschädigung KM, Arbeitsministerium an den Präsidenten der Arbeitskammer, 16.4.1953; vgl. Präsident der Arbeitskammer an Minister für Arbeit und Wohlfahrt, 19.6.1952 und 16.12.1952, ebenda. Im Mai 1954 erklärte sich Kirn auf Antrag des Präsidiums mit der rückwirkenden Anhebung der Aufwandsentschädigung auf 1.000 Franken zum 1. Januar 1954 einverstanden. Das Präsidium hatte angeführt, dass die Aufwandsentschädigung auch bei anderen Körperschaften „wesentlich erhöht" worden sei. Arbeitskammer an Arbeitsministerium, 13.5.1954, Arbeitsministerium an den Präsidenten der Arbeitskammer, 14.5.1954, ebenda.

560 1. Durchführungsverordnung zum Gesetz über die Errichtung einer Arbeitskammer für das Saarland. In: Amtsblatt des Saarlandes 1953, S. 298 f.

561 Vgl. Archiv AK, Niederschrift über eine Außerordentliche Kammersitzung am 20. Oktober 1953 und LA Sb, StK 1710, Protokoll der 152. Kabinettssitzung der Regierung des Saarlandes am 4.2.1953.

562 Archiv AK, Niederschrift über die 24. Sitzung des Präsidiums der Arbeitskammer am 11. Juni 1953.

563 Vgl. LA Sb, MifAS Bd. 25, Rechtsgutachten erstattet von Justizrat Dr. Heim, Saarbrücken 26.6.1953.

564 LA Sb StK 1050, Gewerkschaft Christlicher Saarbergleute an Ministerpräsident Johannes Hoffmann, 13.8.1953.

565 Vgl. LA Sb, StK 2355, Gesamtverband der Christlichen Gewerkschaften des Saarlandes an Ministerpräsident Johannes Hoffmann, 2.9.1953. Die Verfassungskommission war nach Art. 99 der saarländischen Verfassung von 1947 für die Auslegung der Verfassung zuständig. Sie wurde vom Landtag gewählt und bestand aus Landtagsmitgliedern. Ein in der Verfassung (Art. 98) ebenfalls

vorgesehener Verfassungsgerichtshof wurde nicht eingerichtet. Vgl. Verfassung des Saarlandes mit Kommentar von Prof. Dr. Rudolf Schranil. Das Recht des Saarlandes. Blattei für die Praxis der Justiz, Verwaltung und Wirtschaft, Saarbrücken 1952, S. 146–148; Schmidt, 2. Bd., S. 151 f.

566 LA Sb, StK 2355, Gesamtverband der Christlichen Gewerkschaften des Saarlandes an Ministerpräsident Johannes Hoffmann, 2.9.1953. Das Schreiben ist unterzeichnet von Hans Ruffing als Vorsitzendem der CGS und von Peter Gier für die christliche Fraktion in der Arbeitskammer.

567 Darauf deutet hin, dass der Referent im Arbeitsministerium H.O. Becker bereits in seinem Beitrag in „Die Arbeit" vom Februar 1951 von „Dienstaufsicht" sprach, während im Text des Gesetzentwurfs damals noch die Rede von „Aufsicht" war. Der saarländische Arbeitskammer-Entwurf. In: Die Arbeit, 6. Jg., Nr. 3, Februar 1951, S. 2.

568 Archiv AK, Niederschrift über eine Außerordentliche Kammersitzung am 20. Oktober 1953. Die Erklärung gab Regierungsrat Lawall im Auftrag der Regierung ab. Lawall gehörte als Vertreter des Ministeriums für Arbeit und Wohlfahrt auch dem Verwaltungsbeirat an. Vgl. ebenda.

569 Darauf weist auch der Gesamtverband der Christlichen Gewerkschaften in seinem Schreiben an Ministerpräsident Hoffmann vom 2.9.1953 hin (LA Sb, StK 2355). Die Niederschrift der Kammerversammlung lässt nicht erkennen, was genau die christlichen Kammermitglieder beanstandeten. Vgl. Archiv AK, Niederschrift über die 2. Sitzung der Kammerversammlung am 9. Juni 1952.

570 Der Entwurf trägt den Vermerk: „Ausgearbeitet für Herrn Ref. Becker Arb. Ministerium auf dessen Anforderung (kein amtlicher Entwurf). W[elter]" und ist abgestempelt am 4.9.1952. Archiv AK, Ordner Kammerrecht, Gesetze, Verordnungen.

571 Vgl. Archiv AK, Niederschrift über die 23. Sitzung des Präsidiums der Arbeitskammer am 21. April 1953: Aufforderung, den Beschluss der Kammerversammlung betreffend die Einstellungen nicht auszuführen; Niederschrift über eine Außerordentliche Kammersitzung am 20. Oktober 1953: Erklärung von Regierungsrat Lawall „im Auftrag der Regierung"; Niederschrift über die 1. Sitzung des Präsidiums und des Verwaltungsbeirats der Arbeitskammer am 7. Januar 1954: Mitteilung von Präsident Wacker gegenüber dem Präsidium betreffend Abberufung von Geschäftsführer Welter und kommissarische Bestellung von Arbeitsrichter Himber zum Geschäftsführer. Laut Präsident Wacker erfolgte beides auf Kabinettsbeschluss vom 22.12.1953. Vgl. Archiv AK, Niederschrift über die 1. Sitzung des Präsidiums und des Verwaltungsbeirats der Arbeitskammer am 7. Januar 1954. In den Niederschriften der Ministerratssitzungen ist jedoch kein entsprechender Beschluss vermerkt. Vgl. LA SB, StK 1710, Niederschriften der Sitzungen des Kabinetts Hoffmann, 4.2.–29.12.1953. Ein Hinweis findet sich im Protokoll der Kabinettssitzung vom 2.10.1953, in welcher der Arbeitsminister beauftragt wurde, „mit dem von ihm evtl. für die Geschäftsführung der Arbeitskammer vorgeschlagenen Amtsgerichtsrat Himber in Verbindung mit den beiden Gewerkschaften den Aufgabenkreis der Kammer festzulegen" (LA SB, StK 1710, Protokoll der 157. Kabinettssitzung der Regierung des Saarlandes am 2.10.1953). Demnach war spätestens zu diesem Zeitpunkt die Einsetzung eines kommissarischen Geschäftsführers vorgesehen.

572 LA SB, StK 1710, Protokoll der 157. Kabinettssitzung der Regierung des Saarlandes am 2.10.1953.

573 LA SB, StK 1710, Protokoll der 162. Kabinettssitzung der Regierung des Saarlandes am 10.2.1954 und Protokoll der 165. Kabinettssitzung am 17.3.1954.

574 Archiv AK, Niederschrift über eine Außerordentliche Kammersitzung am 20. Oktober 1953: Erklärung von Regierungsrat Lawall „im Auftrag der Regierung".

575 Vgl. Archiv AK, Niederschrift über die 1. Sitzung des Präsidiums und des Verwaltungsbeirats der Arbeitskammer am 7. Januar 1954.

576 LA Sb, Auswärtiges Amt Nr. 753, Vermerk des Direktors des Amtes für Auswärtige und Europäische Angelegenheiten, Gotthard Lorscheider, vom 24.6.1953 über eine Mitteilung von Finanzminister Dr. Reuter [im Vermerk irrtümlich Reuther].

577 Archiv AK, Niederschrift über die 18. Sitzung des Präsidiums der Arbeitskammer am 21. Januar 1953. Gier erwähnte eine Auseinandersetzung zwischen Wacker und dem Kassenleiter einerseits und Geschäftsführer Welter andererseits, in deren Verlauf der Kassenleiter erklärt habe, „daß für ihn nicht der Geschäftsführer[,] sondern nur der Präsident zuständig sei". Ebenda.

578 Vgl. Archiv AK, Niederschrift über die 1. Sitzung des Präsidiums und des Verwaltungsbeirats der Arbeitskammer am 7. Januar 1954.

579 LA Sb, StK 2355, Gesamtverband der Christlichen Gewerkschaften des Saarlandes an Ministerpräsident Johannes Hoffmann, 2.9.1953.

580 Vgl. Archiv AK, Niederschrift über die 24. Sitzung des Präsidiums der Arbeitskammer am 11. Juni 1953.

581 Vgl. Archiv AK, Niederschrift über die 19. Sitzung des Präsidiums der Arbeitskammer am 3. Februar 1953 und über die 24. Sitzung am 11. Juni 1953. Die Kammerversammlung beschloss die Einstellung Anton Hoffmanns als Pressereferenten mit 14 Stimmen bei zwei Enthaltungen. Elf Stimmen wurden für einen anderen Bewerber abgegeben. Archiv AK, Niederschrift über die 6. Kammerversammlung am 14. April 1953.

582 Vgl. Archiv AK, Niederschrift über die 17. Sitzung des Präsidiums und des Verwaltungsbeirats am 21. Oktober 1954 und über die 18. Sitzung am 28. Oktober 1954.

583 Vgl. Archiv AK, 1. WP Kammerversammlung, Allgemeines, Gesamtverband der Christlichen Gewerkschaften des Saarlandes an die Arbeitskammer des Saarlandes, 7.5.1952; Einheitsgewerkschaft an die Arbeitskammer, 12.5.1952. Vgl. Archiv AK, 1. WP. Präsidium, Verschiedenes, Hefter: Schriftverkehr, Kammermitglied Johann Cristian Gembe an die Arbeitskammer des Saarlandes, 3.6.1952.

584 Einladung zur 2. Sitzung der Kammerversammlung am 9. Juni 1952, ebenda; Archiv AK, Niederschrift über die 2. Sitzung der Kammerversammlung am 9. Juni 1952.

585 Vgl. Archiv AK, Niederschrift über die 12. Sitzung des Präsidiums der Arbeitskammer am 21. August 1952.

586 Vgl. Archiv AK, 1. WP Kammerversammlung, Allgemeines, Einheitsgewerkschaft an die Arbeitskammer des Saarlandes, 5.12.1952.

587 Archiv AK, Niederschrift über die 5. Kammerversammlung am 11. Februar 1953. Das Präsidium hatte eine Stenotypistin eingestellt, ansonsten wurden lediglich Stellen ausgeschrieben.

588 Vgl. ebenda.
589 Vgl. Archiv AK, 1. WP Kammerversammlung, Allgemeines, Einheitsgewerkschaft an den Präsidenten der Arbeitskammer des Saarlandes, 21.4.1953.
590 Vgl. Archiv AK, Niederschrift über die 20. Sitzung des Präsidiums der Arbeitskammer am 26. Februar 1953.
591 Archiv AK, Niederschrift über die 24. Sitzung des Präsidiums der Arbeitskammer am 11. Juni 1953.
592 LA Sb, Auswärtiges Amt Nr. 753, Vermerk des Direktors des Amtes für Auswärtige und Europäische Angelegenheiten, Gotthard Lorscheider, vom 24.6.1953 über eine Mittteilung von Finanzminister Dr. Reuter [im Vermerk irrtümlich Reuther].
593 Präsident Wacker auf der Kammerversammlung am 20.10.1953. Archiv AK, Niederschrift über eine Außerordentliche Kammersitzung am 20. Oktober 1953.
594 Archiv AK, Ordner: Schriftwechsel, Auszug aus dem Aktenvermerk über eine Besprechung mit Herrn Minister Kirn am Montag, den 31. Mai 1954; vgl. Kontrollausschuss des alten Industrieverbandes Bergbau an die Arbeitskammer des Saarlandes, 23.5.1954. Wer von Seiten der Arbeitskammer an der Besprechung teilnahm, ist nicht angegeben; der Antrag wurde laut Vermerk von Geschäftsführer Himber Präsident Wacker vorgelegt.
595 Vgl. LA Sb, MifAS Bd. 25, Rechtsgutachten erstattet von Justizrat Dr. Heim, Saarbrücken 26.6.1953.
596 LA SB StK 2355, Gesamtverband der Christlichen Gewerkschaften des Saarlandes an Ministerpräsident Johannes Hoffmann, 2.1.1954.
597 Franz Ruffing wurde auf der Präsidiumssitzung am 28.4.1952 einstimmig „in den Dienst der Arbeitskammer [...] berufen". Archiv AK, Niederschrift über die 6. Sitzung des Kammerpräsidiums am 28. April 1952. Nach dem Wechsel zur DPS hatte er seine Stelle beim Arbeitsministerium verloren. Vgl. Schmidt, 1. Bd., S. 280. Dipl.-Volkswirt Anton Hoffmann veröffentlichte vor seiner Tätigkeit als Redakteur der Kammerzeitschrift Beiträge in der „Gewerkschaftlichen Rundschau", der Zeitschrift der Christlichen Gewerkschaften an der Saar.
598 Vertreter der Einheitsgewerkschaft beanstandeten, dass Himber bei der Beratung des Betriebsräte- beziehungsweise Betriebsverfassungsgesetzes als Sachverständiger im Sozialpolitischen Ausschuss nicht den Standpunkt der Arbeitskammer vertreten habe (siehe im Folgenden Kapitel 3.5.1). Bei der dritten Landeskonferenz der EG am 18./19.6.1955 lastete der amtierende Vorsitzende Rauch das geringe Gewicht seiner Gewerkschaft in der Arbeitskammer Beirat und Generalsekretär an, die die Politik der Kammer bestimmen würden. Vgl. AdsD, DGB-Bundesvorstand, Abt. Organisation 5/DGAL000157. Auch wenn sich letzteres nicht nachweisen lässt, so lenkte Himber als Generalsekretär ohne Zweifel die Arbeit der Kammer und hielt auch die Verbindung zu Landtag und Regierung. Dafür dass die Christlichen Gewerkschaften im Gegensatz zur Einheitsgewerkschaft mit der Arbeit Himbers zufrieden waren, spricht ihr Bemühen, ihn als Geschäftsführer für die zweite Wahlperiode zu bestätigen (siehe im Folgenden Kapitel 3.12.2).
599 Archiv AK, Niederschrift über die 7. Kammerversammlung am 16. Juli 1954.

600 Vgl. Archiv AK, Niederschrift über die 1. Sitzung des Präsidiums und des Verwaltungsbeirats der Arbeitskammer am 7. Januar 1954.

601 Vgl. Archiv AK, Niederschrift über eine Außerordentliche Kammersitzung am 20. Oktober 1953.

602 Archiv AK, Niederschrift über die 3. Sitzung des Präsidiums und des Verwaltungsbeirats am 24. März 1954.

603 Ebenda.

604 LA Sb StK 2355, Gesamtverband der Christlichen Gewerkschaften des Saarlandes an Ministerpräsident Johannes Hoffmann, 2.1.1954.

605 Vgl. Archiv AK, Niederschrift über die 7. Kammerversammlung am 16. Juli 1954.

606 Vgl. Archiv AK, Niederschrift über die 8. Sitzung des Kammerpräsidiums am 23. Mai 1952. Die am 9.6.1952 von der Kammerversammlung verabschiedete Geschäftsordnung, die nicht die Genehmigung des Arbeitsministeriums fand, wollte Beamte nur in Ausnahmefällen zulassen. Ein Entwurf für eine Durchführungsverordnung, den Geschäftsführer Welter im Auftrag des Arbeitsministeriums anfertigte, sprach wieder von „Beamten, Angestellten und Arbeitern". Archiv AK, Ordner Kammerrecht 06.

607 2. Durchführungsverordnung über die Regelung der Rechtsverhältnisse der Bediensteten der Arbeitskammer für das Saarland, Amtsblatt des Saarlandes 1954, S. 271 f.

608 Archiv AK, Niederschrift über die 24. Sitzung des Präsidiums und des Verwaltungsbeirats am 17. März 1955; vgl. Niederschrift über eine Kammerversammlung am 15. Februar 1955.

609 Vgl. Archiv AK, Niederschrift über eine Kammerversammlung am 11. Mai 1956; Geschäftsordnung der Arbeitskammer des Saarlandes vom 11. Mai 1956. In: Amtsblatt des Saarlandes 1956, S. 1381–1383.

610 Die Arbeitskammer, Heft 1, Jan. 1956, S. 3.

611 Ebd., S. 3.

612 Warum eine Arbeitskammer? Von Geschäftsführer B. Welter. In: Die Arbeitskammer, Heft 1, Jan./Febr. 1953, S. 4.

613 Ebenda.

614 Vgl. Heinrich Wacker im Landtag anlässlich der Verabschiedung des Arbeitskammergesetzes am 30. Juni 1951: „Mit Verabschiedung und dem Erlaß des Gesetzes hat der Staat begonnen, die Arbeitnehmerschaft und ihre Organisationen [...] entsprechend dem demokratischen Charakter unseres Staates in das gesamte gesellschaftliche, soziale und wirtschaftliche Leben funktionell einzubauen." Landtag des Saarlandes, 1. Wahlperiode, 106. Sitzung am 30. Juni 1951.

615 Vgl. den o.a. Text von Geschäftsführer Bernhard Welter von den Christlichen Gewerkschaften in Die Arbeitskammer, Heft 1, Jan./Febr. 1953, S. 2–4, mit den Beiträgen im Organ der Einheitsgewerkschaft „Die Arbeit": Arbeitskammer und Wirtschaftsdemokratie. In: Die Arbeit, 7. Jg., Nr. 3, Febr. 1952, S. 2; Arbeitskammer – ein Fortschritt. In: Die Arbeit, 7. Jg., Nr. 4, März 1952, S. 2. Richard Rauch betonte stärker die Interessenvertretung als Aufgabe der Arbeitskammer. Vgl. Rückblick auf die Arbeitskammerwahlen. In: Die Arbeit, 7. Jg., Nr. 4, März 1952, S. 5. Rauch (SPS), Vorsitzender des IV Metall, zweiter Vorsitzender und nach der Absetzung von Paul Kutsch am 22.11.1952 geschäftsführender Vorsitzender

der Einheitsgewerkschaft sowie Mitglied der Kammerversammlung, wurde dem regierungskritischen Flügel in EG und SPS zugerechnet, galt aber als „häufig schwankend". Schmidt, 1. Bd., S. 461; vgl. ebd., S. 231, 455 und 2. Bd., S. 324, 397 f.

616 Vgl. Eröffnung der Akademie der Arbeit. Feierstunde in der Universität des Saarlandes. In: Die Arbeit, 4. Jg., Nr. 20, 5.11.1949, S. 1; Examen an der „Akademie der Arbeit". In: Die Arbeit, 6. Jg., Nr. 9, August 1941, S. 5; Die Akademie der Arbeit des Saarlandes. In: Die Arbeitskammer 1962, S. 124.

617 Betriebsräte im Hörsaal. Die Schulungsarbeit der Arbeitskammer im Jahre 1952. In: Die Arbeitskammer, 1. Jg., Heft 1, Jan./Febr. 1953, S. 13–15, Zitat S. 15; vgl. Die Arbeitskammerschulung im vergangenen Jahr. In: Die Arbeitskammer, 2. Jg., Heft 1, Jan. 1954, S. 12.

618 Vgl. Archiv AK, Niederschrift über eine Außerordentliche Kammerversammlung am 29. Juli 1954.

619 Ab Frühjahr 1954 fanden Lehrgänge in Besch, ab September in Otzenhausen statt. Vgl. Die Arbeitskammer, Heft 4, April 1954, S. 28 und Heft 8, August 1954, S. 36.

620 Vgl. Archiv AK, Niederschrift über die 17. Sitzung des Präsidiums und des Verwaltungsbeirats am 21. Oktober 1954 und über 18. Sitzung am 28. Oktober 1954.

621 Vgl. die Stoffpläne in mehreren Heften des Jahrgang 1954 der Zeitschrift „Die Arbeitskammer".

622 Archiv AK, Niederschrift über eine Kammerversammlung am 3. März 1955. 1955 waren 40 der insgesamt 1532 Schulungsteilnehmer nicht organisiert. Vgl. Die Arbeitskammer, Heft 2, Febr. 1956, S. 11.

623 Vgl. Archiv AK, Niederschrift über die 2. Sitzung des Präsidiums und des Verwaltungsbeirats der Arbeitskammer am 14. Januar 1954; Die Arbeitskammer Trägerorganisation der Technischen Abendschule und des Kaufmännischen Berufsbildungswerkes. In: Die Arbeitskammer, Heft 5, Juni 1953, S. 90.

624 Archiv AK, Niederschrift über die 4. Kammerversammlung am 5. Dezember 1952. Vgl. Ein Schulungsheim der Arbeitskammer. In: Die Arbeitskammer, Heft 7, Aug. 1953, S. 9–13 und Fünf Jahre Arbeitskammer. Rückblick und Ausblick. In: Die Arbeitskammer, Heft 10, Okt. 1956, S. 1.

625 Archiv AK, Niederschrift über die 22. Sitzung des Präsidiums am 10. April 1953. Vgl. Archiv AK, Präsidium 1. Wahlperiode, Schriftverkehr, Schreiben von Karl Elsässer, Stuttgart, an die Arbeitskammer vom 16.7.1954 und die Antwort des Präsidenten der Arbeitskammer vom 2.8.1954.

626 Archiv AK, Niederschrift über die 9. Sitzung des Präsidiums und des Verwaltungsbeirats am 19. Mai 1954.

627 Vgl. Archiv AK, Niederschrift über die 38. Sitzung des Präsidiums und des Verwaltungsbeirats am 9. Januar 1956; Niederschrift über eine Kammerversammlung am 3. März 1955.

628 Archiv AK, Niederschrift über die 6. Kammerversammlung am 14. April 1953. Die „Gewerkschaftliche Rundschau", die Zeitschrift der Christlichen Gewerkschaften, schrieb: „Es ist gewiß nichts dagegen einzuwenden, wenn z.B. die Arbeitskammer Schulungskurse für die Mitglieder der Betriebsräte durchführt. Im

übrigen ist es Aufgabe der Gewerkschaften, zu schulen, zumal es Weltanschauungsgewerkschaften sind." Die Gewerkschaft – Motor zum sozialen Aufstieg. In: Gewerkschaftliche Rundschau, 6. Jg., Nr. 4, April 1953, S. 1.

629 Vgl. Schulung als Aufgabe. Von Geschäftsführer B. Welter. In: Die Arbeitskammer, Heft 6, Juli 1953, S. 95–97.

630 Vgl. Archiv AK, Niederschrift über die 45. Sitzung des Präsidiums und des Verwaltungsbeirats am 22. März 1956.

631 Vgl. Archiv AK, Niederschrift über eine Kammerversammlung am 3. März 1955.

632 Archiv AK, Niederschrift über eine außerordentliche Kammerversammlung am 29. Juli 1954.

633 Gier erhob seine Anschuldigungen erstmals in einem Schreiben an das Präsidium der Arbeitskammer vom 30.3.1953. Er schreibt irrtümlich „Lavall". Der handschriftliche Vermerk stammt wahrscheinlich von Geschäftsführer Welter. Archiv AK, Ordner: 1. WP Präsidium, Verschiedenes; vgl. Niederschrift über eine außerordentliche Kammerversammlung am 29. Juli 1954 und Niederschrift über eine Kammerversammlung am 3. März 1955.

634 Archiv AK, Ordner: 1. WP Präsidium, Verschiedenes, IV Metall (gez. Rauch) an den Präsidenten der Arbeitskammer, 2.4.1955. Rauch schreibt den Namen des Landessschlichters mit „v".

635 Die Saarbrücker Zeitung schrieb am 24. Februar über den Schiedsspruch, welcher der Presse nicht vorlag: „Da er sich [...] inhaltlich mit dem am Dienstag gemachten Vorschlag des Landesschlichters deckt, wird er ‚eine effektive Erhöhung der Tariflöhne um rund zwölf Prozent' vorsehen." Wiederaufnahme der Arbeit in der Metallindustrie. In: Saarbrücker Zeitung, 24.2.1955. Das Zitat bezog sich auf eine Verlautbarung des Ministers für Arbeit und Wohlfahrt zum vorausgegangenen Vorschlag des Schlichtungsausschusses vom 22. Februar. Vgl. Schiedsspruch im Lohnkonflikt. In: Saarbrücker Zeitung, 23.2.1955. Zwar wird Landesschlichter Lawall in beiden Zeitungsbeiträgen nicht als Urheber genannt, doch scheint kein Zweifel bestanden zu haben, dass die Äußerung ihm zuzuschreiben war. Vgl. Schmidt, 3. Bd., S. 139. Tatsächlich sah der Schlichtungsspruch eine Erhöhung der Akkordsätze in der eisenschaffenden Industrie um vier Prozent und in der eisenverarbeitenden Industrie um drei Prozent vor. Die Angestelltengehälter sollten um etwa fünf Prozent angehoben werden. Die Gewerkschaften hatten eine Erhöhung um jeweils 15 Prozent gefordert. Die zu erwartende Zunahme der Tariflöhne lag zwar höher als die Anhebung der Akkordsätze, erreichte aber nicht zwölf Prozent. Die „effektive Erhöhung der Tariflöhne um rund zwölf Prozent" kam offenbar dadurch zustande, dass die Steigerungsraten für die verschiedenen Gruppen zusammengezählt wurden. Die Einheitsgewerkschaft gab zu bedenken, dass der Schiedsspruch Mindesteinkommen festgelegt habe, aus denen nicht zwangsläufig eine tatsächliche Erhöhung der Löhne und Gehälter folge. Vgl. Um was ging es – und was wurde erreicht? In: Die Arbeit, 9. Jg., Streik-Sondernummer vom 7. März 1955, S. 5. Zum Metallarbeiterstreik siehe im Folgenden Kapitel 3.6.2.

636 Archiv AK, Ordner: 1. WP Präsidium, Verschiedenes, IV Metall (gez. Rauch) an den Präsidenten der Arbeitskammer, 27.10.1955.

637 Archiv AK, Ordner: 1. WP Präsidium, Verschiedenes, Auszug aus der Niederschrift über die 33. Sitzung des Präsidiums und des Verwaltungsbeirats am 7. November 1955.

638 Vgl. Schmidt, 1. Bd., S. 306–308, 3. Bd., S. 186. Ausführlich zu Dr. Masloh: Elzer, S. 88–98, 328 f. Er bezeichnet Masloh als „Schlüsselfigur des saarländischen Geheimdienstes" (S. 328).

639 Archiv AK, Niederschrift über eine Außerordentliche Kammerversammlung am 20. Oktober 1953; Niederschrift über die 24. Sitzung des Präsidiums und des Verwaltungsbeirats am 17. März 1955.

640 Zur Schmeißer-Affäre siehe Elzer. Masloh arbeitete für den der nationalen Polizei (Sûreté) unterstellten Inlandsgeheimdienst DST. Vgl. Saar-Echo 1/1956, S. 2.

641 Archiv AK, Niederschrift über eine Kammerversammlung am 23. April 1956; vgl. Ordner: 1. WP Präsidium, Verschiedenes, Auszug aus der Niederschrift über die 33. Sitzung des Präsidiums und des Verwaltungsbeirats am 7. November 1955; Niederschrift über die 41. Sitzung des Präsidiums und des Verwaltungsbeirats am 10. Februar 1956.

642 Der Gesetzentwurf ist abgedruckt in: Die Arbeit, 4. Jg., Nr. 23, 15. Dezember 1949, S. 3–6. Dort findet sich auch eine Gegenüberstellung mit Bestimmungen des hessischen Betriebsrätegesetzes. Ebd., S. 8. Die hessischen Vorschriften zur wirtschaftlichen Mitbestimmung wurden von der amerikanischen Militärregierung ausgesetzt. Demgegenüber und im Unterschied zu Grandval brachte die französische Militärregierung in Baden gegen die entsprechenden Bestimmungen im dortigen Betriebsrätegesetz keine Einwände vor. Vgl. Müller, Gerhard: Das Mitbestimmungsrecht der Betriebsräte nach den Betriebsrätegesetzen von Hessen, Württemberg-Baden, Südbaden und Bremen, Heidelberg 1949. Zum Einspruch Grandvals bei Ministerpräsident Hoffmann vgl. LA Sb, StK 600. Die Arbeitsgemeinschaft der Arbeitgeberorganisationen erhob ebenfalls Einwände und unterbreitete der Landesregierung eine ausführliche Stellungnahme mit Änderungswünschen (LA Sb, StK 1047); vgl. Herrmann, S. 427–481.

643 Archiv Landtag, Landtag des Saarlandes Drucksache Abt. II Nr. 459 L, 10.4.1952, Entwurf eines saarländischen Betriebsrätegesetzes, zusammengestellt auf Grund der Beschlüsse des Ausschusses für Sozialpolitik nach dem Stand vom 8. April 1952; Archiv AK, Niederschrift über die 3. Kammerversammlung am 6. August 1952; Ordner 1. WP Ausschüsse, Hefter 11.03.

644 Vgl. Personalvertretungsgesetz. Vom 5. August 1955. In: Bundesgesetzblatt Teil I 1955, S. 477–489. Peter Gier lehnte im Namen der Christlichen Gewerkschaften die Einbeziehung der Beamten in das Betriebsrätegesetz mit der Begründung ab, dass „die arbeitsrechtlichen Grundbedingungen nicht gleich seien"; auch könne die Kammer, da ihr keine Beamten angehörten, nicht für sie sprechen. Damit war der Vorschlag des Arbeitsrechtsausschusses hinfällig, das Betriebsrätegesetz auf Beamte und Beamtenanwärter von Behörden und Körperschaften beziehungsweise Anstalten des öffentlichen Rechts auszudehnen, sofern „deren Betätigung vorwiegend wirtschaftlichen Interessen und sozialen Zwecken dient". Die Kammerversammlung beschloss mit den Stimmen der Mehrheitsfraktion die Geltung des Betriebsrätegesetzes für alle Beamte. Archiv AK, Niederschrift über die 3. Kammerversammlung am 6. August 1952; Ordner 1. WP

Ausschüsse, Hefter 11.03. Im Gesetzentwurf des Arbeitsministeriums von 1949 wurden die Beamten unter den vom Gesetz betroffenen Arbeitnehmern (§ 3) noch genannt. In dem auf Grund der Beschlüsse des Ausschusses für Sozialpolitik zusammengestellten Entwurf vom 8. April 1952, auf den sich die Stellungnahme der Arbeitskammer bezog, war das nicht mehr der Fall (§ 5).

645 Vgl. Archiv Landtag, Bes-Akt/1. WP, 613, Drucksache Abt. II Nr. 459 L vom 10.4.52, Stellungnahme und Abänderungsanträge der Arbeitskammer zu dem Entwurf eines Saarländischen Betriebsrätegesetzes.

646 Ebd., S. 10 (zu § 14).

647 Ebd., S. 9 (zu § 11).

648 Der Entwurf des Arbeitsministeriums von 1949 setzte die Mindestzahl auf 400 Arbeitnehmer fest, woran die CVP in den Beratungen festhielt. Die Einheitsgewerkschaft schlug in ihrem Entwurf von 1949 als Untergrenze 200 Arbeitnehmer vor. Vgl. Die Arbeit, 4. Jg., Nr. 23, 15. Dez. 1949, S. 4.

649 Archiv Landtag, Bes-Akt/1. WP, 613, Drucksache Abt. II Nr. 459 L vom 10.4.1952, Stellungnahme und Abänderungsanträge der Arbeitskammer zu dem Entwurf eines Saarländischen Betriebsrätegesetzes, S. 18 (zu § 37).

650 Die Vorstellungen der Arbeitskammer zur Mitbestimmung in sozialen und wirtschaftlichen Fragen stimmen im Wesentlichen mit dem Entwurf der Einheitsgewerkschaft von 1949 überein. In personellen Angelegenheiten hatte die Einheitsgewerkschaft zwar eine Erweiterung der Mitbestimmung vorgeschlagen, nicht aber eine Mitbestimmung in allen personellen Angelegenheiten. Vgl. Die Arbeit, 4. Jg., Nr. 23, 15. Dez. 1949, S. 5 f.; Archiv Landtag, Bes-Akt/1. WP, 613, Drucksache Abt. II Nr. 459 L vom 10.4.52, Stellungnahme und Abänderungsanträge der Arbeitskammer zu dem Entwurf eines Saarländischen Betriebsrätegesetzes.

651 Archiv Landtag, Bes-Akt/1. WP, 613, Drucksache Abt. II Nr. 459 L vom 10.4.1952, Stellungnahme und Abänderungsanträge der Arbeitskammer zu dem Entwurf eines Saarländischen Betriebsrätegesetzes, S. 20 (zu § 42).

652 Der Dualismus zwischen dem Betriebsrat und der Arbeitnehmerseite im Aufsichtsrat ist auf den Entstehungszusammenhang der bundesdeutschen Mitbestimmungsregelungen zurückzuführen. Vgl. Bernd Weisbrod: Arbeitgeberpolitik und Arbeitsbeziehungen im Ruhrbergbau. Vom „Herr-im-Haus" zur Mitbestimmung. In: Feldman/Tenfelde, S. 107–162; zum „Stahlmodell" der betrieblichen Mitbestimmung vgl. ebd. S. 157.

653 Die Forderung nach der Hälfte der Aufsichtsratssitze für die Arbeitnehmerseite erhob die SPS erst 1951. Vgl. LA Sb, StK 600, Landtag des Saarlandes, Drucksache Abt. II Nr. 469 K, ausgegeben am 29.11.1951, Gegenüberstellung von Änderungsvorschlägen der Landtagsfraktion der CVP (II/459 F) und der Landtagsfraktion der SPS (II/459 E) zum Betriebsrätegesetz (II/459). Der Gesetzentwurf von Arbeitsminister Kirn sah ebenso wie die vorangegangene Betriebsräteverordnung Aufsichtsratssitze für „mindestens zwei Betriebsratsmitglieder" vor. Die gleiche Formulierung findet sich im Entwurf der Einheitsgewerkschaft. Vgl. die Gegenüberstellung beider Texte in: Die Arbeit, 4. Jg., Nr. 23, 15. Dez. 1949, S. 6. Nach dem Vorschlag der SPS-Fraktion sollte der Betriebsrat die Vorschlagslisten für die Arbeitnehmervertreter im Aufsichtsrat „aus den wählbaren Arbeitneh-

mern" bilden. Die Gewerkschaften konnten „ebenfalls eine Vorschlagsliste aus den wählbaren Arbeitnehmern aufstellen". Die Arbeitskammer sprach sich dafür aus, dass der Betriebsrat die Vorschlagslisten aus den wählbaren Arbeitnehmern „oder aus Beauftragten der Gewerkschaften" zusammenstelle, mit der Begründung, dass „eine enge Zusammenarbeit zwischen den Gewerkschaften und den Betriebsräten" erwünscht sei. Vgl. Archiv Landtag, Bes-Akt/1. WP, 613, Drucksache Abt. II Nr. 459 L vom 10.4.1952; Stellungnahme und Abänderungsanträge der Arbeitskammer zu dem Entwurf eines Saarländischen Betriebsrätegesetzes, S. 21. Die Einheitsgewerkschaft forderte 1949 in ihrer Stellungnahme zum ersten Gesetzentwurf des Arbeitsministeriums, dass in Betrieben mit über 1.000 Beschäftigten oder einem Kapital in noch zu bestimmender Höhe zusätzlich zu den damals vorgesehenen zwei Betriebsratsmitgliedern die im Betrieb vertretenen Gewerkschaften „je ein[en] Vertreter mit Sitz und Stimme in den Aufsichtsrat [...] entsenden" können. Die Arbeit, 4. Jg., Nr. 23, 15. Dez. 1949, S. 6.

654 Archiv Landtag, Bes-Akt/1. WP, 613, Drucksache Abt. II Nr. 459 L vom 10.4.52, Stellungnahme und Abänderungsanträge der Arbeitskammer zu dem Entwurf eines Saarländischen Betriebsrätegesetzes, S. 21.

655 Ebd., S. 20. In der Sitzung des Ausschusses für Sozialpolitik am 22.5.1953 erklärten die sozialdemokratischen Abgeordneten, „daß ihre Fraktion nicht unbedingt auf dieser Forderung bestehe; gegebenenfalls sei man auch mit einem Drittel der Sitze einverstanden". Der Ausschuss schlug den Fraktionen mit Bitte um Stellungnahme folgende Lösung vor: „Abweichend von der im Entwurf vorgesehenen Regelung sollen in Aufsichts- und Verwaltungsräten mit acht und zwölf Mitgliedern die Arbeitnehmer ein Viertel aller Sitze, in Aufsichts- und Verwaltungsräten mit mehr als zwölf Mitgliedern ein Drittel aller Sitze haben." Archiv Landtag, Landtag des Saarlandes, 2. Wahlperiode, Ausschuss für Sozialpolitik (3), Niederschrift über die Sitzung am 22.5.1953.

Die Zurückstellung der Beratungen wurde in der Sitzung des Ausschusses für Sozialpolitik am 17. Juni 1952 beschlossen, nach Aussage der Einheitsgewerkschaft gegen die Stimmen der SPS. Vgl. Archiv Landtag, Bes-Akt/1. WP, 613; Einheitsgewerkschaft: Wir fordern Mitbestimmung, S. 4. Laut Niederschrift des Arbeitsrechtsauschusses der Arbeitskammer sollte die Besprechung des Gesetzentwurfs Anfang August wieder aufgenommen werden. Das Arbeitsministerium forderte die Arbeitskammer auf, ihre Stellungnahme bis zu diesem Termin an den Landtag weiterzuleiten. Vgl. Archiv AK: 1. WP Ausschüsse, Hefter 11.03: Arbeitsrechtsausschuss. Auf Vorwürfe in der sozialdemokratischen „Volksstimme", die Beratungen zu verschleppen, entgegnete der Vorsitzende des Ausschusses für Sozialpolitik, Hans Ruffing (CG, CVP), mangels Tradition des Betriebsrätewesens im Saarland durch die Abtrennung vom Deutschen Reich während der Weimarer Republik sei es notwendig gewesen, zunächst die Entwicklung des Betriebsräterechts in der Bundesrepublik abzuwarten. Dann hätten bis Ende 1952 die Landtagswahlen und anschließend die Konventionsverhandlungen die Beratung verzögert. Schließlich habe in dem zur Überarbeitung des Gesetzes eingesetzten Unterausschuss keine Einigung erzielt werden können, so dass die Fraktionen sich hätten erneut mit dem Gegenstand beschäftigen müssen. Ruffing benannte auch den eigentlichen Grund der Verzögerungen: „Es leuchtet wohl ein, daß die hartnäckigen Auseinandersetzungen bei der Vorbereitung des Gesetzes eine ganz bestimmte Ursache haben müssen. Diese Ursache ist darin zu finden, daß das Problem der Mitbestimmung der Arbeitnehmer, und das beinhaltet im wesentlichen das Betriebsrätegesetz, sowohl in Unternehmerkreisen als auch auf der Arbeitnehmerseite lebhafte Kritik findet." Hans Ruffing antwortet der „Volksstimme" und der SPS. In: Gewerkschaftliche Rundschau, 6. Jg., Nr. 12, Dez. 1953, S. 4 f, hier S. 5.

656 Archiv Landtag, Landtag des Saarlandes, 2. Wahlperiode, Ausschuss für Sozialpolitik (6), Niederschrift über die Sitzung am 1.7.1953.

657 Laut Auskunft des Landtagsarchivs vom Dezember 2014 sind die beiden Textfassungen, die in den Sitzungsprotokollen als Entwurf A und B bezeichnet werden, nicht überliefert.

658 Archiv Landtag, Landtag des Saarlandes, 2. Wahlperiode, Ausschuss für Sozialpolitik (25), Niederschrift über die Sitzung am 3.3.1954 und Ausschuss für Sozialpolitik (30), Niederschrift über die Sitzung am 5.5.1954.

659 Archiv Landtag, Landtag des Saarlandes, 2. Wahlperiode, Ausschuss für Sozialpolitik (30), Niederschrift über die Sitzung am 5.5.1954.

660 Archiv Landtag, Landtag des Saarlandes, 2. Wahlperiode, Ausschuss für Sozialpolitik (36), Niederschrift über die Sitzung am 16.6.1954.

661 Vgl. Archiv Landtag, Landtag des Saarlandes, 2. Wahlperiode, Ausschuss für Sozialpolitik (40), Niederschrift über die Sitzung am 29.6.1954.

662 Urteil des Verwaltungsgerichts des Saarlandes vom 23.10.1954. Zit. n. Straßenbahnen und Betriebsverfassungsgesetz. In: Die Arbeitskammer, Heft 11, Nov. 1954, S. 26 f. Vgl. ebd., S. 26–28.

663 Archiv Landtag, Landtag des Saarlandes, 2. Wahlperiode, Ausschuss für Sozialpolitik (29), Niederschrift über die Sitzung am 28.4.1954. Der „eigentliche Grund", die bundesdeutsche Mitbestimmungsregelung zu übernehmen, soll für die CVP nach Aussage ihrer Vertreter im Ausschuss für Sozialpolitik die Bestimmung über die Einigungsstelle in § 50 des Betriebsverfassungsgesetzes gewesen sein, welche die Verbindlichkeit von Schiedssprüchen an das Einverständnis beider Seiten bindet. Archiv Landtag, Landtag des Saarlandes, 2. Wahlperiode, Ausschuss für Sozialpolitik (30), Niederschrift über die Sitzung am 5.5.1954.

664 Vgl. Archiv Landtag, Landtag des Saarlandes, 2. Wahlperiode, Ausschuss für Sozialpolitik (29), Niederschrift über die Sitzung am 28.4.1954.

665 Archiv Landtag, Landtag des Saarlandes, 2. Wahlperiode, Ausschuss für Sozialpolitik (23), Niederschrift über die Sitzung am 22.2.1954. Die vom Ausschuss am 5. Mai beschlossene Regelung findet sich erstmals im Gesetzentwurf der Kleinen Kommission der CVP-Fraktion, über den der Ausschuss für Sozialpolitik ab 18. Januar 1954 beriet. Der von einem Unterausschuss auf Grundlage der bisherigen Verhandlungen erstellte Entwurf sah eine Drittelparität vor.

666 Archiv Landtag, Landtag des Saarlandes, 2. Wahlperiode, Ausschuss für Sozialpolitik (30), Niederschrift über die Sitzung am 5.5.1954.

667 Vgl. Archiv Landtag, Landtag des Saarlandes, 2. Wahlperiode, Drucksache Abt. II Nr. 5 D, ausgegeben am 7.7.1954, Abänderungsantrag zum Betriebsverfassungsgesetz (BVG). Vgl. die Ausführungen des Abgeordneten Heinz (SPS) bei der Zweiten Lesung des Betriebsverfassungsgesetzes im Landtag. Archiv Land-

tag, Best. Parlamentaria SAL/2.WP Plenarprotokolle, Landtag des Saarlandes, 2. Wahlperiode, 24. Plenarsitzung (30.6.1954).

668 Sie beriefen sich auf die Betriebsräteverordnung von 1947, die den Vertrauensmann einem Betriebsrat gleichstellte. Vgl. Abgeordneter Heinz (SPS) bei der Zweiten Lesung des Betriebsverfassungsgesetzes im Landtag. Ebenda.

669 Vgl. Das Betriebsverfassungsgesetz im Bundesgebiet und im Saarland, von Dr. Ernst Leiner. In: Die Arbeitskammer, Heft 9, Sept. 1956, S. 27–31; Herrmann, S. 479 f.

670 Laut § 3 Abs. 4d Saarländisches BVG gelten „Personen, mit denen ein Lehr- und Ausbildungsvertrag abgeschlossen worden ist" ausdrücklich nicht als Arbeitnehmer. Diese Bestimmung fehlt im deutschen BVG. Zugleich nennt das saarländische BVG in Abs. 1 als „Arbeitnehmer im Sinne dieses Gesetzes" lediglich Arbeiter und Angestellte, während in der Bundesrepublik zusätzlich „die zu ihrer Berufsausbildung Beschäftigten" zu den Arbeitnehmern zählen (§ 5 Abs. 1). Der Ausschuss für Sozialpolitik beschloss zunächst, zwar Lehrlinge, Praktikanten und Volontäre aus dem Geltungsbereich des Gesetzes auszunehmen, „Anlernlinge" aber als Arbeitnehmer anzusehen. Archiv Landtag, Landtag des Saarlandes, 2. Wahlperiode, Ausschuss für Sozialpolitik (4), Niederschrift über die Sitzung am 15.6.1953. Im Entwurf zur Zweiten Lesung zählten aber auch Personen mit Anlernvertrag nicht mehr zu den Arbeitnehmern. Archiv Landtag, Parlamentaria Saarland Drs., 2.WP Nr. 1 I-6 III, Landtag des Saarlandes, 2. Wahlperiode, Drucksache Abt. II Nr. 5 II vom 23.6.1954. Wann und weshalb sie ausgenommen wurden, lässt sich den Sitzungsprotokollen nicht entnehmen. Die endgültige Fassung stimmt mit dem Vorschlag der Kleinen Kommission der CVP-Fraktion überein. Vgl. LA Sb, StK 600, CVP-Landtagsfraktion: Entwurf eines Betriebsverfassungsgesetzes, undatiert.

671 Das vorrangige Vorschlagsrecht der „im Betrieb vertretenen anerkannten Gewerkschaften" erscheint erstmals im Entwurf der Kleinen Kommission der CVP-Fraktion. Auf den Einwand des Geschäftsführers der Arbeitsgemeinschaft der Arbeitgeberorganisationen, Weber, „daß eine derartige Bestimmung nach seiner Auffassung gegen das in der Verfassung verankerte Prinzip der Koalitionsfreiheit verstoße", erwiderte der Ausschussvorsitzende Ruffing (CVP): „Seine Fraktion halte diese Bestimmung, die den Gewerkschaften wie auch in anderen Gesetzen [...] ein Recht einräume, für notwendig, um den sozialen Frieden zu sichern und zu verhindern, daß verfassungsfeindliche Elemente die Betriebsräte für ihre Zwecke mißbrauchten. Abg. Rauch (SPS) unterstrich im Namen seiner Fraktion die Ausführungen des Vorsitzenden [...]." Archiv Landtag, Landtag des Saarlandes, 2. Wahlperiode, Ausschuss für Sozialpolitik (15), Niederschrift über die Sitzung am 21.1.1954. Ein Zusammenhang mit den Auseinandersetzungen um den IV Bergbau liegt nahe. So wäre die Kandidatur oppositioneller Gewerkschafter auf einer „Einheitsliste", die nach dem Verbot des IV Bergbau bei den außerplanmäßigen Betriebsratswahlen auf der Grube König am 27.4.1954 die überwiegende Mehrheit der Stimmen erhielt, nach der neuen Regelung nicht zulässig gewesen. Vgl. Schmidt, 3. Bd., S. 132. Zu den Betriebsratswahlen auf Grube König vgl. Schmidt, 1. Bd., S. 460.

672 § 37 Abs. 3 Betriebsverfassungsgesetz. Vom 11. Oktober 1952; vgl. § 37 Abs. 3 und 4 [Saarländisches] Betriebsverfassungsgesetz. Vom 7. Juli 1954.

673 Nach einer Änderung des Arbeitskammergesetzes vom 6. Juli 1954 (Amtsblatt des Saarlandes 1954, S. 868) oblag die Leitung der Geschäfte „dem Generalsekretär". Er trat an die Stelle der Geschäftsstelle unter Leitung eines Geschäftsführers (§ 14 Arbeitskammergesetz). Die Geschäftsordnung der Arbeitskammer vom 11. Mai 1956 (Amtsblatt 1956, S. 1581–1583) spricht wieder von Geschäftsführer (§ 10).

674 Archiv AK, Niederschrift über eine Ausserordentliche Kammerversammlung am 29. Juli 1954, S. 12.

675 Vgl. Archiv Landtag, Landtag des Saarlandes, 2. Wahlperiode, Ausschuss für Sozialpolitik (14), Niederschrift über die Sitzung am 18.1.1954. Zur Teilnahme von Vertretern der Arbeitskammer vgl. die Niederschriften der folgenden Sitzungen.

676 Archiv AK, Außerordentliche Kammerversammlung am 29. Juli 1954. Vgl. Archiv Landtag, Landtag des Saarlandes, 2. Wahlperiode, Ausschuss für Sozialpolitik (6), Niederschrift über die Sitzung am 1.7.1953.

677 Vgl. § 1 Abs. 2 BVG Saarland und §§ 8f. BVG Bundesrepublik beziehungsweise § 60 in beiden Gesetzen. Der Gesetzentwurf des Arbeitsministeriums bezeichnete in § 1 Abs. 2 den Betriebsobmann als Betriebsrat. Archiv Landtag, Landtag des Saarlandes, Drucksache Abt. II Nr. 459, 7.11.1949. Der Entwurf des sozialpolitischen Landtagsausschusses aus der ersten Wahlperiode verlieh dem Vertrauensmann die Rechte und Pflichten eines Betriebsrates, „soweit dieses Gesetz nichts anderes bestimmt", was nicht der Fall war. Archiv Landtag, Landtag des Saarlandes Drucksache Abt. II Nr. 459 L, 10.4.1952, § 1 Abs. 3 Entwurf eines saarländischen Betriebsrätegesetzes, zusammengestellt auf Grund der Beschlüsse des Ausschusses für Sozialpolitik nach dem Stand vom 8. April 1952. Nach dem Entwurf des Unterausschusses konnten ab fünf Arbeitnehmern Betriebsräte gebildet werden. Vgl. Archiv Landtag, Landtag des Saarlandes, 2. Wahlperiode, Ausschuss für Sozialpolitik (14), Niederschrift über die Sitzung am 18.1.1954. Der Unterausschuss warf in seinem Bericht jedoch die Frage auf, „ab welcher Betriebsgröße die einzelnen Grade der Mitwirkung gegeben werden sollen (z.B. Mitwirkung bei sozialen und finanziellen Fragen bereits ab fünf Arbeitnehmern, wirtschaftliche Mitbestimmung ab fünfzig Arbeitnehmern?)". Archiv Landtag, Landtag des Saarlandes, 2. Wahlperiode, Ausschuss für Sozialpolitik Unterausschuß (12A), Bericht über die Sitzungen des am 20. Juli 1953 vom Ausschuß für Sozialpolitik gebildeten Unterausschusses.

678 Die Forderung von Arbeitskammer und Einheitsgewerkschaft nach Herabsetzung des aktiven Wahlalters auf 16 Jahre gelangte nicht in die Ausschussberatungen. Sie wurde in der zweiten Lesung am 30.6.1954 von dem SPS-Abgeordneten Heinz vorgetragen, ist im Abänderungsantrag der SPS-Fraktion zur Dritten Lesung am 7.7.1954 aber nicht mehr enthalten. Archiv Landtag, Landtag des Saarlandes, 2. Wahlperiode, Ausschuss für Sozialpolitik (4), Niederschrift über die Sitzung am 15.6.1953; 2. Wahlperiode, Ausschuss für Sozialpolitik (15), Niederschrift über die Sitzung am 21.1.1954; Archiv Landtag, Parlamentaria SAL/2. WP Plenarprotokolle, 2. Wahlperiode, 24. Plenarsitzung (30.6.1954), S. 344; Archiv Landtag, Landtag des Saarlandes, 2. Wahlperiode, Drucksache Abt. II Nr. 5 D,

ausgegeben am 7.7.1954, Abänderungsantrag zum Betriebsverfassungsgesetz (BVG).

679 Der zitierte Wortlaut aus dem Gesetzentwurf vom 8.4.1952 (Drucksache Abt. II Nr. 459 L) findet sich gleichlautend im Abänderungsantrag der SPS-Landtagsfraktion vom 7.7.1954 zur Dritten Lesung (§ 65). Archiv Landtag, Drucksache Abt. II Nr. 5 D.

680 Vgl. § 6 Abs. 4 BVG Saarland und § 10 Abs. 4 BVG Bundesrepublik. Die Bestimmung wurde frühestens im Juli 1953 in den Gesetzestext eingefügt, was ebenso wie der ähnliche Wortlaut eher auf eine Übernahme aus dem deutschen BVG als aus der Stellungnahme der Arbeitskammer hindeutet.

681 Die Kammerversammlung beschloss zwar auf Antrag von Kammermitglied Schmitt (EG), „sofern die Herabsetzung des Wahlalters vom 18. auf das 16. Lebensjahr nicht akzeptiert werden sollte, eine eigene Jugendvertretung, in Anlehnung an § 20 Absatz 2 des Betriebsverfassungsgesetzes der Bundesrepublik, zu schaffen", die Forderung ist in der Stellungnahme der Arbeitskammer aber nicht enthalten. Vgl. Archiv AK, Niederschrift über die 3. Kammerversammlung am 6.8.1952, S. 11 und Archiv Landtag, Bes-Akt/1. WP, 613, Drucksache Abt. II Nr. 459 L vom 10.4.1952, Stellungnahme und Abänderungsanträge der Arbeitskammer zu dem Entwurf eines Saarländischen Betriebsrätegesetzes.

682 Sieben der elf Mitglieder des Ausschusses für Sozialpolitik während der zweiten Wahlperiode bekleideten führende Stellen in Gewerkschaften: Karl Germann (Vorstandsmitglied GCS), Ludwig Habelitz (Vorsitzender CMV), Johann Klein (Sozialreferent GCS, ab Anfang 1954 Vorsitzender CGS), Hans Ruffing (bis 1.1.1954 Erster Vorsitzender GCS, dann Sozialdirektor der Saarbergwerke), Albert Becker (Geschäftsführer des „neuen" IV Bergbau), Klaus Heinz (Beirat Einheitsgewerkschaft), Richard Rauch (Erster Vorsitzender IV Metall und amtierender Präsident der Einheitsgewerkschaft). Vgl. Schmidt, 1. Bd., S. 468 f., 451–453.

683 Vgl. Archiv AK, Außerordentliche Kammerversammlung am 29. Juli 1954.

684 Das neue saarländische Betriebsverfassungsgesetz. In: Die Arbeitskammer, Heft 7, Juli 1954, S. 11 f.

685 Ein Schritt nach vorne. Gedanken zum neuen Betriebsverfassungsgesetz. In: Die Arbeitskammer, Heft 8, Aug. 1954, S. 1. Vgl. Heinrich Wacker zur Betriebsratswahl. In: Die Arbeitskammer, Heft 1, Jan. 1955, 2. Umschlagseite.

686 Vgl. insbesondere: Fortschritte im Arbeitsrecht. Ausgiebige Kritik – Reformbedürftigkeit. In: Die Arbeitskammer, Heft 1, Jan. 1955, S. 10 f.

687 Das Betriebsverfassungsgesetz in Meinung und Diskussion. In: Die Arbeitskammer, Heft 8, Aug. 1954, S. 3. Vgl. Betriebsverfassungsgesetz in Kraft. In: Gewerkschaftliche Rundschau, 7. Jg., Nr. 8, Aug. 1954, S. 1 f. und die Stellungnahme des 24er Ausschusses der Gewerkschaft Christlicher Saarbergleute: Wie stehen wir zum Betriebsverfassungsgesetz? In: Gewerkschaftliche Rundschau, 7. Jg., Nr. 11, Nov. 1954, S. 2 f. Darin wird bemängelt, dass weder die weiter reichenden Mitbestimmungsregelungen der Montanmitbestimmung noch die Zusammensetzung der Aufsichtsräte aus dem bundesdeutschen Betriebsverfassungsgesetz übernommen worden seien. Auch sei „im Bergbau durch den Grubenvertrag eine unechte Mitbestimmung vorweggenommen" worden, „die nicht von Bestand sein kann". Ebd., S. 2.

688 Das Betriebsverfassungsgesetz in Meinung und Diskussion. In: Die Arbeitskammer, Heft 8, Aug. 1954, S. 3.

689 Aus Sicht der Einheitsgewerkschaft siehe: Einheitsgewerkschaft ...: Wir fordern Mitbestimmung. Dort wird angemerkt, dass mit der Montanmitbestimmung „für den Bereich der Kohle- und Stahlindustrie in der Bundesrepublik wesentlich bessere Bestimmungen geschaffen worden sind" (S. 9). Eine paritätische Besetzung des Aufsichtsrates erscheint im Saarland erstmals in Vorschlägen der SPS, die vermutlich von Ende 1951 stammen (siehe oben Anm. 653). Der Zeitpunkt deutet auf einen Zusammenhang mit der Verabschiedung des Gesetzes über die Montanmitbestimmung in der Bundesrepublik durch den Bundestag am 10.4.1951 hin. Vgl. Die Arbeit, 4. Jg., Nr. 23, 15. Dez. 1949. Inwiefern die Denkschrift des DGB zur Neuordnung der Wirtschaft vom Frühjahr 1950 und der Gesetzentwurf der bundesdeutschen Gewerkschaften vom 22. Mai desselben Jahres die Vorstellungen von Einheitsgewerkschaft und SPS beeinflussten, lässt sich nicht überprüfen. Der Gesetzentwurf des DGB beinhaltete auch über die Montanindustrie hinaus paritätisch besetzte Wirtschaftsausschüsse, eine paritätische Zusammensetzung der Aufsichtsräte und einen Arbeitsdirektor als Vorstandsmitglied, dessen Wahl der Zustimmung der Arbeitnehmervertreter bedurfte. Vgl. 1945–1955. Zehn Jahre Arbeit. Zehn Jahre Aufstieg. Zehn Jahre neue deutsche Gewerkschaftsbewegung, Köln 1956, S. 45, 92. Ab 1953 beanspruchte die EG in Übereinstimmung mit der SPS für die Arbeitnehmerseite ein Drittel oder „mindestens ein Drittel" der Aufsichtsratssitze. Die Arbeit, 8. Jg., Nr. 7, Mai 1953, Nr. 8, Juni 1953, jeweils S. 1 und Nr. 14, Dez. 1953, S. 2. Die Einheitsgewerkschaft verlangte „volle Mitbestimmung" (Richard Rauch in: Die Arbeit, 7. Jg., Nr. 11, Okt. 1952, S. 3) und ein „fortschrittliches" Betriebsrätegesetz (Die Arbeit, 8. Jg., Nr. 5/6, April/Mai 1953 und Nr. 7, Mai 1953, jeweils S. 1). Im Einzelnen werden Mitbestimmungsrechte bei Entlassungen und Einstellungen, Akkordfestsetzung, Unfallverhütung und bei der Lehrlingsausbildung genannt (Richard Rauch, a.a.O.). Andererseits sprach sich die EG dafür aus, dass das saarländische dem bundesdeutschen Betriebsverfassungsgesetz „wesentlich angepaßt wird", was auch insofern erstaunt, als die Gewerkschaften in der Bundesrepublik das Betriebsverfassungsgesetz als unzureichend beanstandeten. Die Arbeit, 8. Jg., Nr. 2/3, Jan./Febr. 1953, S. 1. Ein „Gesetz über Mitbestimmung [...] für unsere Schwerindustrie" nennt der Präsident der EG, Richard Rauch, erst unter den Forderungen zum 1. Mai 1955. Die Arbeitskammer, Heft 5, Mai 1955, S. 2. Vgl. Die Arbeitskammer, Heft 9, Sept. 1955, S. 24.

Im Aktionsprogramm der oppositionellen Deutschen Sozialdemokratischen Partei vom 23. Juli 1955 ist zu lesen: „Die Deutsche Sozialdemokratische Partei erstrebt eine demokratische Wirtschaftsordnung an der Saar und fordert deshalb die volle Mitbestimmung der Arbeitnehmer in sozialen, personellen und wirtschaftlichen Fragen. Sie will gemeinsam mit einer einheitlichen, unabhängigen Gewerkschaftsbewegung ein Betriebsverfassungsgesetz erkämpfen, das dieses Ziel verwirklicht." Zit. n. Schmidt, 1. Bd., S. 627 f. Außerdem wird Tariffreiheit, auch für den öffentlichen Dienst, gefordert. Eine ausdrückliche Forderung nach Übernahme der Montanmitbestimmung enthält das Aktionsprogramm hinge-

gen nicht. Vgl. DGB-Landesbezirk Saar (Hrsg.): 18. Oktober 1980: 25 Jahre DGB Saar, 35 Jahre Einheits-Gewerkschaft, Saarbrücken [1980], S. 17–35.
Die Christlichen Gewerkschaften werteten die bundesdeutsche Montanmitbestimmung als „gewaltigen Fortschritt", insbesondere wegen des Arbeitsdirektors und der paritätischen Besetzung der Aufsichtsräte. Die Montanmitbestimmung sei „beispielhaft auch für das Saarland". Das Mitbestimmungsrecht in der deutschen Bundesrepublik. In: Gewerkschaftliche Rundschau, 4. Jg., Nr. 2, Febr. 1951, S. 1. Auch die Christlichen Gewerkschaften setzten sich zumindest zeitweise für eine paritätische Besetzung der Aufsichtsräte ein. Vgl. Betriebsverfassungsgesetz in Kraft. In: Gewerkschaftliche Rundschau, 7. Jg., Nr. 8, Aug. 1954, S. 1 f; Rechtsschutzbilanz und Reformvorschläge zum Arbeitsrecht. In: Gewerkschaftliche Rundschau, 6. Jg., Nr. 6, Juni 1953, S. 7. Gleichzeitig wurde die Forderung nach Mitbestimmung abgeschwächt. So schrieb Hans Ruffing: „Jedenfalls haben bestimmte Rechte nur dann einen Sinn, wenn diejenigen, denen sie zuerkannt sind, davon den rechten Gebrauch machen. Weil wir dies wissen, halten wir auch unsere Forderung in bezug auf das Mitbestimmungsrecht in bestimmten Grenzen." Gewerkschaftliche Rundschau, 4. Jg., Nr. 12, Dez. 1951, S. 4.

690 Vgl. Arbeitsrechtliche Neuerungen im Jahre 1952. Von Dr. E. Leiner. In: Die Arbeitskammer, Heft 1, Jan./Febr. 1953, S. 8; Kündigungsschutzgesetz (KSchG). Vom 7. Juli 1954. In: Amtsblatt des Saarlandes 1954, Nr. 71, S. 878–881; Kündigungsschutzgesetz (KSchG). Vom 10. August 1951. In: Bundesgesetzblatt 1951, S. 499–504.

691 Vgl. Archiv AK, Niederschrift über die 3. Kammerversammlung am 6. August 1952.

692 Vgl. Kündigungsschutzgesetz (KSchG). Vom 7. Juli 1954. In: Amtsblatt des Saarlandes 1954, Nr. 71, S. 878–881. Die Forderung nach Staffelung der Kündigungsfrist entsprechend der Beschäftigungsdauer wurde im Jahresbericht 1952 erhoben. Jahresbericht 1952 über die Gestaltung des Arbeitsmarktes und der Arbeitsverhältnisse sowie die wirtschaftliche und soziale Lage der Arbeitnehmer im Saarland, S. 15. Vgl. Die Arbeit, 7. Jg., Nr. 9, August 1952.

693 Vgl. Die Arbeitskammer, Heft 7, Juli 1954, S. 23.

694 Vgl. Archiv AK, Niederschrift über die 3. Kammerversammlung am 6. August 1952. Vgl. Lohnzahlung bei Teilnahme an Betriebsrätekonferenzen und Schulungskursen. In: Die Arbeitskammer, Heft 2, März 1953, S. 28.

695 Vgl. Carola Sachse: Ein „heißes" Eisen. Ost- und westdeutsche Debatten um den Hausarbeitstag. In: Budde, Gunilla-Friederike (Hrsg.): Frauen arbeiten. Weibliche Erwerbstätigkeit in Ost- und Westdeutschland nach 1945, Göttingen 1997, S. 252–285.

696 Vgl. Jahresbericht 1952 über die Gestaltung des Arbeitsmarktes und der Arbeitsverhältnisse sowie die wirtschaftliche und soziale Lage der Arbeitnehmer im Saarland. Vgl. Archiv AK, Niederschrift über die 4. Kammerversammlung am 5. Dezember 1952, Stellungnahme zur Zusatzversorgung für die Bediensteten im öffentlichen Dienst. Vgl. Archiv AK, Niederschrift über die 6. Kammerversammlung am 14. April 1953. Zum beruflichen Bildungswesen vgl. Archiv AK, Niederschrift über die 2. Sitzung des Präsidiums und des Verwaltungsbeirats der

Arbeitskammer am 14. Januar 1954; Niederschrift über eine Kammerversammlung am 3. März 1955; Sondermaßnahmen zur Ausbildung von Gewerbelehrern. In: Die Arbeitskammer, Heft 7, Juli 1954, S. 36. Die Einheitsgewerkschaft forderte schon 1949 ein Berufsausbildungsgesetz, doch kam es bis zur Rückgliederung zu keiner gesetzlichen Regelung. Vgl. Das Berufsausbildungsgesetz. In: Die Arbeit, 4. Jg., Nr. 18, 5. Okt.1949, S. 6.

697 Bis zur Rückgliederung sind keine weiteren Jahresberichte überliefert. Auch in der Kammerzeitschrift und den Akten der Arbeitskammer findet sich kein Hinweis auf einen Bericht in dieser Zeit.

698 Vgl. Archiv AK, Bestand Arbeitskammer, Ordner 1. WP Ausschüsse, Hefter 11.03.

699 Archiv AK, Bestand Arbeitskammer, Ordner 1. WP Ausschüsse, Hefter 11.02. In Art. 3 der Konvention über die Durchführung der französisch-saarländischen Wirtschaftsunion vom 3.3.1950 verpflichtete sich das Saarland, ein Missverhältnis zu den französischen Löhnen und Sozialleistungen zu vermeiden. Anschließend bestimmte das Gesetz über Tarifverträge und Schlichtungswesen vom 22.6.1950, dass der Minister für Arbeit und Wohlfahrt gegen abweichende Tarifvereinbarungen Einspruch einlegen musste. Vgl. den Vertragstext in: Schmidt, 2. Bd., S. 684–686. Ähnliche Bestimmungen enthielten die Wirtschaftsverträge vom 20.5.1953 und 3.5.1955. Zum Arbeitsrecht vgl. Roy, S. 144–147; Hans Dratwa: Die Entwicklung des Arbeits- und Lohnrechts in der Zeit von 1945 bis 1955. In: Altmeyer u.a., S. 774–783, hier S. 779 f. Zum Lohnkonflikt im Bergbau 1952 vgl. Die Arbeit, 7. Jg., Nr. 4, März 1952, S. 1.

700 Im Archiv der Arbeitskammer sind keine Sitzungsprotokolle der Ausschüsse nach Oktober 1952 vorhanden. Doch war der Verwaltungsausschuss im Februar 1953 an der Einstellung von Referenten beteiligt. Vgl. Archiv AK, Niederschrift über die 6. Kammerversammlung am 14. April 1953; Niederschrift über die 20. Sitzung des Präsidiums der Arbeitskammer am 26. Februar 1953. Außer den Niederschriften gemeinsamer Sitzungen mit dem Präsidium im Oktober und November 1952 liegen keine Sitzungsprotokolle des Verwaltungsausschusses vor.

701 Archiv AK, Niederschrift über eine Kammerversammlung am 15. Februar 1955.

702 Vgl. Archiv AK, Niederschrift über eine Kammerversammlung am 3. März 1955.

703 Zu den französischen Vorbehalten gegenüber dem deutschen Mitbestimmungsmodell vgl. Herrmann, S. 446–451, 458–462.

704 Vgl. Schmidt, 3. Bd., S. 1–11; Herrmann, S. 478. Die SPS-Fraktion stimmte, nachdem sie den Entwurf in der zweiten Lesung abgelehnt hatte, in der Schlussabstimmung mit Enthaltung, um zum Ausdruck zu bringen, dass sie einerseits ein unvollkommenes Betriebsverfassungsgesetz für besser als keins hielt, andererseits nicht bereit war, die Mitverantwortung für das Gesetz zu übernehmen. Vgl. Schmidt, a.a.O., S. 2.

705 Näher dazu siehe Schmidt, 2. Bd., S. 258–262; Herrmann, S. 346–362; Hirsch, Frank, S. 103–135. Vgl. Roy, S. 142; zur Warndtfrage auch Heinen, S. 488–494; Harald Glaser: Warndtkohle, Saarfrage und Grubensteuer. Die Verpachtung von Kohlefeldern im Warndt an lothringische Bergwerke und ihre politischen Folgen. In: Saarbrücker Hefte Nr. 108. Frühjahr 2013, S. 71–88.

706 Archiv AK, Niederschrift über die 11. Sitzung des Präsidiums der Arbeitskammer am 16. Juli 1952. Dem Antrag auf ein Gutachten ging eine gemeinsame Stel-

lungnahme von IV Bergbau und GCS voraus, in der sie sich gegen den Vorschlag der französisch-saarländischen Wirtschaftskommission wandten, für den Bergbau einen eigenen Schlichtungsausschuss einzurichten. Die Gewerkschaften bestanden stattdessen auf einer staatlichen Schlichtung und der vollen Tarifvertragsfreiheit für den Bergbau. Anfang des Jahres hatte Ministerpräsident Hoffmann in seiner Eigenschaft als Arbeitsminister auf Veranlassung von Hochkommissar Grandval sein Veto gegen eine vom Landesschlichter empfohlene Lohnerhöhung von fünf Prozent im Bergbau eingelegt, worauf die Gewerkschaften zum Streik aufriefen. Die Stellungnahme der beiden Bergbau-Gewerkschaften ging der Arbeitskammer zur Kenntnisnahme zu, wurde im Präsidium aber nicht besprochen. Vgl. Archiv AK, Bestand Arbeitskammer, Ordner: Schriftwechsel mit Gewerkschaften und Regierung, Hefter 13.70: Gewerkschaften, Stellungnahme der beiden saarländischen Bergarbeitergewerkschaften vom 10.4.1952 zu dem Vorschlag der französisch-saarländischen Wirtschaftskommission vom 7.4.1952; vgl. Herrmann, S. 361.

707 Zu den Saargruben siehe: Die Arbeitskammer, Heft 7, Juli 1954, S. 27–29; Heft 8, Aug. 1954, S. 18 f; Heft 9, Sept. 1954, S. 7–9. Zur Warndtfrage siehe: Die Arbeitskammer, Heft 10, Okt. 1954, S. 18 f; vgl. die Stellungnahmen von Ministerpräsident Hoffmann und Arbeitsminister Kirn zum Abschluss der Konventionsverhandlungen 1953. In: Die Arbeitskammer, Heft 4, Mai 1953, S. 3 f.

708 Vgl. Archiv AK, Niederschrift über die 10. Sitzung des Präsidiums und des Verwaltungsbeirats am 29. Mai 1954.

709 Vgl. Archiv AK, Niederschrift über die 13. Sitzung des Präsidiums und des Verwaltungsbeirats am 3. Juli 1954; Ordner 1. WP Kammerversammlung: Allgemeines, Hefter: Kammermitglieder.

710 Vgl. Archiv AK, Niederschrift über die 7. Kammerversammlung am 16. Juli 1954.

711 Vgl. Archiv AK, Niederschrift über eine Kammerversammlung am 16. Dezember 1955.

712 Vgl. Archiv AK, Niederschrift über eine Kammerversammlung am 23. April 1956.

713 Vgl. Archiv AK, Niederschrift über eine Kammerversammlung am 27. August 1956.

714 Archiv AK, Niederschrift über die 51. Sitzung des Präsidiums am 28.9.1956.

715 Vgl. Die Entwicklung der Lebenshaltungskosten im Saarland in der Zeit von 1948 bis Juni 1954. In: Die Arbeitskammer, Heft 10, Okt. 1954, S. 19–21; Die Wirtschaft des Saarlandes im Jahre 1954. In: Die Arbeitskammer, Heft 1, Jan. 1955, S. 3–8; Die Lohnentwicklung im 3. Quartal des Jahres 1954. In: Die Arbeitskammer, Heft 2, Febr. 1955, S. 6. Die Lebenshaltungskosten nahmen zwischen 1950 und 1952 stark zu, blieben bis 1954 etwa auf gleicher Höhe und stiegen im Laufe des Jahres wieder an. Im Übrigen bestanden Zweifel an der Aussagekraft des Warenkorbs, der dem amtlichen Lebenshaltungskostenindex zu Grunde lag. Vgl. Der Lebenshaltungskostenindex. Ein bedeutsamer, aber nur relativ gültiger Wertmesser. In: Die Arbeitskammer, Heft 3, März 1955, S. 11.

716 Zum Metallarbeiter- und Generalstreik siehe Schmidt, 3. Bd., S. 135–149; Hirsch, Frank, S. 178–183. Eine Stellungnahme der Einheitsgewerkschaft findet sich in: Die Arbeit, 9. Jg., Streik-Sondernummer vom 7. März 1955. Zum Metallarbeiterstreik als „zweiter Welle" gewerkschaftlicher Opposition gegen die Hoffmann-

Regierung, nach der ersten Welle, die vom IV Bergbau ausging, vgl. Schmidt, 2. Bd., S. 405.

717 Vgl. „Waffenstillstand im Saar-Lohnkampf". In: Die Arbeitskammer, Heft 3, März 1955, S. 22.

718 Eine soziale Gewissensfrage. Gedanken zur jüngsten saarländischen Lohnbewegung im Metallgewerbe. In: Die Arbeitskammer, Heft 4, April 1955, S. 1–3, Zitat S. 2. Vgl. Grundzüge der zeitgemäßen Lohnpolitik. In: Die Arbeitskammer, Heft 3, März 1955, S. 2–4 und Heft 4, April 1955, S. 3–7.

719 Eine soziale Gewissensfrage. Gedanken zur jüngsten saarländischen Lohnbewegung im Metallgewerbe. In: Die Arbeitskammer, Heft 4, April 1955, S. 3.

720 Ebd., S. 2.

721 Ebenda.

722 Peter Gier auf der Kammerversammlung am 3. März 1955, Archiv AK, Niederschrift über eine Kammerversammlung am 3. März 1955, S. 7. Näheres über die Beteiligung der Arbeitskammer ist nicht überliefert. Zur Europäischen Produktivitätszentrale siehe Christian Kleinschmidt: Entwicklungshilfe für Europa. Die European Productivity Agency und das US Technical Assistance and Productivity Program. In: Themenportal Europäische Geschichte (2008), <http://www.europa.clio-online.de/essay/id/artikel-3471>, abgerufen am 26.4.1017; Karl Peter Harten: Das Programm der Europäischen Produktivitäts-Zentrale (1954). In: Rationalisierung. Monatsschrift des Rationalisierungs-Kuratoriums der Deutschen Wirtschaft (RKW), 5. Jg., Jan. 1954, Heft 12, S. 1–24, <http://www.europa.clio-online.de/quelle/id/artikel-3404>, abgerufen am 26.4.2017. Die Saarländische Produktivitätszentrale veranstaltete vom 7. bis 11. November 1955 eine „Woche der Produktivität". Vgl. Erfolgreiche Woche der Produktivität. In: Die Arbeitskammer, Heft 11, Nov. 1955, S. 3 f. Ansonsten ist über ihre Tätigkeit bis zur Rückgliederung nichts bekannt. Im Archiv der Arbeitskammer sind Tätigkeitsberichte und Sitzungsprotokolle erst ab 1960 vorhanden. Archiv AK, Ordner Produktivitätszentrale.

723 Vgl. Schicksal aus zweiter Hand! Saarländische Regierung fordert Aufklärung von der französischen Regierung und Berücksichtigung saarländischer Interessen im Falle des Verkaufs der Röchling-Werke. In: Die Arbeitskammer, Heft 10, Okt. 1954, S. 2; Die Röchlingwerke im Spiegel der Presse. In: Die Arbeitskammer, Heft 4, April 1955, S. 27. Ausführlich zu den Vorgängen um die Völklinger Hütte: Schmidt, 3. Bd., S. 75–109, zu den Unterschieden in den Standpunkten von SPS und Einheitsgewerkschaft S. 92–96. Vgl. Blind, Band I, S. 272–275; Hans-Christian Herrmann: Auf dem Weg zum „Helden"? Hermann Röchling in der Völkerbundszeit (1920–1935). In: Meinrad Maria Grewenig (Hrsg.): Die Röchlings und die Völklinger Hütte, Völklingen [2016], S. 41–57, hier S. 55 f.

724 Schicksal aus zweiter Hand! In: Die Arbeitskammer, Heft 10, Oktober 1954, S. 2.

725 Ebenda.

726 Vgl. Zeitspiegel. In: Die Arbeitskammer, Heft 2, Febr. 1954, S. 17–19; Albert Seyler: Die Wirtschaft des Saarlandes. Das Geld- und Kreditwesen im Saarland. In: Die Arbeitskammer, Heft 4, April 1955, S. 19–23; ders.: Die Wirtschaft des Saarlandes. Investitionen und Investitionsbedarf im Saarland. In: Die Arbeitskammer, Heft 6, Juni 1955, S. 13–16.

727 Die Wirtschaft des Saarlandes. Das Geld- und Kreditwesen im Saarland. In: Die Arbeitskammer, Heft 4, April 1955, S. 23.

728 Vgl. Schmidt, 2. Bd., S. 260–263; Gerd Schuster: „Hände weg vom Warndt" Der Beitrag der Bergarbeitergewerkschaften an der Saar zur Lösung der Warndtfrage nach dem 2. Weltkrieg. In: Bungert, Gerhard; Mallmann, Klaus-Michael; Schuster, Gerd: Der Weg zur Einheit. Stationen der Bergarbeiterbewegung an der Saar. Hrsg. IG Bergbau und Energie, Bochum 1981, S. 29–46.

729 Vertrag zwischen Frankreich und dem Saarland über den gemeinsamen Betrieb der Saargruben. Zusatzprotokoll III: Regelung betreffend die Warndtkohlenfelder. In: Amtsblatt des Saarlandes 1953, S. 780 f.; Die Wirtschaft des Saarlandes. Die saarländische Kohlenwirtschaft. In: Die Arbeitskammer, Heft 4, April 1954, S. 4–9; Die Saargruben. Die Warndtfrage. In: Die Arbeitskammer, Heft 10, Okt. 1954, S. 18 f.

730 Siehe Gerd Schuster: Das Warndtkohlevorkommen in seiner technischen, wirtschaftlichen und sozialen Bedeutung. In: Schmidt, 2. Bd., Anhang 10, S. 724–746.

731 Die Wirtschaft des Saarlandes. Die saarländische Kohlenwirtschaft. In: Die Arbeitskammer, Heft 4, April 1954, S. 4–9, Zitat S. 4.

732 Vgl. im Folgenden Kapitel 3.12.1.

733 Vgl. Schmidt, 3. Bd., S. 149–159. Zitate: Flugblatt von Christliche Gewerkschaft Öffentlicher Dienst – Abt. Post und Telegraphie, Postgewerkschaft und Postverband des Saarlandes vom 21.4.1955, zit. ebd., S. 157 f.

734 Vgl. Archiv AK, Niederschrift über die 2. Sitzung des Präsidiums und des Verwaltungsbeirats am 14. Januar 1954; vgl. Niederschrift über eine Außerordentliche Kammerversammlung am 29. Juli 1954. In der Kammerversammlung wurden keine Einwände gegen das Ferienwerk geäußert. Nachdem der zuständige Jugend- und Bildungsreferent Franz Ruffing und der Bildungsausschuss Vorschläge ausgearbeitet hatten und sich ein großes Interesse abzeichnete, fand das Vorhaben sogar die einhellige Zustimmung der Versammlung. Vgl. Archiv AK, Niederschrift über die 4. Kammerversammlung am 5. Dezember 1952; Niederschrift über die 6. Kammerversammlung am 14. April 1953; vgl. Ein Jahr Ferienwerk. In: Die Arbeitskammer, Heft 1, Jan. 1954, S. 17.

735 Warum ein Ferienwerk? In: Die Arbeitskammer, Heft 9, Okt. 1953, S. 11 f.

736 Ein Jahr Ferienwerk. In: Die Arbeitskammer, Heft 1, Jan. 1954, S. 17.

737 Vgl. Unser Ferienwerk. Weitere wichtige Hinweise für Gesellschafts- und Einzelfahrten. In: Die Arbeitskammer, Heft 5, Juni 1953, Umschlaginnenrückseite.

738 Vgl. Archiv AK, Niederschrift über die 6. Kammerversammlung am 14. April 1953; Das Ferienwerk der Arbeitskammer im Jahre 1955. In: Die Arbeitskammer, Heft 2, Febr. 1956, S. 13 f.

739 Vgl. Ein Jahr Ferienwerk. In: Die Arbeitskammer, Heft 1, Jan. 1954, S. 18; Vorbildliche kulturelle Initiative der Arbeitskammer, Heft 6, Juni 1955, Umschlaginnenrückseite; Das Ferienwerk der Arbeitskammer im Jahre 1955, Heft 2, Febr. 1956, S. 13 f.; Archiv AK, Niederschrift über eine Kammerversammlung am 2. März 1955.

740 Teilnehmerzahlen in: Die Arbeitskammer, Heft 1, Jan. 1954, S. 18 sowie jeweils Heft 1, Jan. 1955 und Jan. 1956, Umschlaginnenrückseite; Teilnehmerzahlen bis

Ende 1956 in Heft 10, Okt. 1956, S. 2; Reiseziele für Sommer 1955 in Heft 2, Febr. 1955, Umschlaginnenrückseite.

741 Archiv AK, Niederschrift über die 6. Kammerversammlung am 14. April 1953; vgl. Niederschrift über die 21. Sitzung des Präsidiums und des Verwaltungsbeirats am 11. März 1953.

742 Besuch aus Wien. In: Die Arbeitskammer, Heft 7, Juli 1955, S. 3.

743 Der Präsident der Arbeitskammer des Saarlandes an den Generalsekretär des Österreichischen Gewerkschaftsbundes Anton Proksch, 29.9.1955. Archiv AK, Ordner Schriftwechsel mit Gewerkschaften und Regierung, Hefter 13.78.

744 In ihrer gemeinsamen Sitzung am 8.8.1952 begrüßten die Ausschüsse für Jugendfragen und Bildungsarbeit einstimmig die Einrichtung eines Ferienwerks und empfahlen, die Erfahrungen der österreichischen Kammern zu verwerten. Vgl. Archiv AK, Bestand Arbeitskammer, Ordner 1. WP Ausschüsse, Hefter 11.05.

745 Zwar beschloss der Jugendausschuss in seiner ersten Sitzung am 20.6.1952, dass sich ein Vertreter der Geschäftsstelle und des Jugendausschusses in Bremen über die dortige Arbeit informieren solle, doch ist den Unterlagen nicht zu entnehmen, ob der Besuch stattfand. Vgl. Archiv AK, Bestand Arbeitskammer, Ordner 1. WP Ausschüsse, Hefter 11.06.

746 Archiv AK, Ordner Schriftwechsel mit Gewerkschaften und Regierung, Hefter 13.75, Bericht über eine Vorsprache des Präsidenten Wacker und des Geschäftsführers Welter bei dem Wirtschaftswissenschaftlichen Institut in Köln und dem Deutschen Gewerkschaftsbund in Düsseldorf. Das WWI wurde 1946 als Forschungsstelle der Freien Gewerkschaften für die Britische Zone gegründet und schloss an Einrichtungen der Zusammenarbeit zwischen Wissenschaft und Gewerkschaften in der Weimarer Republik an. Als Ausdruck der Erweiterung des Gegenstandsbereichs erfolgte 1971 die Umbenennung in Wirtschafts- und Sozialwissenschaftliches Institut (WSI). Vgl. Bispinck, Reinhard; Hassel, Anke; Schulten, Thorsten: 70 Jahre WSI – 70 Jahre arbeitnehmerorientierte Wissenschaft. In: WSI Mitteilungen 8/2016, S. 573–583.

747 Ebenda.

748 Vgl. Archiv AK, Niederschrift über die 8. Sitzung des Kammerpräsidiums am 23. Mai 1952.

749 Vgl. LA Sb, Auswärtiges Amt 753, Schreiben Auswärtiges Amt an Ministerium für Arbeit und Wohlfahrt, 4.1.1954.

750 Vgl. Archiv AK, Niederschrift über die 7. Sitzung des Kammerpräsidiums und des Verwaltungsbeirats am 7. Mai 1954.

751 Vgl. Die 37. Internationale Arbeitskonferenz in Genf. In: Die Arbeitskammer, Heft 7, Juli 1954, S. 4.

752 Archiv AK, Niederschrift über die 12. Sitzung des Präsidiums der Arbeitskammer am 21. August 1952. Bei der gemeinsamen Sitzung der Ausschüsse für Jugendfragen und Bildungsarbeit am 8.8.1952 „wurde von Ausschußmitgliedern auf die Notwendigkeit hingewiesen, daß die Arbeitskammer sich auch mit den Angelegenheiten der Frauen befassen müsse; die baldige Einstellung einer Fachkraft für dieses Arbeitsgebiet erscheine daher erforderlich". Archiv AK, Bestand Arbeitskammer, Ordner 1. WP Ausschüsse, Hefter 11.05, Niederschrift über die

gemeinsame Sitzung der Ausschüsse für Jugendfragen und Bildungsarbeit am 8.8.1952.

753 Vgl. Archiv AK, Niederschrift über eine gemeinsame Sitzung des Präsidiums und des Verwaltungsausschusses am 20. November 1952; vgl. Niederschrift über eine gemeinsame Sitzung des Präsidiums und des Verwaltungsausschusses am 29. Oktober 1952. Die Einheitsgewerkschaft stellte bei den Kammerwahlen nur männliche Kandidaten auf. Beim Wahlvorschlag der Christlichen Gewerkschaften standen Frauen an 13., 21. und 43. Stelle. Vgl. Archiv AK, Bestand: Arbeitskammer des Saarlandes, Ordner: Arbeitskammerwahl 1952. Erst am 23.4.1956 gelangte eine Vertreterin der Christlichen Gewerkschaften als Nachrückerin für ein ausgeschiedenes Kammermitglied in die Kammerversammlung. Archiv AK, Niederschrift über eine Kammerversammlung am 23. April 1956.

754 Vgl. Archiv AK, Niederschrift über die 4. Kammerversammlung am 5. Dezember 1952.

755 Vgl. Archiv AK, Niederschrift über die 20. Sitzung des Präsidiums der Arbeitskammer am 26. Februar 1953. Im Stellenplan für 1954 war das Frauenreferat nicht mehr enthalten. Vgl. Archiv AK, Niederschrift über die 10. Sitzung des Präsidiums und des Verwaltungsbeirats am 29. Mai 1954. Im Wahlkampf vor den Neuwahlen 1956 griffen die Christlichen Gewerkschaften die Forderung nach einem Frauenreferat wieder auf. Es müsse „von einer Frau besetzt werden [...], um die speziellen Interessen der schaffenden Frau wahrzunehmen". Kolleginnen, das geht Euch an! In: Gewerkschaftliche Rundschau, 9. Jg., Nr. 11, 5.11.1956, S. 3. Der DGB Saar wies darauf hin, dass auf seiner Kandidatenliste „an aussichtsreichster Stelle eine Vertreterin der Frauen, ein Vertreter der Jugend" stünden. Vor der Entscheidung. Arbeitskammer soll Spiegelbild des saarländischen Arbeitslebens werden. In: Saar-Echo 19/1956, S. 1.

756 Vgl. Das Frauenberufsproblem aus der Sicht der Arbeitsverwaltung. In: Die Arbeitskammer, Heft 7, Juli 1956, S. 27.

757 Geht Berufstätigkeit auf Kosten der Fraulichkeit? In: Die Arbeitskammer, Heft 3, März 1956, S. 23.

758 Vgl. Die Frau im Betrieb. In: Die Arbeitskammer, Heft 3, März 1955, S. 19 f.

759 Vgl. Das Frauenberufsproblem aus der Sicht der Arbeitsverwaltung. In: Die Arbeitskammer, Heft 7, Juli 1956, S. 28.

760 Eine Schulungswoche für Frauen in Kirkel. In: Die Arbeitskammer, Heft 11/12, Nov./Dez. 1956, S. 30.

761 Archiv AK, Niederschrift über die 4. Sitzung des Kammerpräsidiums am 28. Januar 1952.

762 Vgl. Archiv AK, Niederschrift über die 14. Sitzung des Kammerpräsidiums am 9. Januar 1952; Niederschrift über eine gemeinsame Sitzung des Präsidiums und des Verwaltungsausschusses am 20. November 1952; Niederschrift über die 19. Sitzung des Kammerpräsidiums am 3. Februar 1953.

763 Archiv AK, Niederschrift über die 13. Sitzung des Präsidiums und des Verwaltungsbeirats am 3. Juli 1954; vgl. Archiv AK, Bestand Arbeitskammer des Saarlandes, Ordner: 1. WP. Kammerversammlung: Allgemeines, Aktenvermerk über Besprechung zwischen Arbeitsminister Kirn und Präsident Wacker am 14.6.1954 und Aktenvermerk zu einer beschlussunfähigen Präsidiumssitzung am 3. Juni

1954. Zum „Haus der Arbeit" vgl. Ein „Haus der Arbeit" entsteht. In: Die Arbeitskammer, Heft 6, Juni 1954, S. 15.

764 Vgl. Archiv AK, Niederschrift über die 15. und 16. Sitzung des Präsidiums und des Verwaltungsbeirats am 5. und 19.10.1954; Niederschrift über eine Kammerversammlung am 15.2.1955; Fünf Jahre Arbeitskammer. In: Die Arbeitskammer, Heft 10, Okt. 1956, S. 1; Archiv AK, Niederschrift über die 40. Sitzung des Präsidiums und des Verwaltungsbeirats am 31.1.1956.

765 Vgl. Archiv AK, Niederschrift über die 4. Kammerversammlung (2. Wahlperiode) am 18. Oktober 1957.

766 Vgl. Archiv AK, Niederschrift über eine gemeinsame Sitzung des Präsidiums und des Verwaltungsausschusses am 21. Oktober 1952.

767 Archiv AK, Niederschrift über die 5. Sitzung des Präsidiums und des Verwaltungsbeirats am 14. April 1954.

768 Dem Referendum entgegen. In: Die Arbeitskammer, Heft 9, Sept. 1955, S. 22.

769 Bei der Einweihung des Schulungsheims in Kirkel am 21.1.1956 begrüßte Ministerpräsident Ney das Angebot und sicherte der Arbeitskammer im Gegenzug die Unterstützung der Regierung zu. Vgl. Ein Haus der Gemeinschaft. In: Die Arbeitskammer, Heft 1, Jan. 1956, S. 4. Nach eigener Darstellung entwickelte die Arbeitskammer Anfang 1956 gemeinsam mit Regierung, Landtag und Berufsverbänden „eine starke Initiative", um „alle Kräfte zusammenzufassen, die in der Lage waren, die zu erwartenden Probleme zu meistern." Fünf Jahre Arbeitskammer. Rückblick und Ausblick. Von Anton Hoffmann. In: Die Arbeitskammer, Heft 10, Okt. 1956, S. 2.

770 Frieden für die Saar. In: Die Arbeitskammer, Heft 2, Febr. 1956, S. 1.

771 Nach dem 23. Oktober. In: Die Arbeitskammer, Heft 11, Nov. 1955, S. 1.

772 Vgl. ebd., S. 1 f.; Frieden für die Saar. In: Die Arbeitskammer, Heft 2, Febr. 1956, S. 1–3 und Heft 3, März 1956, S. 1 f.

773 Vgl. Die Warndtfrage. In: Die Arbeitskammer, Heft 2, Febr. 1956, S. 3–5; Probleme der Saarwirtschaft, Heft 3, März 1956, S. 6; Das Moselkanalprojekt. Idee, Geschichte und Probleme, Heft 4, April 1956, S. 1–3 und Heft 5, Mai 1956, S. 6–8; Noch einmal der Warndt. Warndtkohle ist Saarkohle, Heft 5, Mai 1956, S. 4 f.

774 Das neue Saarabkommen. In: Die Arbeitskammer, Heft 6, Juni 1956, S. 1–3.

775 Vgl. Die neue Saarpolitik und ihre künftigen politischen Aspekte. In: Die Arbeitskammer, Heft 11/12, Nov./Dez. 1956, S. 5–8. Zur Rückgliederung des Saarlandes, ebd., S. 10 f.

776 Das Betriebsverfassungsgesetz im Bundesgebiet und im Saarland. Von Dr. Ernst Leiner. In: Die Arbeitskammer, Heft 9, Sept. 1956, S. 27–31.

777 Vgl. Schmidt, 1. Bd., S. 460–462. Der Beschluss zur Auflösung der Einheitsgewerkschaft fiel am 8. November 1955, zwei Tage nach dem Beitritt des IV Metall zum DGB Saar. Außer dem IV Bergbau (alt) hatten sich zu diesem Zeitpunkt bereits der IV der Fabrikarbeiter, der IV Handel, Banken und Sparkassen und der IV Post dem DGB Saar angeschlossen. AdsD, DGB-Bundesvorstand Abt. Organisation 5/DGAL000154. Vgl. Auflösung der EG. DGB übernimmt die Nachfolge. In: Die Arbeitskammer, Heft 2, Febr. 1956, S. 36.

778 Vgl. Niederschrift über die 41., 43. und 46. Sitzung des Präsidiums und des Verwaltungsbeirats am 10. Februar, 24. Februar und 10. April 1956; Drittes Gesetz

zur Änderung des Gesetzes Nr. 255 über die Errichtung einer Arbeitskammer für das Saarland vom 30. Juni 1951. Vom 20. März 1956. In: Amtsblatt des Saarlandes Nr. 30, 6.4.1956, S. 434.

779 „Der Präsident des Gesamtverbandes [der Christlichen Gewerkschaften, Peter Gier,] übte [...] scharfe Kritik an Arbeitsminister Conrad, der sich in einer Besprechung mit den Berufsorganisationen darauf berief, Mitglied des DGB-Saar zu sein und erklärte, man müsse dieser Organisation die Möglichkeit geben, sich zu formieren, bevor man die Wahlen zur Arbeitskammer ausschreibe." Kirkel rote Ordensburg? Die Arbeitskammerwahlen am 10. und 11. November entscheiden darüber. In: Gewerkschaftliche Rundschau. Zeitschrift der Christlichen Gewerkschaften an der Saar, 9. Jg., Nr. 10, 5.10.1956, S. 1. Vgl. Archiv AK, Niederschrift über eine Kammerversammlung am 23. April, 27. August und 2. Oktober 1956.

780 Vgl. Wahlordnung für die Wahl der Mitglieder der Arbeitskammer des Saarlandes. Vom 19. September 1956. In: Amtsblatt des Saarlandes Nr. 90, 24.9.1956, S. 1256–1259.

781 Vgl. Viertes Gesetz zur Änderung des Gesetzes Nr. 255 über die Errichtung einer Arbeitskammer für das Saarland vom 30. Juni 1951. Vom 9. Juli 1956. In: Amtsblatt des Saarlandes Nr. 77, 25.7.1956, S. 966. § 11 des saarländischen BVG, der ähnlich dem Arbeitskammergesetz das Wahlvorschlagsrecht den Gewerkschaften vorbehielt, wurde von der Verfassungskommission wegen der Verletzung der negativen Koalitionsfreiheit für verfassungswidrig erklärt. Vgl. Die Koalitionsfreiheit. Rechtliche Grundlagen – geschichtliche Entwicklung – aktuelle Probleme. In: Die Arbeitskammer, Heft 7, Juli 1956, S. 21.

782 Mit dem DGB in die Arbeitskammer. In: Saar-Echo, Wahl-Sondernummer, 2.11.1956, S. 1.

783 Auf zur Arbeitskammerwahl! In: Saar-Echo 18/56, 20.10.1956, S. 4.

784 Vgl. Wahlaufruf der GCS. In: Gewerkschaftliche Rundschau. Zeitschrift der Christlichen Gewerkschaften an der Saar, 9. Jg., Nr. 11, 5.11.1956, S. 3; Weißt Du, Kamerad, ebd., S. 8.

785 Kirkel rote Ordensburg? Die Arbeitskammerwahlen am 10. und 11. November entscheiden darüber. In: Gewerkschaftliche Rundschau, 9. Jg., Nr. 10, 5.10.1956, S. 1.

786 Eine Nachbetrachtung zur Arbeitskammerwahl. Von Anton Hoffmann. In: Die Arbeitskammer, Heft 11/12, Nov./Dez. 1956, S. 4 f. Wahlergebnisse ebd., S. 9 und Archiv AK, Bestand Arbeitskammer des Saarlandes, Ordner AK-Wahl 1952, AK-Wahl 1956. Da die Meldeämter nicht verpflichtet waren, Adressenänderungen an die Arbeitsämter zu melden, konnten die Wahlkarten zum Teil nicht zugestellt werden. Auch waren die Wahllokale nicht immer bekannt. Vgl. Randbemerkungen zu den Arbeitskammerwahlen. In: Saar-Echo 20/1956.

787 Archiv AK, Bestand Arbeitskammer des Saarlandes, Ordner AK-Wahl 1952, AK-Wahl 1956. Zum Rückgang der Zahl gewerkschaftlich organisierter Bergarbeiter und den Übertritten zur GCS vgl. AdsD, DGB-Bundesvorstand, Abt. Organisation 24/347, Schreiben des DGB-Bundesvorstandes an Hans Gottfurcht (IBFG) vom 18.3.1953. Vgl. Schmidt, 1. Bd., S. 451, 459, 468. Zu den Vorwürfen des DGB gegenüber der katholischen Kirche siehe Randbemerkungen zu den Arbeitskam-

merwahlen. In: Saar-Echo 20/1956. Die Christlichen Gewerkschaften führten die niedrige Wahlbeteiligung auf eine „weitverbreitete Gleichgültigkeit" zurück. Gewerkschaftliche Rundschau, 9. Jg., Nr. 12, 5.12.1956, S. 4.

788 Archiv AK, Niederschrift über die konstituierende Kammerversammlung am 6. Dezember 1956; Niederschrift über die konstituierende Kammerversammlung am 21. März 1957.

789 Vgl. Schmidt, 1. Bd., S. 482 und 2. Bd., S. 321; Arbeitskammer des Saarlandes (Hrsg.): 50 Jahre Arbeitskammer: 50 Jahre im Dienst der saarländischen Arbeitnehmer/innen, Saarbrücken 2001, S. 8.

790 Vgl. Fünf Jahre Arbeitskammer: Rückblick und Ausblick. In: Die Arbeitskammer, Heft 10, Oktober 1956, S. 1 f.; Ein Wort über die Arbeitskammer des Saarlandes, aus: Die Arbeit 10/55. In: Die Arbeitskammer, Heft 2, Febr. 1956, S. 10 f.

791 Arbeitskammer – Instrument der Arbeitnehmer. In: Saar-Echo 18/56. Vgl. Schmidt, 1. Bd., S. 501.

792 Roy, S. 158.

793 Vgl. Ministerpräsident Ney bei der Einweihung des Schulungsheims in Kirkel am 21.1.1956 (Ein Haus der Gemeinschaft. In: Die Arbeitskammer, Heft 1, Jan. 1956, S. 4) und Wagner, a.a.O., S. 88. Ein Beitrag im „Saar-Echo" im Vorfeld der Kammerwahlen hebt die Arbeit des Referates Wirtschaft hervor: „Gerade aus dieser Tätigkeit gewinnt die gewerkschaftliche Tarif- und Lohnpolitik entscheidende Erkenntnisse und Impulse, weil ihr ein objektives und zutreffendes Tatsachenbild vermittelt wird, das für die Orientierung der gewerkschaftlichen Berufsverbände äußerst dienlich ist. Das gilt auch vor allem für die allgemein- und verbrauchswirtschaftlichen Fragen, und hier besonders für die speziellen Marktprobleme unseres saarländischen Raumes." Die Arbeitskammer des Saarlandes. In: Saar-Echo, Wahl-Sondernummer, 2.11.1956, S 4.

794 Vgl. Viertes Gesetz zur Änderung des Gesetzes Nr. 255 über die Errichtung einer Arbeitskammer für das Saarland vom 30. Juni 1951. Vom 9. Juli 1956. In: Amtsblatt des Saarlandes 1956, S. 966. Vgl. Die Koalitionsfreiheit. Rechtliche Grundlagen – geschichtliche Entwicklung – aktuelle Probleme. In: Die Arbeitskammer, Heft 7, Juli 1956, S. 21. Siehe Kapitel 3.12.2.

795 Vgl. Gesetz über die Errichtung einer Arbeitskammer für das Saarland in der Fassung vom 15. November 1960. In: Amtsblatt des Saarlandes 1960, S. 887–889.

796 Vgl. Gesetz Nr. 846 über die Arbeitskammer des Saarlandes. Vom 5. Juli 1967. In: Amtsblatt des Saarlandes 1967, S. 635–637.

797 Vgl. Peters, S. 70 f, Anm. 4.

798 Vgl. Gesetz Nr. 1290 über die Arbeitskammer des Saarlandes. Vom 8. April 1992. In: Amtsblatt des Saarlandes 1992, S. 590–594. Eine Gesetzesänderung 1983 beinhaltete keine wesentlichen Neuerungen. Vgl. Gesetz Nr. 1151 zur Änderung des Gesetzes über die Arbeitskammer des Saarlandes. Vom 23. Februar 1983. In: Amtsblatt des Saarlandes 1983, S. 177 f.

799 Bis 1967 gehörte der Präsident dem Vorstand an. Das Arbeitskammergesetz von 1967 schuf ein hauptamtliches Präsidium als eigentliches Leitungsorgan neben dem „Vorstand der Vertreterversammlung", dessen Hauptaufgabe in der Überwachung des Präsidiums bestand. Vgl. Peters, S. 74 f.

Abkürzungsverzeichnis

ADGB	Allgemeiner Deutscher Gewerkschaftsbund
Afa-Bund	Allgemeiner freier Angestelltenbund
BVP	Bayerische Volkspartei
CG, CGS	Gesamtverband der Christlichen Gewerkschaften des Saarlandes
CGT	Confédération générale du travail
CMV	Christlicher Metallarbeiterverband
CSP	Christlichsoziale Partei (Österreich)
CVP	Christliche Volkspartei
DAF	Deutsche Arbeitsfront
DDP	Deutsche Demokratische Partei
DGB	Deutscher Gewerkschaftsbund
DMV	Deutscher Metallarbeiterverband
DNVP	Deutschnationale Volkspartei
DPS	Demokratische Partei Saar
DSP	Deutsche Sozialdemokratische Partei Saar
DVP	Deutsche Volkspartei
EG	Einheitsgewerkschaft der Arbeiter, Angestellten und Beamten
FBdT	Fédération nationale des Bourses du travail de France et des Colonies
GCS	Gewerkschaft Christlicher Saarbergleute
GDVP	Großdeutsche Volkspartei (Österreich)
IAA	Internationales Arbeitsamt
IAK	Internationale Arbeitskonferenz
IAO	Internationale Arbeitsorganisation
KPD	Kommunistische Partei Deutschlands
MSPD	Mehrheitssozialdemokratische Partei Deutschlands
RWR	Reichswirtschaftsrat
SDAP	Sozialdemokratische Arbeiterpartei (Österreich)
SPS	Sozialdemokratische Partei Saar
USP, USPD	Unabhängige Sozialdemokratische Partei Deutschlands
VRWR	Vorläufiger Reichswirtschaftsrat

Abgekürzt angeführte Belegstellen

Akten der Reichskanzlei. Weimarer Republik: Bundesarchiv: Edition „Akten der Reichskanzlei. Weimarer Republik" Online, <http://www.bundesarchiv.de>.

Berichte an die Regierungskommission: Archiv der Vereinten Nationen, Genf: Archives de la Société des Nations, Fonds extérieures: Commission de Gouvernement de la Sarre (S.D.N.): C 338.

Jahresbericht: Regierungskommission des Saargebietes: Jahresbericht der Abteilung Volkswohlfahrt, Landwirtschaft und Forsten, Arbeitsamt und Sozialversicherung, 1925 ff.

Jahres-Bericht: Jahres-Bericht des Arbeiterrates Groß-Hamburg.

Landesrat: Landesarchiv Saarbrücken, Bestand Landesrat.

S.D.N. J.O.: Société des Nations: Journal Officiel, 1.1920–21.1940.

Sitzungsprotokolle: Landesarchiv Saarbrücken, Bestand Nachlass Koßmann, 1920–35: Sitzungsprotokolle der Regierungskommission (Procès Verbaux).

Verhandlungen des Reichstages: Bayerische Staatsbibliothek, Münchener DigitalisierungsZentrum Digitale Bibliothek: Verhandlungen des Reichstages, <http://www.reichstagsprotokolle.de/index.html>.

Vierteljahres-Bericht: Vierteljahres-Bericht der Regierungskommission des Saargebietes an den Völkerbund. In: Amtsblatt der Regierungskommission des Saargebietes. Amtliches Anzeigeblatt für das Saargebiet, verbunden mit öffentlichem Anzeiger für das Jahr 1931–1934, 12.–15. Jg.

Archivnachweise und gedruckte Quellen

Arbeitskammer des Saarlandes, Dokumentationszentrum (Archiv AK): Bestand Arbeitskammer des Saarlandes; Bestand Nachlass Johann Klein (NL.KleinJ).

Archiv der sozialen Demokratie (AdsD)/Friedrich-Ebert-Stiftung: DGB-Archiv, DGB-Bundesvorstand Abt. Organisation 5.

Archiv der Vereinten Nationen, Genf: Archives de la Société des Nations, Fonds extérieures: Commission de Gouvernement de la Sarre (S.D.N.): C 306 A 8_1924; C 306 A8_1929; C 338; C 395 M 185 1923 I.

Bayerische Staatsbibliothek, Münchener DigitalisierungsZentrum Digitale Bibliothek: Verhandlungen des Reichstages,<http://www.reichstagsprotokolle.de/index.html> *(Zit. als Verhandlungen des Reichstages).*

Bundesarchiv: Edition „Akten der Reichskanzlei. Weimarer Republik" Online, <http://www.bundesarchiv.de> *(Zit. als Akten der Reichskanzlei. Weimarer Republik).*

Landesarchiv Saarbrücken (LA Sb): Bestand Auswärtiges Amt 753; Bestand Landesrat *(Zit. als Landesrat)*; Bestand Ministerium für Arbeit und Soziales (MifAS) 25; Bestand Nachlass Richard Becker (NL.BeckerR); Bestand Nachlass Koßmann, 1920–35: Sitzungsprotokolle der Regierungskommission (Procès Verbaux) *(Zit. als Sitzungsprotokolle).* Die Zitate wurden aus dem Französischen übersetzt; Bestand Staatskanzlei (StK) 600, 1047, 1050, 1710, 2053, 2365.

Landtag des Saarlandes, Informationsdienste, Archiv (Archiv Landtag): Bestand Bes. Akt./1. WP Nr. 613; Bestand Parlamentaria/2.WP, Plenarprotokolle; Bestand Verfassungskommission I, Akte 24: Unterlagen der Unterkommission III für Wirtschaft, Sozialordnung und Finanzwesen; Landtag des Saarlandes, Drucksachen Abt. II, erste und zweite Wahlperiode; Landtagsausschüsse: Ausschuss für Sozialpolitik, erste und zweite Wahlperiode, Niederschriften der Ausschusssitzungen.

Niedersächsisches Staatsarchiv, Standort Oldenburg: Bestand 39, Nr. 17295.

Stadtarchiv Saarbrücken: Zeitungssammlung.

Zeitungen und Zeitschriften

Themenhefte von Zeitschriften und einzelne Beiträge in Zeitschriften sind im Literaturverzeichnis aufgeführt.

Arbeit und Wohlfahrt. Mitteilungsblatt des Ministeriums für Arbeit und Wohlfahrt, 1/2.1949/50 – 4.1952,1/2/3.

Die Arbeit. Organ der Einheitsgewerkschaften der Arbeiter, Angestellten und Beamten, 1.1946 – 9.1955.

Die Arbeitskammer. Zeitschrift der Arbeitskammer des Saarlandes, 1.1953 – 5.1957.

Gewerkschaftliche Rundschau. Zeitschrift der Christlichen Gewerkschaften an der Saar, 1.1945 ff.

Saar-Echo [Hrsg.: Deutscher Gewerkschaftsbund Saar], 1.1956.

Volksstimme. Organ der Sozialdemokratischen Partei des Saargebiets, 41.1949.

Literatur und amtliche Schriften

Adler, Victor: Die Arbeiterkammern und die Arbeiter, Wien 1886.

Ahlborn, Henri: Cinquante années de Chambres professionelles à base élective. In: Reflets économiques, année XI 1974 No.1/2, S. 7–14.

Altmeyer, Klaus: Das Saarland in der Geschichte von den Anfängen bis 1945. In: Altmeyer, Klaus; Szliska, Jakob; Veauthier, Werner; Weiant, Peter (Hrsg.): Das Saarland. Ein Beitrag zur Entwicklung des jüngsten Bundeslandes in Politik, Kultur und Wirtschaft, Saarbrücken 1958, S. 15–56.

Altmeyer, Klaus; Szliska, Jakob; Veauthier, Werner; Weiant, Peter (Hrsg.): Das Saarland. Ein Beitrag zur Entwicklung des jüngsten Bundeslandes in Politik, Kultur und Wirtschaft, Saarbrücken 1958.

Amtsblatt der Regierungskommission des Saargebietes. Amtliches Anzeigeblatt für das Saargebiet, verbunden mit öffentlichem Anzeiger für das Jahr 1921 ff.

Amtsblatt des Regierungspräsidiums Saar, Jahrgang 1945, Saarbrücken 1945.

Amtsblatt des Regierungspräsidiums Saar und der Verwaltungskommission des Saarlandes, Jahrgang 1946, Saarbrücken 1946.

Amtsblatt des Reichskommissars für die Rückgliederung des Saarlandes, Saarbrücken 1935 f.

Amtsblatt des Saarlandes, Saarbrücken 1947 ff.

Bauche, Ulrich; Eiber, Ludwig; Wamser, Ursula; Weinke, Wilfried (Hrsg.): „Wir sind die Kraft" Arbeiterbewegung in Hamburg von den Anfängen bis 1945. Katalogbuch zu Ausstellungen des Museums für Hamburgische Geschichte, Hamburg 1988.

Bedeutung und Organisation der Arbeitskammern (Soziale Tages-Fragen, hrsg. v. Volksverein für das katholische Deutschland, 2. und 3. Heft), Mönchengladbach 1901.

Benoit, Ingomar: Vorgeschichte, Entstehung und Entwicklung der beiden Arbeitnehmerkammern. In: Angestelltenkammer und Arbeiterkammer Bremen (Hrsg.): Geschichte und

Gegenwart der Arbeitnehmerkammern in Bremen, Bremen 1971, S. 7–68.

Bericht des Hauptvorstandes des Gewerkvereins christlicher Bergarbeiter Deutschlands über die Jahre 1921/25, Essen 1926.

Bericht über die Erste ordentliche Generalversammlung der Gewerkschaft Christlicher Saarbergleute am 17. und 18. Juni 1950 in Saarbrücken [Saarbrücken 1950].

Bieber, Hans-Joachim: Gewerkschaften in Krieg und Revolution. Arbeiterbewegung, Industrie, Staat und Militär in Deutschland 1914–1920, Zwei Bände, Hamburg 1981.

Bliegen, W.H.: Die holländischen Arbeitskammern. In: Die Neue Zeit. Wochenschrift der Deutschen Sozialdemokratie, 21. Jg., Zweiter Band, Stuttgart 1903 [1902–03], S. 367–372.

Blind, Adolf: Unruhige Jahre an der Saar 1947 bis 1957. Ein Zeitzeuge erinnert sich. Band I: Quo vadis Saarland? 1947 bis 1955, Frankfurt am Main 1996; Band II: Die Regelung der Saarfrage 1955 bis 1957, Frankfurt am Main 1997.

Bock, Hans Manfred: Syndikalismus und Linkskommunismus von 1918 bis 1923. Ein Beitrag zur Sozial- und Ideengeschichte der frühen Weimarer Republik, Darmstadt 1993 [aktualisierte Neuausgabe der ersten Auflage, Meisenheim am Glan 1969].

Boll, Friedhelm: Arbeitskämpfe und Gewerkschaften in Deutschland, England und Frankreich. Ihre Entwicklung vom 19. zum 20. Jahrhundert, Bonn 1992.

Boll, Friedhelm; Schöttler, Peter: Die Entstehung der „Bourses du Travail". In: Archiv für Sozialgeschichte (Forschungsberichte und Rezensionen), Bd. 26 (1986), S. 663–665.

Borck, Otto: Die Großeisenindustrie des Saargebietes unter besonderer Berücksichtigung der Lohn- u. Arbeitsverhältnisse in der Nachkriegszeit/Inaugural-Dissertation (Universität Frankfurt/M.), Leipzig 1930.

Borsdorf, Ulrich: Wirtschaftsdemokratie und Mitbestimmung. Historische Stufen der Annäherung an den Kapitalismus. In: WSI Mitteilungen 3/1986, S. 264–278.

Bost, Reinhold: Bartholomäus Koßmann. Christ, Gewerkschaftler, Politiker 1883–1952, Blieskastel 2002.

Braun, Adolf: Der Kölner Gewerkschaftskongreß. In: Die Neue Zeit. Wochenschrift der Deutschen Sozialdemokratie, 23. Jg., Zweiter Band, Stuttgart 1905 [1904–05], S. 204–211.

Brigl-Matthiaß, Kurt: Das Betriebsräteproblem, Berlin und Leipzig 1926.

Brosig, Rudolph: Die Verfassung des Saarlandes. Entstehung und Entwicklung (Diss. Saarbrücken 2000), Köln, Berlin, Bonn, München [2001].

Bruch, Rüdiger vom (Hrsg.): „Weder Kommunismus noch Kapitalismus" Bürgerliche Sozialreform in Deutschland vom Vormärz bis zur Ära Adenauer, München 1985.

Cahiers d'histoire. Revue d'histoire critique, 116–117/2011: Retour sur les Bourses du travail, <http://chrhc.revues.org/2342>, abgerufen am 22.6.2017.

Christadler, Marieluise; Uterwedde, Henrik (Hrsg.): Länderbericht Frankreich. Geschichte, Politik, Wirtschaft, Gesellschaft, Opladen 1999

Das Saargebiet unter der Herrschaft des Waffenstillstandsabkommens und des Vertrags von Versailles. Als Weißbuch von der deutschen Regierung dem Reichstag vorgelegt, Berlin 1921.

Demirovic, Alex: Demokratie in der Wirtschaft. Positionen – Probleme – Perspektiven, Münster 2007.

Denkschrift der Arbeitnehmer-Organisationen über die Sozialpolitik im Saargebiet an den Hohen Rat des Völkerbundes Genf, Saarbrücken 1925.

DGB-Landesbezirk Saar (Hrsg.): 18. Oktober 1980: 25 Jahre DGB Saar, 35 Jahre Einheits-Gewerkschaft, Saarbrücken [1980].

DGB-Landesbezirk Saar (Hrsg.): 18. Oktober: 20 Jahre freie Gewerkschaften, 10 Jahre DGB an der Saar [Saarbrücken 1965].

Dillmann, Emmanuel: Conciliation sociale au Grand-Duché de Luxembourg après la Première Guerre mondiale: La création des chambres professionnelles à base élective et leur évolution. Mémoire de Maîtrise, Université des Sciences Humaines de Strasbourg, Luxembourg, Strasbourg 1989 (Typoskript).

Ditt, Karl; Kift, Dagmar: 1889 – Bergarbeiterstreik und Wilhelminische Gesellschaft. Hrsg. v. Landschaftsverband Westfalen-Lippe. Westfälisches Industriemuseum, Hagen 1989.

Einheitsgewerkschaft der Arbeiter, Angestellten und Beamten (Hrsg.): Wir fordern Mitbestimmung. Eine Stellungnahme zum Betriebsverfassungsgesetz, Saarbrücken [1954].

Elzer, Herbert: Die Schmeisser-Affäre. Herbert Blankenhorn, der „Spiegel" und die Umtriebe des französischen Geheimdienstes im Nachkriegsdeutschland (1946–1958), Stuttgart 2008.

Fabry, Philipp W.: Batholomäus Koßmann. Treuhänder der Saar 1924–1935, Merzig 2011.

Feldman, Gerald D.; Steinisch, Irmgard: Industrie und Gewerkschaften 1918–1924. Die überforderte Zentralarbeitsgemeinschaft, Stuttgart 1985.

Feldman, Gerald D.; Tenfelde, Klaus: Arbeiter, Unternehmer und Staat im Bergbau. Industrielle Beziehungen im internationalen Vergleich, München 1989.

Fischer, Wolfram: Unternehmerschaft, Selbstverwaltung und Staat. Die Handelskammern in der deutschen Wirtschafts- und Staatsverfassung des 19. Jahrhunderts, Berlin 1964.

Florinsky, Michael T.: The Saar Struggle, New York 1934.

Freymond, Jacques: Die Saar 1945–1955, München 1961.

Gabel, Karl Alfred: Kämpfe und Werden der Hüttenarbeiterorganisationen an der Saar, Saarbrücken 1921.

Galperin, Hans: Stellung und Bedeutung der Arbeitnehmerkammern in der Sozialordnung. In: Die Neue Ordnung, Jg. 27, 2/73, S. 115–123.

Geschäftsbericht des Hauptvorstandes des Gewerkvereins christlicher Bergarbeiter Deutschlands über die Jahre 1928/29 sowie Tarif- und Lohnentwicklung im Bergbau 1928/29, Essen 1930.

Gewerkschaften und Wirtschaftspolitik. In: 1945–1955: Zehn Jahre Arbeit, zehn Jahre Aufstieg. Zehn Jahre neue deutsche Gewerkschaftsbewegung, Köln 1956, S. 32–55.

Gleichauf, W.: Geschichte des Verbandes der deutschen Gewerkvereine (Hirsch-Duncker), Berlin-Schöneberg 1907.

Glum, Friedrich: Der deutsche und der französische Reichswirtschaftsrat. Ein Beitrag zu dem Problem der Repräsentation der Wirtschaft im Staat, Berlin und Leipzig 1929.

Gottschalk, Max: Les Conditions du Travail dans le territoire de la Sarre, Bruxelles 1925.

Großmann, Ruprecht: Die Arbeitnehmerkammer in der Rechtsordnung. Ein Beitrag zur Frage der Rechtmäßigkeit und Zweckmäßigkeit von Arbeitnehmerkammern (Typoskript), Bremen 1962.

Grupp, Klaus: Arbeitnehmerinteressen und saarländische Verfassung, Saarbrücken 1998.

Handbuch der deutschen Gewerkschaftskongresse. Bearbeitet von Paul Barthel, Dresden 1916.

Harms, Bernhard: Arbeitskammern und Kaufmannskammern. Gesetzliche Interessenvertretungen der Unternehmer, Angestellten und Arbeiter, Tübingen 1906.

Harms, Bernhard: Die holländischen Arbeitskammern. Ihre Entstehung, Organisation und Wirksamkeit, Tübingen, Leipzig 1908.

Harms, Bernhard: Die holländischen Arbeitskammern / Jay, Raoul: Die Arbeitsräte in Frankreich (Schriften der Gesellschaft für Soziale Reform, Heft 12), Jena 1903.

Hauschild, Harry: Der vorläufige Reichswirtschaftsrat 1920–1926. Denkschrift, Berlin 1926.

Heinen, Armin: Saarjahre. Politik und Wirtschaft im Saarland 1945–1955, Stuttgart 1996.

Héritier, Louis: Die Arbeitsbörsen. Ihre Geschichte und ihre Aufgaben. In: Die Neue Zeit. Wochenschrift der Deutschen Sozialdemokratie, 14. Jg., Erster Band, Stuttgart 1896, S. 645–630, 687–692, <http://library.fes.de/cgi-bin/neuzeit.pl?id=07.02274&dok=1895-96a&f=189596a_0687&l=189596a_0692>, <http://library.fes.de/cgi-bin/neuzeit.pl?id=07.02266&dok=1895-96a&f=189596a_0645&l=189596a_0650>, abgerufen am 23.6.2017.

Herrmann, Hans-Christian: Sozialer Besitzstand und gescheiterte Sozialpartnerschaft. Sozialpolitik und Gewerkschaften im Saarland 1945 bis 1955, Saarbrücken 1996.

Hirsch, Frank: Die Einheitsgewerkschaft im Saarstaat 1945–1955/57. Demokratisierungsbeitrag, Krisenerfahrung und Sozialkonflikt (Schriftenreihe der Arbeitskammer des Saarlandes zur Arbeits- und Sozialgeschichte, Band 1), Saarbrücken 2015.

Hirsch, Helmut: Die Saar von Genf. Die Saarfrage während des Völkerbundsregimes von 1920–1935, Bonn 1954.

Hitze, Franz: Die Arbeiter-Sozialpolitik. In: Siegfried Körte u.a. (Hrsg.): Deutschland unter Kaiser Wilhelm II. Zweiter Band, Sechstes Buch, S. 363–414, Berlin 1914; Scan auf Commons: <https://de.wikisource.org/wiki/Datei:Deutschland_unter_Kaiser_Wilhelm_II_Band_2.pdf>, abgerufen am 23.6.2017.

Hoffrogge, Ralf: Vom Sozialismus zur Wirtschaftsdemokratie? In: Marcel Bois; Bernd Hüttner (Hrsg.): Beiträge zur Geschichte einer pluralen Linken, Heft 3, Berlin 2011, S. 93–101.

Hudemann, Rainer; Heinen, Armin: Das Saarland zwischen Frankreich, Deutschland und Europa 1945–1957. Ein Quellen- und Arbeitsbuch. In Zusammenarbeit mit Johannes Großmann und Marcus Hahn. (Veröffentlichungen der Kommission für Saarländische Landesgeschichte und Volksforschung; Band 4), Saarbrücken 2007.

Hudemann, Rainer; Poidevin, Raymond (Hrsg.): Die Saar 1945–1955. Ein Problem der europäischen Geschichte / La Sarre 1945–1955. Un problème de l'histoire européenne, 2. Auflage München 1995.

Internationales Arbeitsamt, Genf: Zehn Jahre Internationale Arbeitsorganisation, Genf 1931.

Jahrbuch der christlichen Gewerkschaften 1929. Bericht über das Jahr 1928. Hrsg. v. Gesamtverband, o. O., o. J. [Berlin 1929].

Jahrbuch des Arbeiterrates Groß-Hamburg 1932, Hamburg 1933.

Jahres-Bericht des Arbeiterrates Groß-Hamburg. Geschäftsjahr 1919/20, Hamburg 1920 *(Zit. als Jahres-Bericht)*.

Jahres-Bericht des Arbeiterrates Groß-Hamburg. Geschäftsjahr 1923/24, Hamburg 1925 *(Zit. als Jahres-Bericht).*

Katsch, Hellmut: Regierung und Volksvertretung im Saargebiet (Leipziger rechtswissenschaftliche Studien, Heft 57), Leipzig 1930.

Kerkhoff, Martin: Grundzüge der anglo-amerikanischen Haltung zur Saarfrage 1946–1948. In: Hudemann, Rainer; Poidevin, Raymond (Hrsg.): Die Saar 1945–1955. Ein Problem der europäischen Geschichte / La Sarre 1945–1955. Un problème de l'histoire européenne, 2. Auflage München 1995, S. 81–96.

Kirche, Kurt: Die Entwicklung der überbetrieblichen Mitbestimmung. In: Gewerkschaftliche Monatshefte, 8. Jg. 1957, Heft 4, S. 210–218.

Kittner, Michael: Arbeitskampf. Geschichte, Recht, Gegenwart, München 2005.

Klaas, Helmut (Bearb.): Die Entstehung der Verfassung für Rheinland-Pfalz. Eine Dokumentation, Boppard am Rhein 1978.

Klenner, Fritz: Die österreichischen Gewerkschaften. Vergangenheit und Gegenwartsprobleme, zwei Bände, Wien 1951 und 1953.

Kluth, Winfried: Reformperspektiven im deutschen Kammerwesen. In: WISO direkt, März 2013.

Kulemann, W[ilhelm]: Die Berufsvereine. Erste Abteilung: Geschichtliche Entwicklung der Berufsorganisationen der Arbeitnehmer und Arbeitgeber aller Länder. Zweiter Band: Deutschland II, Jena 1908.

Latz, Rolf E.: Die saarländische Schwerindustrie und ihre Nachbarreviere (1878–1938). Technische Entwicklung, wirtschaftliche und soziale Bedeutung, Saarbrücken 1985.

Leipart, Theodor: Gewerkschaften und Reichswirtschaftsrat. In: Die Arbeit. Zeitschrift für Gewerkschaftspolitik und Wirtschaftskunde, 1. Jg. 1924, Heft 4, S. 193–200.

Lilla, Joachim: Der Vorläufige Reichswirtschaftsrat 1920 bis 1933/34. Zusammensetzung – Dokumentation – Biographien. Unter Einschluss des Wirtschaftsbeirats des

Reichspräsidenten 1931 und des Generalrats der Wirtschaft 1933, Düsseldorf 2012.

Linsenmaier, Wolfgang: Die Arbeitsgerichtsbarkeit, <http://www.bundesarbeitsgericht.de/allgemeines/geschichte.html>, abgerufen am 26.4.2017.

Linsmayer, Ludwig: Politische Kultur im Saargebiet 1920–1932, St. Ingbert 1992.

Louis, Paul: Geschichte der Gewerkschaftsbewegung in Frankreich, Stuttgart 1912.

Mallmann, Klaus-Michael: Klassenkampf fürs Vaterland. Der Bergarbeiterstreik 1923. In: Mallmann, Klaus-Michael; Paul, Gerhard; Schock, Ralph; Klimmt, Reinhard (Hrsg.): Richtig daheim waren wir nie. Entdeckungsreisen ins Saarrevier 1815–1955, 2. Aufl. Bonn 1988, S. 103–108.

Mallmann, Klaus-Michael; Paul, Gerhard: Das zersplitterte Nein. Saarländer gegen Hitler, Bonn 1989

Mannschatz, Kurt: Der Reichswirtschaftsrat in der Weimarer Reichsverfassung. In: Die Arbeitskammer 1959, S. 141–144.

Mommsen, Hans: Die verspielte Freiheit. Der Weg der Republik von Weimar in den Untergang 1918 bis 1933, Berlin 1989.

Mommsen, Hans; Petzina, Dietmar; Weisbrod, Bernd (Hrsg.): Industrielles System und politische Entwicklung in der Weimarer Republik, Zwei Bände, Kronberg und Düsseldorf 1977 (unveränderter Nachdruck der 1. Auflage 1974).

Müller, Gerhard: Das Mitbestimmungsrecht der Betriebsräte nach den Betriebsrätegesetzen von Hessen, Württemberg-Baden, Südbaden und Bremen, Heidelberg 1949.

Müller, Gloria: Mitbestimmung in der Nachkriegszeit. Britische Besatzungsmacht – Unternehmer – Gewerkschaften, Düsseldorf 1987.

Naef, Eugen: Zur Geschichte des französischen Syndikalismus. Geistige Kräfte der freien französischen Gewerkschaftsbewegung in der ersten Hälfte des Zwanzigsten Jahrhunderts, Zürich 1953.

Naphtali, Fritz: Wirtschaftsdemokratie. Ihr Wesen, Weg und Ziel, Frankfurt am Main 1966 [erstmals 1928].

Obé, Rudolf: Die Arbeiterverhältnisse im französisch-fiskalischen Saarbergbau, Diss. Frankfurt 1929, Borna-Leipzig 1930.

Olberg, Oda: Der Kongreß der Arbeitskammern, Genossenschaften und Hilfskassen Italiens. In: Die Neue Zeit, Jg. 20. 1901–1902, 1. Bd. (1902), Heft 8, S. 237–242.

Pack, Friedrich: Französische Wirtschaftspolitik im Saargebiet, Diss. Köln, Bottrop 1934.

Pelizzoni, J.: Bedeutung und Zweck der Arbeitersekretariate und Rechtsauskunftsstellen für die Arbeiterschaft. In: Gewerkschaftliche Rundschau für die Schweiz, Bd. 22 (1930), Heft 9, S. 273–275 (ETH-Bibliothek, Digitalisierte Zeitschriften: <http://doi.org/10.5169/seals-352459>, abgerufen am 26.4.2017).

Peters, Jürgen: Arbeitnehmerkammern in der BRD? München 1973.

Pfeil, Johannes: Die gegenwärtige staatsrechtliche Stellung des Saargebietes im Rahmen der historischen Rheinpolitik der Franzosen, Berlin o. D.

Pinardi; Schiavi: Die italienischen Arbeitskammern. Nebst einem Anhang über die Arbeitskammern in der Schweiz und die Arbeitsräte in Frankreich (Schriften der Gesellschaft für soziale Reform, Heft 14), Jena 1904.

Plumpe, Werner: Betriebliche Mitbestimmung in der Weimarer Republik. Fallstudien zum Ruhrbergbau und zur Chemischen Industrie, München 1999.

Potthoff, Heinz: Die Vertretung der Angestellten in Arbeitskammern (Schriften der Gesellschaft für Soziale Reform, 19. Heft), Jena 1905.

Preller, Ludwig: Sozialpolitik in der Weimarer Republik, Stuttgart 1978 (Nachdruck der 1. Auflage 1949).

Quellen zur Geschichte der deutschen Gewerkschaftsbewegung,
- Band 1: Die Gewerkschaften in Weltkrieg und Revolution 1914–1919, bearbeitet von Klaus Schönhoven, Köln 1985.
- Band 2: Die Gewerkschaften in den Anfangsjahren der Republik 1919–1923, bearbeitet von Michael Ruck, Köln 1985.

- Band 3/I und 3/II: Die Gewerkschaften von der Stabilisierung bis zur Weltwirtschaftskrise 1924–1930, bearbeitet von Horst-A. Kukuck und Dieter Schiffmann, Köln 1986.

Rappe, David: Les Bourses du travail, une expression de l'autonomie ouvrière. In: Cahiers d'histoire. Revue d'histoire critique, 116–117/2011, S. 43–55, <http://chrhc.revues.org/2360>, abgerufen am 22.6.2017.

Regierungskommission des Saargebietes: Jahresbericht der Abteilung Volkswohlfahrt, Landwirtschaft und Forsten, Arbeitsamt und Sozialversicherung, 1925 ff. *(Zit. als Jahresbericht/e).*

Reventlow, Rolf: Die Arbeiterkammern in Österreich 1921 bis 1926, herausgegeben von der österreichischen Gewerkschaftskommission [Besprechung]. In: Die Arbeit. Zeitschrift für Gewerkschaftspolitik und Wirtschaftskunde, 4. Jg. 1927, Heft 5, S. 352 f.

Rodgers, Gerry; Lee, Eddy; Swepston, Lee; Van Daele, Jasmien: L'Organisation internationale du Travail et la quête de justice sociale, 1919–2009, Bureau International du Travail, Genève 2009.

Roy, Francis: Der saarländische Bergmann. Aus dem Französischen übersetzt von K. Klutchinsky-Pole, Saarbrücken 1955 (Paris 1954).

Sander, Michael: Die Verfassung des Saarlandes. Politische Planung und politischer Erfolg Frankreichs. In: Hudemann, Rainer; Poidevin, Raymond: Die Saar 1945–1955. Ein Problem der europäischen Geschichte, 2. Auflage München 1995, S. 237–252.

Schmidt, Robert H.: Saarpolitik 1945–1957.
- Band 1: Politische Struktur, Berlin 1959.
- Band 2: Entfaltung der Saarpolitik zwischen „Wirtschaftsanschluß" und „Europäisierung" 1945–1953, Berlin 1960.
- Band 3: Entfaltung der Saarpolitik vom Scheitern der EVG bis zur Wiedervereinigung (1954–1957), Berlin 1962.

Schneider, Dieter; Kuda, Rudolf: Arbeiterräte in der Novemberrevolution. Ideen, Wirkungen, Dokumente, Frankfurt am Main 1968.

Schöttler, Peter: Die Entstehung der „Bourses du Travail". Sozialpolitik und französischer Syndikalismus am Ende des 19. Jahrhunderts, Frankfurt/Main, New York 1982.

Schwarz, Julius: Das Saargebiet, sein Bergbau und seine Sozialpolitik / Kämpfe der Bergarbeiter und des Verbandes der Bergarbeiter. Verfaßt im Auftrage der Bezirksleitung Saarbrücken des Verbandes der Bergarbeiter Deutschlands. Gewidmet der 25. General-Versammlung des Verbandes der Bergarbeiter 1926 in Saarbrücken, Saarbrücken 1926.

Scuto, Denis: Chambre de Travail Luxembourg Arbeiterkammer. 75e anniversaire 1924–1999, Luxembourg 1999.

Société des Nations: Journal Officiel, 1.1920–21.1940 *(Zit. als S.D.N. J.O.)*.

Statistisches Amt der Regierungskommission des Saargebietes (Hrsg.): Volks-, Berufs- und Betriebszählung vom 10. Juli 1927, Band IV: Gewerbliche Betriebszählung, Saarbrücken 1932.

Sterling, Manfred: Aufbau und Wandel der Organisationsstruktur der Arbeiterkammern von 1920 bis 1938, Diss. Wien 1983 (Typoskript).

Stöber, Robert [Heinrich Schneider]: Die saarländische Verfassung vom 15. Dezember 1947 und ihre Entstehung, Köln 1952.

Storch, Günter W.: Die Hauptwirtschaftskammer von Rheinland-Pfalz. Organisation, Ziele, Erfahrungen und Lehren im Hinblick auf die Pläne zur Errichtung eines Bundeswirtschaftsrates, Diss. Mainz 1963.

Tarnow, Fritz: Der Reichswirtschaftsrat in der Weimarer Republik. In: Gewerkschaftliche Monatshefte 1951, S. 562–568.

Tatarin-Tarnheyden, Edgar: Berufsverbände und Wirtschaftsdemokratie. Ein Kommentar zu Artikel 165 der Reichsverfassung, Berlin 1930.

Tenfelde, Klaus; Schönhoven, Klaus; Schneider, Michael; Peukert, Detlev J.K.: Geschichte der deutschen Gewerkschaften. Von den Anfängen bis 1945, Köln 1987.

Teuteberg, Hans Jürgen: Geschichte der industriellen Mitbestimmung in Deutschland, Tübingen 1961.

Thum, Horst: Wirtschaftsdemokratie und Mitbestimmung. Von den Anfängen 1916 bis zum Mitbestimmungsgesetz 1976, Köln 1991.

Trempé, Rolande: Solidaires. Les Bourses du travail, Paris 1993.

Ullmann, Hans-Peter: Das Deutsche Kaiserreich 1871–1918 (Moderne Deutsche Geschichte Band 7), Frankfurt am Main 1995.

Umbreit, Paul: Arbeits- oder Arbeiterkammern? In: Die Neue Zeit. Wochenschrift der Deutschen Sozialdemokratie, 23. Jg., Erster Band, Stuttgart 1905 [1904–05], S. 280–290.

Umbreit, Paul: Die Gegnerischen Gewerkschaften in Deutschland. Acht Vorträge auf den gewerkschaftlichen Unterrichtskursen, veranstaltet von der Generalkommission der Gewerkschaften Deutschlands, Berlin 1906.

Vierteljahres-Bericht der Regierungskommission des Saargebietes an den Völkerbund. In: Amtsblatt der Regierungskommission des Saargebietes. Amtliches Anzeigeblatt für das Saargebiet, verbunden mit öffentlichem Anzeiger für das Jahr 1931–1934, 12.–15. Jg.

Vorschläge zur Gestaltung der Arbeitskammern in Deutschland. Zehn Gutachten (Schriften der Gesellschaft für soziale Reform, Heft 21), Jena 1906.

Wagner, Helmut: Die Bedeutung der Arbeitskammer des Saarlandes für die Mitwirkung der Arbeitnehmer in der Wirtschaftspolitik. In: Bayer, Hans (Hrsg.): Stellung der Arbeitnehmer in der modernen Wirtschaftspolitik, Berlin 1959, S. 83–91.

Wiese, Leopold von: Posadowsky als Sozialpolitiker. Ein Beitrag zur Geschichte der Sozialpolitik des Deutschen Reiches, Köln 1909.

Willard, Claude: Geschichte der französischen Arbeiterbewegung, Frankfurt/Main, New York 1981.
Willard, Claude (Hrsg.): La France Ouvrière. Histoire de la classe ouvrière et du mouvement ouvrier francais. Tome 1: Des origines à 1920, Paris 1993.
Winkler, Heinrich August: Von der Revolution zur Stabilisierung. Arbeiter und Arbeiterbewegung in der Weimarer Republik 1918 bis 1924, Berlin/Bonn 1984.
Winkler, Heinrich August: Weimar 1918–1933. Die Geschichte der ersten deutschen Demokratie, durchgesehene Auflage, München 1998.
Zeise, Roland: Zur Genesis und Funktion der deutschen Handelskammern und des deutschen Handelstages bis zur Reichsgründung 1871. In: Jahrbuch für Wirtschaftsgeschichte 1976, Teil IV, Berlin 1976, S. 63–81.
Zenner, Maria: Parteien und Politik im Saargebiet unter dem Völkerbundsregime 1920–1935, Saarbrücken 1966.

Danksagung

Für Anregungen, zweckdienliche Hinweise und die Korrektur des Manuskripts danke ich Dr. Carolin Lehberger, Volker Guthörl, Alexander Hilpert, Dr. Frank Hirsch, Roman Lutz und Wulf Wein.

Zum Verfasser

Harald Glaser, Studium der Soziologie, Politikwissenschaft und Germanistik in Saarbrücken und Hannover, Staatsexamen, M.A., Veröffentlichungen und Ausstellungen zur Industrie- und Sozialgeschichte, seit 2012 Wissenschaftlicher Mitarbeiter im Dokumentationszentrum der Arbeitskammer des Saarlandes.

Impressum

www.arbeitskammer.de
Röhrig Universitätsverlag, St. Ingbert
www.roehrig-verlag.de

Umschlagabbildung: Sparmarken des Ferienwerks der Arbeitskammer des Saarlandes (Dokumentationszentrum der Arbeitskammer)

Für die freundliche Erteilung von Abdruckgenehmigungen danken wir Frank Barbian für die Fotos aus dem Nachlass Walter Barbian, Gabi Hartmann für die Fotos aus dem Nachlass Paul Hartmann, Stefan Andreas Schmidt für die Fotos aus dem Nachlass Julius C. Schmidt, dem Historischen Museum Saar, dem Landesarchiv Saarbrücken und dem Stadtarchiv Saarbrücken.
Nicht in allen Fällen konnten die Rechteinhaber ermittelt werden. Gegebenenfalls bitten wir um Benachrichtigung.

Lektorat: Volker Guthörl, Alexander Hilpert, Dr. Frank Hirsch, Dr. Carolin Lehberger, Roman Lutz, Wulf Wein
Satz und Gestaltung: Thomas Sick
Druck: Krüger Druck + Verlag GmbH & Co. KG, Dillingen/Saar

Printed in Germany
ISBN 978-3-86110-643-2